跨文化传播译丛

Pamela J. Shoemaker   Akiba A. Cohen

News Around the World

Content, Practitioners, and the Public

全球新闻传播

理论架构、从业者及公众传播

[美] 帕梅拉·休梅克   [以色列] 阿基巴·科恩   主编

刘根勤   周一凝   李紫鹏   译

ZHEJIANG UNIVERSITY PRESS
浙江大学出版社

图书在版编目（CIP）数据

全球新闻传播：理论架构、从业者及公众传播 /
（美）休梅克，（以）科恩主编；刘根勤，周一凝，李紫
鹏译 . —杭州：浙江大学出版社，2015.12
（跨文化传播译丛）
书名原文：News Around the World: Content,
Practitioners, and the Public
ISBN 978－7－308－15490－1

Ⅰ.①全… Ⅱ.①休… ②科… ③刘… ④周… ⑤李
… Ⅲ.① 新闻学－传播学－研究－世界 Ⅳ.①G219.1

中国版本图书馆CIP数据核字（2016）第000748号

全球新闻传播：理论架构、从业者及公众传播

[美] 休梅克　[以] 科恩 主编　刘根勤　周一凝　李紫鹏　译

责任编辑　王志毅
文字编辑　周元君
装帧设计　储　平
出版发行　浙江大学出版社
　　　　　（杭州天目山路148号　邮政编码310007）
　　　　　（网址：http://www.zjupress.com）
制　　作　北京大观世纪文化传媒有限公司
印　　刷　北京中科印刷有限公司
开　　本　710mm×1000mm　1/16
印　　张　28
字　　数　389千
版 印 次　2016年1月第1版　2016年1月第1次印刷
书　　号　ISBN 978－7－308－15490－1
定　　价　72.00元

总　序

　　1648 年以前的世界，不过是一个个隔离的孤岛，虽然出现过古埃及、美索不达米亚、古印度及中国等四大古代文明体系，但这几大文明基本上只有地域性影响力，全球性秩序还没有成为表征那个时代的重要概念。欧洲 30 年战争后签订的《威斯特伐利亚和约》，把王权和神权的边界确定下来，承认国家主权不可随意被剥夺，欧洲文明开始了全球性扩张，主权国家的概念也影响到世界格局的确立，全球性秩序逐渐成为一个很重要的概念。

　　近几百年来，一直是欧洲文明主导着世界秩序。不过海湾战争后，特别是苏联和东欧的解体、两极格局的结束变成了美国一家独大的世界格局，这个阶段世界秩序出现了一个新的特征，那就是人权、民主等普世原则等成为超越主权的新的游戏规则，成为美国强势在全球施展影响力的主要工具。当然，最近俄罗斯在乌克兰的动作多少从美国制定的游戏规则和美国近几年单方面行动的作为中获得了一些灵感。尽管第 68 届联合国大会 2014 年 3 月 27 日投票通过有关乌克兰问题的决议，申明对乌克兰主权和领土完整的承诺，同时敦促各方通过直接政治对话和平解决乌克兰危机，但俄罗斯置联合国决议不顾的可能性会比较大。因为根据《联合国宪章》，联合国大会决议与联合国安理会决议有所不同：前者具有政治影响力，但没有法律约束力；后者具有强制性，相关国家必须接受并履行。

　　尽管金砖国家在迅速崛起，但当今的世界格局，仍然是美国一家独大。美国除了军事和外交方面的强势影响外，美国还借助其先进的传播交流技术（尤其是交通与传媒技术）的飞速发展，主宰着全球的经济、消费与文化的全球化进程。至少到目前为止，我们可以认为，无论是国际分工、国际贸易体系、国际金融都存在严重的不平等现象，美国主导的经济、文化与政治游戏规则成为这个世界的不二法则。

网络社会的兴起、跨境物质的流动、全球各地区间人类生活方式的互相连接使得"社会"这一概念发生了巨大变化。符号和人都很复杂、易变，产生了一种由"社会化"到"信息""传播"的转变。[1]安娜贝拉·斯瑞伯尼（Annabelle Sreberny，2000）曾指出，"当代修辞学主张，我们生活在一个单一的世界里，在其中，事件与空间均已消亡，距离的体验已不复存在"[2]。诚然，随着海底电缆、卫星电视、移动电话以及互联网的出现，国际电信使得时空逐渐消亡，让全世界的人际关系获得自身的即刻性和内在性。全球信息传播重新界定了全球和地方的物理界限，厘定了时间的线性进程，这些都不再虚幻。[3]

新兴的媒介技术和通信手段，尤其是因特网，让人们产生了错觉，以为重构时间与空间是20世纪90年代的现象。麦克卢汉一样观察到，空间消亡而时间成为关注的中心是电子时代的决定性结果。但事实上，传播权力并没有因为传媒技术的进步发生根本性的改变，不少学者的研究便表明，全球数字鸿沟仍然存在，在线信息往往以欧美国家为中心，国家信息流，仍然是从发达国家流向非发达国家，发达国家（尤其是美国）生产的文化产品、娱乐产品，仍然主导着全球文化消费市场。但正因为美国的强势地位，让许多人开始反思"西方是最好的"这一观点存在的问题，包括法国、日本在内的发达国家，更包括中国、俄罗斯、印度、南非等金砖大国，重新评估自己传统文明的价值和意义，一股去西

1　Lash, S., Urry J., *Economies of Sign and Space*, London:Sage,1994; Castells, Mannel, *The Rise of the Network Society*, Oxford: Blackwell,1996.

2　Sreberny, Annabelle, "The Global and the Local in International Communications", In James Curran and Michael Gurevitch, eds., *Mass Media and Society,* 3rd edition（93-119）. London: Arnold,2000.

3　Appadurai, A., *Modernity at Large: Cultural Dimensions of Globalization.* Mineapolis: University of Minnesota Press,1996; Bass, A., *Translator's introduction to J. Derrida. In Writing and difference*, ix-xx. Chicago: University of Chicago Press, 1978.

方化、"脱美"的风潮正席卷全球,"欧洲中心论"、"冲击—反应"、"传统与现代"等传统模式无不一再受到更广泛、更严厉的挑战。

与世界权力格局向东转移的同时,重建国际信息新秩序也成为自醒自觉民族和国家的普遍认同。问题是,世界权力的转移是否会导致新的国际冲突?世界和平的理想,是否能够从中国、印度这样的传统文明中获得新的营养?未来的国家实力,如何在硬实力与软实力之间找到一种良性的平衡?不同文明之间的冲突真的是世界潜在的规律?

笔者认为,影响世界和平最关键的因素是资源稀缺所导致的利益之争,但与此同时,那种"你们"与"我们"、"东方"与"西方"之类的二元思考框架,也影响着人们无法超越自我格局的思维定式。这种"你们"与"我们"、"西方"与"东方"的区隔,不仅表现在地缘政治、经济利益之中,也表现在意识形态和文化价值等方面。从"黄祸论"到"中国威胁论"、从亨廷顿的"文明冲突论"到布热津斯基的"全球权力危机论"、从福山的"历史的终结论"到保罗·肯尼迪的"美国的衰落论",都能够发现"西方"与"非西方"、"我们"与"他们"的实质性区别。诚如保罗·柯文所言:"美国人在处于逆境时,依然可能在感情的最深处不由自主地回到那种经过夸大的'我们'与'他们'的两分法思想中去,认为'我们'代表'文明','他们'则代表文明的对立面。"[1]这种思维定式以自我为中心,建构对于他者的想象,误解、误读与认知偏见在所难免。民族国家间、宗教信仰间,乃至思想观念与意识形态间之隔离与冲突盖与此有着密切勾连。在全球化时代,社会交往频度、广度和交往技术都较以往有着根本区别。因此笔者认为,人类社会唯有完善"与他人共在"的交往理性,超越"东"/"西"的二元思维定式,方能化解文明之冲突,建立起和平的世界交往秩序。[2]

历史上从来不乏智者对此进行深入的思考。芝加哥大学的谢尔登·波

---

1 [美] 保罗·柯文:《在中国发现历史——中国中心观在美国的兴起》,林同奇译,北京:中华书局 2002 年版,第 59 页。

2 吴飞:"与他人共在:超越'我们'/'你们'的二元思维",载《新闻与传播研究》2013 年第 10 期。

拉克（Sheldon Pollock）教授曾出版过一本专门论述世界主义精神的著作，名叫《世界主义》。在该书中，他专门讨论了印度的世界主义精神，以及这种精神与欧洲历史上出现的世界主义精神之间的差异。与世界主义对等的概念——"天下"，同样见之于中华文明。它的确隐含了"世界主义"的含义。"天下主义"与西方的"世界主义"尽管存在差异，但它仍可以看作是古希腊"世界主义"的对应词（杰拉德·德兰迪、郭忠华，2011）。[1]在西方，随着希腊城邦扩张到波斯，然后又到印度，四海为家的世界主义思想便自然而然萌生了。古希腊犬儒学派的代表人物第欧根尼声称"我是一个世界公民"，第一次清楚地表达出世界主义最初的理念之一就是追求个人自由。而智者学派的安提丰（Antiphoon）的雅典思想家就"以毫不含糊的词语断言，所有的人都是平等的，并谴责贵贱之分和希腊人野蛮人之分"，他的见解"表述了一种坚定的世界主义"。[2]之后斯多葛派的哲学家们认为，世界主义是一种普世观念，反映了人类成员间亲密而安全的关系，就其本身而言，它不是一种个人的自由行为。斯多葛派批评了古希腊人思想中将政治团体局限于城邦的倾向。芝诺（Zeno）认为，一个理想的世界城市应建立在一个囊括更广泛的人类社会成员的基础之上，他强调政治责任来源于强烈的主观情感。公民是宇宙整体的一部分，即国家应当是一个世界国家的想法，形成了罗马人和基督教思想的世界普救说的基本观点，给当代社会展现了一种超越我们现在所属社会的人类社会的景象。

1772 年法国著名思想家让－雅克·卢梭在他的《关于波兰政府的思考》一书中，预见到了一个新时代的来临。在这个新时代里，再没有法国人、德国人、西班牙人甚至英国人之分，而只有一种人的存在——欧洲人。他们有共同的品位、一样的激情以及相同的生活方式。1784 年康德发表了《世界公民观点下的普遍历史》，宣称历史正在趋向于缔造一

1　[英] 杰拉德·德兰迪、郭忠华："'世界主义'共同体如何形成——关于重大社会变迁问题的对话"，载《学术月刊》2011 年第 7 期。

2　[德] E. 策勒尔：《古希腊哲学史纲》，翁绍军译，济南：山东人民出版社 1992 年版，第 97 页。

个世界主义共和政体的秩序，而这一秩序将取代由民族共和国组成的世界。1795年9月29日71岁的康德写下了著名的《永久和平论》一文[1]，在这篇文章中，他明确提出了法律层面上的世界主义（第一次明确地提出了世界主义宪法），开创了世界主义政治哲学，再次将世界主义推到学术前台。不过，尽管世界主义的思想无论在自由主义者还是在马克思主义者那里都可以找到知音，但在理论和实践上却很长时间处于停滞状态。

直到冷战之后，随着南非种族隔离制度的瓦解、信息技术革命、全球化和移民运动，以及各种全球性问题的出现、全球公民社会的壮大和全球治理的发展，世界主义的理念也得到广泛的复兴和发展。人们发现，国家不再是国际体系中的唯一行动者，尽管它仍然是最重要的行动者。相反，在处理全球公民社会的事务中，国家已越来越力不从心，各种跨国组织和国际协议（如联合国、世界贸易组织、APEC、G20、奥委会、绿色和平组织等）发挥着越来越大的作用。[2]尤其是在"9.11"事件之后，恐怖分子、买卖武器者、洗钱者、贩毒者、拐卖妇女儿童者和知识产权的现代抢夺者都是通过全球网络运作的。与此同时，各国政府官员——警方调查员、金融监管者，甚至法官和立法者——越来越在全球范围的网络上交换信息和协调行动以打击全球犯罪，解决共同的难题。[3]尽管正在形成的全球公民社会是否能组成一个世界之城仍不确定，但它的确为建立一种新的世界主义奠定了基础。

当然"世界主义"不过是众多关于国际新秩序思考的一种向度，其他诸如现实主义国际政治、文明冲突论、天下体系、依附理论、文化帝国主义、软实力论等，都各领风骚，在国际关系与全球传播中占有一席之地。

1　[德]康德：《永久和平论》，何兆武译，载于《历史理性批判文集》，北京：商务印书馆1990年版，第97—144页。

2　参见[英]罗兰·罗伯逊、[英]扬·阿特·肖尔特、王宁等主编：《全球化百科全书》，南京：译林出版社2011年版。

3　[美]斯劳特：《世界新秩序》，任晓等译，上海：复旦大学出版社2010年版，第1页。

近几年中国一直主张建立公正合理的国际政治经济新秩序，并明确提出和平共处五项原则是建立国际新秩序的基础。其基本内容是：各国政治上应相互尊重，共同协商，而不应把自己的意志强加于人；经济上应相互促进，共同发展，而不应造成贫富悬殊；文化上应相互借鉴，共同繁荣，而不应排斥其他民族的文化；安全上应相互信任，共同维护，树立互信、互利、平等和协作的新安全观，通过对话和合作解决争端，而不应诉诸武力或以武力相威胁。但这种新秩序的建立，注定是一个漫长的历史过程。

总之，进入21世纪以来，地球虽然还是那个世界地球，但全球秩序发生了一些重大的变化。全球化、新媒体技术、软实力、符号资本等成为传播学研究者最为关切的核心概念。而随着中国通过改革开放，经济上取得巨大发展，GDP超过日本，成为全球第二大经济实体，作为世界重要成员的国家身份认同变得异常强烈，中国领导人顺势提出了中国梦旗帜，积极参与国际事务，努力重构自己大国形象并谋求在世界格局中的有利地位。因此重构与自己实力相当的国家形象就变成当下最热闹的研究课题。但如何向世界说明中国，如何清晰地表达中国的和平发展理念，同时又如何向国人说明"中国梦"以求形成整合力量，仍然是相当复杂而艰难的工作。

为此，浙江大学传媒与国际文化学院组织翻译了这套丛书。这些著作从多个不同的角度，来分析全球传播与跨文化传播方面的理论与实践问题，对中国学界、政界，甚至是商业领域都有着重要的参考意义。丛书的译者，大多有较长时间的相关领域的研究和学习经历，数位译者在海外工作，这确保了翻译的质量有一定的保证。浙江大学出版社有一支优秀的出版编辑队伍，他们辛苦的劳动和认真细致的工作，使这套丛书得以顺利出版，特此致谢！

吴　飞

2014年3月28日

译 序

感谢师友们，《全世界的新闻》一书终于翻译完了。

记不清是什么时候拿到这本书了——这么说似乎不够严谨，但现在看来的确很遥远——可以肯定的是，比预计完成翻译时间晚了整整一年。为此给作者和出版社造成不便，我深表歉意。

这本书属于浙江大学出版社的"跨文化传播译丛"丛书，因为吴飞教授的协调与厚爱，我才有机会拿到手，成为学习与练手的题材——这两种实践往往存在不可调和的矛盾。

通过翻译这本书，我对休梅克与科恩两位国际级学者的水准有了充分的了解，尤其是他们开阔的研究视野、高超的专业造诣、强大的组织能力。来自众多国家的专业学者，尤其是中国的前辈学者，比如张国良教授和陆晔教授曾经出色的翻译工作，给我和翻译组同人以充分的教益。

困难同时存在，有时困难带来的痛苦甚至压倒学习的快乐。

书中大量的数据、超多的表格和模型，凝聚了作者们的艰辛劳动，也让我们眼花缭乱，战战兢兢，担心出错。尽管如此，我们的错谬还是在所难免。

文字的校对与整理占据了我们主要的时间。我个人的专业水准有限，所仰赖者，不过是我对国际学术译介的勇气，或者说是鲁莽，还有对汉语写作的一点自信——这来自我本人的中文学习与媒体从业经历。但作者们复杂的国际背景，还有各自富于个性的表达方式，让我们在语言的迷宫中顾此失彼，甚至有时连母语语感都变得模糊不定。痛苦的适应与漫长的煎熬，准确点说，至少"三易其稿"，最后看到的还是并不尽如人意的成稿。为此，我再次表示歉意。

　　除我本人之外，周一凝和李紫鹏两位同学担任了主要的工作。两位同学都有较好的国际交流背景与英语基础，周一凝同学富于传播学专业修养与学术理想，这在当下的青年中是十分难得的。值得一提的是，接这部书稿时，他们还是中山大学传播与设计学院的本科生，现在已经分别是香港浸会大学和美国卡耐基梅隆大学的研究生，这个变化体现了本书翻译周期的漫长。他们的进步与本书的付梓，相互成为一种见证和勉励。

　　无论如何，这部译稿的出版对我和我的朋友都是一个理想的起点。个人谨此对组织者和作者群体，作为协调者的吴飞教授，出版社的编辑尤其是周元君女士，为我们的翻译提供过关心和支持的翻译组同人，以及未来的每位读者包括专业人士，表示诚挚的感谢，同时期待大家的指点与商榷。这种交流，对以学术为志趣的我们来说，不啻是一种充满质感的快乐！

刘根勤

2013 年 8 月 11 日

目 录

鸣　谢

开始这项研究的根本动机是了解新闻的价值，特别是不同类型国家　vii
的新闻价值，同时想监测在美国收集到的一个理论。直接来说，使这项
研究落地成型的原因很现实：我们得到了一笔资助。

"你想做点什么来让我们出名呢？"这是 1999 年 7 月 1 日，大卫·鲁
宾（David Rubin）的研究账户收到一笔一次性资金时，他向帕梅拉·休
梅克（Pamela Shoemaker）提出的问题。他俩是 S. I. 纽约州雪城大学纽
豪斯公共传播学院的同事，鲁宾是这里的院长。

休梅克有一些初步的想法，但想再考虑一下。几天之后，她将一些
想法告诉了她在德国的研究助理马丁·艾克豪兹（Martin Eichholz），纽
豪斯公共传播学院的一名博士生。艾克豪兹希望参与进来，并且愿意承
担这个大项目。

在美国，休梅克构建了新闻本质理论：新闻价值标准中最常见的异
常性和重要性。这个气魄宏大的研究计划旨在验证这个理论是否具有普
适性。毫无疑问，这项研究将包含对一些国家媒体内容的分析——分析
自然是越多越好——并且可能表现为一个衡量人群如何判断新闻价值的
调查。

休梅克带着艾克豪兹与鲁宾讨论了这个想法，鲁宾对此热情洋溢。
休梅克还遇到了约翰·本·斯诺基金会（John Ben Snow Foundation）的
琼森·斯诺（Johnthan Snow）和安·斯堪隆（Ann Scanlon）。他们认为
关于新闻本质的国际化研究是个好主意，于是这项研究计划诞生了。

休梅克需要一个在国际研究、方法论问题上有很多经验并熟悉国际
知名学者群体的搭档，她立即想到了以色列特拉维夫大学传播系主席阿

基巴·科恩（Akiba Cohen）。科恩曾邀请休梅克参加 1988 年在耶路撒冷举行的国际新闻会议。他做过许多国际研究项目，并且担任过国际传播学会主席，在全世界交际广泛。

休梅克和艾克豪兹邀请科恩于 1999 年在三藩市举行的国际传播协会会议上进行了会面。会上休梅克简要阐述了自己的理论以及计划，并询问科恩自己是否有点不切实际。

"你一点都不疯狂，但的确雄心勃勃，计划尚需要做些修改。"科恩回应道，休梅克听后，更加相信她需要科恩来帮她做这项研究。他会同意帮助她吗？如何开始？

科恩说："你需要向那些了解情况的人收集意见。"休梅克和艾克豪兹打算于 1999 年 9 月在巴黎举行的世界公共意见研究会议提交一份计划，并在那里组建一个意见团队。

因此休梅克和艾克豪兹邀请了一些人去聆听她的想法并探讨应该研究事宜，主要包括以下几位：

> 阿基巴·科恩，特拉维夫大学，曾经参与一些跨国研究计划。
>
> 朱利安·牛顿（Julianne Newton），俄勒冈大学，从事视觉传播研究。
>
> 罗伯特·史蒂文森（Robert Stevenson），北卡罗来纳大学教堂山分校，有很多国际合作研究经历。
>
> 吉登·考特（Gideon Kout），巴黎雪邦大学，从事新闻教学并在以色列电视新闻二台做自由记者。

这个团队聚了两天。在听取了休梅克的目标之后，他们兴奋地讨论了很多研究计划，包括：这个计划需要涵盖多少个国家？具体都有哪些国家？有谁了解这些国家的大众传播研究？是否该雇佣市场型的研究公司以替代学院内的教授？有多少新闻媒体？具体是哪些？覆盖了哪些时段？有多长？是否要做一项调查？它是否能够在某些国家来进行？研究是否会太过昂贵？能否用中心小组的方式来取代？在每个国家选取多少个城市做研究对象？视觉内容（影像）是否应该独立于语言内容（文本）来进行研究？等等。

休梅克和艾克豪兹身负撰写这份研究计划的任务离开了巴黎，顾问小组很快就收到了这份计划并进行了审阅。第一次审阅之后，休梅克更加坚信，实现目标且能够顺利完成的前提是——邀请科恩作为研究搭档。她邀请他做共同调查，很幸运，他同意了。

事实证明，这份搭档关系对研究的完成极为关键。休梅克和科恩在这个项目的每一个阶段都作出重要调整，因此时常造成项目的延迟。研究过程异常坎坷，但总体上在稳步前进，大家都相信会越来越好，将从中学到许多富有价值的东西。

研究主要是在 10 个国家各选取 2 个城市，对当地报纸、电视新闻和广播新闻进行量化内容分析。休梅克和艾克豪兹着手这项研究并拜访了任教于特拉维夫大学的科恩，希望大家合作实施这些想法。科恩的研究助理诺亚·罗夫勒－艾里凡特（Noa Loffler-Elefant）也加入了团队，他在计划内容分析的编码方案以及在以色列计划和收集数据方面，给予了极大的帮助。

幸运的是许多有才干的研究助理加入了这份工作。2000 年 1 月，伊丽莎白·斯奎斯（Elizabeth Skewes）作为休梅克的第二位研究助理加入。5 月，科恩在墨西哥亚加布尔科举行的 2000 年国际传播学会会议上与美国的团队会面，从而最终确定研究国家。当年 9 月，我们在纽约举行了一个会议，以培训负责各个国家的主管。艾克豪兹和斯奎斯负责会议的安排工作。这时艾克豪兹已经离开学校，任职于一家市场研究机构。这一年夏季，希瑟·布莱克（Heather Black）列席会议并于 2000 年 8 月份正式加入，及时赶上了纽约的会议。

两天的会议中，与会代表和国籍分别是：克里斯·劳维－戴维斯（Chris Lawe-Davies），澳大利亚；张国良（Guoliang Zhang）和祝建华（Johnthan Zhu），中华人民共和国；玛利亚·索莱达·普恩特（Maria

Soledad Puente），智利；卡维塔·卡兰（Kavita Karan），印度；坦克雷德·国林博斯基（Tankred Golinpolski），俄罗斯；休梅克，斯奎斯和布莱克代表美国；科恩代表以色列，艾克豪兹代表德国。代表约旦的默罕默德·阿里（Mohammed Ali）没有参加会议。不久，丹尼尔·度·普莱西斯（Daniel du Plessis）成为南非代表，娜塔莉亚·波罗缇娜（Natalia Bolitina）成为俄国代表。科恩随后与阿里会面，仔细检查研究材料。休梅克与普莱西斯和波罗缇娜会面。另外，卡斯顿·雷恩曼（Carsten Reinemann）代表德国加入团队，接受科恩的培训。对俄国有贡献的是莫斯科州立大学的院长亚森·扎索斯基（Yassen Zassoursky）和负责研究的副院长艾莉娜·瓦塔诺娃（Elena Vartanova）。

2000 年 11 月、12 月进行了内容分析的数据收集，而中心小组的工作于 2001 年展开。蒂姆·沃斯（Tim Vos）在 2001 年秋季加盟，刚好赶上帮助布莱克安排 2002 年 4 月举行的一个国际研讨会，会上他们陈述了早期研究成果。

这个以"什么是新闻"为主题的研讨会包括 10 个国家的研究成果，以及与此相关的来自 20 多个国家学者的研究论文。来自其他 13 个国家的学者出席了会议。

项目花的时间比预期要久。我们要确保这 10 个国家的数据没有错误，并将之结合成一个大的数据集。布雷克和沃斯承担了这项任务。他们顺利完成并于 2002—2003 年呈交了他们的报告，当时休梅克正在休假。2003 年秋天，帕梅拉·莫里斯（Pameka Morris）和李钟赫（Jong-Hyuk Lee）加入研究团队。莫里斯和另外的主管担任最后的校订工作，同时，李钟赫与休梅克和科恩一同从事关于异常、社会意义和把关人实验的数据分析。2004 年秋天，韩纲（Gang Han 音，英文名 Kevin）和唐纳德·霍尔曼（Donald Holeman）加入团队，阅读手稿并提供了许多极为重要的建议。约什·谢尔（Josh Shear）于 2005 年阅读了校样。

除了上述提到的这些人，我们必须感谢雪城大学，它帮助联系其他 9 个国家的学者以便我们进行研究。已经从纽豪斯学院退休的财务主管约·卢格博（Joan Ruggaber），有时会对休梅克的提议感到惊讶，但他总能找到方法来完成。雪利·科耶尔（Sherry Coryell）随后继任卢格博的财务总监。克里斯蒂·麦克科勒格（Christi Macclurg）担任行政和秘书工作。鲁宾则继续热情地支持我们。

约翰·本·斯诺基金会曾于 1965 年在纽豪斯学院设立约翰·本·斯诺教授职位，基金会通过这一渠道为这项研究提供资金，我们诚挚感谢乔纳森·斯诺和安·斯堪隆的支持，尤其是后者在 2002 年 4 月"什么是新闻"研讨会上的欢迎致辞。

研究中每人所做的工作都让人满意。不过如前所述，我们承认，研究中的每一步都用了比预计更长的时间去完成，尤其是写这本书。但是时间的花费有时是一个优势，我们考察了 10 个国家的新闻现状，在这本书当中我们对理论做了重要调整，在项目上花费更多的时间意味着对主题的理解更深入。感谢来自 Routledge 出版社的编辑马修·拜尔尼（Matthew Byrnie）、德文·谢尔曼（Devon Sherman）和罗伯特·西姆斯（Robert Sims）的耐心和帮助。

第一部分
理论和方法

第一章　简介

　　人们对新闻感兴趣，无论是来自其他人还是大众媒介的新闻。我们
乐意去了解这个世界正在发生什么——远处的还是我们隔壁的——我们
希望了解内情。当然，并不是所有人都对所有新闻有同样的兴趣，人们
可能会对某个话题更加感兴趣，但总会有一些本质因素存在，比如人们
总倾向于关注自己所在地区的地震，对癌症或者艾滋病的治疗等。

　　第一部分中，我们提出这个观点，所有人都留意身边的世界发生了
什么，其中什么是重要的，具有威胁的或者充满希望的，在这一点上，
我们与动物具有相似之处。拉斯韦尔（Lasswell）把这个称作大众媒介
的监测功能（1960：118）："在一些动物群体中，特定的个体扮演着特
殊的角色，观察周围环境。某些个体会扮演'把关人'的角色，离开兽
群和羊群，一旦周围有骚动，它们就会做出警报。"

　　在人类社会，这些个体可能是街头公告员、流言传播者和其他信息
传播者。在大多数社会，记者也担任这个角色——社会审查者、为其他
人服务的专业检查员。虽然大多数人会从与其有关的说法、人或事件的
角度来观察这个世界，但职业记者倾向于关注整个社会领域。记者讲述
那些我们应该关注的事情，如果没有记者，我们很难得知这些议题的真
实情况。

　　这种监测功能广泛地验证了大众媒介的存在。诚然，大众媒介是经
济和政治系统的一部分，这甚至是他们所扮演的角色的一种结果，为人
们提供几乎所有人都感兴趣的信息。尽管新闻是"制造的产品"并受到
许多因素的影响（Shoemaker and Reese，1996），新闻来源的最基本形
式仍然是人们与生俱来的对两种信息的偏好：（1）人、思想或者异常的

事件（积极的或消极的）；（2）人、思想或者对社会有重要意义的事件。

　　早期的新闻媒介研究聚焦于新闻生产过程，为探究新闻定义铺垫，包括对记者和新闻机构的影响。怀特（White）以某电台编辑盖茨先生（Mr. Gates）的个人信条和新闻惯例，以及其对筛选新闻的影响为案例，孕育出第一个"把关人研究"（1950）。不久，布里德（Breed）描述了新闻在新闻室中社会化的过程，从而验证了机构政策和监测者的影响（1955）。

　　一些学者对作为"社会构建产物"的新闻进行了研究。莫罗奇和莱斯特（Molotch and Lester）按照"惯例"、"丑闻"或"事故"进行分类来分析新闻条目（1974）。塔奇曼（Tuchman）探索了新闻生产过程，发现新闻机构的结构和劳动分工对新闻的定义有影响（1978）。菲什曼（Fishman）聚焦于当地新闻报道的惯例，发现记者通过新闻的结构而不是价值来决定和指导新闻生产（1980）。

　　菲利普斯（Phillips）划定4个新闻媒介组织作为研究对象，进行参与观察研究，并指出新闻实践者没有"概念化他们自己的经历，或者将具体细节置于宏观理论框架之中"（1976：88）。甘斯（Gans）对电视和杂志新闻进行内容分析，并且在4个媒介组织中进行参与观察，随后进行整合，用这个方法来研究新闻（1979）。科恩和其他人（1996）观察新闻产品和内容，以及欧盟范围内11个国家在与欧洲广播联盟新闻交换信息服务的关系。简森（Jensen）和他在7个国家的同事使用内容分析法、个人访谈、家庭采访来研究人们探讨新闻时的主题（1998）。

　　国际新闻的研究，最初聚焦于外国新闻如何散布并在全球范围内结构化（Hester, 1973；Malek and Kavoori, 2000；Pasadeos et al., 1998；Sreberny-Mohammadi, 1984；Wallis and Baran, 1990）。例如，格伯纳和马尔瓦尼（Gerbner and Marvanyi）挑选9个国家的外国报刊封面进行内容分析（1977）。研究表明外国新闻封面的数量变化与政治制度相关。吉姆和巴尼特（Kim and Barnett）提出经济水准是决定一个国家在国际新闻网络中地位的最重要因素（1996）。最近，吴（Wu）回顾了38个国家的外国新闻，表明封面主要为经济和新闻源的可利用性所决定（2000）。

研究者没有一直思考新闻在不同文化语境下的定义；但是，一些研究者尝试探索新闻在文化中的意义和新闻内涵在不同文化中的联系与区别。加尔通和卢格（Galtung and Ruge）回顾了在 3 个关键阶段中 4 家挪威报纸的封面，提出 8 项非文化影响和 4 项与文化相关的新闻价值，这些因素影响了一个事件是否会成为新闻（1965）。哈尔卡波和奥尼尔（Harcup and O'Neill）总结了 12 个因素来展示现代情景下的 10 条新闻价值：精英力量、名流、娱乐、惊喜、坏消息、好消息、重要性、相关性、追查和报纸议程（2001）。

休梅克和里斯（1996）提出一项按照等级划分的模型，表明独立新闻工作者对新闻结果的影响；新闻在收集、转变和散布过程中的惯例实践；新闻机构的特点；媒介之外的社会机构；社会思想体系和价值观。韦弗（Weaver）在他的关于全球范围内新闻工作者的研究中详细叙述了这些观点（1998）。

无论我们怎么看，人们似乎对信息有着一种与生俱来的兴趣。而且，人们对特定信息种类的兴趣大致相同，即使他们对于特定话题的兴趣有所差异。事实上，这本书最初的观点就是来自这样一种认识：不同文化和国家的人们会从根本上对前述两种新闻信息感兴趣。

我们需要指出的是这本书——事实上，包括全部的项目——是一个社会科学研究模型演绎的例子。这个方法从理论开始，从理论衍生出假设，验证假设，然后必要地修正理论。在一个理想世界中，这个演绎过程持续直至理论完成（或者直到有关学者认为我们所做的工作已经足够了）。

尽管演绎模型是常见的授课内容，但是它几乎没有在学术作品中出现过。期刊中的专业文章常以有限理论概念和实验假设开始行文，但篇幅一般少于 20 页。如果我们希望全面理解结论并且通过"渐进升级"的方式来进一步发展理论，篇幅就太少了。如果学者能够立即一篇接一篇地发表期刊文章，呈现其理论修改的过程，提出并验证新假设等，这个领域可能会发展出更多且更好的理论。这样一系列期刊文章最终将构建出完整的理论体系。但是学术出版界并不鼓励理论驱动研究项目的发展；他们将论文评判为特殊的产品而非理论建构的逻辑和演绎过程的第二个或第三个重复。结果造成不太鼓励理论建构的氛围。

诚然，我们并不认为我们已经构建出新闻和新闻价值的完整理论，但这本书确实展现了我们演绎过程的各阶段。与此相似，第二章陈述了最初的理论和假设。第三章陈述了方法论，讨论第一个阶段我们如何挑选10个国家来做研究，以及我们如何在时间跨度为7周的7天中完成对60家报纸、电视和广播新闻节目的量化内容分析。第二个阶段包括20个国家的8个中心小组，代表了记者、公共关系业界人员和高低社会经济地位受众。组织这些小组的目的是发掘人们所期望的信息类型，以及他们所认为的最具纪念意义的新闻事件类型。在第三阶段，我们采用在中心小组后期获取的数据，在这个过程中，人们需要给新闻标题排出等级序列。

在第四章到第七章，学者以多种方式验证假设，并在第八章至第十七章以国别的形式予以细化。在第十八章，我们诠释了这些结果并得出结论，我们的一些原始假设并未得到验证，同时需要建构一个新的理论模型。新模型需要重新定义旧概念，同时加入一些新概念。我们呈现了修正后假设的验证结果，也包括检验了很多次的观点。幸运的是，在一部400多页的著作中验证一个演绎的模型，比在一篇20多页的文章中显然要容易许多。

但是，同许多尚待解决的课题一样，我们不会仓促给出结论。对那些缺乏耐心的读者，已修正的理论在第十八章。但是由于本书所述之内容在各个国家逐渐强化，我们只有阅读完所有的章节之后才能最好地评估论据的重要性。

什么是新闻？对这个概念的讨论，本书成书之前已经存在，本书成书之后也将继续下去，但是相信，在这个项目中做出的努力，将会对其他学者的深化研究有所助益，将致力于学者们构建更好的理论。

第二章　进化与新闻

如果你让一个记者来定义新闻，记者可能会回答："新闻就是被人注意到的事。"如果硬要求他来下定义，记者可能会列出一系列让人或者事件更有新闻价值的标准：新奇或者古怪，冲突或者矛盾，有趣，重要性、影响力或者结果，耸人听闻，即时性，相关性（Shoemaker, Chang and Brendleinger，1987）。如果更进一步地要求，记者可能会失去耐心，因为对一个记者来说，对新闻价值的评估基于刚刚提到的情况的可操作化过程。也可以说，从业者典型地构建了一种完成日常工作要求的方法。他（或者她）很少对定义某事或某人有一个具有新闻价值的理解。可以肯定的是，有些独立的记者可能会沉浸在更多关于他们工作的抽象的沉思中，但是这个职业作为一个整体可以适用这些评价，他们也不在意应用之外的理论。霍尔（Hall）称新闻是一个"平滑的"（slippery）概念，因为记者定义的新闻价值是那些进入新闻媒介的事情（1981：147）。

我们有兴趣对新闻定义的发展进行更加理论化的阐释，因此我们提出，人们——包括记者群体——对一件事情的两种维度最感兴趣：有多大程度的异常性以及有多大程度的社会意义。我们提出这些维度的强烈程度，确实与这些新闻在大众媒体上的显著程度是相关的。我们也提出这两种标准相互影响。一条新闻如果既具有很大程度的异常性又具有社会意义，它将会获得最显著的报道（Shoemaker，1996）。

一、为什么是异常性和社会意义？

回到那些记者们用来定义新闻的基本原则，我们可以看到一些新闻包括了异常性这个元素，另一些则包括社会意义。后面我们将定义异常的 3 个维度。大体上来说，我们可以将异常性当作一个人、观念或者事件的特点，这种特点将他们与地域、社区、邻居、家庭中的其他人等区分开来。异常可以是积极的或者消极的，但大多数异常都有它消极的一面，就像大多数的新闻一样。当记者用异常作为一个重要标准来评价某事是否具有新闻价值，他们会使用可操作性的指标新奇性、奇异性或者不正常的；冲突；争论；耸人听闻。这些新闻的指标告诉我们一些不同于我们日常生活的事情。例如，当戴安娜王妃在巴黎死于车祸时，之后很久在很多地区，新闻都表现出同情与好奇。

稍后，我们将提出社会意义的四个维度，尽管它可以大致被定义为与社会系统相关——无论这个社会系统是大到整个世界还是小到邻里。新闻的标准包含了社会意义这个因素，它囊括了重要性、影响力、结果和兴趣。例如，恐怖主义者驾驶飞机摧毁纽约世界贸易中心并冲向华盛顿的五角大楼，这就是具有世界意义的重要新闻，几乎每一个国家都给美国发去哀悼信息。另一个对社会意义的更重要衡量是那些没有太多恐怖主义历史的国家，从相关新闻中得到一种强烈感受，即自己比以往任何时候都面临恐怖袭击的危险。

通过对比戴安娜王妃的去世与对五角大楼的攻击，我们了解到，异常性和社会意义的概念可能相互影响。戴安娜的死在英国之外的社会意义较小，由于她与查尔斯王子离婚，不可能进入女王的行列，甚至可能在英国的重要性都很有限。她的死——事实上也包括她的生活——对大多数人来说都是异常性的代表。她奇特、有争议、引人注目，她的离婚包含了冲突。另一方面，恐怖主义者袭击纽约和华盛顿附近具有经济和政治上的重要性，同时，在普遍层面对大众福利也有影响。这次攻击也明显是异常的：飞机以摩天大楼为目标并导致它们的崩塌；数以千计的

8

人们死亡。此外，第四架飞机也存在异常性——可能以白宫为目标——虽然并没有被恐怖分子成功劫持。乘客制服了恐怖分子，不过飞机仍旧坠毁，致使机上无人生还。乘客表现出来的英雄主义，是罕见的，自然也是异常的。

我们假设异常性和社会意义是各自独立的评测新闻价值的元素，这两方面的结合——当都有强烈的价值时——结果导致了新闻价值的强调层次。如表 2.1 所示，当一项活动具有强烈的异常性和强烈的社会意义时，新闻价值达到最高，比如当立法者通过一个国家的预算时，虽然这项活动对于国家来说是重要的，但是通过预算这个行为本身是一个政府的常规活动。因此，当社会意义和异常性强度更弱，人、观念和事件的新闻价值应该会更低，并且它们中的大多数将永远不能通过新闻的门槛而变成一条新闻事件。事实上，每天发生的无数事件中的大多数都适用于这一说法。(Shoemaker，1991)

表 2.1　预测具有新闻价值的事件（包括人和观念）的理论模型。根据异常性和社会意义挑选有资格成为新闻的事件 [1]

| | | 异常性 | |
		低强度	高强度
社会意义	低强度	低新闻价值 （例行的城市委员会会议）	高新闻价值 （戴安娜王妃之死）
	高强度	一般新闻价值 （国家预算通过）	高新闻价值 （美国世贸中心被袭击）

二、生物进化

我们认为，生物和文化这两种形式的进化，深远地影响了世界范围内的新闻形式。生物层面的影响导致异常性的产生，文化层面的影响针对社会意义。新闻部分的异常性基于生物进化而产生。

1　改编自 Shoemaker, Danielian and Brendlinger, 1991：783。

对某种观念、人和事件的关注，是一种认知的行为，这种认知的理论始于生物学——人类大脑进化的方式（Shoemaker，1996）。正如尼维尔（Newell）所说，"进化论是人类认知建筑的设计者，它将选择那些有助于物种生存的系统"（1990：112）。关于进化的心理学表明，意识的进化过程可能是通过一种类似于身体进化的形式进行的（Malamuth, Heavey and Linz，1993）。巴斯（Buss）说，生物进化可能通过多种方式影响思维（1991）。有一种观念认为，持续进化的结果验证了普遍原理，例如学习和推理的能力是生物进化的结果。相反的观念，是进化创

10 造出一些具体的生物机制来解决多种环境问题。持后一种观念的是进化心理学学者，后者称进化是生物进化和行为解释中间所缺失的链条（Cosmides and Tooby，1987）。他们认为生物进化借助于心理学处理机制施加影响于社会行为。用这种认知程序解决具体问题，例如避开掠食者的行为，被称作"达尔文算法"（293）。这种算法也可以将构建框架作为结果。

在认知和大脑的理论中，电子化的理论出现得比较多。朗（Lang）整合了生物、社会学习和条件发射理论，他认为刺激和反射之间的关系牢固地建立在大脑中。辛格（Singer）说人的大脑对于周边不可逆料的事件能进行自动的反应（1980：37）。科斯米德斯和托比（Cosmides and Tooby）说指导着人们行为的心理学原理是某种形式的神经硬件（1987）。休梅克提出生物进化使人类与新闻建立固定的联系（Shoemaker，1996）。

1. 达尔文的进化论

关于进化论的清晰理论最早出现在查尔斯·达尔文的著作中（Charles Darwin, 1860, 1936a, 1871, 1936b），他最大的贡献是关于进化如何发生的花哨解释，包括所有生物繁殖，同一物种中个体之间轻微的不同，物竞天择，等等。当环境发生变化，或者当一种新的生物遭遇一种已经稳定的物种，最适应新环境的生物的繁殖数量将超过那种较次的

生物。生物之间的区别或环境中的变化，将因此给某个物种中的不同成员带来再度繁殖的优势，而给其他物种带来这方面的劣势。

在达尔文理论中，适应力概念是关键要素。他将适应力定义为一些让生物在与其他生物相竞争时更可能生存和繁衍的结构、过程或者行为方式。简单来说，适应力会使人类自身的基因在下一代中呈现出更高的竞争力，"受欢迎的基因将在人口中广泛传播，它们的特点将成为物种的特性"（Wilson，1978：32-33）。尽管一些物种的基因会引起某些疾病，例如，基因组合很有可能一些在"开启"，同时另外一些在"关闭"，因此引发社会事件。随着对人类基因组理解的增加，我们能够更好地用基因来解释社会行为。目前，几乎每天都有关于人类基因结构的新发现，很多改变了我们以往的认识。目前还不清楚基因特征通过何种准确的方式对彼此施加影响。

在早期人类社会，监测对新闻收集和传播具有相当的价值。相比
其他群体，那些能密切监测掠食者的群体更容易繁衍。无论是因为饮食、地理、自然灾害或者变异，早期人类需要展现出很多变种。同样，相比其他物种，某些物种更加有兴趣或者更加能适应环境。很久以来，几乎所有人群中都能发现监测的功能。这也许解释了一些人类学家所称的"文化全球化，诸如忧虑、生气、压抑和满足的情感"（Kemper，1987：263）的存在。焦虑与烦躁的情绪在早期人类中互相影响，从而刺激监督机制，因为这些情感"当面临危险或者来自他人的威胁时，能够激活机制从而为生存目标承担紧急的任务"（268-269）。

2. 坏新闻，好新闻

威尔金斯和帕特森（Wilkins and Patterson）提出，对一个记者来说，最好的新闻是他人的灾难。这个提法被另一流行的观点所加强：那就是相比于好消息，媒体更喜欢坏消息（1987）。事实上，新闻充满了丑闻、冲突、犯罪和灾难。为什么？因为人们对这些事件感兴趣。虽然偶尔有对好新闻

的需求，但事实上，相比坏新闻，人们投向好新闻的注意力确实更少。

研究"注意力"的心理学家已经发现，相比常规事情，新奇的事情更容易让人们记住（Nelson，1989）。对一个新奇或者不正常的关注目标来说，只要它具备一个出乎人们意料的要素，它的影响就会持续（Rovee-Collier，1989）。突然面对大量意外的信息，人们会变得惊讶和恐惧（Singer，1980）。纽哈根和里弗斯（Newhagen and Reeves）在对负面电视新闻影响记忆的效果研究中认为，信息如果符合而不是优于一个引人注目的负面形象时，最有可能被记住（1992）。

尼斯巴特和罗斯（Nisbett and Ross）提出，相比于苍白的信息，人类更倾向于记住生动活泼的信息（1980）。尽管所有生动的信息并不一定是坏新闻，所有坏新闻也不一定是生动的，但是它们之间确实存在联系。即使当媒体上出现一个内容不那么生动的坏新闻，例如失业率的增长，记者也会通过调查它们如何影响独立的个人来使这些统计事件人性化，从而使信息更加生动。相比那些不生动的信息，我们更倾向于把注意力投向生动的信息。因为生动的信息通过以下三种方式之一激发了我们的想象力：（1）它有趣并且包含了我们的情感；（2）它是具体的并且构建了图像；（3）如果不从地理接近性而是从时间和感觉来说，它与某些事情的相关度最高。

12　　使用这个定义，生动（同时也是负面）的新闻包括了以下事件，例如政变、地震、谋杀和丑闻。因为坏新闻也具备异常性，并且相比常规事情，这些异常性的事件需要更久的认知过程（Newhagen and Reeves，1992：26），一个重要的问题是为什么对于信息的获取和传播，尤其是异常的信息变得对人类如此重要。人类对于坏的和异常的新闻内容给予更多的关注，因为这是他们最感兴趣的。当人类在环境中生存下来，面对异常的刺激，他们的适应能力增长了，从而减少威胁的可能性（Newell，1990；Newhagen and Reeves，1992）。当面临突如其来的不妙景象时，人们的潜能会激发出来，从而有助于自己在遇险时表现得更好（Lang，1985）。

三、文化进化

如果人们容易注意异常的新闻并非天性使然，那么新闻消费的习惯则必须——事实上也是这样——在后天养成。毫无疑问，当我们还是孩子时，大人教导我们养成的重要习惯之一，就是注意周围环境（过马路之前要看两边），并且通过认知获取那些可能的威胁和潜在的利益的信息。尤其是涉及一个异常的事件或"坏新闻"的时候，对于异常的人的定义（"远离奇怪者"）、事件（"不要使用毒品"）和想法（"谁告诉你的那个？"）不仅能够维持现状，而且可以增进个体安全：我们知道什么可以伤害我们，我们知道根据我们的文化标准确定是非，我们知道什么是我们文化所强调和值得注意的。

人们将文化定义为"一个至少在某种程度上包含了多种信息的水池，在代与代之间进行组织化的传送"（Barkow，1989：112）。如凡·迪克（Van Dijk）所说，这种组织化学习给我们提供普遍的规范和价值观，当异常性变得有意义，我们的文化教会我们什么是流氓无赖，什么是对他们的惩罚，哪些异常的想法和习惯需要注意（1988）。

文化是我们从他人那里学到的东西。一代人教会另一代人，每一代人都将会通过非遗传的方式继承知识、态度和自己祖先的行为方式。学习材料组成了文化遗产。这种方法强调了社会学习——而非生物进化——才是文化的基础（Rogers，1988）。我们手头有个来自于社会学习支持的理论，解释了人类为什么会注意新闻（Bandura，1971）。这个解释表明，社会行为——例如监测——通过文化社会化这一过程，在个体出生之后就获得了。最初的社会化影响来自家庭、学校、同辈和大众媒体，每一个儿童都被告知他们生长于其中的文化。学习材料会停留在短期和长期的记忆中，在那里这些学习材料将会根据需要得到恢复。关于具体威胁的信息和环境，会通过社会化的教育习得，（根据这个理论）13 普遍的环境监测需要也适用于此。

人们经常使用"社会化"这个词汇来解释儿童是如何习得他们出生

地的文化的，"文化适应"这个词条解释了一个非常相似的过程：对于第二序列或者替代性文化的习得。这些过程被认为是相似的。作为一系列内部相关的认知呈现系统，文化在引入基因的影响后被习得。在大多数习得理论中，研究者不会考虑生物对社会行为的影响。(Kim, 1977; Osenberg, 1964; Shoemaker, Reese and Danielson, 1985)

四、异常性

我们先前阐述过，人们会注意异常的人、观念、事件，就像在繁忙的街道上看到汽车在面前疾驰般一样普遍，相比那些不经常的事件例如入侵的军队，人们可能对另外一些事保持更多的警惕，例如他们的孩子变成吸毒者、他们自己在工作场所被批评或者异常的政治思想可能改变社会的本质等。

这种趋势并不新颖，但是无数代时间下来，它在人类社会中根深蒂固。对早期人类来说，注意环境是功能性的，当危险出现时警告他人，或者呼吁关注可能有益的东西：提醒他人洞穴外有一只老虎可以让我们的祖先避免受伤和死亡，发现并周知一个食物来源能够帮助群体生存并繁荣。

在社会学、社会心理学和心理学的文献中，人们通过多种方式对异常性予以定义。**规范上的异常**是指大多数人听到这个词汇时会想到什么，因为它涉及对规范和传统的打破（Wells, 1978）。犯罪是异常，也包括那些不按他们文化标准服装穿戴的妇女。规范上的异常普遍表现为负面的，因为它们涉及的是那些成文或不成文的体系化的规范和法律。但是，在一个国家被认为违反法律的行为（对那个国家是负面的），在另一个国家可能会被认为具有正面意义。

社会变化和异常最初被称作"病理"。一个世纪前，社会学家认为社会是一个有机体，他们将一些异常的形态看成是病态的并且会威胁组织的健康（Matza, 1969）。案例之一，同性恋在那个时代被认为是对现状的威胁——对公共秩序来说，这种威胁的原因在于疾病入侵身体细胞的程度。不过在那些古老观念发生改变的国家，目前有一种观点对同性恋看法完全不同。有人辩驳：这是生物机制引起的。另外一些人声称它是文化和童年经历所导致的。对其他人而言，它仅仅是个人偏好。

这个想法很可靠：社会体系能够维持也可以改变现状。但是由于 14 "病理"这个词只有负面的内涵，我们重新命名并且重新阐释了这个词条，代之以社会变化和异常，其中，观念、人和事件或大或小地挑战了社会系统的现状。20 世纪 60 年代，当美国非裔质疑那些限制他们去哪所大学、在公交车上坐在哪儿的法律时，他们挑战现状并且最终改变了社会体系，他们改变了法律、规范，也包括一些态度。毫无疑问，种族主义在美国仍然存在，变化是正面的还是负面的，很大程度上取决于每一个人的视角。革命对那些当下的掌权者来说是负面的，但是对于那些挑战者来说，如果他们赢了，革命就是正面的。

统计异常性是第三个维度，在这个维度中，观念、人或者事件通过变得古怪、异常或者新奇而与平均值颇有不同。从统计上说，飞机事故是异常的，因为大多数飞机的事故风险率低。一个人在标准化考试中获得极高或者极低的分数是异常的，因为成绩远离了平均分数。撞车、沙漠地区的过量降雨、一幅遗失在地铁中的油画被归还给失主、世界上最长寿的人都是统计异常的例子。

简单来说，这次研究中异常性的维度包括规范、社会变化和统计。[1]

1　文献中有其他两种异常性的定义，但这些定义不太适用于研究世界范围内的新闻定义。标签化异常性描述了人们用标签和言语来描述他人的情境。（Becker，1963；Erikson，1966）老师将学生叫作"后进生"并为其他老师引用之后可能会影响学生的发展。很明显，老师对学生的期待影响学生的成功。

与标签化有关的是自我认知异常（Wells，1978）。如果学生采用老师或家长的观点作为自我描述，那么其自我认知就会发生变化。学生认为其他人对他的评价一定是正确的，随后就会以内在自我的形式表现出来。

虽然标签化和自我认知是确凿并且重要的异常性，但这些概念不会应用于本研究，本项目研究新闻内容，分析人们对新闻的看法。大众媒体内容不具备自我认知，但人有，我们的侧重点不是在人们的自我认知如何，而在人们如何看待新闻上。

我们可以根据语境来这确定三个维度是积极还是消极，并且我们提出的所有这三个关于异常的维度都可以用来定义新闻价值。

五、社会意义

虽然像我们看到的那样，异常性在很大程度上决定了新闻的主体（Shoemaker Danielian and Brendlinger，1991），但是很明显还有另外一个主要维度。由于人们会把时间消磨在某些事情而非其他事情上，人们会在个人层面或者公共层面留心那些会影响到他们生活的事情。克雷（Carey）描述道，重要的新闻内容为："必须阅读的符号，一些大事情的预兆，颁奖和值得纪念的标志性事件，作为文明国家的独特证据，我们面临的危险或曾经拥有的荣誉。"（1987：191）比如选举、新的法律、法庭的审判、文化事件、博物馆的闭馆、或高或低的通货膨胀、纸币贬值、战争、恐怖袭击、一种治疗艾滋病的新药物、报社倒闭、有线电视网的开始、杰出人物的死亡，等等，都具有社会意义。

先前的研究对经济、政治和文化意义做出了区分，研究辩驳道：这三个维度解释了某件事情对于特殊文化和社会的意义（Shoemaker, Danielian and Brendlinger，1991）。我们定义一个新闻内容的政治意义，是看它在多大程度上拥有潜在和实际的对人民与政府之间或者是政府与政府之间的影响，包括司法、立法和行政子系统。人、观念或者事件拥有政治意义的范围，包括从地方犯罪到国际条约。所以任何事情涉及地方法律（违反它们），涉及监狱及他们相关的话题，以及对城市议会的抱怨都具有政治意义。因此，政治意义并不局限于国家或者国际事务，也可以是地方事务。

新闻内容的经济意义，体现在物品和服务的交换多大程度上拥有潜在或实际的影响，包括货币系统、商业、关税、劳动力、交通运输、工作市场、自然资源和基础设施。地方行为的经济意义，包括某公司倒闭和解雇员工、某工会为了提高工资而向制造商举行罢工，还有阻碍人们出门购物的洪水，以及具有经济意义的国际行为，包括对一个国家比另一个国家更有利的汇率。制造能力的增长或者减少会有经济意义，新的自然资源的发现也是如此。

至于新闻内容的文化意义，人们定义为在多大程度上对下列事物拥有潜在的或者实际的影响：社会传统、机构和规范，例如宗教、种族或者艺术。例如信仰某个宗教的人数增加具备文化意义，同样抢劫国家博物馆的事件也具备文化意义。在地方层面，一个新的图书馆或者音乐厅开放丰富了社区的文化生活，这些自然都具备文化意义。

第四个维度是公共意义，它指的是一个代表着公共利益的新闻内容的增加或威胁。一般来说，我们假定，很多人受某新闻内容的影响，表明无论是正面的还是负面的，该新闻对公共利益的影响更大。这个维度指向的新闻内容不受其他三个社会意义维度所影响，例如新药物的发现、对一个谋杀犯的指控、重大交通事故或者石油泄漏的长期影响。

基于这些定义，我们假定，一个新闻在四个意义维度上具有高影响，需要比那些低影响的新闻在特定文化中占有更多新闻版面。重要的是，我们要注意我们判断社会意义的语境是观念、人和行为发生的地理空间。因此，一些在一个国家拥有社会意义的事件，也许在另外的国家或文化中并不具有社会意义。

六、生物和文化进化对新闻的共同影响

如上文所述，对人类社会中有效监测行为的发展，至少有两种可能的解释。第一个是人类对新闻的兴趣可能有生物学方面的根据。人类在新闻传播和收集方面固有的再生产优势，从根本上导致人口数量的增长，也因此催生出那些关于环境变化的调查和报告。让我们迷恋新闻的原因是文化因素：在很多社会中，人们从小就被教导他们应该对周围的世界予以注意。老师给出时事测验，父母与他们的孩子讨论政治与世界时事，在美国，一个最根本的假设是关注新闻有利于民主，对于异常政

治思想的观察比观看老虎更加重要。

生物学解释和文化解释的重要区别是，生物学解释假设人们生来就具有关注新闻内容的倾向，与此相反，文化解释认为关注新闻的倾向可以学习，并且是个体对他们社区和国家的整体社会化。具体什么应该被关注很可能也是文化决定的。

所以，人类用新闻形成来强调异常性和社会意义，更多的是基因进化的功能还是文化社会化的功能？最好的答案不言自明，就是它们彼此相互影响，彼此设定边界（Lumsden and Wilson，1981）。基因遗传只给我们对这个世界一小部分进行看和听的能力，但是文化进一步决定了我们会选择关注哪些现象。

但是，基因进化的进程千年万载，甚至上百万年，文化改变却可以在相对意义上瞬间发生。基因遗传可以决定什么样的社会行为是可能的，文化决定那些行为的形式和表达（Lumsden and Wilson，1981）。如同马拉姆斯、希维和林茨（1993：67）所理解的那样，"目前的行为并不是一个先天因素与后天因素二者择其一的产物，而是先天因素和后天因素共同作用的结果"。

在生物进化中，关注点在于化学构成的基因和基因组合是如何产生基因进化的。当我们讨论文化进化时，意味着思维构建，例如想法或标志，来源于人类观点和记忆并可以追溯到改变并与其他概念相结合（Handwerker，1989）。在文化进化中，大脑产生并组织"理解和寓意的系统"（324），因此文化进化比较短暂地存在。因为每一个人都创造并再创造他（或她）对于文化的理解。每一个人都有独一无二的人生经历，并且只有当人们分享他们个人经历时"文化"才会变成普遍的。

17　　　这挑战了文化是社会系统的特性这一观点，但是我们知道个人在某种文化内确实共享着一些共同的观点。正如威尔金斯和帕特森（1987）所指出的，新闻遵循着易于理解的风格与文化范式。例如，灾难的新闻倾向于被描绘成情景喜剧，包括预测性与刻板效应。新闻并不是与文化分离的事物，但它是"在物质和认知现实的文化历史和传统体系的实践基础上授权的社会行为"（Koch，1990：190）。在某种程度上包括异常，因此我们可能期待"监测"这一行为系统在某种程度上拥有文化意义。

很明显，我们是生物——经历出生、成长、生育、死亡。劳布里托（Lopreato）提出，文化是表达人类本质的方式（1984：33）。他定义为一系列基于基因的人类行为倾向通过自然选择或者至少部分社会文化进化得以进化。"进化心理学表明一个个体明确的心理和行为产生于心理机制和环境因素的彼此影响和刺激，这些影响和刺激在个体之间是不同的。"（Buss，1991：478）一个初生的婴儿的意识，并不是一块可以任意书写的白石板，而是有组织的机体，它通过基因遗传的潜在影响以特定方式来运转。通过文化社会化，这些潜力受到鼓励或者限制。文化可以决定被演奏的是什么曲调或者哪一种曲调，但是它不能使一架钢琴变成一支长号。

这个相互作用的观点表明，对一个人来说，文化概念只有在这样一种前提成立时才存在，即在"基因构建导致一种、许多乃至所有感觉层面的信息彼此相关"（Handwerke，1989：317）时才能存在。但是，基因并不决定构建的内容。每一个人都通过基因和文化得以构建。

人类学家所定义的文化"普遍性"（Rindos，1986：319），恰恰可能是我们共同基因的基础模板。这样的普遍性由相对稳定的特性组成。我们的基因遗传可能给我们一系列形成文化基础的行为倾向（Wozniak，1984）。除了环境监测之外，还包括乱伦禁忌、债务关系、属地、阶层、民族优越感（Lopreato，1984），或者侵略与占领、状态、性行为和性角色（Gove，1987）。学者们观察到的文化中关于信仰和信仰的前提的变化，可能从相似逻辑过程的共同基础上派生出来（Cole and Scribner，1974）。乔姆斯基（Chomsky）曾经表示过相似的观点（1968），他提出人类语法可以跨文化运行，他指出一个儿童的智力增长是基于普遍人类生物过程的结果，伴随着环境影响作用于生物繁殖。

艾克兰德（Eckland）提出了一个生物和文化进化相互影响的模型（1982）。他表明生物和文化通过持续的代际间的反馈相互影响。新的范

18

式总是在遗传和环境的相互作用中出现。基因限制了人类发展的可能范围，在这些限制内，人类小范围地改变他们的环境和文化，从而改变下一代的分配，这样他们就可以更多地变化。基因规定了一系列可能的生物过程，它的具体形式被文化和物理环境所塑造。

如果不考虑文化对社会行为的贡献，最终的理论只能被解释为"基因决定"（Geiger，1990）。同样，如果生物对社会行为的贡献不被考虑，最终的理论——代表社会科学的规模——可以被描述为"文化决定"。在不同文化环境中，我们期望看到同样的社会行为发生，这可能是人类基因共性的证据。与此相反，不同文化间社会行为的显著变化，可以证明行为主体固有文化的影响。

人们对新闻的兴趣可能是这两个纯粹模型互动的结果，伴随着人类先天对异常性行为的兴趣，还有人类在社会化后对那些与他们的文化和社会有重要意义事件的关注。文化可以摆脱其生物基础的影响吗？威尔逊（1987：167）说，基因通过控制链来把持文化。链条是非常牢固的，但不可避免的是文化将与人类基因积累的效果混同。大脑是进化的产物。

七、假设和研究问题

作为一个概念，人类对新闻的兴趣并不是新颖的话题。什么是新闻？我们如何解释它的内容？尽管无数学者分析过影响新闻内容生产的因素（Gans，1979；Tuchman，1978），我们的理论仍聚焦于人类是如何通过生物和文化进化而形成条件反射的。生物进化提供了一个所有生物因素构建的基础。存在这样一个观点：人类大脑在观察环境时是线性思维式，并且偏爱异常和具有危险行为和想法的新闻。如果我们接受这一观点，那么我们能够更加全面地理解这一规律——记者对异常性或者坏新闻的挑选，可能反映出了人类对这类新闻的基本生物倾向，并且这不是记者这一群体独有的特点。

长久以来大众传媒面临太多对坏新闻的指控，现在这个理论方法挑战了相关的指控，它表明人类天生对异常性信息感兴趣（尤其是环境威胁），它们经常是坏新闻的代名词。如果人们对新闻的兴趣是天生的，这就解释了为什么新闻内容包括那么多的坏新闻。尽管新闻内容被广泛的力量所塑造（Shoemaker and Reese，1996），他们不可能克服这个事实，即新闻是由具有生物性的人类生产的。

对新闻的兴趣，尤其是富于异常性的新闻，跨越人类历史口耳相传。对环境威胁和其他形式的异常性的关注，提升了早期人类繁衍的优势，因此监测这一行为作为达尔文意义上的内容以及作为跨越人口的社会行为得到便利使用。尽管群体中个体的变异——达尔文理论的关键部分——已经发生，人们还是有一些基本的共同需求，例如监测，整个人类都从中受益（Buss，1991）。

这里呈现的研究是为了处理一些想法。例如，这个理论应用于新闻研究的结果表明，与不异常和最异常的行为相比，人类普遍对普通意义的异常行为注意更多。这个角度表明不同国家的人们对于异常性和社会意义分享的不同兴趣，并且他们国家的新闻大同小异。我们的看法基于两种假设：（1）记者是人；（2）人对异常行为感兴趣。另一方面，人们可以期待，在异常行为中，来自两种不同文化的人可能关注不同种类的行为。这个理论也表明，一个行为的异常性越是剧烈或者越具有社会意义，它就越能够不受时空限制被新闻媒体突出报道。就是说这个效果是可以被观察到的，不管是纵向的，还是跨越文化的。我们看到，大多数新闻报道的封面来决定异常行为的类型，会影响对监视的深层倾向，这种倾向是通过文化和时限的复合变化得出的。

在这个理论框架内，我们发展了以下的研究问题和假设，一系列问题强调了新闻话题的类型和哪些是最具异常性和最具社会意义的。

　　研究问题 1：哪些新闻话题最普遍？

　　研究问题 2：哪些新闻话题具有最重要的异常性和社会意义？

　　研究问题 3：国家间的新闻话题的异常程度和社会意义程度具有多

大的相似性？

研究问题4：在新闻中有多少异常性和社会意义？

研究问题5：各国新闻内容的异常性和社会意义程度在多大程度上拥有相似性？

研究问题6：中心与周围城市在新闻的异常性和社会意义程度拥有多大程度的相似性？

20 研究问题7：异常性和社会意义的剧烈程度在报纸、电视、广播新闻三种媒体中具有怎样的相似性？

研究问题8：视觉和语言内容的异常性和社会意义的剧烈程度具有怎样的相似性？

研究问题9：什么类型的信息会吸引人们的注意，为什么？

研究问题10：什么样的新闻内容在人们眼中最为奇怪？为什么？

研究问题11：记者、公关人员和新闻消费者在新闻定义上有什么不同？

我们通过使用来自于中心小组结束后人们所持有的新闻价值的量化数据来检测下述假设：

假设1：在观众、记者和公共关系从业者之间对行为的新闻价值的评估，存在一个正相关。

假设2：三组人评价事件新闻价值和报纸给予事件多少显著性之间存在正相关。

一方面，如果新闻被定义为历史悠久的生物和文化进化，那么所有类型的人（无论他们涉及大众传播还是其他职业）应该通过一个相似的方式来评价新闻内容。与此相似，如果人们对于新闻事件的评估与当地报纸对于事件的涵盖非常相似，这可以支持以下想法：（1）报纸给予受众他们所想要的，或者（2）受众通过报纸得到的长期阅读训练从而希望报纸给他们些什么。一个相关因素的缺席（或者是一个负相关的呈现）显示，权力——而非个人——关于新闻价值（无论记者、公共关系从业者或是受众）的观点，对塑造新闻更加重要（Shoemaker and Reese，1996）。

最后，假设3和4通过新闻内容的量化内容分析得以验证：

假设3：一个新闻内容越是具有强烈的异常性，那么它就越可能在媒体中得到突出的报道。

休梅克、昌和布兰德林格（1987：334）建议："异常性创造了一
个对于群体情感对现状威胁的普遍注意；每一个人都因此清楚了规则，但是事实上并没有检测规则本身。"他们指出异常性包含了很多新闻价值的指示因素，这也许是一个更好的、更重要的新闻价值理念的维度（410）。

假设4：一个新闻内容的社会意义越强，那么它就越可能在媒体上显著报道。

由于新闻媒体的强制性记录责任，一些具有社会意义的事件将会得到媒体的报道，无论这件事件多么普通平常，例如一个党派会议。但是，相对于更多具有社会意义的事件，这些事件更具有平常性和惯例性，空间和时间限制会自然地将它们过滤，从而在时间和空间分布方面展示出更多的显著性（Shoemaker ,Chang and Brendlinger，1987：356）。

第三章　方法论

23　　研究在 10 个国家进行：澳大利亚、智利、中国、德国、印度、以色列、约旦、俄罗斯、南非以及美国。范围包括：大中小三种国家，一般意义上的西方国家和东方国家，北半球和南半球的国家，发达国家和发展中国家，拥有不同宗教信仰、政治体制、语言、文化和国民生产总值的国家。

每个国家的项目主管都得到一位高水平的传播学研究者的帮助，这些主管在所在国选取媒体样本和其他问题上做出决定。在研究过程中，这些国家的主管组织一些会议。为了完善研究工具，他们在不同研究阶段使用电话、电邮和传真跟进。

在 10 个国家的研究中使用以下两种基础方法：

1. 针对一系列报纸、电视以及收音机节目样本，使用定量内容分析法；

2. 在记者、公共关系从业者和观众群中，以中心小组为单位进行定性讨论。

另外，中心小组使用来自内容分析的一部分数据，再通过两种方法建立内部相关。中心小组负责人在实验结尾时收集量化数据。因此，按照时间顺序收集数据很关键，而此前的内容分析就显得必要了。

每个国家的主管选择两个城市作为研究地点：一个中心的，一个外围的。一些社会学家，尤其是希尔斯（Shils），对之进行了区分（1988）。他们认为，成员们明显意识到两者的区别。这么做的原因，在于中心城市的媒体环境通常较为丰富，外围城市则相对贫乏。同时，在两类城市中所发生事件的本质会有所不同。最后，国内和国际新闻在每一个城市的媒体上的表现，似乎也有所区别。

我们根据每个国家中心城市核心区域居民的数量，以及在战略、政治和文化各层面的重要性来确定选择标准。大多数情况下，中心城市就是首都，但在澳大利亚、以色列、南非和美国，我们选择了其他城市。外围城市的选择与之相反，这10个国家的外围城市区别很大，人口从50多万到不足10万。除了规模之外，外围城市的选择还基于它与大城市的相对距离以及与大城市的联系。对大城市和外围城市的定义是相对的，当然，因为国家大小各异，有的外围城市也可能相当大。

我们的计划是，每个城市都有一家地方日报，同时也有地方电台和电视台。这些电台和电视台会播出至少一档电视节目。基于一些国家的环境，我们对普遍计划作了调整。每个城市中选择的网点是人们阅读、收看和收听最多的，该国研究主管会据此来衡量媒体的声誉和流通程度。

从每个国家中选出影响力大的媒体。一份报纸在一个城市里出版，意味主要的编辑室在这个城市里。这个逻辑同样适用于电视和广播节目。每个国家的主管负责甄选那些能提供有价值的节目的电视台或者电台。如果有些城市电视台和电台没有提供地方新闻，就选择提供国家新闻的电视台。

一、内容分析

内容分析采样是可分解的一周，共7天，即连续7周，每周选择一天，共7天。

1. 报纸

首先进行报纸内容采样。每周一开始，从新闻内容组合的目标出发，选择一周的新闻议题，即第一周的周一、第二周的周二、第三周的周三，以此类推。如果本周不出版报纸，那么就选择翌日进行下一个可能的话题。例如，一家日报周日（选择这一天是为了组成整一周）不出版，就选择周一。这个选择的合理性在于，周日的新闻内容将会按照逻辑在周一出现于报纸中。这个选样方案假设大多数影响力大的报纸将会每日出版。但是，有些情况下城市影响力大的地方报纸将每周出版一次，周报中 7 个话题的收集将持续 7 周。我们通过观察国家的重大历史时刻来获得这些异常的细节。对内容分析日期的选择会在表 3.1 中出现。

25

表 3.1　内容分析的日期

	报　　纸		电视和广播
周一	2000 年 11 月 13 日	周日	2000 年 11 月 12 日
周二	2000 年 11 月 21 日	周一	2000 年 11 月 20 日
周三	2000 年 11 月 29 日	周二	2000 年 11 月 28 日
周四	2000 年 12 月 7 日	周三	2000 年 12 月 6 日
周五	2000 年 12 月 15 日	周四	2000 年 12 月 14 日
周六	2000 年 12 月 23 日	周五	2000 年 12 月 22 日
周日	2000 年 12 月 31 日	周六	2000 年 12 月 30 日

2．电视和广播

正如报纸例子中所展示的，特殊新闻内容的取样是最重要的——它们经常受到最广泛的关注——电视和广播新闻几乎覆盖每周的每一天。

因为电视和广播媒体拥有不同的新闻周期，我们先收集电视和广播新闻内容，次日搜集报纸新闻内容。因为报纸选样始于周一，电视和广播选样始于周日，接下来选样的一天都提前于各自报纸选样的时间。在没有每日新闻播报的地点，则选择每周播报，并且选择连续 7 周每周中的同一天。

3. 分析单元

对所有的报纸和新闻内容作整体分析，以新闻为分析单元，将之定义为"一系列连续的语言和视觉的内容元素（语言是在广播的情形下）"。因此，一个事件的新闻内容会以不止一种方式呈现。例如，"9·11"事件中，新闻内容可以是来自纽约世贸现场的新闻报道，可以是来自华盛顿五角大楼的另一则新闻报道，也可以是关于沙特阿拉伯反映的新闻内容。

更具体点说，一家报纸的新闻内容包括一系列关于相同事件的语言（即文本或文章）和（或）视觉（即照片或地图）等内容元素。我们决定在整个报纸中分析所有编辑材料——也就是说，除了广告、分类广告、作为新闻的付费讣告之外的所有东西。例如八卦专栏，人们容易将每一个针对不同名人的评论看作是单独的新闻事件。

最困难的挑选主要来自报纸头版和部分版面：在很多情况下，这些 26 版面的材料有时候像是在开玩笑。同样，一个电视新闻内容可以包括任何语言层面的内容（即主持人或记者所说的话）和（或）视觉内容（即视频剪辑和静态照片）。至于广播，当然只有语言内容存在。这种情况也同样适用于报纸。为了让不同元素成为相同新闻内容的一部分，我们需要基于一些相同的事项对它们进行组合。

我们清晰地标注了每一条新闻，并在报纸上以彩色标记进行特殊标识，这样一来，它就能够在需要的时候得到回馈。跨版的新闻内容就是这样标注的。

4. 为新闻内容编码

编码过程中我们坚持这样一些原则：

广告（即一个标题、句子或图片）和简要的新闻概述（即一个段落）是分开的——如果它们包括转到其他版面的新闻，我们就将它们与出现在那些版面的故事分开编码。

所有出现在同一版面的天气信息都算一条新闻，不论它是简要的天气提醒、标志还是整张的图、文本和图表的天气预报版面。如果一篇文章或新闻有具体天气变化或者现象，那么它就是分开的新闻。

所有标准的股市行情表都算一条新闻，不论它的信息分布占据多少版面。但是，一篇普通文章和对股票市场（或者一支特殊的股票）的分析就是一条单独的新闻。

所有的星座运势和下面的章节都作为一条新闻。

在一家报纸版面中所有连环画都作为一条新闻。相反，社论漫画就是一条单独的内容，无论是复合的还是单独的。

八卦专栏中每一部分（即每段）都作为一条单独的新闻。

列在同一条目下的求职和招聘作为同一条新闻。

标准材料（例如天气表格、股市报告、星座运势、连环画、求职和招聘）包括在每一个问题中，根据研究者各自文化语境下的标准价值，比较稳定地进行编码。但是，与这些话题相关的异常的新闻事件是单独编码的。

27　　一个主标题接着两个阐述不同故事的小标题的组合，作为三条新闻处理。如果主标题是一个没有相伴文本的分开的设计元素，我们将它作为一条单独的新闻。

一位记者或记者团队对相同的事件写的不同的新闻故事，将作为不同的新闻内容。

5. 给电视和广播内容编码

电视新闻编码应注意以下原则：

同一事件的主持人介绍、视频或者音频剪辑，作为一条新闻。

一个主要事件如新州长的竞选经常会被安排到多种次一级的故事

中，每一个都可能包括来自记者和或其他消息源的视频或音频剪辑。这类故事均作为一条单独的新闻。

新闻摘要和简讯（经常被主持人主持或者评论）作为一条单独的新闻。

主持人对消息源或者记者对消息源的采访作为一条新闻。

所有简介或者过渡性的影像剪辑，背景图片和在新闻开始或者中断时的相似元素均作为一条新闻。

二、对变量的编码

在三种媒体中编码的一系列变量是人为设计出来的。首先，提出对每一个变量的理论定义，紧接着发展出来一个操作性的定义。我们进行设计，尽可能地兼顾三种媒介的新闻。

首先几个变量与变化的条目定义相关，紧接着是每一条新闻话题的决定因素。科恩、阿多尼和班兹在关于社会冲突的研究中所发展出来的框架在这里适用。26 个话题类别中每一个均有子类别，因此使得细节编码得以合理。（参见附录 A 所有话题和子话题的列表）

以下条目体现出新闻的突出性：空间（在报纸上）；时长（在电视和广播中）；新闻的位置，即在首页或其他页面（对于报纸来说）和在顶端、中间或新闻广播的最后（在电视和广播的情况下）。新闻突出性的一个配套指标，是通过用它所在的时间或空间结合它的位置，最终作为一条新闻展现出来。

最终的变量平衡了异常性和社会意义。正如我们在第二章和第三章中指出的那样，异常性的 3 个维度定义如下：统计异常、社会变化异常和规范性异常。4 个社会意义的维度定义如下：政治的、经济的、文化的和公共的。4 个强度级别中，范围从极度强烈至不强烈。由于每一条新闻的视觉和语言内容都是分开评估的，这就产生了 6 个异常性变量和8 个社会意义变量。（见附录 A）

最后 4 个变量是社会意义的不同类别——政治的、经济的、文化的

28

和公共的——正如在第二章中分析的那些异常的例子，4 类社会意义中的每个都编码为 4 个重要性中的一个，范围从非常强烈到完全不强烈。

三、编码人员培训

基于这项研究复杂的国际背景和跨文化语境，我们将培训设计成两个阶段：第一，10 个国家的主管在纽约召开高强度的研习会，对编码手册进行细致入微的解释，并对一些样本进行集体分析。会后对编码手册进行一些调整。第二，一旦看到一般意义上的变动迹象，每个人都返回各自国家，培训与雇佣大学生对所在国报纸、电视和广播新闻进行编码。有些情况下，参加纽约会议的人员和各国家的主管是不同的，这就要求两个主管培训一个新主管（有时是学生参与编码）。休梅克负责俄罗斯和南非的编码人员培训，科恩负责德国和约旦。

10 个国家的主管负责监督他们各自学校的所有内容编码。主管通过使用同样时间框架下实际研究样本之外的新闻条目来培训编码者。直到他们实现了关于研究变量的需求协议后，才会举行编码会议。这样做是为了实现斯科特的派系数，对编码间可靠性予以平衡，使之接近或者高于 0.8。[1]

四、可靠性和有效性

为了对理论进行最严格的测试，我们选择了 10 个各方面尽可能不同的国家，这些方面包括地理、经济、政治、文化、语言、国土大小和对其他国家的相对影响力等。每个国家选择两个城市作为研究对象：一

1　斯科特派系数从 0 到 1.00，越接近 1.00，编码的可信度就越高。斯科特派系数用来衡量对所有变量进行编码的一致性，除了话题与大小 / 长短之外。话题变量有 26 个主目录和超过 100 个次级目录，因此斯科特派系数是不合适的。分别用平方厘米和秒数时长来测量报纸文章和电视广播新闻比评估其规范异常性更为客观，因此未进行信度测试。培训过程包含测试面积和时间方法的严格规则。

个中心城市和一个外围城市。我们做出这些选择，是企图通过操作独立变量在试验中价值的方式增强小组间的变化，从而在国家间、城市与城市间创造变化性。如果我们研究某个国家的某个地区，它们会有相似的文化、经济和政治体系，也会有相似的媒体体系。所以我们尽可能地选择不同的国家。

相比相似性，这种方法更容易突显差异性。如果在国家间有不同，那么差异性就会展现出来。另外，来自统计的需求也将推动我们检测国家间差异性的假设。

统计只能支持一个不同的假设，一般的统计测试不能支持没有差异性的假设，因此，10 个国家仅仅在新闻的异常性和社会意义这两个维度上显示出有限的差异，这些差异显示了统计学的重要性，因为我们至少研究了超过 32000 条新闻。我们通过人工产品呈现了统计的重要性：如果有更多的事例（在我们的研究中体现为新闻），那么就更容易实现统计学的价值。

找到差异性是容易的，发掘相似性更难。我们在这个项目中做了不同的设计，这样做不仅是为了在各国家间发掘相似性，也是为了再现各国家独特的语境。例如，我们不会在美国或者以色列开展内容分析，即使我们可以在这些国家中找到说母语的学生并且为我们的研究担任编码者，这是因为将编码者置于异国他乡会在这些国家中创造人为的相似性。我们的方法是：为了找到差异性（如果它们存在的话），我们与每个国家的每位学者订立了合约来指导所有的内容分析和中心小组。尽管我们建立了项目指南、编码指令和协议，从而在国家间确立标准（这将使我们更容易发现相似性），但最终决定在各国家间如何实施的是国家主管，从而保证他们独特的文化语境得以保留。简而言之，我们的目标是为了获得功能等效的数据和分析。

学术界对跨文化研究是否能兼具高可靠性和有效性还存在争议——相同的理念以同样的方式评估。研究设计使我们的理念最大限度地实现：尽管我们创造了标准化的协议，但在对国家和城市的选择中我们又增强多样性。国家主管将材料翻译成他们自己的语言并培训他们自己的编码者，这样编码者间的可靠性将在每一个国家内实现。因为我们的目标是保证有效，所以我们没有尝试去检验评估跨国编码者的可靠性。例如，我们可以训练10个国家的编码者对《纽约时报》的新闻进行可靠的编码，但是这对他们编码各自国家报纸新闻的能力又有什么意义？他们国家的新闻在多大程度上与《纽约时报》的新闻相似？我们可以获得可靠性，但却失去了有效性。

30　　因为工作的理论基础之一是文化进化，当测量变量时，保持一个国家的文化语境绝对重要。换句话说，对于实现有效性，借助于各本国人员测量变量是必需的。在每一个国家编码间可靠性的测量证实了我们的标准化协议的可靠性，另外，让国家主管做出基于各自文化的决定则增强了研究的可靠性。

我们认为，新闻在世界范围内大致相同的概念，并做了最严格的可能性测试。诚然，个别国家（并且个别新闻媒体）以不同方式报道日常活动，但这样的差异是表面的。这10个国家的新闻相似性可以用两个理论框架来解释：（1）异常性程度；（2）事件、观念和人的社会意义程度。

五、中心小组

在10个国家20个城市中的每一个城市，4个中心小组都会包括下列4类参加者：记者、公共关系从业人员、社会经济地位较低的（SES）[1] 新闻消费者，社会经济地位较高的新闻消费者。在一些国家会出现对于普遍模型的不同程度的偏离，我们会单独在国别章节中列出。中心小组会由国家主管或者一位经过培训的助理来协调。

1　社会经济地位（SES）此处定义为一个人的教育、收入和职业声望。

1. 识别并招募中心小组参与者

一方面由于缺乏中心小组统计，另一方面由于缺失潜在数据丰富性，所以我们尝试通过调查来筛选可能对话题感兴趣的参加者。在10个国家建立中心小组前，我们在德国和以色列进行试点研究，来看小组参加者如何对待这些话题。这些试点研究派生出一些对计划和招募参与者策略的修正。

记者　我们在每个城市召集大约10位记者参加小组讨论。一般来说，从报纸、电视台、广播台中的每类媒体中邀请3—4名记者，这些记者所在的媒体组织成为该城市媒体的样本。在一些国家，当我们无法从锁定研究的媒体组织中选取足够的样本时，我们会邀请其他媒体的记者作为补充。为了实现最广泛的多样性可能，我们尽可能邀请记者、编辑和制片人等不同环节的从业者。但是，要避免从相同的新闻机构同时招募有搭档关系的记者和编辑；大多数参加者事实上都是记者。我们同时努力使参加者的性别、年龄和专业经历多样化。

公共关系从业人员　在每一个城市，我们邀请大约10位公共关系 31
从业人员，最理想状况是从以下4种机构请人，每个结构最多邀请3名：公共关系机构、企业的公共关系部门、政府的公共事务部门和非营利的公共关系办公室。基于这个目标，我们尝试招募负责媒体关系活动的公共关系从业者，例如撰写和发布新闻通稿的部门和组织记者招待会的机构，主要与当地媒体打交道。因此，我们尝试招募以下几类人，如地方警察局发言人、地方博物馆的公共关系主管或者是医院媒体关系人员。对记者也是如此，邀请标准将涵盖性别、职位和专业经历。

新闻受众　在每一个城市，分开两个新闻消费者中心小组进行测试：一组是社会经济地位较高的人，另外一组是社会经济地位较低的人。关于每个国家这群人的组成细节，请参见国别章节。除了社会经济地位层面之外，这10个人将在性别、年龄和职业上得到平衡。

2. 中心小组安排和程序

我们将给予两个小组参加者一定合理的费用作为酬劳，但我们不付酬给记者和公共关系从业人员。因为提前告诉参加者这项研究的具体目标是不可行的，我们会告知他们类似"这项研究是关于什么的"这样一个宽泛的概念，但不会提及"新闻"这个词。有意参加者如果询问，将在中心小组讨论细节。但由于目标是为了获得自发回复，在开始中心小组讨论前，我们不会提供进一步的信息。

各个国家的中心小组选择在该国主管所在的大学、记者或公共关系从业者的工作场所、新闻消费者的家里或者酒店进行。此前两周，我们会给每位参加者邮寄一份官方邀请函，其中包括地点、日期和具体时间，同时也包括交通指南。在计划组前的两到三天内，我们会对每一位参加者做电话提醒。

每个小组会采用特殊的措施保证参加率。记者一般日程灵活和多变，我们将征求其所在媒体的领导同意。事实上，主编会要求一些同事出席。另外，小组邀请其他记者从而保证参加者的基本数量。事实上，强调这项研究的国际性是为了增强记者对这项研究的兴趣。这一点也对公共关系从业人员有所强调。

基于试点研究的经验，因为货币酬劳有时候并不重要，我们决定在社会经济地位较高的一组采用滚雪球的方法，让一个已经决定参加的人再向他们的亲戚或者朋友发出邀请，目标是引发他们的好奇心。招聘者的一个重要任务是帮助人们克服在公众面前说话的恐惧，中心小组成员将在一个非正式环境中进行，没有冗长的演讲，但会有一些有趣的人。

即便提供物质酬劳，社会经济地位较低的一组也较难招募。在一些地方，邀请传单被挂至公交车站、职业学校、失业办公室和医院。传单的标题注明："参加就给钱！"，这里同样使用了滚雪球法。

中心小组讨论的目标是监测不同个体层面对新闻和相关深度问题的接受和解释，包括：

（1）什么样的信息抓住了人们的眼球并在他们的脑海中显得更加突出？尽管新闻覆盖了人类生活的各个方面，但是他们与个体日常生活相关时却彼此大不相同。一个人感兴趣的新闻可能与另外一个人完全不相关，但是，一个特别的新闻可能对整个国家都具有重要性。这项研究试图探究不同社会背景的人会认为什么样的新闻条目才具有新闻价值，什么才是极其不同寻常的情形，无论是随机选出来的日常生活中的一天还是极其不寻常的一天。

（2）人们对积极新闻还是消极新闻更感兴趣？讨论新闻的时候经常会涉及这个问题。人们经常表现出一种对好的或者正面新闻的倾向，但是同时人们又承认坏的和负面的新闻更令人激动同时也更重要。是什么让负面的新闻变得具有吸引力？为什么人们希望避免？这个现象是普遍发生的还是只在一定文化范围内存在？

（3）记者、公共关系从业者和新闻消费者三者对新闻的定义有什么不同？这三类人均与新闻相关。记者基于多样的资源生产新闻；公共关系从业者经常提供给记者有希望成为新闻的信息；消费者阅读、收看并收听新闻。基于这三类人与新闻的关系，理解他们是否以同样的方式来理解新闻还是对于新闻有不同观点，无疑非常重要。

3. 收听最重要的新闻事项 33

在中心小组讨论的下一个阶段，主持人给每位参加者一张白纸，让他们写下他们生命中发生的最重要的 3 个新闻。当所有申请者完成后，询问他们写下了哪些新闻及其选择的原因。这项活动的目标是查看在 10 个国家中是否会提到某些相同的新闻事项。

相关内容分析与中心小组数据

每个中心小组会议都要求参加者加入把关人实验，从而监测他们在多大程度上对新闻价值达成共识。这项任务直接基于对地方报纸的内容分析，并且必须在中心小组召集前开展。

在每份报纸内容分析完成后，研究者将会根据前文提到的报纸新闻的篇幅（包括语言和视觉内容）和它们在报纸上的位置，计算每个新闻的突出分数。他们随机选择 7 天中的 3 天，对每一天的 10 条新闻，根据它们的突出性分数从最高到最低排序。10 条新闻排序如下：拥有最高突出分数的新闻条目（排名第一），最接近突出性分布的第十个百分位数的新闻（排在第二），最接近第二十个百分位数的新闻（排在第三），以此类推直至最底部百分位数的新闻（排在第十）。

10 条新闻中的 3 个列表做出来后，每条新闻的标题和副标题将被打印在卡片上，每一个卡片上都印有一个新闻标题。索引标签通过日期进行颜色编码。卡片上没有其他信息。每一组卡片在中心小组前就被洗牌，这样一来，发给每一个人的卡片都是随机的。

在定性的讨论完成后，小组主持人将从 3 天中选择一天，发给每位参加者 10 张卡片。参加者将被告知所有新闻条目都是某段时间前的某一天出现在地方报纸上的。他们被告知，假如他们是报纸编辑，他们将如何基于自己认为的重要性标准对这些事件进行排序。[1]换句话说，他们被要求指出在他们看来哪些条目最具有新闻价值，并且最可能获得优先关注，并为这 10 个新闻条目按照优先级顺序进行排序。受访者完成这项任务后，他们将这组卡片交还给主持人。当所有任务都结束后，他们得到第二组卡片，并被要求重复这个过程，并且紧接着第三组，从而使每个中心小组的每个人都完成这项排序。中心小组讨论结束后，主持人记录每一个参与者所排列的每一组卡片的顺序。一旦排序记录完成，索引卡片被重新洗牌，为下一个中心小组做准备。

---

1 需要强调的是，用来进行把关练习的新闻至少是在中心小组访谈几个月之前的，有些情况中是大约一年前的。鉴于研究的设计，这个时间差无法避免，但这减少了受访人回忆起用于测试的特定事件及当时报纸对该事件处理方式的可能性。

六、结论

10 个国家收集数据的时间长达两年。研究的第一个阶段是对每个国家两个城市的组合周（composite week）的报纸、电视和广播新闻进行内容分析。在第二个阶段，4 个中心小组在每个国家开展：一个在记者之间，一个在公共关系从业者之间，另外两个分别在社会经济低层和高层的受众之间。在这两个阶段间，为了完成一个有效完整的把关人实践，中心小组成员所在城市报纸新闻的突出性都会得到统计。

第二部分
跨国数据
分析

第四章　新闻主题

这一章我们关注 10 个国家中那些被大众媒体定义为新闻的话题。
从生物进化和文化进化的角度来看，话题是一个有趣的变量。一方面，
生物进化可能预测出这一点：对全世界的人来说，相同的新闻话题会引
发人类本能的兴趣。另一方面，基于什么是重要思想的定义，文化进化
可能在不同国家导致新闻的差异。结果，我们既发现了相似性，也发现
了差异性。

我们的内容分析涵盖了 25 886 条报纸新闻，也包括 2947 条电视新
闻和 3251 条广播新闻。我们用 26 个主要的话题类别对新闻编码，每一
个都有一些次一级的类别。附录 A 包含了话题类别和次类别。

一、全世界的新闻话题

对 10 个国家的电视、广播和报纸新闻作整体分析，体育新闻最为
流行，同时，"国内政治"也非常受关注（见表 4.1）。其他频繁出现的
话题包括：文化活动、商业和工业；国际政治；国内秩序；人类的利
益。在这些国家，新闻中最不常见的话题是环境、行业协会、能源、时
尚、美以及人口。

我们看到，体育新闻在以下国家最多：澳大利亚、南非和美国，但
在中国却最少。国内政治新闻在澳大利亚最少，但是在智利、中国、印
度和俄罗斯是最多的话题。在德国，大多数新闻与文化活动相关，但是
这类新闻在中国、印度、南非和美国却不那么多。商业主题的新闻在美
国和中国最多，在约旦、俄罗斯和以色列最少。在约旦，几乎 1/4 的新

闻是国际政治，在中国国际政治占大约 1/10 的新闻比重。关于内部秩序的故事，在印度、南非、以色列和俄罗斯最多。

表 4.1　报纸、电视、广播三种媒体中新闻话题的分布

话题	澳大利亚	智利	中国	德国	印度	以色列	约旦	俄罗斯	南非	美国	总计
体育	21.3	12.0	4.5	12.8	11.5	15.5	10.0	11.4	19.0	18.7	14.1
国内政治	5.2	18.1	16.6	14.2	18.5	10.5	11.0	16.1	10.9	12.4	13.3
文化活动	13.2	13.5	6.5	16.8	8.7	12.7	11.8	9.9	4.9	7.7	11.1
商业	10.7	6.4	12.8	11.3	8.7	2.6	5.0	3.9	11.4	13.5	9.0
国际政治	5.1	5.4	11.4	2.6	5.9	2.9	24.3	8.7	5.2	5.3	7.4
内部秩序	4.9	4.6	4.9	6.0	11.0	9.9	5.2	7.8	10.8	6.3	6.8
有人情味事件	10.2	4.2	6.5	4.8	8.2	3.8	2.0	5.8	7.7	7.1	6.1
经济	2.6	5.4	4.9	2.4	2.4	2.6	6.1	5.5	4.7	2.0	3.0
娱乐	2.6	2.1	1.2	1.9	2.1	16.5	3.7	2.5	2.8	1.9	3.2
健康/福利/公益	2.2	3.9	5.0	2.2	2.1	2.8	4.7	1.8	2.8	2.9	3.0
教育	0.9	2.8	4.8	1.8	3.9	4.6	2.8	0.8	3.4	2.3	2.7
交通	2.8	3.1	2.7	2.4	1.0	1.3	0.9	1.4	2.7	4.0	2.4
灾难/事故/瘟疫	2.9	2.1	1.0	4.7	2.2	1.0	0.6	2.9	4.8	1.4	2.3
传播	3.7	2.2	1.7	2.4	1.7	2.9	1.0	4.7	0.8	2.0	2.3
仪式	2.0	2.8	2.0	4.6	1.6	0.8	1.4	3.0	1.6	1.2	2.2
天气	1.6	1.2	1.9	2.0	1.0	0	1.1	3.3	0.6	3.8	1.7

话题	澳大利亚	智利	中国	德国	印度	以色列	约旦	俄罗斯	南非	美国	总计
社会关系	1.3	1.5	0.7	1.3	1.6	1.6	3.3	1.5	1.3	1.2	1.5
住房	1.4	1.2	1.6	2.0	0.8	2.6	0.1	1.5	0.5	0.8	1.2
军事和防务	1.1	1.4	1.2	0.5	1.0	1.9	2.1	2.3	0.6	0.7	1.2
科学/科技	1.0	1.1	3.2	0.9	1.2	0.2	1.0	2.4	0.5	1.0	1.2
环境	1.5	0.6	3.0	0.6	1.1	1.0	0.5	0.7	0.6	1.2	1.0
行业协会	0.5	2.3	0.5	0.4	1.2	1.3	0.7	0.7	1.3	0.4	0.9
能源	0.1	0.5	0.8	0.4	1.5	0	0.1	0.6	0.4	1.1	0.6
时尚/美	0.7	0.4	0.4	0.2	0.6	0.9	0.1	0.5	0.1	0.3	0.4
人口	0.3	0.1	0.4	0.3	0.4	0	0.4	0.4	0	0.2	0.3
其他	0.1	10.0	0	0.6	0.4	0	0	0	0.4	0.6	0.4
总计 [a]	100.0	100.0	100.0	100.0	100.0	100.0	100.0	100.0	100.0	100.0	100.0
(N)	(4245)	(4630)	(2210)	(3933)	(3858)	(2033)	(3351)	(1545)	(2025)	(4073)	(31907)

注：分布以百分数的形式呈现。

[a] 由于舍入误差，总计百分率实际上可能并不是百分之百。

二、报纸、电视和广播中的新闻话题 40

如果我们注意每个媒体的新闻话题，会看到有趣的差异性。报纸更多报道体育、文化事件、国内政治、商业、贸易和工业以及有人情味事件（见表4.2）。总体来看，当报纸报道政治时，相比国际政治，它们更倾向国内政治。在中国，报纸最普遍的话题就是国际国内政治、商业和有人情味事件（46%）。在约旦，主要是国际国内政治，还有文化活动和体育（53%）。澳大利亚报纸的重点是体育、文化活动、商业和有人情味事件（58%），但是在智利，占主导地位的话题是文化活动、体育和国内政治（44%）。德国（51%）和美国（54%）的报纸都强调商业、国内政治、文化活动和体育。南非报纸主要关注体育、商业和内部秩序（43%）。印度和俄罗斯报纸话题广泛，在印度，主导话题包括国内政治和体育（28%），在俄罗斯是国内政治和文化活动（27%）。在以色列，主导话题是娱乐、体育和文化活动（51%）。[1]

电视与报纸不同，在10个国家，电视涵盖了国内政治、体育和内部秩序（见表4.3）。国内政治事件在以下国家电视新闻中最为普遍：智利、中国、德国、印度、俄罗斯和南非。国际政治是约旦电视新闻的主体，另外有4成约旦电视新闻事件是关于国内政治的。相反，德国和美国的电视新闻节目只有少数是关于国际政治的，在澳大利亚、智利和中国，这类话题也不是那么多。在澳大利亚和中国，体育主题的电视新闻多达1/4。在全部10个国家电视新闻节目中，只有略高于10%的新闻主题是关于维持内部秩序的，除了中国和约旦之外，其余地区这类新闻很少。在德国和以色列，相比其他国家，文化主题的电视新闻更加普遍。大约10%的美国电视新闻是关于天气的，但在智利、中国、以色列和南非，关于天气的电视新闻几乎没有。

因此，我们可以看到在澳大利亚，电视新闻主要是关于体育、有人情味事件和灾难或事故的（58%）。智利和中国的电视新闻囊括了多种新闻话题，在智利，关于国内政治和内部秩序的新闻（38%）最多，在中国，关于国内政治和商业的新闻最多（40%）。在德国，最多的新闻话题是国内政治、内部秩序和文化活动（40%）。印度电视新闻有3个主题：国内政治、国际政治和内部秩序（64%）。以色列的电视新闻聚焦于文化活动、体育和内部秩序（48%）。在约旦，主要的话题是国际政

1　第三章开始，在以色列的案例中，城市中可见的本地报纸只有周报，因此侧重点放在更软性的新闻事件上。

治、国内政治和体育（66%）。俄罗斯电视新闻主要是国内政治、国际政治和内部秩序（51%）。南非也强调这些话题，此外加上体育（61%）。美国电视新闻重点是体育、国内政治，同时也有一些关于内部秩序和天气的话题（60%）。

最后，10 个国家中，1/3 的新闻话题是政治，包括国际国内政治（见表 4.4）。在智利、中国、印度、以色列、约旦和南非，广播新闻尤其重视政治。在约旦，有 7 成的广播新闻是国际政治，但是，在智利、印度、以色列和南非的广播新闻中，关于国内政治的新闻中最多。在澳大利亚、俄罗斯和美国的广播新闻中，体育新闻最多。在德国和以色列的广播中，内部秩序的新闻最多，在中国和美国商业新闻最多。

表 4.2　按照话题分类的报纸新闻分布

话题	澳大利亚	智利	中国	德国	印度	以色列	约旦	俄罗斯	南非	美国	总计
体育	20.7	12.5	6.7	13.5	11.6	15.9	11.1	9.3	20.5	17.2	14.4
文化活动	15.2	15.9	7.1	17.7	9.8	13.8	14.3	11.8	5.7	10.5	13.1
国内政治	4.8	15.2	12.3	14.2	16.4	8.1	10.1	15.0	8.5	11.6	11.8
商业/贸易/产业	11.8	7.2	12.5	11.7	9.2	3.1	5.7	4.6	12.4	14.7	9.7
有人情味事件	10.5	4.9	9.0	4.9	9.5	3.8	2.0	7.1	8.8	8.6	6.9
国际政治	5.0	5.3	11.7	2.7	4.9	0.7	17.7	7.7	3.2	6.3	6.3
内部秩序	3.7	3.5	4.1	4.9	10.5	8.3	5.8	7.4	10.3	5.6	6.1
经济	2.9	5.8	3.4	2.5	2.5	2.2	6.9	6.2	5.3	2.1	3.9
娱乐	2.8	2.5	1.9	2.0	2.4	21.5	4.5	3.2	3.1	2.7	3.9
健康/福利/公益	2.0	3.6	4.7	2.1	2.2	3.3	5.3	1.7	2.8	2.6	3.0
教育	0.9	2.9	6.7	1.8	4.4	5.0	2.8	0.9	3.5	2.3	2.9
传播	4.0	2.6	1.9	2.5	1.8	3.6	1.1	6.2	1.0	1.9	2.5

话题	澳大利亚	智利	中国	德国	印度	以色列	约旦	俄罗斯	南非	美国	总计
仪式	2.1	2.7	1.3	5.0	1.3	0.2	1.3	2.9	1.7	1.1	2.2
交通	2.6	3.0	1.9	2.3	1.1	1.5	1.1	1.6	2.1	2.4	2.1
灾难/事故/瘟疫	1.9	1.7	1.0	4.1	2.0	0.6	0.7	1.9	4.4	1.1	2.0
社会关系	1.4	1.3	0.9	1.1	1.7	1.5	3.7	1.7	1.4	1.4	1.6
住房	1.6	1.2	1.6	1.8	0.9	3.0	0.2	1.7	0.5	1.0	1.3
科学/技术	1.0	1.2	3.4	1.0	1.4	0.2	1.3	2.1	0.6	1.1	1.2
军事和国防	1.0	1.4	1.0	0.5	1.1	0.8	2.0	1.5	0.8	0.8	1.1
环境	1.5	0.5	3.2	0.6	1.0	0.8	0.5	0.7	0.5	1.3	1.0
天气	0.8	1.1	1.4	1.2	0.5	0.0	0.4	2.7	0.6	1.0	0.9
行业协会	0.4	1.4	0.1	0.4	1.0	1.2	0.8	0.7	0.9	0.3	0.7
能源	0.1	0.5	0.9	0.3	1.2	0.1	0.1	0.5	0.5	1.0	0.5
时尚/美	0.7	0.5	0.7	0.2	0.6	0.6	0.1	0.6	0.2	0.5	0.5
人口	0.3	0.1	0.2	0.3	0.3	0.1	0.5	0.3	0.0	0.1	0.2
其他	0.1	1.3	0.0	0.7	0.5	0.0	0.0	0.0	0.5	0.8	0.5
总计[a]	100.0	100.0	100.0	100.0	100.0	100.0	100.0	100.0	100.0	100.0	100.0
(N)	(3638)	(3808)	(1339)	(3569)	(3297)	(1563)	(2760)	(1170)	(1663)	(2906)	(25713)

注：分布以百分数的形式给出。

[a] 由于舍入误差，总计百分数实际上可能并不是百分之百。

表4.3　按照话题分类的电视新闻分布

话题	澳大利亚	智利	中国	德国	印度	以色列	约旦	俄罗斯	南非	美国	总计
国内政治	5.1	27.5	29.8	14.5	33.0	6.6	17.3	20.1	19.0	10.8	17.9

话题	澳大利亚	智利	中国	德国	印度	以色列	约旦	俄罗斯	南非	美国	总计
体育	26.0	7.5	0.6	5.6	8.4	18.0	9.2	3.9	14.6	29.1	13.8
内部秩序	11.1	10.2	3.8	14.1	17.6	10.4	2.7	13.0	13.1	10.8	10.4
国际政治	4.5	5.4	9.5	1.2	13.2	4.7	39.1	17.5	14.6	0.7	10.2
商业/贸易/产业	4.3	3.6	`12.1	8.8	6.6	1.4	3.1	2.6	7.3	5.2	5.6
文化活动	1.8	4.2	7.6	11.6	0.7	19.9	0.0	3.9	1.5	1.8	4.6
有人情味事件	11.1	2.1	1.9	4.4	0.4	8.1	3.4	1.3	2.9	6.3	4.5
天气	7.1	0.3	0.6	5.6	5.1	0.0	6.1	3.2	0.7	9.6	4.3
灾难/事故/瘟疫	9.8	2.7	0.6	7.6	2.9	2.8	0.3	3.2	6.6	2.2	4.0
健康/福利/公益	3.3	5.1	7.0	3.2	1.5	1.4	3.7	2.6	2.2	4.5	3.7
交通运输	5.8	3.6	6.0	3.2	0.0	0.9	0.3	0.6	3.6	4.7	3.3
仪式	1.8	5.7	2.5	2.0	1.5	2.8	3.4	5.8	1.5	1.6	2.7
经济	0.5	3.3	6.0	2.0	0.4	2.4	2.7	3.9	2.9	2.2	2.5
教育	0.8	3.9	1.0	2.0	0.0	3.8	4.1	0.6	2.9	2.9	2.2
行业协会	1.0	6.0	0.3	0.4	0.7	0.9	0.0	0.6	3.6	0.9	1.5
环境	1.3	1.2	2.5	0.8	1.1	4.3	0.0	0.0	1.5	1.3	1.4
社会关系	0.3	2.4	0.3	3.2	1.1	2.8	1.7	0.6	0.0	0.4	1.2
住房	0.0	1.5	1.3	5.2	0.4	2.4	0.0	1.3	0.0	0.4	1.1
军事防务	1.0	0.6	0.6	0.4	0.7	0.5	0.7	9.1	0.0	0.4	1.0
传播	1.0	1.5	1.0	1.6	0.7	1.4	0.7	0.6	0.0	0.9	1.0

话题	澳大利亚	智利	中国	德国	印度	以色列	约旦	俄罗斯	南非	美国	总计
科学/科技	0.5	0.9	3.5	0.4	0.0	0.5	0.0	3.2	0.0	1.6	1.0
能源	0.0	0.3	1.3	1.6	2.9	0.0	0.7	0.6	0.0	1.1	0.8
环境	1.8	0.6	0.0	0.0	0.0	0.0	0.7	0.0	1.5	0.0	0.5
时尚/美	0.3	0.0	0.0	0.0	0.4	3.8	0.0	0.0	0.0	0.0	0.3
人口	0.0	0.0	0.0	0.4	0.7	0.0	0.0	1.3	0.0	0.4	0.2
总计[a]	100.0	100.0	100.0	100.0	100.0	100.0	100.0	100.0	100.0	100.0	100.0
(N)	(396)	(334)	(315)	(249)	(273)	(211)	(294)	(154)	(274)	(446)	(2946)

注：分布以百分数的形式给出。

[a] 由于舍入误差，总计百分数实际上可能并不是百分之百。

三、结论

当记者们观察每天世界上发生的事件并斟酌哪个会成为新闻时，他们考虑的第一个标准是事件的主题。它是政治的还是商业的？发生了什么？关系到谁？有人受伤或者死亡吗？了解这个事情是否涉及诸如交通或者环境和科学教育，可以帮助我们预测这个活动是否能成为新闻——如果它关乎其中一个主题，它可能会被其他新闻媒体报道。这些是 10 个国家中最少见的话题。

对 10 个国家的研究有所区别，主要体现在以下几个方面：地理、语言、经济、政治体系、宗教、文化、人口规模，等等。但是，什么样的事件、思想和人可以组成新闻？关于这一问题，各国研究者间有一个显著的共识：世界范围内，事件、人或观念在体育、国际或国内政治、文化活动、商业、内部秩序或有人情味事件相关时，最有可能成为新闻。当它涉及科学和技术、环境、劳动关系和贸易联盟、能源、时尚和美以及人口时，最不可能成为新闻。

图 4.1 显示出世界范围内人类消费的"新闻食谱"范围。我们研究了 20 个报纸、20 个电视新闻节目、20 个广播新闻节目，研究持续了 7 天。解决研究的第一个问题是，尽管有些国家间存在差异，但什么话题组成新闻在国家间则具有强烈的共性。7 个主要话题占据了我们 32 000 多条新闻的 2/3。其他的 19 个话题组成了剩下的 1/3。

表格展示出 10 个国家范围内 7 个话题的变动，但是共性则远远超越了个性。如果基于生物进化的原因，人类需要这样的信息，那么我们会期待在这章看到什么——国家间对于话题的实质共识组成了新闻。但是，我们也预料到由于文化进化所产生的变化，这解释了为什么着重强调国际政治的话题。澳大利亚的媒体主要关注体育新闻，但是，关于国际政治和体育新闻的都是有价值的新闻，这一点并不因为某些案例而有所动摇。

48

表 4.4　按照话题分类的广播新闻分布

话题	澳大利亚	智利	中国	德国	印度	以色列	约旦	俄罗斯	南非	美国	总计
国内政治	12.3	34.3	19.4	12.2	29.2	27.8	13.5	18.6	29.5	16.5	21.5
国际政治	6.6	6.3	11.5	2.6	10.1	14.3	70.4	8.1	14.8	4.3	13.8
体育	23.7	11.2	1.4	7.8	12.8	11.6	0.0	27.6	4.5	18.3	11.9
内部秩序	14.2	8.7	7.4	20.9	10.8	19.3	1.7	6.3	13.6	6.2	9.1
商业/贸易/产业	3.8	1.8	13.7	7.0	5.2	0.8	0.7	0.9	4.5	14.0	7.0
天气	6.2	2.8	4.0	18.3	2.4	0.0	3.0	6.3	0.0	11.0	5.5
交通	0.9	3.3	2.5	2.6	0.3	0.8	0.0	0.5	10.2	10.0	3.7
灾难/事故/瘟疫	7.1	4.3	1.3	15.7	3.8	1.5	0.0	8.1	5.7	2.2	3.5

话题	澳大利亚	智利	中国	德国	印度	以色列	约旦	俄罗斯	南非	美国	总计
经济	1.9	3.7	7.9	0.9	2.1	5.0	2.0	3.2	0.0	1.5	3.4
健康 / 福利 / 公益	3.3	5.7	4.7	2.6	1.4	0.4	0.0	1.8	3.4	2.9	3.0
军事防务	3.3	1.4	2.0	2.6	0.3	9.3	4.4	1.8	0.0	0.3	2.2
行业协会	2.4	6.7	1.6	0.0	3.8	1.9	0.3	0.9	1.1	0.3	2.1
教育	0.9	1.4	2.2	1.7	2.1	3.1	2.0	0.5	3.4	1.8	1.8
仪式	0.0	1.2	3.2	0.0	4.5	2.7	0.3	1.8	0.0	1.4	1.8
有人情味事件	4.3	0.6	3.1	3.5	0.3	0.4	0.7	2.3	2.3	1.8	1.8
文化活动	0.5	0.8	4.3	0.0	2.8	0.0	0.0	4.1	0.0	0.3	1.5
传播	3.3	0.2	1.4	0.0	1.4	0.0	0.0	0.0	0.0	3.3	1.4
环境	1.9	1.0	2.7	0.0	1.4	0.0	0.3	1.4	1.1	0.7	1.2
社会关系	1.4	2.4	0.4	0.9	1.4	0.8	0.7	0.9	3.4	0.7	1.1
科学 / 技术	0.5	0.4	2.5	0.0	0.0	0.0	0.0	3.2	1.1	0.6	0.9
能源	0.0	0.2	0.4	0.0	3.5	0.0	0.0	0.9	0.0	1.4	0.8
住房	0.5	1.0	1.6	0.9	0.0	0.4	0.0	0.5	1.1	0.1	0.6
人口	0.5	0.4	0.9	0.0	0.3	0.0	0.0	0.5	0.0	0.4	0.4
时尚 / 美	0.5	0.0	0.0	0.0	0.0	0.0	0.0	0.0	0.0	0.0	0.0
总计[a]	100.0	100.0	100.0	100.0	100.0	100.0	100.0	100.0	100.0	100.0	100.0
(N)	(211)	(492)	(556)	(115)	(288)	(259)	(297)	(221)	(88)	(721)	(3248)

注：分布以百分数的形式给出。

[a] 由于舍入误差，总计百分数实际上可能并不是百分之百。

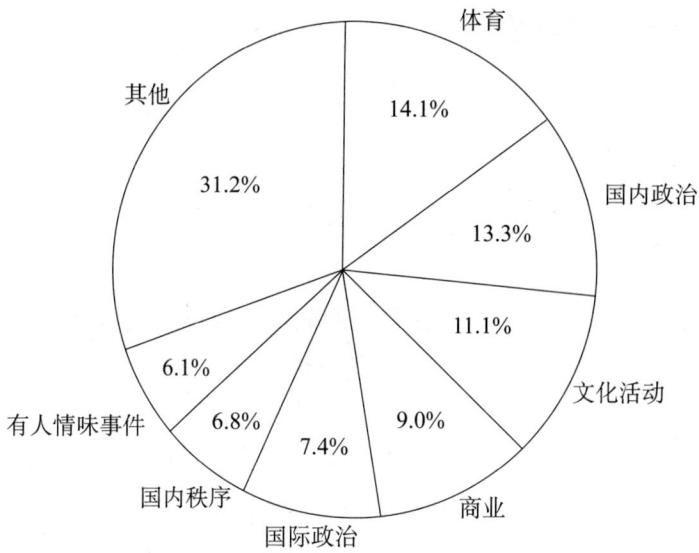

图 4.1　2/3 的世界新闻只由 7 个话题组成。这些决定了什么是
重要的并且受众可以消费什么类型的"信息餐"

第五章 新闻中的异常

在这一章，我们来观察 10 个国家新闻的异常程度。正如第二章和第三章中所提到的，我们进行 3 个方面的异常测量：统计异常、社会变化异常和规范性异常。

统计异常包括那些不寻常的、怪异的或者新奇的事件，同时也关注那些高于或者低于平均值的任何事件。例如，在世界股票交易中高于或者低于预期的结果制造了新闻。其他包括：一个人在海啸失踪数周后仍然活了下来、一个创纪录的本垒打和一个格局的诞生，等等。

在新闻中**社会变化异常**指称对现状的威胁，例如可以推动一个新的总统选举产生的民间示威游行、某个国家的选举被道德和宗教机构所分化、恐怖主义者威胁竞选者甚至有时杀死他们和他们的支持者。

规范性异常是对法律和秩序的破坏，例如在原本可以预料的事情过程中发生了犯罪或者改变。例子可以从恐怖分子的行动到人们在着装、工作和饮食方面对文化传统的破坏。

除了这 3 类异常之外，我们也对新闻的口头和视觉描绘感兴趣。报纸的视觉内容包括标题和印刷的艺术专版。在电视和广播中，视觉内容包括语言内容，作为一个新闻出现的印刷文本，包含视觉元素的文本标题，也包括跨屏幕滚动的文本。报纸中的视觉内容包括图片、图表、图形、表格、卡通、绘图、地图、标志或者任何其他图形设置。在电视新闻中，所有的新闻都由一个视觉信息组成，即使它仅仅是播报员的脸（即主持人、记者和被采访者）。至于广播新闻，有且只有语言内容。

在后来许多对新闻的内容分析中（Carter, Fico, Mccabe 2002；Nataranjan and Xiaoming 2003），视觉和语言内容元素可以组合，但是我们相信异常可能在视觉元素（图像）和语言元素（文字）中以不同方式呈现。[1]一张极具异常性的照片，例如一次地震或者海啸之后的尸体，比单独的文字可能给受众更强烈的印象，如果没有伴随一张图片出现，可能读者会觉得它更加不寻常。相比之下，一个公司董事长挪用公款的新闻可能被理解为具有较弱的异常性，但如果人们看到一幅只展示了头 50 和肩膀的总统的照片，或者干脆没有照片，而是看到他被套上了手铐，异常性要强得多。

基于异常的 3 种测量和我们对语言和视觉元素所做的区分，我们的分析包括 6 种统计：（1）语言内容的统计异常；（2）视觉内容的统计异常；（3）语言的社会变化异常；（4）视觉的社会变化异常；（5）语言的规范性异常；（6）视觉的规范性异常。

正如在前一章所指出的那样，我们将这两者包含到对新闻的定义中：传统的故事；一般不认为是但是确实存在于媒体尤其是报纸新闻。因此，我们的新闻包括天气地图、股票市场报道和八卦评论，同时也包括传统意义上的硬新闻。一般来说，股票报道和天气地图的新闻被设定为不具有异常性（有些新闻是关于股票市场和天气的，但是这样的信息将分开予以呈现）。漫画、星座运势和八卦评论可能提供有些异常的信息，但是作为一个整体，它们被设定为不具有异常性。

一、有多少新闻包含异常性？

为了回答这个问题，我们将没有异常性的新闻和那些符合以下 3 个异常维度中一个或多个标准的新闻的数量作了对比，这 3 个异常维度包

1　一些报纸文章带有图像（例如照片、地图、图表），但大部分没有。只有很小一部分有图片。在我们的研究中，25 886 条报纸新闻分析中，只有 6688 条既有文本又有图片，1049 条只有图像。因此，为比较报纸文本与图像的异常性，我们只能限定在包含两种形式内容的那一个子集。电视新闻通常既有图像又有文本。所以，我们查看了总计 9458 条新闻：6688 来自报纸新闻，2770 条为电视新闻。

括统计、社会变化和规范性。表 5.1 的左边栏指明新闻具有异常性的维度数量。0 分表明新闻被编码为在 3 个维度中的任何一个都不具有异常性。相反，3 分表明新闻被编码为符合所有 3 个维度。因此，从表 5.1 我们可以看出一些符合维度的新闻的分布特征。通过对 32 000 多条新闻的分析，我们可以看出大约 2/3 的语言内容和略少于 1/2 的图像内容包含某种异常。考虑到这 32 000 多条新闻中几乎没有文字，仅仅由图像内容构成，我们可以总结出这 10 个国家中至少 2/3 的新闻具有某种异常性。尽管我们并没有看出新闻在一个以上的维度具有异常性，表 5.1 展示 1/3 的语言新闻只在一个维度上具有异常性，大约 1/10 被编码为具有两种维度的异常，图像新闻中有 6% 具有所有三种异常。

51

表 5.1　在 3 个异常维度上被编码为异常的新闻的分布

新闻的异常维度数量	语言新闻	图像新闻
0	34.8	55.6
1	32.9	28.4
2	20.7	9.7
3	11.7	6.3
总计[a]	100.0	100.0

注：3 分代表新闻在所有 3 个维度上都具有异常性——统计、社会变化和规范性。分布以百分数的形式给出。

[a] 由于舍入误差，总计百分数实际上可能并不是百分之百。

相比语言内容（文本），图像新闻内容中的异常性较弱，这一发现是意料中事，这点基于人们经常有的图像体验，包括报纸中出现的头和肩膀的镜头、主持人的镜头以及在电视新闻中出现的记者。不过，仍然有略小于图像内容一半的内容被编码为具有一定异常性，这一情况也适用于 2/3 的语言内容。更进一步，我们饶有兴趣地发现，1/3 的编码在 2 个或者 3 个维度的语言新闻具有异常性，17% 的图像新闻具有同样特点。

这支持了我们的观点，即异常是多维度的构建：一些新闻在一个维度异常但并不在其他维度异常，其他新闻则表现出多种类别的异常性。包含多种异常性维度的新闻可能不仅在异常性数量上不同，同时也可能在新闻质量和本质以及主题上不同。

接下来的分析分别关注统计、社会变化和规范性异常，从而发掘出哪些异常性维度是最普遍的和最强烈的。为了衡量其程度，我们计算出在 3 个维度中每个异常平均水平；但是，应为 1/3 的语言内容和 1/2 的图像内容不包含异常（见表 5.1），异常的平均水平是偏低的——低于一个人基于 2/3 的新闻包含某种异常性这一事实所产生的预期。

二、异常性和新闻话题

表 5.2 表明，尽管体育是个非常普遍的新闻话题，但体育事件倾向于具有较弱强度的异常性。与之相比，关于内部秩序的事件——包括犯罪事件——比其他话题的事件具有更强烈的异常性。关于国际政治和国内政治的事件对比其他话题也具有更强的异常性（研究问题 2）。

表 5.2　3 种媒体中最普遍的新闻话题异常分数的平均强烈度

最普遍的话题	统计异常		社会变化异常		规范性异常		指数	
	图像	语言	图像	语言	图像	语言	图像	语言
体育	1.4	1.6	1.1	1.1	1.1	1.1	1.2	1.3
国内政治	1.7	2.1	1.3	1.5	1.2	1.5	1.4	1.8
文化活动	1.5	1.6	1.0	1.1	1.1	1.1	1.2	1.3
商业/贸易/产业	1.5	1.8	1.1	1.3	1.1	1.3	1.3	1.4
国际政治	1.8	2.4	1.6	1.7	1.5	1.7	1.6	2.0
国内政治	2.0	2.3	1.5	1.7	1.7	1.7	1.7	2.1
有人情味事件	1.6	1.8	1.1	1.1	1.1	1.1	1.3	1.4
经济	1.5	1.8	1.2	1.4	1.1	1.4	1.2	1.5

最普遍的话题	统计异常		社会变化异常		规范性异常		指数	
	图像	语言	图像	语言	图像	语言	图像	语言
娱乐	1.3	1.2	1.1	1.0	1.1	1.0	1.1	1.1
健康/福利/公益	1.6	1.9	1.3	1.4	1.2	1.4	1.3	1.6

在分开观察 3 个媒体的过程中（表 5.3—表 5.5），电视和广播新闻通常比报纸新闻具有更强烈的异常性，主要是有关统计异常。更具体来说，相比广播和电视新闻，报纸新闻异常不那么强烈，但也有些例外，比如关于国内政治、国际政治和内部秩序的事件具有更强烈的异常性。

表 5.3　报纸中最普遍的新闻话题异常分数的平均强烈度

最普遍的话题	统计异常		社会变化异常		规范性异常		指数	
	图像	语言	图像	语言	图像	语言	图像	语言
体育	1.4	1.6	1.0	1.1	1.1	1.1	1.1	1.3
国内政治	1.5	2.0	1.2	1.6	1.1	1.5	12	1.7
文化活动	1.5	1.5	1.0	1.1	1.1	1.1	1.2	1.3
商业/贸易/产业	1.5	1.7	1.1	1.3	1.1	1.1	1.2	1.4
国际政治	1.6	2.2	1.3	1.6	1.3	1.7	1.4	1.8
国内政治	1.9	2.2	1.4	1.6	1.6	2.4	1.6	2.1
有人情味事件	1.6	1.7	1.1	1.1	1.2	1.1	1.3	1.3
经济	1.4	1.8	1.2	1.4	1.1	1.2	1.3	1.5
娱乐	1.2	1.2	1.1	1.0	1.1	1.1	1.1	1.1
健康/福利/公益	1.5	1.9	1.3	1.3	1.1	1.3	1.2	1.5

除了体育和文化活动的事件外，电视新闻一般有更强烈的统计异常（见表 5.4）。内部秩序和国际政治的电视新闻也有强烈的规范性异常，那些挑战现状的国际政治事件也是如此（社会变化异常）。

表 5.4　电视新闻中最普遍的新闻话题的平均异常强度分数

最普遍话题	统计异常		社会变化行		规范性异常		指标	
	图像	语言	图像	语言	图像	语言	图像	语言
体育	1.3	1.5	1.1	1.1	1.1	1.1	1.2	1.2
国内政治	2.0	2.4	1.4	1.7	1.4	1.7	1.6	1.9
文化与活动	1.6	1.9	1.1	1.1	1.1	1.2	1.2	1.4
商业／贸易／产业	1.7	2.1	1.2	1.4	1.3	1.4	1.4	1.6
国际政治	2.2	2.6	2.0	2.2	1.8	2.1	2.0	2.3
内部秩序	2.0	2.4	1.6	1.9	1.9	2.6	1.8	2.3
有人情味事件	1.7	2.0	1.1	1.1	1.2	1.4	1.4	1.5
经济	1.7	2.1	1.1	1.4	1.1	1.2	1.3	1.6
娱乐	2.1	1.8	1.3	1.1	1.1	1.0	1.5	1.3
健康／福利／公益	1.8	2.2	1.4	1.5	1.3	1.5	1.5	1.7

表 5.5　广播中最普遍的新闻话题的平均异常强度分数

最普遍的话题	统计异常	社会变化异常	规范性异常	指数
体育	1.6	1.1	1.1	1.2
国内政治	2.4	1.7	1.4	1.8
文化活动	2.2	1.2	1.1	1.5
商业／贸易／产业	2.0	1.4	1.2	1.5
国际政治	2.7	1.8	1.8	2.1
国内政治	2.5	1.6	2.6	2.2
有人情味事件	2.5	1.3	1.2	1.6
经济	2.2	1.6	1.5	1.8
娱乐	—	—	—	—
健康／福利／公益	2.4	1.8	1.4	1.9

　　在广播新闻中，除了体育之外，所有的话题都有相对强烈的统计异常分数（表 5.5）；因此，广播新闻事件更倾向于关注奇异的或不寻常的活动与想法。另外，关于内部秩序的事件——最异常的话题类别——规

范性异常相对强烈，但是具有较弱的社会变化异常。

三、语言与图像异常

至于语言和图像元素，越界的语言内容异常比图像内容异常更加强烈；因此，语言文本倾向于承载着异常。对比语言文本，电视和报纸上的图像元素一般具有较弱的异常强度。

因此，在每种异常内，统计的、社会改变和规范性的，在图像内容上的异常（例如照片或者视频、图形、图表）比语言文本具有较弱的异常。这可能反映了编辑展示恐怖视频或图片的顾虑——主要在电视上出现，但是也出现在报纸上——尽管他们还是以语言内容为主的新闻来讨论这些活动。比如对飞机事故或者恐怖炸弹袭击的语言描述，经常包括对现场身体部位的描述，但是人们却很少看到那些身体部位；另一方面，不大可能存在反对显示死亡尸体照片的普遍法规，但负责人却可能会关心新闻是否会让观众失望，也担心观众会停止观看或者阅读；因此，相比于图像内容，他们把异常信息更多地放在语言内容部分。电视新闻也会呈现更多异国活动或关于"敌人"的密集图像，而不是国内活动或"自己人"的伤亡描绘。[1]

四、国家间的相似和区别

我们对 10 个国家整体图景的相似和区别也很感兴趣。因此我们观察了每个国家那些编码中具有最高异常强度分数的话题——即在总分 6 分中被编码为 3 分或者 4 分的异常范围。表 5.6 解释了研究问题二和研究问题三，就是在 10 个国家内那些最强烈异常的事件是关于国内政治、

1　但是，也有例外。例如，20 世纪 70 年代，极其形象而异常的越南战争影像也在美国电视晚间新闻中放映，最后在美国，对此批评如潮。现在的电视新闻很少放映异常图像。"9·11"事件后，相似的困局也在美国和一些其他国家出现。

全球新闻传播：理论架构、从业者及公众传播　••••　64

内部秩序和国际政治的。这对以下国家尤其准确：约旦、以色列、俄罗斯和美国，印度和南非紧随其后。关于国内政治事件，除澳大利亚之外的所有国家具有相对强烈的异常。澳大利亚的异常新闻最可能是内部秩序、国际政治或体育。但是，在德国，异常事件多在国内政治、文化活动、内部秩序、体育和商业领域。在智利，约 1/4 最强烈的异常事件是国内政治。在中国，异常事件最可能是国际政治和商业领域。最后，在印度和南非新闻中的异常事件是国内政治和内部秩序。

表 5.7—表 5.9 展示了当每个媒介被单独检验时的相同的基本范式。最强烈异常的事件是关于国内政治或国际政治以及内部秩序的，并且这在大多数国家是准确的。在一些国家有显著的数据：报纸上的商业事件，在以下国家具有最强烈的异常：澳大利亚、中国和德国；在以色列，异常的报纸事件经常是健康和福利主题（表 5.7）。至于电视，在澳大利亚，有人情味事件的事件具有更强烈的异常性，这同样适用于德国的文化活动（表 5.8）。最后，关于广播，中国两个城市电台中的商业、贸易和产业新闻中强烈异常的百分数相对较高（表 5.9）。

表 5.6　3 种媒体上强烈异常性的新闻的分布　　　　　　55

最普遍话题	澳大利亚	智利	中国	德国	印度	以色列	约旦	俄罗斯	南非	美国	总计
体育	10.0	7.7	3.5	10.6	9.1	4.2	1.1	4.7	7.4	5.9	7.2
国内政治	7.5	24.0	17.0	19.4	22.6	19.6	12.3	19.6	14.1	16.9	18.4
文化活动	5.1	9.5	3.6	13.3	5.4	0.7	1.2	6.0	1.3	1.9	6.4
商业 / 贸易 / 产业	7.9	6.1	11.7	10.3	6.4	2.4	2.4	3.6	6.4	5.7	6.7
国际政治	12.7	8.8	17.5	4.2	9.0	10.3	44.0	14.0	9.2	12.2	13.0
国内政治	14.3	8.9	6.8	11.5	16.3	27.9	10.4	15.8	23.8	24.6	14.2
有人情味事件	6.2	5.5	3.6	3.7	6.0	1.2	1.3	3.0	7.4	4.3	4.5
经济	3.5	2.5	7.4	2.4	2.1	4.6	4.4	3.9	2.7	0.8	3.1
娱乐	0.6	0.4	0.0	0.5	0.9	0.2	1.9	0.6	0.4	0.2	0.6

续表

最普遍话题	澳大利亚	智利	中国	德国	印度	以色列	约旦	俄罗斯	南非	美国	总计
健康/福利/公益	4.5	2.8	5.1	2.3	1.9	6.1	5.1	1.4	3.7	3.7	3.3
其他	27.7	23.8	23.8	21.8	20.3	22.8	15.9	27.4	23.6	23.8	22.6
总计[a]	100.0	100.0	100.0	100.0	100.0	100.0	100.0	100.0	100.0	100.0	100.0
(N)	(859)	(1911)	(693)	(1770)	(1492)	(409)	(970)	(698)	(703)	(629)	(10 134)

注：具有强烈异常性的新闻包括那些在 6 个 4 分异常范围中任何一个获得 3 分或 4 分的新闻。分布以百分数的形式给出。

[a] 由于舍入误差，总计百分数实际上可能并不是百分之百。

表 5.7　报纸上强烈异常性的新闻的分布

最普遍话题	澳大利亚	智利	中国	德国	印度	以色列	约旦	俄罗斯	南非	美国	总计
体育	10.6	8.1	5.5	11.9	9.9	7.0	1.7	5.4	8.5	6.8	8.5
国内政治	7.3	21.2	12.8	19.5	18.9	16.7	10.4	19.6	12.0	17.3	16.8
文化活动	6.6	12.2	3.8	14.0	6.9	1.3	2.0	6.6	1.3	2.7	8.1
商业/贸易/产业	10.0	7.0	10.8	10.5	6.9	3.9	3.1	4.4	6.2	5.1	7.5
国际政治	13.7	9.4	19.1	4.4	7.8	1.8	34.2	13.2	5.3	19.7	11.1
内部秩序	11.1	7.2	8.3	9.8	16.0	25.0	15.1	15.6	23.6	27.8	13.3
有人情味事件	5.4	6.9	4.5	3.6	8.0	1.8	1.4	3.4	8.7	3.1	5.2
经济	4.6	2.7	6.8	2.5	2.3	6.1	6.0	4.0	3.1	0.3	3.4
娱乐	0.2	0.6	0.0	0.6	1.3	0.4	2.9	0.8	0.5	0.3	0.8
健康/福利/公益	4.5	2.5	3.5	2.2	2.2	10.5	6.8	1.4	4.5	2.7	3.3
其他	26.0	22.2	24.9	21.0	19.8	25.5	16.4	25.6	26.3	14.2	22.0
总计[a]	100.0	100.0	100.0	100.0	100.0	100.0	100.0	100.0	100.0	100.0	100.0

注：具有强烈异常性的新闻包括那些在 6 个 4 分的异常范围中任何一个获得 3 分或 4 分的新闻。分布以百分数的形式给出。

[a] 由于舍入误差，总计百分数实际上可能并不是百分之百。

表 5.8　电视中强烈异常性的新闻的分布

最普遍的话题	澳大利亚	智利	中国	德国	印度	以色列	约旦	俄罗斯	南非	美国	总计
体育	9.5	4.6	1.1	0.8	6.6	0.0	0.5	0.9	3.7	5.8	3.9
国内政治	8.8	31.5	24.1	19.2	36.7	3.1	18.9	18.3	20.4	13.0	21.9
文化活动	0.7	3.2	1.1	12.5	0.5	0.0	0.0	5.5	1.9	2.2	2.7
商业 / 贸易 / 产业	2.0	4.1	9.2	9.2	4.1	3.1	1.6	2.8	7.4	2.2	4.2
国际政治	6.8	5.5	24.1	2.5	14.8	21.9	45.8	20.2	24.1	1.4	16.3
国内秩序	20.3	14.2	0.0	22.5	21.4	53.1	3.7	16.5	25.9	29.7	17.9
有人情味事件	10.8	1.8	1.1	4.2	0.0	3.1	2.1	1.8	1.9	8.0	3.4
经济	0.0	0.5	8.0	2.5	0.5	3.1	2.6	2.8	1.9	0.0	1.8
娱乐	2.7	0.0	0.0	0.0	0.0	0.0	0.5	0.0	0.0	0.0	0.4
健康 / 福利 / 社会服务	5.4	4.1	3.4	3.3	1.0	3.1	4.7	1.8	0.0	5.1	3.3
其他	33.0	30.5	27.9	23.3	14.4	9.5	19.6	29.4	12.8	31.9	24.2
总计 [a]	100.0	100.0	100.0	100.0	100.0	100.0	100.0	100.0	100.0	100.0	100.0
(N)	(148)	(219)	(87)	(120)	(196)	(32)	(190)	(109)	(108)	(138)	(1347)

　　注：具有非常强烈异常性的新闻包括那些在 6 个 4 分的异常范围中任何一个获得 3 分或 4 分的新闻。分布以百分数的形式给出。

[a] 由于舍入误差，总计百分数实际上可能并不是百分之百。

表 5.9　广播中强烈异常性的新闻的分布

最普遍话题	澳大利亚	智利	中国	德国	印度	以色列	约旦	俄罗斯	南非	美国	总计
体育	4.8	8.1	0.5	0.0	7.0	0.7	0.0	5.6	2.3	4.6	3.7
国内政治	6.3	32.2	22.1	19.2	29.4	27.5	11.5	21.1	25.0	18.9	22.8
文化活动	0.0	0.4	4.3	0.0	1.6	0.0	0.0	3.3	0.0	0.5	1.2
商业 / 贸易 / 产业	0.0	2.6	14.4	8.2	6.4	0.0	1.0	0.0	6.8	9.2	5.3
国际政治	15.9	8.1	11.5	2.7	10.7	20.8	72.4	11.1	22.7	8.7	19.4

最普遍话题	澳大利亚	智利	中国	德国	印度	以色列	约旦	俄罗斯	南非	美国	总计
内部秩序	33.3	13.3	6.7	30.1	12.8	26.8	2.6	15.6	20.5	16.3	14.7
有人情味事件	3.2	1.1	2.9	4.1	0.5	0.0	0.5	2.2	4.5	3.6	1.8
经济	0.0	3.0	8.2	0.0	2.7	2.7	1.6	4.4	0.0	1.5	3.0
娱乐	0.0	0.0	0.0	0.0	0.0	0.0	0.0	0.0	0.0	0.0	0.0
健康/福利/社会服务	3.2	3.7	8.7	4.1	1.1	0.0	0.0	1.1	2.3	4.1	3.1
其他	33.3	27.5	20.7	31.6	27.8	21.5	10.4	35.6	15.9	32.6	25.0
总计[a]	100.0	100.0	100.0	100.0	100.0	100.0	100.0	100.0	100.0	100.0	100.0
(N)	(63)	(270)	(208)	(73)	(187)	(149)	(192)	(90)	(44)	(196)	(1472)

注：具有非常强烈异常性的新闻包括那些在 6 个 4 分的异常范围中任何一个获得 3 分或 4 分的新闻。分布以百分数的形式给出。

[a] 由于舍入误差，总计百分数实际上可能并不是百分之百。

59　五、评估新闻中的异常强度

在接下来的关于 10 个国家的章节中，涵盖 32 000 多条新闻的异常强度，平均来说是低强度的——最普遍和轻微普遍的信息，对现状有轻微的或者没有威胁，对规范有着轻微的破坏。尽管如此，2/3 的新闻被编码为有一定量的一个或者多个维度的异常。

研究问题 2—4 检验了涵盖 10 个国家中心和外围城市三种媒体中的异常性的相似性。这一章的表格只展现微小差异，新闻的异常强度在 10 个国家内几乎一致。正如我们处理成千上万的例子中所遵照的原则——即使是那些存在于均值中很小的差异，也具有统计意义上的重要性，所以我们依然基于样本的大小统计重要性的计算部分。因此，我们呈现一个谢费（Scheffe）事后检验结果，而不是呈现均值间的统计比较，这样，我们就可以根据他们在每一个变量上的平均分，来给这些国家进行分组。这些结果不是具有高强度或者低强度的异常分数，因为所有的都在低强度一边。但是，这个结果却可以表明在国家、城市和媒体之间是否有相对的、强弱不等的异常。

1．10个国家间的不同

表5.10展示了基于谢费事后检验而得出的代表异常强度不同的国家群组。

统计异常　俄罗斯语言文本反映出最强烈的统计异常，以色列和美国的语言文本则代表最弱的统计异常。图像统计异常有些不同，最强烈的图像统计异常出现在以下国家的图像新闻中：中国、印度、俄罗斯和澳大利亚。图像新闻最弱的统计异常出现在以色列的新闻中。

社会变化异常　俄罗斯的语言文本包括了最强烈的社会变化异常，但在美国、以色列和约旦程度最弱。至于图像，最强烈的社会变化异常存在于印度和澳大利亚的新闻中。最弱的出现在美国、以色列和德国的图像新闻中。

表 5.10　根据图像和文本内容的异常强度对国家进行的分组　　60

强烈度	统计异常		社会变化异常		规范异常		指标	
	图像	文字	图像	文字	图像	文字	图像	文字
最强	中国 印度 俄罗斯 澳大利亚	俄罗斯	印度 澳大利亚	俄罗斯	中国 印度	中国 俄罗斯 德国	中国 印度	俄罗斯 澳大利亚
最弱	以色列	美国 以色列	美国 以色列 德国	美国 以色列 约旦	美国 以色列 智利 德国	美国	以色列	美国

注：国家分组是基于谢费事后检验。

规范性异常 最强烈的规范性异常是在以下国家的文字新闻文本：中国、俄罗斯和德国，最弱的规范性异常是在美国的文本中。对于图像新闻来说，最强烈的规范性异常是在中国和印度，最弱的规范性异常是在美国、以色列、智利和德国。

最后，两个额外的指标——一个指向文字内容的异常，另一个指向图像内容的异常——对国家的异常变量给出一个整体的评估。[1]文本异常指标显示，拥有最强烈异常性的新闻在俄罗斯，最弱异常性的新闻在美国。图像异常指标显示，拥有最强烈异常的图像新闻存在于中国、印度和澳大利亚，最弱的图像异常新闻在以色列。

2．中心和外围城市间的区别

中心城市和外围城市媒体新闻的异常强度差异很小。表5.11显示中心城市或外围一般不具有强烈统计异常。中心城市的新闻条目在文字和图像文本中有少许的社会改变异常，同时在文字文本中具有强烈规范性异常，但是图像新闻在外围城市具有强烈统计异常和规范性异常。但是，如果观察语言和图像异常的指数，我们看到中心城市的新闻在语言文本上具有强烈异常，至于图像元素，没有发现不同。

61　表5.11　根据图像和文字内容异常性的强度对于中心城市和外围城市的分组

强度	统计异常		社会变化异常		规范性异常		指数	
	图像	文字	图像	文字	图像	文字	图像	文字
最强	外围城市	无差异	中心城市	中心城市	外围城市	中心城市	无差异	中心城市
稍弱	中心城市		外围城市	外围城市	中心城市	外围城市		外围城市

注：城市间的差异基于谢费事后检验。

1　两个异常紧张性系数（图像和文本内容的异常性）是每个国家中三种异常性数值（统计，社会变化，规范）的平均。

正如表 5.12 所展示的那样，纵观所有的文字和图像新闻，与电视和广播新闻相比，报纸新闻异常强度较弱。但是，这可能是研究设计等人为因素造成的。正如前文指出的，所有的不做广告的报纸新闻内容在本文中都作为新闻存在。在报纸新闻中，这方面的内容（广告——译者）传统上不被看成新闻。相应的，当我们为报纸计算总体的异常强度分数时，我们必须认识到，报纸异常的平均值可能会被传统的"非新闻"内容所稀释。

4. 异常的变化

在很多案例中，10 个国家发现的异常强度的中间值是非常低的，但是，一个变量的平均值可以隐藏这个值的变动范围。所有的新闻条目都具有低强烈度吗？一些新闻条目是否具有更强烈的异常？什么类型的新闻条目具有更强烈的异常性，什么类型的具有较弱的异常性？

附录 B 展示了语言和文字新闻条目在统计、社会改变和规范性异常的异常强度分数分布的条形图表——每个国家六个变量。每一个数字的顶端条提供了来自 10 个国家结果的整体概览。这里，我们看到一些新闻，无论是文字还是图像，扩展至最高的异常强度。最普遍的异常形式是统计的，相当数量的新闻被描述为极不平常。尽管有些新闻条目具有强烈的社会改变异常和强烈的规范性异常，他们的频率远低于统计异常的新闻。

其他条形，每个国家有一个，表明了他们之间的变化。通过观察语言元素的统计异常强度，我们发现，在德国、以色列、约旦和美国，最普遍的价值是"公信息"。在澳大利亚、智利、中国、印度、俄罗斯和南非，文字统计异常的模式实际上是"有些不寻常的信息"，同时，非常多的新闻被评为"不寻常"或"极度不寻常"的强度。对于社会异常改变和规范性异常，出现了一个不同的范式，一小部分范式被编码为超越最低异常强度。

表 5.12　根据图像和文字内容的异常强度对于媒体类型进行分组

强度	统计异常		社会变化异常		规范性异常		指数	
	图像	文字	图像	文字	图像	文字	图像	文字
最强	电视	广播 电视	电视	电视 广播	电视	电视 广播	电视	广播 电视
最弱	报纸	报纸	报纸	报纸	报纸	报纸	报纸	报纸

注：媒体类型的分组是基于谢费事后检验。

六、结论

这些发现表明，在 10 个国家的新闻中存在异常。2/3 的文字内容包含异常，但是只有略少于一半的图像内容是异常的。电视和广播新闻，整体上比报纸新闻更具异常性。有种说法：电视新闻和广播新闻有时间限制，从而限制了文字和图片的数量。对此我们持怀疑态度；同时，电视倾向寻找"好的"或"有力的"图像来加强其新闻报道。

63

最后，必须指出的是，从 10 个国家收集数据不等于这可以代表"全世界"的新闻，就像在我们第三章中指出的，没有任何一个或某些数量的国家可以代表"全世界"，但是这 10 个国家是认真挑选出来的，根据不同元素，我们尽可能多样化地囊括国家：地理位置、经济制度、政治制度、语言、文化和宗教，等等。因此，这 10 个国家提供了类似国家中新闻本质的预测，哪怕不是在整个世界范围。这比我们仅在一个国家或地区进行研究——例如在美国或中东——可以提供更多全世界范围内新闻本质的信息。

前几章呈现了 10 个国家新闻显示出的异常性，这一章我们来观察社会意义在多大程度上呈现出来。正如在第三章中提到的，我们使用了四个关于社会意义的衡量标准：

政治意义包含了政治范畴内的任何事情，包括选举、政府活动、法律的通过或者破坏。经济意义涵盖了商业和贸易，包括失业、进出口、汇率或者预算。文化意义包括社会机构，例如宗教、种族或者语言，还有更平常的活动例如博物馆的开张。最后，公共意义则涉及那些影响公民福利的活动，包括健康问题、环境问题和自然灾害。

正如对异常的测量（见第五章）那样，我们对视觉图像和文本内容做单独检测，因为这它们以不同方式传播信息。我们共有 8 种社会意义的测量：（1）语言内容的政治意义；（2）视觉内容的政治意义；（3）语言内容的经济意义；（4）视觉内容的经济意义；（5）语言内容的文化意义；（6）视觉内容的文化意义；（7）语言内容的公共意义；（8）视觉内容的公共意义。

正如分析新闻异常性时的态度，我们一般不把传统事件看成新闻，但天气地图和八卦都列入内容分析中。

一、有多少新闻包含社会意义？

正如前面章节中所做的那样，我们没有将异常新闻的数量与那些在 1 个、2 个、3 个乃至全部 4 个社会意义维度上存在低度、中度或者高度异常的新闻数量进行对比。表 6.1 展示了大约 80% 的语言新闻内容具有社会意义，只有稍多于一半的视觉内容具有社会意义。与之相比，大约 19% 的语言内容没有任何社会意义的元素，这也适用于 47% 的视觉内容。由于很少有视觉新闻单独存在，我们可以总结出超过 32 000 条新闻中至少有 80% 包含某种形式的社会意义。

表 6.1　被编码为具有社会意义的语言和视觉新闻的分布

新闻中社会意义维度数量	语言新闻	视觉新闻
0	19.1	47.4
1	37.7	28.4
2	26.3	15.0
3	13.2	7.1
4	3.7	1.9
总计[a]	100.0	100.0

注：4 分表明新闻在 4 个维度都具有社会意义——政治、经济、文化和公共维度。分布以百分数的形式给出。

[a] 由于舍入误差，总计百分数实际上可能并不是百分之百。

正如先前对新闻中异常性的分析，我们对于为什么新闻应该在多于 1 个维度上具有社会意义缺少理论的解释，但是，大约 43% 的语言新闻内容被编码为在 2 个、3 个或者 4 个维度具有社会意义。大约 38% 的语言内容被编码为只在 1 个维度上具有社会意义。略小于 1/4 的视觉内容被编码为在 2 个或者更多的维度上具有社会意义，但是 28% 被解释为只具有 1 个维度的社会意义。

同时，我们看到更少的社会意义维度——一如异常性那样——呈现在视觉新闻内容中。7% 的新闻展现了社会意义的 3 个维度，少于 2% 的被编码为具有 4 个维度。普遍出现的只有头和肩膀的图片视觉内容几乎没有包含社会意义内容。即便是一张总统的照片，它本身可能也不具有社会意义，但是，文本可以传达，例如一个丑闻、一项重新选举是否进行的决定或者在民意调查中的高支持率。表 6.1 展示了多于 50% 的视觉内容包含某种社会意义，80% 的视觉内容也是如此。

我们还看到，很多新闻被编码为具有两种或者更多的社会意义维度的事实，支持了社会意义构建由多重维度所组成的说法。一些新闻仅仅在一个维度具有社会意义，但是，很多数量展示出多维度的社会意义。多维度的新闻可能与单维度的不仅在包含维度数量上有区别，同时在新闻的质性性质上也有区别。具有单一维度社会意义的新闻，与那些具有 2—4 种社会意义维度的新闻可能大不相同。

这一章的其余部分，由在四个社会意义维度上的均值分析组成——从不具有社会意义到具有低、中低、中高和高重要性。这些分析是为了评估在四个维度中每种社会意义的强烈程度。基于大量的新闻（尤其是语言内容）具有某一种社会意义，我们知道，那些没有展现出社会意义的新闻（语言内容中的 19% 和视觉内容中的 47%），使得均值比预期的要低。在这一章中给出的分析，通过只包含展示最强烈构件数量的新闻，评估了社会意义的实质。

二、新闻话题的社会意义

跨越十个话题（见表 6.2），有很多情况下均值是在 2.0 和 3.0 之间（在 4 分的范围内），因此，标明社会意义从中度到高度。事实上，这些例子提供了整体效果很好的指标：

·关于政治的故事在政治意义上评价很高；
·商业和经济的故事在经济意义上评价很高；
·文化活动在文化意义上评价相对地高；
·一些话题（包括有人情味事件）包含公共意义的元素

横跨三种媒体和四种类型的社会意义，关于内政、国际政治和经济的事件有最强烈的分数。反过来，体育是最普遍的新闻话题，分析表明这些事件具有较低的社会意义，正如与娱乐和有人情味事件相关的事件一样。

此外，正如具有异常的例子，电视和广播新闻一般来说相比报纸新闻具有更强烈的社会意义（见表6.3—表6.5）。与广播相比，电视新闻具有更高经济意义的倾向，但是至于文化意义，广播具有更高的分数。对于电视和广播来说，政治意义和公共意义的强度没有明显的差异。

分开观察三种媒体，报纸的新闻清晰地显示具有最低的社会意义，在语言和视觉内容上皆是如此。除了指出结构效度的话题以外（例如那些与内政和国际政治相关的具有较高政治意义的新闻条目），五类话题接受了比较高的公共意义分数：内部秩序；健康，福利和社会服务；国际政治；内政；有关经济的新闻（表6.3）。

有个相似的模式适用于电视。但是六类话题在公共意义上接受高强烈的分数（相同的五个话题在报纸中加上商业、贸易和产业，见表6.4）。同样显著的是，那些相关强烈度的分数在固有相关话题上被编码后用作视觉测量，这些固有的相关话题包括：

· 政治意义：国内和国际的政治
· 经济意义：商业、贸易和产业
· 文化意义：文化活动
· 公共意义：国际政治

最后，同样的基本模式出现在广播新闻中（见表6.5）。

全方位来讲，在语言内容方面的社会意义比视觉内容方面的要更强烈。一般来说，新闻中的语言文本包含社会意义，尽管正如所指出的那样，有一些例子表明视觉社会意义也可以获得相对强烈的分数。

表 6.2 三种媒体中最普遍新闻话题的社会意义分数平均强度

最普遍的话题	政治意义		经济意义		文化意义		公共意义		指数	
	视觉	语言	视觉	语言	视觉	语言	视觉	语言	视觉	语言
体育	1.0	1.0	1.1	1.1	1.4	1.5	1.2	1.3	1.2	1.2
内政	1.9	2.6	1.1	1.4	1.1	1.2	1.4	1.9	1.4	1.8
文化活动	1.1	1.1	1.1	1.1	1.7	2.2	1.2	1.4	1.3	1.5
商业／贸易／产业	1.1	1.2	1.8	2.3	1.1	1.2	1.3	1.6	1.3	1.6
国际政治	2.0	2.5	1.3	1.5	1.2	1.2	1.7	2.1	1.5	1.8
内部秩序	1.4	1.6	1.1	1.3	1.2	1.3	1.7	2.1	1.4	1.6
有人情味事件	1.1	1.1	1.1	1.2	1.5	1.6	1.4	1.5	1.3	1.3
经济	1.2	1.5	1.7	2.6	1.1	1.1	1.3	2.0	1.3	1.8
娱乐	1.1	1.1	1.1	1.1	1.3	1.2	1.3	1.3	1.2	1.2
健康／福利／社会服务	1.1	1.3	1.2	1.4	1.1	1.3	1.6	2.2	1.3	1.6

表 6.3 报纸中最普遍的新闻话题的社会意义分数的均值

最普遍的话题	政治意义		经济意义		文化意义		公共意义		指数	
	视觉	语言	视觉	语言	视觉	语言	视觉	语言	视觉	语言
体育	1.0	1.0	1.1	1.1	1.3	1.4	1.2	1.3	1.2	1.2
内政	1.7	2.5	1.1	1.4	1.1	1.2	1.3	1.9	1.3	1.8
文化活动	1.1	1.1	1.1	1.1	1.7	2.2	1.2	1.4	1.3	1.5
商业／贸易／产业	1.1	1.2	1.7	2.3	1.1	1.2	1.3	1.6	1.3	1.6
国际政治	1.8	2.3	1.2	1.4	1.1	1.2	1.4	2.0	1.4	1.8
内部秩序	1.3	1.6	1.1	1.3	1.2	1.3	1.7	2.1	1.3	1.5
有人情味事件	1.1	1.1	1.1	1.2	1.5	1.6	1.4	1.5	1.3	1.3
经济	1.2	1.5	1.7	2.6	1.1	1.1	1.3	1.9	1.3	1.8
娱乐	1.1	1.1	1.1	1.1	1.3	1.2	1.3	1.3	1.2	1.2
健康／福利／社会服务	1.1	1.3	1.1	1.4	1.1	1.3	1.4	2.1	1.2	1.5

表 6.4　电视中最普遍新闻话题的社会意义分数平均强度

最普遍的话题	政治意义		经济意义		文化意义		公共意义		指数	
	视觉	语言	视觉	语言	视觉	语言	视觉	语言	视觉	语言
体育	1.0	1.0	1.0	1.1	1.5	1.5	1.3	1.4	1.2	1.2
内政	2.2	2.8	1.2	1.4	1.2	1.2	1.7	2.1	1.6	1.9
文化活动	1.1	1.2	1.1	1.2	2.0	2.3	1.3	1.5	1.4	1.6
商业/贸易/产业	1.3	1.5	2.0	2.4	1.1	1.2	1.5	1.9	1.5	1.8
国际政治	2.4	2.8	1.5	1.6	1.3	1.2	2.2	2.4	1.8	2.0
内部秩序	1.5	1.7	1.2	1.3	1.2	1.3	1.8	2.2	1.4	1.6
人类权益	1.1	1.1	1.1	1.1	1.3	1.4	1.3	1.6	1.2	1.3
经济	1.3	1.7	1.7	2.7	1.0	1.2	1.4	2.1	1.3	1.9
娱乐	1.0	1.0	1.0	1.3	1.0	1.1	1.8	1.7	1.2	1.3
健康/福利/社会服务	1.2	1.3	1.3	1.5	1.2	1.3	1.9	2.5	1.4	1.7

表 6.5　广播中最普遍新闻话题的社会意义分数平均强度

最普遍话题	政治意义	经济意义	文化意义	公共意义	指数
体育	1.0	1.0	1.8	1.4	1.3
内政	2.8	1.4	1.3	2.1	1.9
文化活动	1.1	1.1	2.4	1.7	1.6
商业/贸易/产业	1.2	2.2	1.1	1.6	1.5
国际政治	2.8	1.4	1.2	2.2	1.9
内部秩序	1.7	1.2	1.4	2.0	1.6
有人情味事件	1.2	1.2	1.7	1.7	1.5
经济	1.6	1.6	1.1	2.2	1.9
娱乐	—	—	—	—	—
健康/福利/社会服务	1.4	1.5	1.3	2.4	1.7

我们也观察那些具有最普遍社会意义强烈度的话题（编码为 3 或者 4）。表 6.6 呈现了三种媒体的合成发现。由此可以看出，拥有最强烈社会意义的 10 个国家新闻故事来自以下几个领域：（1）内政；（2）国际政治；（3）商业、贸易和产业；（4）文化活动以及程度上略次的；（5）内部秩序。内政在这 10 个国家中的 8 个是主流新闻话题，它占据了美国新闻内容的 32% 和中国新闻内容的 19%。只有在两个国家中，其他话题在社会意义强度上排名第一：在澳大利亚，最具社会意义的新闻话题是商业、贸易和产业；在约旦是国际政治。

　　当我们分别观察三类新闻媒体时，我们看到了相同的模式（表 6.7—表 6.9）。10 个国家中，内政拥有最强烈的社会意义。广播新闻最能展示这一特点，内政占据了 31.4% 的内容，但内政在电视新闻中仅仅占据 26.2%，在报纸中更只有 18.7%。国际政治在社会意义强度上居于第二位——最强烈的是广播新闻（20.3%）和电视（16.1%）。但是在报纸方面，国际政治才是第四名，占所有具有强烈社会意义新闻中 9.2%。换句话说，与报纸相比，播报媒体呈现的新闻具有社会意义的话题更少，而报纸则将社会意义更平均地呈现在不同的话题上。

　　当检测单独国家时，我们在表 6.7 中看到，最强烈的社会意义是 6 个国家内政的报纸事件（澳大利亚，德国，印度，以色列，俄罗斯，和南非）。在电视（表 6.8）和广播（表 6.9）中，9 个国家——除了约旦之外——在相同的话题上体现最强的社会意义。关于社会意义的第 2 个最强烈的话题，是散布于报纸中 5 个不同的话题——又一次表明相对更具有可变性——但是 10 个国家（所有但是除了德国）中有 9 个，第二强烈的话题是国际政治和内部秩序。最后，关于电视，6 个中第二高的社会意义是国际政治；两个国家是内部秩序；两个国家是其他话题（印度的体育和约旦的内政）。总之，国家间的相似性多于变化性。

表 6.6　三种媒体中具有强烈社会意义的新闻的分布

最普遍话题	澳大利亚	智利	中国	德国	印度	以色列	约旦	俄罗斯	南非	美国	总计
体育	9.0	2.0	1.4	2.4	6.7	0.9	3.9	3.1	6.8	2.9	4.0
内政	10.3	27.8	19.1	20.3	24.1	27.9	10.7	21.6	17.8	32.2	21.2
文化活动	11.6	9.9	3.9	18.7	7.8	4.6	17.5	9.8	4.6	4.5	10.7
商业／贸易／产业	16.9	7.8	13.5	17.1	9.3	3.3	5.5	5.2	12.4	17.9	11.1
国际政治	12.7	8.4	18.0	4.3	7.8	8.8	31.9	13.1	9.5	11.2	11.4
内部秩序	5.3	5.7	4.2	4.2	11.3	9.9	3.5	9.9	11.7	3.2	6.9
有人情味事件	2.7	2.8	2.3	3.4	5.8	0.7	1.9	2.4	4.2	3.2	3.3
经济	7.0	7.6	7.7	3.6	3.1	5.9	8.7	8.3	7.3	4.8	6.0
娱乐	0.6	0.4	0.1	0.3	1.6	0.2	2.8	0.5	0.8	0.8	0.8
健康／福利／社会服务	2.8	3.4	6.2	2.3	2.0	6.8	1.7	2.2	4.4	3.5	3.1
其他	21.1	24.2	23.6	23.4	20.5	31.0	11.9	23.9	20.5	16.4	21.5
总计 [a]	100.0	100.0	100.0	100.0	100.0	100.0	100.0	100.0	100.0	100.0	100.0
(N)	(1129)	(2156)	(854)	(2210)	(2195)	(545)	(1189)	(976)	(888)	(625)	(12 767)

注：具有非常强烈社会意义的新闻包括那些在 8 个 4 分社会意义范围内获得 3 分或 4 分评分的。分布以百分数的形式给出。

[a] 由于舍入误差，总计百分数可能并不是百分之百。

表 6.7　报纸中具有强烈社会意义的新闻的分布

最普遍的话题	澳大利亚	智利	中国	德国	印度	以色列	约旦	俄罗斯	南非	美国	总计
体育	9.7	1.6	2.2	2.5	5.5	1.6	5.7	1.7	8.8	4.1	4.3
内政	8.5	25.2	13.1	20.2	21.6	23.8	9.2	21.1	14.7	21.9	18.7
文化活动	13.6	12.2	4.8	19.4	9.3	7.4	25.6	11.6	5.8	7.0	13.2
商业／贸易／产业	18.9	9.3	15.3	17.6	10.0	5.5	6.8	6.3	14.6	24.6	12.8

最普遍的话题	澳大利亚	智利	中国	德国	印度	以色列	约旦	俄罗斯	南非	美国	总计
国际政治	12.2	8.5	19.7	4.5	6.9	1.6	19.4	12.2	5.2	12.7	9.2
内部秩序	3.7	4.8	5.4	3.9	11.0	8.4	4.2	10.1	10.4	2.7	6.4
有人情味事件	3.2	3.5	2.8	3.3	7.4	1.3	1.8	2.8	4.9	4.3	3.9
经济	8.0	8.7	6.6	3.6	3.5	5.8	11.6	9.5	8.5	4.6	6.6
娱乐	0.7	0.4	0.2	0.3	2.0	0.3	3.9	0.7	1.0	0.3	1.0
健康/福利/社会服务	2.0	3.2	4.8	2.0	2.0	10.9	1.5	2.1	5.1	3.8	2.9
其他	19.5	22.6	25.1	22.7	20.8	33.4	10.3	21.8	21.0	14.0	21.0
总计[a]	100.0	100.0	100.0	100.0	100.0	100.0	100.0	100.0	100.0	100.0	100.0
(N)	(958)	(1662)	(498)	(2005)	(1723)	(311)	(813)	(715)	(673)	(370)	(9728)

注：具有非常强烈社会意义的新闻包括那些在8个4分社会意义范围内获得3分或4分评分的。分布以百分数的形式给出。

[a]由于舍入误差，总计百分数可能并不是百分之百。

表6.8　具有强烈社会意义的新闻在电视上的分布 74

最普遍的话题	澳大利亚	智利	中国	德国	印度	以色列	约旦	俄罗斯	南非	美国	总计
体育	7.1	5.3	0.8	0.7	7.6	0.0	0.0	0.0	0.0	3.6	3.0
内政	16.1	29.1	32.0	19.6	35.6	20.5	17.7	21.6	25.3	39.8	26.2
文化活动	0.0	4.4	3.3	17.5	0.9	4.5	0.0	4.0	1.3	2.4	3.7
商业/贸易/产业	8.0	3.5	9.8	11.9	8.0	0.0	4.6	3.2	5.1	6.0	6.3
国际政治	12.5	7.5	16.4	2.1	12.9	15.9	41.7	19.2	24.1	2.4	16.1
内部秩序	13.4	7.5	0.0	4.2	16.4	4.5	3.4	13.6	19.0	10.8	9.8
有人情味事件	0.0	0.9	0.8	4.2	0.0	0.0	3.4	0.0	2.5	1.2	1.4
经济	0.9	4.0	7.4	3.5	0.4	4.5	4.0	4.8	5.1	9.6	4.0

最普遍的话题	澳大利亚	智利	中国	德国	印度	以色列	约旦	俄罗斯	南非	美国	总计
娱乐	0.0	0.9	0.0	0.0	0.0	0.0	0.6	0.0	0.0	0.0	0.2
健康/福利/社会服务	8.9	5.7	7.4	4.9	1.8	4.5	4.6	1.6	1.3	3.6	4.2
其他	33.1	31.2	22.1	31.4	16.4	45.6	20.0	32.0	16.3	20.6	25.1
总计[a]	100.0	100.0	100.0	100.0	100.0	100.0	100.0	100.0	100.0	100.0	100.0
(N)	(112)	(227)	(122)	(143)	(225)	(44)	(175)	(125)	(158)	(83)	(1414)

注：具有非常强烈社会意义的新闻包括那些在 8 个 4 分社会意义范围内获得 3 分或 4 分评分的。分布以百分数的形式给出。

[a] 由于舍入误差，总共的百分数可能并不是百分之百。

75　　　　表 6.9　表格中具有强烈社会意义的新闻的分布

最普遍的话题	澳大利亚	智利	中国	德国	印度	以色列	约旦	俄罗斯	南非	美国	总计
体育	1.7	1.5	0.0	0.0	14.2	0.0	0.0	13.2	1.8	0.0	3.6
内政	28.8	42.7	25.2	22.6	31.2	36.3	10.4	24.3	33.3	50.6	31.4
文化活动	1.7	0.4	2.1	0.0	3.2	0.0	0.0	5.9	0.0	0.0	1.4
商业/贸易/产业	1.7	2.6	11.5	12.9	5.7	0.5	1.0	1.5	7.0	9.3	5.0
国际政治	20.3	8.2	15.4	4.8	9.7	18.9	73.6	12.5	19.3	12.2	20.3
内部秩序	16.9	9.7	3.8	12.9	8.5	13.7	1.0	5.9	7.0	0.6	7.1
有人情味事件	0.0	0.4	2.1	4.8	0.4	0.0	1.0	2.2	0.0	1.7	1.1
经济	1.7	4.1	10.3	1.6	2.4	6.3	1.0	5.1	0.0	2.9	4.2
娱乐	0.0	0.0	0.0	0.0	0.0	0.0	0.0	0.0	0.0	0.0	0.0
健康/福利/社会服务	5.1	3.0	8.5	4.8	1.6	0.5	0.0	2.9	5.3	2.9	3.1

最普遍的话题	澳大利亚	智利	中国	德国	印度	以色列	约旦	俄罗斯	南非	美国	总计
其他	22.1	27.4	21.1	35.6	23.1	23.8	12.0	26.5	26.3	19.8	22.8
总计[a]	100.0	100.0	100.0	100.0	100.0	100.0	100.0	100.0	100.0	100.0	100.0
(N)	(59)	(267)	(234)	(62)	(247)	(190)	(201)	(136)	(57)	(172)	(1625)

注：具有非常强烈社会意义的新闻包括那些在 8 个 4 分社会意义范围内获得 3 分或 4 分评分的。分布以百分数的形式给出。

[a] 由于舍入误差，总计百分数可能并不是百分之百。

三、评价新闻中社会意义的强烈程度

正如评价第五章中的异常性那样，我们通过三种方式来评价新闻中社会意义的强度：（1）通过观察，新闻至少在一个维度上展示社会意义的新闻的百分率；（2）分别观察 10 个国家中的每一个；（3）通过合并数据集来实现对社会意义的总体衡量。

80% 的文字新闻具有至少一个社会意义维度，超过一半的的视觉内容包含某种社会意义维度，尽管四个维度的平均值偏低，因为几乎一半的视觉条目不包含社会意义，十个国家、三种媒体、中心城市和外围城市范围内，新闻中的社会意义数量相当一致。

再次，由于样本量较大，小的差异在统计上表现比较显著。所以，我们再一次呈现谢费事后检验的结果，根据各个国家在每个变量上的平均强度来分组。如我们先前指出的那样，这些结果不应该被阐释为社会意义的高低，而是意味着一个特定的国家、城市或媒体所具备的社会意义强度。

在报纸中，在每一种社会意义的类别中，在图片、视频、数字、图表等视觉内容中，有一些社会意义较低。这可能反映出什么图片——即拍摄了头肩的图片、人们握手的图片、人们走路或者谈话的图片——是基本无趣的，或者什么视觉方法是惯用的。不过这虽满足了观众所想要的视觉兴趣，却对他们几乎没有价值，而是对文本的有效修饰。

但是我们可以看到，一般来说，电视中新闻的视觉内容，比报纸中的视觉内容承载更多关于社会意义的信息。也许这反映了一种趋势：在电视新闻中获得的"好的影像"，是报道一个故事的先决条件，但是，大多数报纸只是常规地发布人们走路、说话、握手和以无趣的方式摆造型的图片（而这些经常来自档案库）。

另外，在中心城市和外围城市社会意义的指标之间，看起来没有整体差异。

77　　　表 6.10 基于谢费事后检验揭示了不同城市在社会意义四个维度上的轻微差异。

表 6.10　根据社会意义强度对国家进行分组

强度	政治意义		经济意义		文化意义		公共意义		指数	
	视觉	语言	视觉	语言	视觉	语言	视觉	语言	视觉	语言
强	印度	印度	中国	俄罗斯	印度	德国	印度	印度	印度	俄罗斯
		俄罗斯	南非	德国	澳大利亚					印度
			澳大利亚							
弱	以色列	美国	美国	美国	以色列	约旦	美国	美国	以色列	美国
		澳大利亚	以色列	以色列	约旦		以色列			

注：国家的分组基于谢费事后检验。

1. 政治意义

在印度的语言和视觉新闻中，政治意义最强，与其他国家相比，俄罗斯的新闻中也包括较多的政治意义。以色列的视觉新闻、澳大利亚与美国的语言新闻中，政治重要性最不突出。

2. 经济意义

50%的国家被归入了高强度的经济意义组别：视觉新闻以澳大利亚、中国和南非为案例，文字内容以德国和以色列为案例。以色列和美国的视觉和语言新闻中经济意义最低。

3. 文化意义

文化意义在澳大利亚和印度媒体的视觉新闻中最强，在德国媒体的语言新闻中最弱，在以色列的视觉新闻和约旦的全部新闻中最弱。

4. 公共意义

印度的媒体又一次承载了最强的公共意义，既在视觉新闻上也在语言新闻中。以色列和美国新闻的公共意义最弱。

两个指数——语言新闻的社会意义强度和视觉新闻的社会意义强度——给出了一个关于国家间在社会意义变量上差异的整体评估。[1]印度和俄罗斯的语言新闻中社会意义最强，美国的语言新闻中社会意义弱。视觉指数显示出，印度视觉新闻的社会意义最强，以色列的视觉新闻的社会意义最弱。

5. 城市和媒体间的社会意义

中心城市和外围城市新闻媒体的社会意义强度差异很小。但是，谢费事后检验（见表6.11）展示了外围城市新闻媒体很少能承载具有更强

---

1 两种社会意义紧张性系数（文本和图像内容的社会意义）是每个国家中四种社会意义（政治、经济、文化和公共）数值的平均，文本和图像都是。

社会意义的新闻。如表 6.12 所示，在政治、经济和公共社会意义变量维度，报纸新闻内容比电视或者广播具有较小的社会意义强度，但是报纸新闻比电视和广播新闻文化意义强度更小。

表 6.11　根据社会意义强度的主要和外围城市分组

强度	政治意义		经济意义		文化意义		公共意义		指数	
	视觉	语言	视觉	语言	视觉	语言	视觉	语言	视觉	语言
更多	无差异	主要	无差异	外围	外围	外围	外围	外围	外围	外围
更少		外围		主要	主要	主要	主要	主要	主要	主要

注：国家的分组基于谢费事后检验。

表 6.12　根据社会意义强度的媒体分组

强度	政治意义		经济意义		文化意义		公共意义		指数	
	视觉	语言	视觉	语言	视觉	语言	视觉	语言	视觉	语言
最强	电视	广播 电视	电视	电视 报纸	报纸	报纸	电视	电视 广播	电视	广播 电视
最弱	报纸 报纸	报纸	报纸	广播	电视	电视 广播	报纸	报纸	报纸	报纸

注：媒体的分组基于谢费事后检验。

　四、社会意义的变化

当均值低的时候，我们可能会纳闷这个均值是否包含一个小的或者大范围的变量。正如异常性，我们显示在附录 C 社会意义强度分数条形图中（政治、经济、文化和公共意义），对于文本和图像——每个国家 8 个变量。第一个数据呈现的是 10 个国家组合的整体结果。这里，我们看到，一些新闻，无论文本或图像，延伸到一定程度甚至最高的政治、经济、文化或者公共意义强度。最强的社会意义存在于那些在包含公共福利的新闻文本中。

但是，我们却看不到 10 个国家之间的差异，所以每一个国家的条形图也被包括在附录 C 中。观察文本信息的政治意义，在 10 个国家中，最常见的值是"不具有政治意义"。在经济意义和文化意义中，这 10 个国家展现出"不具有社会意义"是最常见的值。横跨所有 10 个国家的视觉新闻在政治、经济和文化意义上展现相似的模式。但是在文本新闻条目的公共意义上，中国、印度和约旦展现出"最小的公共意义"价值是最常见的情况。在视觉新闻的公共意义上，澳大利亚和印度经常展现"最小的公共意义"。

五、文本和图像中的社会意义

正如我们先前讨论的，报纸和电视新闻在呈现视觉新闻内容的数量上有区分。在报纸中有较少的视觉内容，是一些报纸文章包括视觉（即图片、地图和数字），但是大多数并不是。广播明显不包括视觉。总体上来说，在视觉内容上的社会意义要弱于在语言内容上的社会意义。因此，相比于视觉内容，一条新闻内容的社会意义更多地在语言内容上呈现。

六、结论

综观 10 个国家，异常和社会意义强度是相似的。谢费检验中讨 81 论的差异是微小的和可分辨的只是因为大量的新闻用来回答研究问题 2—8。

大约 80% 的语言新闻具有至少一个社会意义的特征，但是这适用于一半以上的视觉新闻内容。最强烈的社会意义在电视和广播新闻中体现出来，可能是因为报纸可以出版多样的有娱乐倾向的故事。报纸、电视和广播可能承载相同社会意义的故事，但是报纸有权力去出版更多的新闻，包括那些社会意义和异常性都不高的新闻。

在对基本概念的解释过程中，我们主要讨论了作为新闻价值评价标准的两个概念：异常性和社会意义。我们也对异常性的三个维度——统计的、规范的和社会的——以及社会意义的 4 个维度——政治、经济、文化和公共意义做了鉴定。我们认为，活动、个体或者想法的异常性或者社会意义越强烈——在这两个维度中的任何一个或者两个一起——那么显著性就会越强烈，也就是说，与这些现象相关的事件，更可能在报纸中获得更好的位置和更多的版面，在播报新闻中会占据更多的时间和更好的位置。

研究针对普通人。迄今为止我们讨论的主要动力，是记者怎样思考和实践他们的职业。在这一章中，我们将公共关系从业者和新闻消费者都纳入研究视域，从而聚焦于研究问题 9—11。这样做的合理性在于，记者有权决定哪些故事将成为新闻，公共关系从业者和新闻消费者也有一些发言权。

涉及媒体行业的公共关系从业者的主要职责，是从他们的组织或者客户那里得到信息——私人的或者是公共的，营利性或非营利性的——转达给媒体，形成新闻。当他们想要提升他们的组织或者客户时，当他们发现自己要在危机中保护他们的组织或者客户时，这样的信息就会出现。因此，公共关系从业者提供给记者的，是那些他们希望以最显著的新闻形式展现的信息。从纸质新闻发布到视频新闻发布的进化，经常更容易让电视新闻展示那些活动的信息。

在一定程度上，新闻消费者也可以对新闻生产这一链条施加影响。人们阅读、观看、收听新闻，是为了获得对他们重要或者有意义的信息。当消费新闻的时候，人们是有选择性的，他们不会给每一条新闻同样的关注度。媒体组织经常通过进行研究，来了解消费者的兴趣是什么以及自己能提供给消费者什么东西。因此，新闻消费者能够影响报纸、广播和电视台做出编辑和剪辑的决定，尽管这种影响可能是非直接的。

这一章观察了记者、公共关系从业者和消费新闻的公众理解新闻价值的程度。不同组的人在多大程度上分享对新闻和新闻价值的隐含定义？不同组的人如何理解新闻价值和那些实际上出现在报纸电视广播上的新闻，这两者之间有多大程度的对应？出现在新闻中的内容是如何影响记者、公共关系从业者和新闻消费者的？

回归到这项跨国家研究中，我们也对在这项研究中这些相关性程度在国家间多大程度上的异同感兴趣。换句话说，我们想要弄清楚，记者、公共关系从业者以及那些具有高或者低社会经济地位的人，有没有可能超越 10 个国家政治、经济制度和文化传统的差异，能够相似地理解活动的新闻价值？

这一章呈现的把关实践研究，是 10 个国家 20 个城市的中心小组所推动的。正如在第三章中指出的，4 个中心小组在每一个城市的以下人群中进行：

（1）记者（通常是记者、有些情况下是编辑或者制片人，但绝对不会是那些审查参与报道记者的作品的监察人员）；

（2）来自私人或者公共部门的公共关系从业者；

（3）高社会经济地位的新闻消费者；

（4）低社会经济地位的新闻消费者。

一、过程

正如在第四章中指出的，我们在每个国家两个城市中（中心城市和外围城市）选样出一份报纸的组合周。表 7.1 呈现了在这项研究中所使用的城市和报纸。计算出整篇文章以平方厘米为单位，而不管这篇报道是否以多于一页的形式印刷出来。同时，新闻的位置具有决定意义，我们以以下方式来衡量新闻：（1）出现在头版的新闻被评为3分；（2）出现在报纸内部版面第一版的新闻被评为2分；（3）在报纸其他的版面出现则被评为1分。一旦报纸的编码完成，将新闻的面积大小和位置权重相乘，从而计算出新闻的显著性分数。

表 7.1　城市和报纸名称

	中心城市	外围城市
澳大利亚	悉尼（Sydney）《悉尼先驱早报》	布里斯班（Brisbane）《布里斯班快递邮报》
智利	圣地亚哥（Santiago）《汞报》	康赛普西翁（Concepcion）《南方报》
中国	北京（Beijing）《人民日报》	金华（Jinhua）《金华晚报》
德国	柏林（Berlin）《柏林日报》	美因茨（Mainz）《美因茨汇报》
印度	新德里（New Delhi）《印度斯坦时报》	海德拉巴（Hderabad）《恩那度》
以色列	特拉维夫（Tel Aviv）《哈伊尔（周报)》	贝尔谢巴（Beer Sheba）《科纳尼基夫》
约旦	阿曼（Amman）《基地报》	伊尔比德（Irbid）《希恩周报》
俄罗斯	莫斯科（Moscow）《消息报》	图拉（Tula）《图拉消息报》
南非	约翰内斯堡（Johannesburg）《索维坦报》	布隆方丹（Bloemfontein）《人物》
美国	纽约市（New York City）《纽约时报》	雅典（Athens），俄亥俄州（Ohio）《雅典先驱报》

正如前面所指出的那样，我们基于报纸的内容分析直接观察把关实验，而内容分析则先于中心小组进行。通过观察报纸每一个新闻的显著性分数，我们对所有来自3个随机选择的日期的新闻条目将按照显著性从高到低进行排列。这些日子中的每一天，我们基于百分数显著性，将来自地方报纸的10条新闻识别出来，并按照显著性由低到高进行排列。一旦决定了由10个新闻所组成的这3列，每一个新闻的标题和小标题被印在一张指数卡片上。指数卡片是用颜色进行编码的，这样一来，10个标题所组成的一组就可以被印在不同颜色的卡片上。

目标是在每组找到8到10个人；显然，一些组人数会比较少，其他的会多一些（见表7.2）。在中心小组的结尾，小组的主持人会给每个人10张卡片，这10张卡片已经被洗好了牌，代表了3个报纸日中的一天。参与者被要求假定为报纸的编辑，在记住他们各自角色的前提下让他们排列卡片的顺序，从而看他们想以怎样的顺序排列出版。这些排序是基于他们每个人对于新闻价值的理解所进行的。换句话说，他们被询问去指出在他们看来哪一条新闻是最具新闻价值的，并且哪条应该获得最高的优先级，接下来的是新闻价值较次的，依此类推适用于10个新闻标题。当参与者完成这个活动之后，他们将卡片交还给主持人。这项任务在每个中心小组执行3次，对每一次3天的报纸抽样进行一次。当中心小组结束之后，主持人记录下来每一个参与者所标记的卡片顺序。为了观察排名之间的关系，我们使用排名顺序相关系数——斯皮尔曼等级相关系数，使用每个人3天卡片的组合，结果产生了8个中心小组每组中每个人的90条具有排名等级的新闻。

86

表7.2 十个国家中心小组的组成

	中心城市				外围城市			
	记者	公共关系从业者	高 SES[a] 受众	低 SES 受众	记者	公共关系从业者	高 SES 受众	低 SES 受众
澳大利亚	9	9	10	10	10	8	8	9

	中心城市				外围城市			
	记者	公共关系从业者	高 SES[a] 受众	低 SES 受众	记者	公共关系从业者	高 SES 受众	低 SES 受众
智利	11	12	13	11	11	11	9	10
中国	11	8	9	10	9	8	10	10
德国	6	11	12	10	11	10	12	10
印度	13	11	12	14	13	17	14	12
以色列	7	7	9	8	10	8	10	10
约旦	9	10	10	10	7	10	10	10
俄罗斯	8	8	10	12	8	7	12	11
南非	12	10	8	10	9	10	10	11
美国	7	9	11	9	6	5	6	5

注：[a] SES = socioeconomic status，即社会经济地位。

发现

表 7.3 展示了平均的斯皮尔曼相关系数，这个系数来自 10 个国家每个城市 4 个中心小组中的参与者排名。这里允许我们对每一个国家和城市中记者、公共关系从业者和受众的新闻排名进行比较。在所有 60 个中心城市的相关中，除了 3 个印度的城市之外，其余所有的都是正面和显著的统计，表明 4 类中心小组的人群都彼此一致。每个国家的平均相关，从最高德国的 0.83 到最低的印度的 0.30；系数越大，人们越保持一致。在那些具有 0.57 相关系数的外围城市（排除那些以色列高社会经济地位群体的遗失数据），除了印度和俄罗斯的 3 个、约旦的 2 个和南非的 1 个之外，都具有统计显著性。每个国家的统计相关从智利的 0.86 到印度的 0.27。

我们在有关新闻如何排名的这 4 类参与者中，发现大量的一致性。

同时，我们应该留意这一点：10 个国家的平均相关系数高于外围城市。

表 7.3　中心小组参加者之间新闻排名的平均斯皮尔曼相关系数

	中心城市						外围城市					
	J/PR	J/LSA	J/HSA	PR/LSA	PR/HSA	LSA/HSA	J/PR	J/LSA	J/HSA	PR/LSA	PR/HSA	LS/HSA
澳大利亚	0.71[c]	0.64[c]	0.64[c]	0.82[c]	0.80[c]	0.75[c]	0.86[c]	0.63[c]	0.61[c]	0.65[c]	0.65[c]	0.78[c]
智利	0.67[c]	0.62[c]	0.63[c]	0.65[c]	0.76[c]	0.38[a]	0.89[c]	0.89[c]	0.93[c]	0.81[c]	0.80[c]	0.82[c]
中国	0.60[c]	0.58[c]	0.70[c]	0.71[c]	0.76[c]	0.70[c]	0.56[c]	0.71[c]	0.64[c]	0.75[c]	0.73[c]	0.63[c]
德国	0.74[c]	0.82[c]	0.78[c]	0.87[c]	0.91[c]	0.86[c]	0.85[c]	0.52[b]	0.74[c]	0.59[b]	0.83[c]	0.67[c]
印度	0.63[c]	0.11	0.51[b]	0.07	0.47[b]	−0.01	0.18	−0.13	0.45[a]	0.31	0.44[a]	0.37[a]
以色列	0.78[c]	0.90[c]	0.81[c]	0.84[c]	0.78[c]	0.80[c]	0.44[a]	0.65[c]	NA	0.75[c]	NA	NA
约旦	0.75[c]	0.72[c]	0.76[c]	0.63[c]	0.48[b]	0.77[c]	0.72[c]	0.77[c]	0.22	0.83[c]	0.40[a]	0.35
俄罗斯	0.50[b]	0.56[b]	0.40[a]	0.63[c]	0.66[c]	0.58[b]	0.21	0.21	0.05	0.49[b]	0.35	0.53[b]
南非	0.87[c]	0.61[c]	0.77[c]	0.79[c]	0.88[c]	0.83[c]	0.47[b]	0.47[b]	0.60[c]	0.58[b]	0.70[c]	0.31
美国	0.76[c]	0.55[b]	0.54[b]	0.65[c]	0.55[b]	0.56[b]	0.79[c]	0.79[c]	0.70[c]	0.88[c]	0.74[c]	0.73[c]

注：J= 记者；PR= 公共关系从业者；LSA= 低社会经济地位受众；HSA= 高社会经济地位受众；NA= 不可用的（not available）。

[a]$p < 0.05$；[b]$p < 0.01$；[c]$p < 0.001$。

与之相比，通过中心小组参加者和使用在把关人实验中新闻的实际排名（显著性），表 7.4 呈现了新闻故事排名间的斯皮尔曼相关系数。相关系数呈现出一致趋势。然而，在参加者小组之间斯皮尔曼排名系数相对要高（就如同表 7.3 所指出的那样），在报纸中的实际报道很低。在 40 个中心城市的相关系数中，只有 18 个是统计显著的。外围城市也呈现出相似的情形：在 39 个相关系数中（排除关于以色列高社会经济地位受众群体的遗失数据），只有 6 个是统计显著的。

表 7.4　中心小组参加者的新闻价值排名和实际新闻显著性之间的
斯皮尔曼相关系数排名顺序

	中心城市				外围城市			
	记者	公共关系从业者	高 SES 受众	低 SES 受众	记者	公共关系从业者	高 SES 受众	低 SES 受众
澳大利亚	0.29	0.50[b]	0.35	0.39[a]	0.18	0.17	0.11	0.19
智利	− 0.20	− 0.34	− 0.37[a]	− 0.14	0.34	0.33	0.24	0.26
中国	− 0.20	− 0.31	− 0.46[a]	− 0.37[a]	0.01	0.13	0.04	0.12
德国	0.48[b]	0.49[b]	0.47[b]	0.48[b]	0.58[b]	0.38[a]	0.35	0.38[a]
印度	0.17	0.38[a]	0.19	− 0.04	0.23	0.38[a]	0.33	0.07
以色列	0.57[b]	0.56[b]	0.49[b]	0.67[c]	0.25	− 0.16	NA	− 0.24
约旦	0.48[b]	0.38[a]	0.69[c]	0.51[b]	− 0.13	0.09	0.37[c]	0.05
俄罗斯	0.22	0.05	0.08	0.34	0.24	0.03	− 0.08	0.12
南非	0.06	0.06	− 0.03	− 0.03	0.13	0.01	0.12	− 0.16
美国	0.28	0.21	0.04	0.10	0.42[a]	0.35	0.14	0.25

注：SES= 中心小组成员的社会经济地位；NA= 不可用的（not available）。
[a]$p < 0.05$; [b]$p < 0.01$; [c]$p < 0.001$。

进一步看，该相关的大小相对较低，最高的从约旦的高社会经济地位的群体和他们的报纸中获得：0.69 在中心城市，0.73 在外围城市。另外，中心城市中有 11 个相关系数是负的（其中 3 个很显著），外围城市中 5 个是负相关（但是并不显著）。最后，在约旦、德国和以色列的中心城市中，所有 4 个相关都是显著的，因此产生了比较高的平均相关，范围从以色列的 0.57 到约旦的 0.42。然而，在外围城市中，只有平均相关为 0.42 的德国比其他城市相对更高。因此，我们总结出假设 1 是被支持的：在多个中心小组中有大量的一致。假设 2 在有些国家是被支持的，但是在其他国家并不被支持；然而，即使当统计结果明确，我们将人们对新闻故事根据新闻价值所进行的排名与报纸呈现新闻的显著性排名进行比较时，斯皮尔曼相关系数的大小还是比较低的。

这些结果表明：不同国家的人们关于新闻故事价值的一致性程度，要大于他们所在城市报纸编辑对新闻价值所做决定的一致性程度。这种一致在中国、智利（平均相关是负的）、印度、俄罗斯、南非以及美国的中心城市尤其强烈。在外围城市中，只有在德国的中心小组微弱（0.42）同意新闻的实际排名，在所有的其他城市中，平均相关在－0.05（以色列）和0.29（智利）之间。

平均来说，10个国家报纸新闻故事的相似度，对记者而言是最高的（在中心城市是0.22；在外围城市是0.23），但程度有限。在报纸、公共关系从业者、低社会或高社会经济地位的受众成员之间，在一致性上没有系统的模式。

二、讨论

这个实践的设计，可以看成每个国家10个回复的组合。或者，如果我们考虑在每个国家处理两个城市数据，我们可能因此有最多20种回复。基于每个中心小组参加者执行了3次任务的事实——在3个报纸日的每天执行1次——我们有相当可靠的实践和数据集。

89　　由于在10个国家中心小组参加者中的总体平均斯皮尔曼相关系数在中心城市是0.66，在外围城市是0.61，我们有理由认为这些数据相当接近并且进行了整合。而且，在不同中心小组、中心城市和外围城市实际新闻排名之间的平均斯皮尔曼相关系数都是0.17，我们会对这些数据一起考虑。

尽管看上去不同，在表7.3和表7.4中呈现出来的结果彼此一致：尽管每个国家不同种类的中心小组参加者这样表现，他们对于新闻在当地报纸上所给予的显著性却较少达成一致。这就有意思了，一定程度上是因为记者。尽管他们通常并不设定优先等级，也不决定特定新闻在报纸中的位置，也不撰写大字标题，但新闻的生产进程会与他们有关系。另外，尽管公共关系从业者试图从外部来影响新闻，实际上他们更多与记者达成一致。

　　跨国家的经验与此相似，这带来了一些问题，诸如为什么这个现象如此显著。为了回答这个问题，我们考虑了广泛演绎理论的合理性，或者归纳性地观察每个国家（和城市）的特质，并且试图取得一个涵盖所有情况的解释，不用太在意国家之间的显著差异。

　　理论上，我们可以琢磨出世界范围内民众对媒体的普遍不满和失望感，包括媒体专业人士和外行。报纸编辑和出版者可能不会太关心读者的利益和需求。例如，实际上在所有中心小组，一个被提出来讨论的问题是对于"好"和"坏"新闻的区分，以及这些类别中的每一个，在多大程度上以一种夸张的方式呈现出来。如果不考虑细节（这些在接下来国家的章节中有讲），尽管很多人似乎理解记者所给出的"坏"新闻泛滥的原因，可以肯定地说，不同国家的参与者对于这个话题拥有很多共识，对于呈现更多"好"新闻，人们也普遍愿意表达。

　　相比之下，尽管总体的结论是一样的，对每个国家分别作观察，可以得出关于每个国家的有趣结论。例如在智利、中国、印度、俄罗斯、南非和美国，中心城市的平均相关相对较低，范围从在中国的 −0.34 到在印度的 0.18，与这些平均相关（负的或者正的）相对低的中心城市相比，在以色列、约旦、德国和澳大利亚的中心城市，平均相关系数相对较高（从 0.57 到 0.38）。是否可能在这些国家中由于一系列的原因导致媒体和民众之间有更大的分离呢？我们的这些想法在外围城市获得进一步的支持。其中，外围城市最高的平均相关是在德国（只有 0.42），紧接着的是智利和美国的 0.29，印度的 0.25，以及更低的相关。是否由于社会政治原因，这些国家的人们认为他们的媒体更加不可靠呢？

　　总之，在所有的国家中，不同组的人们似乎在自己评价地方新闻价值的方式上保持一致。尽管记者对于新闻价值的排序和公共关系从业者对于新闻故事的排序将会不同，但是这样的差异并没有被发现。也许这是由于传统智慧的迸发，让新闻记者去讨好公共关系从业者，从而通过做压力较小的工作赚到更多的钱。所以，公共关系从业者仅仅是与记者利益一致？那么受众呢？尽管一些人预计记者会脱离他们的受众，但是这项研究现实却恰恰相反。也许是因为记者也是人！

什么是新闻价值？相关的观点在世界范围内无处不在，我们对这一点提出了理论的探讨。上文所提到的这些结果，在中心城市和外围城市，在大国和小国，在北半球和南半球的国家，在集体和单独的文化中，在世界范围内的国家中都得到了复制。而这些事实则会增加人们对我们探讨的价值的信任。

第三部分
国与国之间
的分析

第八章　澳大利亚的新闻

克里斯·劳维–戴维斯（Chris Lawe-Davies）、罗宾·M. 勒布罗克（Robyne M. Le Brocque）

一、澳大利亚的媒体生态

从 1788 年库克船长在悉尼巴特尼湾登陆开始，200 多年来，澳大利亚成长为一个英语世界。原住民统治这里超过了 40 000 年。今天澳大利亚人口大约为两千万，是一个民主和多元的现代社会。

19 世纪中期机械印刷普及后，报纸成为澳大利亚媒体的主导；广播播报开始于 1924 年，电视则始于 1956 年。"混合"式播报开始发展。1923 年建立了政府播报者性质的澳大利亚广播集团（ABC），商业广播同时存在：一些是政府的，一些是商业的。第三部分是社区广播，政府为这一部分提供一些基础设施，否则他们只能自发组织自我提供资金的广播和电视台。这种模式在 1975 年被引入，目前全国有 304 个社区广播站和 6 个电视台（2002：7）。这些满足了普遍的广播市场，同时也迎合了特殊服务的需要——包括以非英语的语言服务、音乐、残疾人阅读、教育、访问、实验和原住民广播等内容。

中心城市广播站大多数是商业的，其中 ABC 广播拥有高度的影响力。ABC 有 5 个频道的都市内容（包括一个离岸的），这些频道中包括第一个富有原创性的年轻人频道、经典音乐、专题新闻和纪录片。除了这些之外，ABC 还有对当地的和其他地区的综合报道。通过播报更长的新闻公告和更多的时事，ABC 广播成为主要议程设置者。新闻公告中地方与全国新闻兼有，并由整合的数字传播系统所组成。数字传播系统由新闻办公室所组成，在这里汇集了这个国家的所有新闻。地方新闻团队收集新闻并贡献于国家新闻中心。商业广播站以相似的方式组成网络，但是并不像前者那样具有综合性。除了一些调频电台的专家讲话之外，商业电台几乎没有新闻和时事。

澳大利亚有一系列广播电台，在每个城市都有小范围播送，最多有25个广播站。电视具有更加稳定的模式。每个城市有网络的独特环境，有55个订阅渠道（光纤和卫星），但是仅有23%的澳大利亚家庭使用付费服务，免费网络的渗透则是100%。

如同广播一样，5个电视网络分别针对商业和政府部门间（第六网络的社区拍照出现在每一个大点的城市中）。政府性质的ABC有1个频道，从大都市延伸到边远市场；有3个商业网络和1个"混合网络"。特殊的广播服务（SBS），一部分由政府出资，一部分由企业出资，主旨是制作迎合澳大利亚文化多样性的节目。1980年SBS才开始广播——比其他网络广播晚了大约1/4个世纪——这样，一个高度成功的社会和公共政策系统传输了英语（包括字幕）之外的70种语言，并且为创新产品的诞生调整了结构（如不列颠4频道）。ABC电视收获了15%的观众份额，SBS这样的跨文化电视则少于5%。但是，网络领域严格的准入制度限制了吸引观众的能力。他们的新目标是拓展收视范围，而不是收视的频率，这使两个网络能够接触到国外的、多样的和综合的社会以及广播的受众（ABA，2002；SBS，2002）。

澳大利亚的报纸分布广泛，高度垄断。事实上，有人声称，澳大利亚的媒体集中度世界最高，仅次于爱尔兰（1978：35）。有报道显示默多克新闻集团的标题占据了每日大都市和城市周边市场流通量的70%。新闻集团的标题一般在市场的高流通和小报端，例如《布里斯班快递邮报》。其他的主要竞争者是约翰·费尔法克斯出版集团、《悉尼先驱早报》的出版者，它主要是在市场的高质量大报报端进行运营。

受立法推动，网络以及个人企业占据了电视领域的70%，出版和广播也不受限制，对于跨媒体经营则有限定（在每个地区1个媒体的所有者）。1987年为基廷工党政府所推动。在广播领域，外国人所有权限制从 15% 到 20%，这提升了电视和报纸领域的产业融合水准，这也意味着默多克占据了报纸的 70%，但他对广播和电视没有兴趣。他不在播报领域，但拥有付费电视的收益，他正在向政府施压来实现他的目标：要么报纸通过宽带实现数字化，要么放宽跨媒体的外国人所有权的限制。保守的霍华德（自由党）政府再次努力安抚默多克，但是又失败了。 95 2002 年他们向众议院提出一个议案，并且于 2005 年再次努力废除跨媒体的限定——过去这些限定阻止了普遍存在的出版、广播和电视领域的合作，但参议院第二次否决了这个法案。从 2005 年 7 月起，霍华德政府占据了参议院大多数席位，澳大利亚可能在媒体立法方面发生重要的改变，在跨媒体所有权和外国人所有权方面放松管制。

二、研究样本

我们选择澳大利亚的悉尼和布里斯班进行样本研究。与这个国家的大多数大城市一样，它们位于海岸线上，降水和河流系统足够供养大多数人口。悉尼是最大的都市，人口超过 400 万。这里有一个强大的制造业基地，同时是一个繁华的港口。布里斯班是一个重要的地方城市，坐落于悉尼北边 1000 公里处，有 170 万人口。这座城市地处亚热带的红树林湿地，沙滩纵贯南北。它所拥有的主要的沙滩旅游景点是大堡礁。除了旅游胜地这一特征之外，布里斯班是一个面积较大的州的首府，这里的支柱产业是农业和矿业。

我们挑选的报纸，包括《悉尼先驱早报》（简称《先驱早报》）和《布里斯班快递邮报》（简称《快递邮报》）。《先驱早报》是一个州的大报，全国发行。它首次发行于 1831 年，是澳大利亚仍然在出版的最古老的报纸。布里斯班的报纸更多以大报的形式出版小报的内容，报道范围较为狭隘。两份报纸各有其所有者。《先驱早报》属于质量稳定的大报，其所有者是约翰·费尔法克斯出版集团，它的出版社收益占全国总收益的 20%，事实上它的影响力远过于此。费尔法克斯集团公认为是在时事新闻市场上高水准的议程设置者。《快递邮报》属于默多克的新闻集团。一般来说，费尔法克斯集团的报纸广告更多，版面也因此更多。我们分析了《先驱早报》中1976条新闻条目，《快递邮报》中的1663条新闻条目。

电视新闻服务在两个城市都选择了"9网"。这是个全国性的网络，覆盖了澳大利亚70%的市场。凯利·派克的统一出版股份公司拥有"9网"的大部分所有权，这家公司目前还没有任何报纸，但是它的杂志利润领先澳大利亚。"9网"在研究进行时在电视新闻报道中是市场的领跑者，尤其在新闻和时事方面，市场占有率超过30%。它的成功案例包含美国时事新闻秀的本地版本，例如"60分钟"。我们分析了来自TCN-9（悉尼）新闻服务中的221个新闻条目，以及来自QTQ-9（布里斯班）的175个新闻条目。

96　　　　在澳大利亚，商业和公共广播有明显的区分。在两个城市中广播频道有最全面和影响力最大的新闻服务。商业电台有简短的新闻公告——一般是3分钟，与之相比，ABC的新闻公报长达15分钟。ABC的电台选择的是2BL悉尼和4QR布里斯班。我们选择分析的栏目是一些早间新闻，这些新闻覆盖了8%—10%的听众。我们分析了悉尼的113条新闻和布里斯班的98条新闻。

三、新闻话题

澳大利亚的体育事业在世界上影响很大，20%的新闻是关注体育的（见表8.1）。不同城市和不同媒体之间关于体育的新闻报道看起来差别不大。对体育的报道——国内的和国际的——是报纸、电视和广播最主要的话题。参与赛马和其他运动的博彩，是澳大利亚人的一大休闲方式。博彩的细节和结果会在报纸上报道。体育报道在电视和广播新闻中的重要性很靠前，是电视和广播新闻的重要部分。

表8.1　按照城市和媒体所进行的新闻话题的广泛分布

话题	报纸		电视		广播	
	悉尼	布里斯班	悉尼	布里斯班	悉尼	布里斯班
体育	20.9	20.5	27.6	24.0	24.8	22.4
文化活动	15.4	15.0	2.7	0.6	0.9	0.0
商业/贸易/产业	14.5	8.7	4.1	4.6	2.7	5.1
有人情味事件	7.9	13.5	9.5	13.1	4.4	4.1
国际政治	5.6	4.4	2.7	6.9	8.0	5.1
传播	4.8	3.1	1.4	0.6	4.4	2.0
国内政治	4.2	5.5	1.8	9.1	13.3	11.2
经济	3.4	2.2	0.0	1.1	0.0	4.1
交通运输	2.8	2.4	8.6	2.3	1.8	0.0
内部秩序	2.6	4.9	13.1	8.6	14.2	14.3
仪式	2.3	1.9	3.2	0.0	0.0	0.0
健康/福利/公益	2.2	1.9	2.7	4.0	2.7	4.1
娱乐	2.1	3.6	0.9	2.9	0.0	0.0
住房	1.9	1.2	0.0	0.0	0.0	1.0
环境	1.6	1.4	0.9	1.7	2.7	1.0
灾难/事故/瘟疫	1.4	2.5	10.9	8.6	7.1	7.1
社会关系	1.4	1.3	0.5	0.0	0.0	3.1
军事和防务	1.0	1.1	0.9	1.1	2.7	4.1
教育	0.9	0.9	0.5	1.1	0.9	1.0
科学/技术	0.8	1.4	0.0	1.1	0.0	1.0
天气	0.7	1.0	6.8	7.4	6.2	6.1
时尚/美	0.6	0.9	0.5	0.0	0.0	1.0
行业协会	0.4	0.4	0.9	1.1	2.7	2.0
人口	0.4	0.2	0.0	0.0	0.9	0.0

话题	报纸		电视		广播	
	悉尼	布里斯班	悉尼	布里斯班	悉尼	布里斯班
能源	0.2	0.1	0.0	0.0	0.0	0.0
其他	0.2	0.0	0.0	0.0	0.0	0.0
总计[a]	100.0	100.0	100.0	100.0	100.0	100.0
	(n=1976)	(n=1663)	(n=221)	(n=175)	(n=113)	(n=98)

注：分布以百分数的形式给出。

[a] 由于舍入误差，总计百分数可能并不是百分之百。

除了体育之外，不同城市和不同新闻媒体中的其他话题各不相同。文化活动在报纸上具有较高的重要性，在悉尼和布里斯班新闻内容中占了 15% 以上。根据结果，报纸是两个城市所举行的许多文化活动的重要信息来源。与之相比，文化活动在电视和广播新闻中重要性非常低。关于商业、贸易和产业的话题在报纸上也有较高的的重要性（悉尼 14.5%，布里斯班 8.7%），但在电视和广播新闻中就没有频繁播报。

电视新闻聚焦于有人情味事件，还有灾难、事故和传染病，也包括一些内部秩序话题，这些话题差异很小。广播新闻也聚焦于国内政治和内部秩序，这点在两个城市中较为相似。很多电视和广播新闻中都有天气新闻。这些结果突出了不同类型媒体间的结构性差异，相比于报纸，电视和广播新闻节目以更大的比重投入到这些新闻话题中。

与悉尼相比，布里斯班报纸和电视新闻广播中有更多的新闻凸显有人情味事件，一个可能的解释是布里斯班市场的本质。从报纸的角度出发，与全国范围的《先驱早报》相比，《快递邮报》的关注点自然更加狭隘。另一方面，尽管布里斯班 9 频道是国家网络的一部分，它生产基于本地的新闻服务，这决定了它的关注范围较小。广义而言，布里斯班的新闻多为与不同于大报的小报类型。

98

澳大利亚国际新闻比重一般较高而且稳定，在两个城市所有媒体类型中一致位列前十，这反映了澳大利亚的多元文化与社会生态。新闻内容集中于亚洲和太平洋地区，同时也关注欧洲和美洲。

本研究对悉尼和布里斯班每种类别媒体间的斯皮尔曼相关系数做了排名，研究观察到统计显著的斯皮尔曼排名等级相关系数（见表8.2）。两份报纸新闻话题排名间有高度相关（0.94）。在悉尼和布里斯班广播中的相关排名也高（0.80）。在两个城市电视新闻中也发现了一个中度而显著的相关（0.67）。

表8.2　多种媒体新闻的新闻话题排名间的斯皮尔曼等级排名相关系数

	悉尼报纸	布里斯班报纸	悉尼电视	布里斯班电视	悉尼广播	布里斯班广播
悉尼报纸		0.94^c	0.61^b	0.49^a	0.46^a	0.39
布里斯班报纸			0.70^c	0.62^b	0.53^b	0.47^a
悉尼电视				0.67^c	0.76^c	0.55^b
布里斯班电视					0.69^c	0.77^c
悉尼广播						0.80^c
布里斯班广播						

注：$^a p < 0.05$; $^b p < 0.01$; $^c p < 0.001$。

比较悉尼不同媒体之间斯皮尔曼相关系数排名，我们可以看出排名相关在电视和广播中是最高的（0.76），其次是在报纸和电视之间（0.61）。悉尼报纸和广播新闻呈现一个显著、中度的相关（0.46）。这个模式在呈现在布里斯班的新闻中也被发现，在那里有着更强烈的相关，在布里斯班的各种媒体间，都是中度相关（0.47）。

表 8.3　按照城市和媒体的划分的平均语言和视觉异常强度显著分数

	悉尼					布里斯班				
	报纸		电视		广播	报纸		电视		广播
异常强度	只是语言 (n=1948)	语言和视觉 (n=475)	语言 (n=221)	视觉 (n=221)	语言 (n=113)	只是语言 (n=1614)	语言和视觉 (n=625)	语言 (n=175)	视觉 (n=175)	语言 (n=98)
统计异常										
(1) 普遍	264.4	604.2	52.5[a]	52.7[b]	21.4[c]	366.2	492.9[c]	60.2[b]	68.2[b]	21.9[c]
(2) 有些异常	288.3	542.3	92.9	99.9	94.3	336.2	590.3	122.3	116.7	103.0
(3) 相当异常	323.7	634.2	122.6	125.4	133.8	405.4	842.2	145.6	141.5	102.2
(4) 极度异常	532.6	656.3	112.2	99.0	96.3	365.5	536.0	182.0	175.1	110.5
社会改变异常										
(1) 对现状没有威胁	270.3	595.6	67.0	55.6[c]	31.3[c]	355.4	556.9	89.9[c]	73.9[c]	51.2[c]
(2) 最小的威胁	295.6	540.9	136.8	126.2	107.5	344.5	664.5	128.9	126.1	113.3
(3) 中度的威胁	371.9	663.3	167.2	150.9	147.7	499.6	778.1	235.3	230.6	142.9
(4) 重要威胁	313.0	—	58.0	—	—	585.0	585.0	—	—	—
规范性异常										
(1) 没有破坏任何规范	278.0	573.3	83.4	85.9	80.4	375.1	586.1	80.4[c]	72.1[c]	63.5[c]
(2) 最小的破坏	319.6	645.0	109.0	92.4	83.7	296.8	594.1	146.2	141.5	122.5
(3) 中度破坏	228.0	504.8	107.5	136.3	118.0	326.0	551.8	243.0	219.7	83.0
(4) 重要破坏	264.6	759.0	161.8	126.7	153.3	269.5	469.7	163.5	258.0	186.3

注：[a]p < 0.05; [b]p < 0.01; [c]p < 0.001。

四、新闻中的异常

正如表 8.3 所示，在 30 个异常分析中（ANOVAs），有 16 个是统计显著的。在电视和广播媒体中，研究者将新闻的显著性差异记录为统计异常和社会改变异常（在布里斯班的报纸中是语言加视觉等级评定），但是在悉尼报纸新闻或者布里斯班报纸的语言类等级评定中没有加以记录。在布里斯班的电视和广播新闻中，我们只记录规范异常中的一个显著差异。

我们记录下更多异常新闻的显著差异，例外的是布里斯班这个城市语言和视觉报纸内容的统计异常分数。这表明，对澳大利亚印刷媒体中的内容，不经常发生的或者更多异常的新闻更可能获得与假设关系相反的显著性。

其他结果有趣地表明，布里斯班电视和广播显著性差异以规范性异常分数的形式被研究者记录下来。ABC 广播新闻是完整的 15 分钟公告，中间并没有插播广告。它是一个议程设置媒介，没有图片或感觉来干扰文字内容。另一方面，商业电视在它半小时中几乎没有一则 15 分钟的故事，并且它的内容必须包含古怪、离奇的元素来吸引受众。布里斯班比悉尼再一次显得狭隘，小报效果也因此更加明显。

五、新闻中的社会意义

在研究者进行的 40 个异常分析中，25 个分析产生了统计上的显著结果（见表 8.4）。在这些分析的大多数里面，政治、经济、文化和公共意义较低的新闻也被记录为低显著性（其中的 23 个分析）。16 个最高的社会意义分数，也是最高的显著性分数。

表 8.4　按照城市和媒体的划分的语言和视觉社会意义强度平均显著分数

社会意义强烈度	悉尼					布里斯班				
	报纸		电视		广播	报纸		电视		广播
	只是语言 (n=1948)	语言和视觉 (n=475)	语言 (n=221)	视觉 (n=221)	语言 (n=113)	只是语言 (n=1614)	语言和视觉 (n=625)	语言 (n=175)	视觉 (n=175)	语言 (n=98)
政治意义										
(1) 不重要	263.7[a]	575.1	72.5[c]	75.7[c]	62.8[c]	358.6	548.8[a]	81.8[c]	78.7[c]	61.0[c]
(2) 最小	332.6	599.1	148.0	146.8	104.7	326.7	729.7	164.4	157.4	102.0
(3) 中度	354.1	652.7	165.8	139.9	119.1	400.9	717.2	200.0	195.0	123.8
(4) 重要	401.3	586.3	188.3	209.7	133.3	421.7	690.8	219.3	251.4	160.6
经济意义										
(1) 不重要	251.3[b]	575.6	72.5[c]	77.0[c]	78.3[a]	297.4[c]	546.6[c]	105.7	97.5	72.5
(2) 最小	330.6	644.4	134.4	167.4	119.3	386.6	566.8	119.4	127.7	99.1
(3) 中度	384.0	493.5	182.3	132.9	46.0	553.0	868.7	151.4	161.9	119.8
(4) 重要	347.4	585.0	—	—	—	234.0	585.4	—	—	—
文化意义										
(1) 不重要	267.1[b]	603.5	90.7	89.7	83.4	293.1[c]	553.4[c]	109.5	110.8	75.8
(2) 最小	297.3	595.4	92.7	118.8	—	427.9	582.9	110.6	102.8	83.5
(3) 中度	314.1	417.2	101.3	—	97.5	426.5	624.5	48.0	184.0	117.0
(4) 重要	782.8	643.5	—	—	177.0	832.0	2683.0	285.0	285.0	114.0
公共意义										
(1) 不重要	237.2[b]	542.2	49.8[c]	47.5[c]	24.6[c]	308.4[c]	495.3[b]	622.2[c]	73.8[c]	55.0[c]
(2) 最小	343.7	647.9	95.5	97.0	102.1	366.7	622.6	126.2	112.2	106.7

社会意义强烈度	悉尼					布里斯班				
	报纸		电视		广播	报纸		电视		广播
	只是语言 (n=1948)	语言和视觉 (n=475)	语言 (n=221)	视觉 (n=221)	语言 (n=113)	只是语言 (n=1614)	语言和视觉 (n=625)	语言 (n=175)	视觉 (n=175)	语言 (n=98)
(3) 中度	344.6	573.3	179.3	157.5	146.1	540.5	746.4	226.6	213.4	119.7
(4) 重要	517.0	680.5	–	185.0	–	87.7	–	172.0	172.0	114.0

注：[a]$p < 0.05$; [b]$p < 0.01$; [c]$p < 0.001$。

我们发现，那些没有政治、经济、文化或者公共意义的新闻，还有那些在前面领域中具有任何社会意义的新闻，有时候会在电视或者广播新闻媒体中存在。在平均分数出现显著差异的等级评定中，这些差异被那些没有政治、经济和公共意义的新闻条目和具有最小社会意义的新闻加剧。这表明，对电视和广播新闻，一条新闻一旦具有政治和经济意义，那么这条新闻就会在媒体中得到空间和时间上的优先（显著性）。

文化意义不影响每个城市电视或者广播新闻的显著性，实际上这可能反映了大报和小报出版的结构差异，其中播报新闻几乎没有机会呈现那些涵盖文化话题的新闻。具有讽刺意味的是，在新闻的边界之外，制作人员考虑到整个电视和广播节目的时间表。相比于纸质媒体，这两种媒体在文化内容上更为高级。

报纸新闻中出现了一个不同的模式。在悉尼，具有不同政治、经济、文化和公共意义的语言和视觉新闻，没有以有关分数记录下显著的差异，因此，悉尼报纸的语言和视觉新闻的显著性不受政治、经济、文化或公共意义的影响。

这个再次反映了报纸以大报形式和小报形式来呈现的结构性差异。大报在每一个版面提供更多的信息，小报则提供更多引人注意的视觉内容。在布里斯班，看起来经济意义的等级排名并没有影响当地电视和广播新闻的显著性分数。要指出的是，在研究进行时，澳大利亚并没有爆发巨大的经济危机。

相反，布里斯班的语言和视觉新闻，的确通过在不同的政治、经济、文化和公共意义级别上的显著性分数，显示了显著的平均分差异。文化和公共意义越高，平均显著性分数就越高。关于政治意义，与那些具有较高政治意义的新闻的高分相比，平均差异再一次被不具有政治意义的新闻的低显著性分数拉升。在基于政治、经济、文化和公共显著性分数的平均显著性分数上，悉尼和布里斯班的报纸文本显示出显著差异。在这些分析中，一般政治、经济、文化和公共意义分数越高，分配到文本的显著性也就越高。悉尼报纸的视觉新闻条目的显著性分数，不受政治、经济、文化或公共意义排序的影响。[1]

六、作为新闻显著性预测的异常性和社会意义

研究者注意到，尽管所有的逐步回归分析产生了显著的结果（见表8.5），但只有非常少的报纸显著性异常通过这些测量方法得到解释（在悉尼，单纯语言是1%，语言和视觉也是1%；在布里斯班，语言是3%，语言和视觉是4%）。这表明，除了异常性和社会意义之外，还有一些其他东西决定着新闻在报纸中的显著性。

另一方面，异常性和社会意义解释了电视（悉尼，17%；布里斯班，30%）和广播（悉尼，56%；布里斯班，45%）新闻在规模和地点上的变化。但是，这些分析的结果表明，在异常和社会意义影响分配到每一个新闻的显著性方式上没有一个真正的模式。不同的变量在不同的回归方程中有显著的贝塔值。

1　鉴于具有重大意义的新闻很少见，"重大意义"一栏里的项目数量极少，有些栏目里一条也没有。这导致这一层面上对政治、经济、文化和公共意义分析的不稳定。例如，布里斯班报纸的文本评分中只有三条，平均显著性分值就会非常低（87.7，对比其他层面的公共意义超过300.0的分值）；但这可以用栏目里数量太少来解释。

关于布里斯班广播新闻的显著性，统计显著（0.26）、社会显著（0.32）和政治显著（0.28）是对这个小城市广播新闻显著性的重要预测指标。一个模型预测了新闻篇幅和地点的45%变动幅度的事实，可以证明这一点。与之相比，统计显著（0.25）和公共意义（0.56）更可能显著地影响悉尼广播新闻的变化。

异常性和社会意义对电视新闻媒体的影响，再一次讲述了公共意义是如何影响两个城市新闻规模和地点的另外一个故事（悉尼，0.30；布里斯班，0.23）。除了公共意义之外，经济意义（0.19）也影响着悉尼电视新闻的规模和地点。在布里斯班，电视新闻的显著性也被规范性异常（0.28）和政治意义（0.26）影响。

表8.5 新闻显著性中异常和社会意义强度的逐步回归分析

独立变量	悉尼								布里斯班							
	报纸显著性只是语言		报纸显著性视觉和语言		电视显著性		广播显著性		报纸显著性只是语言		报纸显著性视觉和语言		电视显著性		广播显著性	
	总计 $R^2=0.10^b$ (n=1948)		总计 $R^2=0.01^a$ (n=447)		总计 $R^2=0.17^b$ (n=221)		总计 $R^2=0.56^b$ (n=113)		总计 $R^2=0.03^b$ (n=1614)		总计 $R^2=0.04^b$ (n=575)		总计 $R^2=0.30^c$ (n=175)		总计 $R^2=0.45^b$ (n=98)	
	r	Std. Beta	r	Std. Beta	r	Std. Beta	r	Std. Beta	r	Std. Beta	r	Std. Beta	r	Std. Beta	r	Std. Beta
异常性																
－统计异常，语言内容	0.05^a	ns	0.08	ns	0.18^b	ns	0.62^c	0.25^b	0.01	ns	0.15^c	ns	0.28^c	ns	0.49^c	0.26^b
－统计异常，视觉内容	—	–	00.02	ns	0.21^b	ns	—		—		0.15^c	ns	0.25^b	ns	—	
－社会变化异常，语言内容	0.05	ns	0.02	ns	0.30^c	ns	0.70^c	ns	0.02	ns	0.11^a	ns	0.29^c	ns	0.60^c	0.32^b
－社会变化异常，视觉内容	—		0.01	ns	0.35^c	ns	—		—		0.11^a	0.11^b	0.42^c	ns	—	

续表

独立变量	悉尼								布里斯班							
	报纸显著性只是语言		报纸显著性视觉和语言		电视显著性		广播显著性		报纸显著性只是语言		报纸显著性视觉和语言		电视显著性		广播显著性	
	总计 $R^2 = 0.10$[b] (n = 1948)		总计 $R^2 = 0.01$[a] (n = 447)		总计 $R^2 = 0.17$[a] (n = 221)		总计 $R^2 = 0.56$[b] (n = 113)		总计 $R^2 = 0.03$[b] (n = 1614)		总计 $R^2 = 0.04$[b] (n = 575)		总计 $R^2 = 0.30$[c] (n = 175)		总计 $R^2 = 0.45$[b] (n = 98)	
	r	Std. Beta	r	Std. Beta	r	Std. Beta	r	Std. Beta	r	Std. Beta	r	Std. Beta	r	Std. Beta	r	Std. Beta
− 规范异常，语言内容	0.01	ns	0.07	ns	0.14[a]	ns	0.20[a]	ns	−0.05[a]	ns	−0.01	ns	0.32[c]	ns	0.44[c]	ns
− 规范异常，视觉内容	—	—	0.04	ns	0.11	ns	—	—	—	—	−0.02	ns	0.41[c]	0.28[c]	—	—
社会意义																
− 政治意义，语言内容	0.07[b]	ns	0.10[a]	0.10[a]	0.31[c]	ns	0.42[c]	ns	0.01	ns	0.13[b]		0.39[c]	ns	0.48[c]	0.28[b]
− 政治意义，视觉内容	—	—	0.05	ns	0.29[c]	ns	—	—	—	—	0.10[a]	ns	0.42[a]	0.26[c]	—	—
− 经济意义，语言内容	0.09[c]	0.07[b]	0.05	ns	0.03[c]	0.19[b]	0.20[a]	ns	0.15[c]	0.14[c]	0.16[c]	ns	0.08	ns	0.23[a]	ns
− 经济意义，视觉内容	—	—	−0.01	ns	0.25[c]	ns	—	—	—	—	0.15[c]	0.16[c]	0.17[c]	ns	—	—
− 文化意义，语言内容	0.05[a]	ns	−0.02	ns	0.01	ns	0.13	ns	0.12[c]	0.10[c]	0.06	ns	0.04	ns	11	ns
− 文化意义，视觉内容	—	—	−0.07	ns	0.06	ns	—	—	—	—	0.05	ns	0.06	ns	—	—
−公共意义，语言内容	0.09[c]	0.06[b]	0.09	ns	0.36[c]	0.30[c]	0.73[c]	0.56[c]	0.10[c]	−0.07[b]	0.15[c]		0.40[c]	0.23[b]	0.43[c]	ns
−公共意义，视觉内容	—	—	0.06	ns	0.36[c]	ns	—	—	—	—	0.13[c]	ns	0.36[c]	ns	—	—

注：[a] $p < 0.05$；[b] $p < 0.01$；[c] $p < 0.001$；ns = 不是最终逐步回归等式的一部分。

七、人们对新闻的定义

我们建立了 8 个中心小组，对标准操作进行了两点改变：第一，每个城市的两位受众组并不是沿着社会经济地位（SES）的线组成，取而代之的是每个小组由一个高社会经济地位和低社会经济地位混合组成。通过回顾可知，小组是由各社会经济阶层合并而成，在每一个城市都是一个高的和低的社会经济地位受众群。第二，中心小组进行的时间是在 2001 年 9 月 11 日（俗称"9·11"）美国遭受恐怖袭击之后紧挨着的那个月，需要减少对这项活动的讨论，因为这将控制乃至歪曲在 2001 年 11 月至 12 月间展开的基于媒体分析的讨论。在每个中心小组中产生同质化的讨论，因此，8 个国家间可能会产生独特的和不同的行为。先前对新闻的重要定义，带来了第一个询问小组成员们的问题：你今天听到的最有趣的事情是什么？在这个意义上，对个人重要的信息并不总是新闻——它可能是私人的。以这个来定义，我们能够使每个小组对新闻的态度变得典型而有效。

1. 第一组：受众，悉尼

研究者发现，这一组是"可疑 / 共谋"组。他们对新闻生产方式的理解是比较世俗的，他们承认新闻的社会角色是推动社会联系。他们一般社会经济地位较低。但是社会相关性没有必要围绕"重要的活动"来组织自己，例如政治选举这类活动。相反，发现社会的微系统如何运作很重要。例如有个关于异常活动的有趣讨论，例如如何在停车计时器出故障的情况下避免一个停车罚单。与此相似，对小组中的学生来说，当他们考试的时候，考场外发生的事情意义甚微。这些信息聚焦于个人效用，而不是典型的全世界意义上的新闻。在这个意义上，新闻媒体没必要在信息体系中拥有特权地位；他们反而应该与其他来源或者形式的社会信息进行竞争。

另一方面，人们以怀疑的态度来看待新闻媒体。在中心小组进行的时候，乘船外逃的难民和政治难民都出现在新闻中，包括一艘驶向澳大利亚的超载难民船在印度尼西亚海岸沉没的悲惨活动。一个低社会经济地位的女性参加者表示，每周至少在世界的某个地方有一次如泰坦尼克号般的巨轮沉没，"但是我们没有听到对它的报道"。她也提到电视是她喜爱的媒介，但是不喜欢负面新闻，并表示应对措施是"你关上它并且远离它"。她还表示，个性化的故事增加了它们的影响力，并让它们更有趣。有一次小组活动中有人举了这样一个例子：在"9·11"事件中，第2架飞机袭击世界贸易中心的新闻被推迟了，目的是将故事串起来从而让新闻的影响力最大化。小组成员好像是在暗示，"全部都是评级……为了卖报纸"。这极端的愤世嫉俗，刻画出低社会经济地位的人基于自身位置对当权者的愤怒。除了停止小组活动的措施之外，还有网络或者"回顾式报纸"来确保读者不被转移话题。伴随着愤世嫉俗和幽默，普遍的谈话主题是消费者权益保护。对新闻媒体的明智筛选，扮演着连接个体彼此以及个体与更广阔社会的角色。

2．第二组：受众，悉尼

这一组由拥有更高社会经济地位的人——个人化的——组成，小组总结出：新闻或者信息，在涉及个人世界而非涉及外在世界时才是重要的。"什么是你今天听到的最有趣的信息条目？"面对这个问题，他们的回答更加个人化和非媒体化：当听到他们老板或者同事的个人危机、抗老化药物、发现了一个蝙蝠群——一些人没有听到任何有趣的事情，因为他们很忙或自我沉溺。一个在电视台工作的人说："事实上没有听到任何新闻！"

他们注意到那些最初就显示出个性化的新闻，还对其他人如何更容易被新闻欺骗做出最明智的判断。他们粗暴地判断媒体，并且一旦他们认为媒体是主观的，就关掉它；同时他们认为很多其他人不会像他们这么做。他们关注报道中的区别与联系，并且投入时间结合他们的生活来思考这些报道，从而进一步理解它们。他们最不能理解世界范围内的大规模死亡或者破坏，并且只有小组成员理解他们将在相同情景下如何感受时这件事情才会变得重要："一个人即将死亡是悲剧……很多人即将死亡是统计。"最后，儿童的故事更能引发为人父母者的关注。

3. 第三组：受众，布里斯班

低社会经济地位的小组里，不同年龄的成员是"验证器"。他们提供不同经验来验证相关新闻，并且普遍对他们看到的让人分心的、抽象的或者过度灰暗的新闻没有耐心。

一位工薪阶层的女生，通过上文提到的方式理解道：将战争和失业作为早上第一件事情进行报道"并不是一个很好的开始一天的方式"。这个人的反应是将频道换为天线宝宝。但是这个多虑的人对"检验"他在新闻节目中的想法有足够的兴趣，"检验"的方式，要么通过他个人的经历进行展示，要么与他更可靠的朋友们讨论这些想法。他讲述了一个关于高脂肪食物和脑功能之间关系的故事，这个故事促使他与他的生物系同学进行了一场有趣的讨论。尽管他发现故事缺乏可信度，但是故事使他尝试考虑自己的饮食。同时他表示新闻经常作为一个社会行为的诱发因素。由于她的"客户"经常"出现在新闻中"，使她在协调新闻报道和事实之间产生了难度。她说，新闻中的扭曲和虚假有时会促使她为自己的客户寻求公道。另一位女士的生活，有时在法律的"错误的一面"，这让有些关于"遭扭曲的正义"的故事更有味道，因为她感到富于诗意的正义正在发生。当媒体超越她自己的经验进入一个日常世界后，她经常会感到气愤，因为她"不相信其中的任何一个词"。这种权利被剥夺的感觉，也是悉尼低社会经济地位小组成员的特点。

小组中的长者似乎更喜欢 ABC 广播，他们可以从那里得到很多信息。他们聚焦于那些有暗示与新闻相反的正面信息，而那些新闻更负面。在讨论即将结束时，大家对新闻吸引注意力的需求予以承认，因此导致负面的和轰动效果的报道。

4. 第四组：受众，布里斯班

这是一个更高社会经济地位群体，可以称之为"自由选择群体"：他们没有声称自由选择总是可行的，但自由选择总是一个话题，尤其是在它不可行的情况下。选择的范例不仅限于受众群，也包括记者群。对于记者，社会上曾经一度有种担忧，那就是记者经常缺少选择并且为"媒体议程"工作。我们看到，已经有一些赋予新闻个性的趋势，在个人和公共叙事中也有更好的平衡。更重要的是，群体成员对于把他们的经历融入新闻中是感兴趣的。他们在那一天听到的最有趣的事

110 情是关于剪发的、计算机软件、同事生活的新的一面以及老朋友重新相聚。但是仍然存在对以下话题的兴趣，其中包括，炭疽热病毒的威胁、"9·11"之后国际贸易的话题、体育故事、地方政治力量和多种有人情味事件话题。

这个小组有一个习惯性的谈话风格：他们围绕着某些特定的新闻话题，而不是从一个话题转到另外一个话题。他们也很容易对新闻进行判断——这似乎是高社会经济地位群体的特征。从"我相信所有事情"的极端，到更加愤世嫉俗的成员通过可靠的朋友来求证新闻故事，这些行为证明了新闻服务的可靠性似乎是一个持续的话题。一个年轻的乡下学生表达了她对电视新闻的喜爱，因为这改变了她的生活。在去大学之前，她从来没有真正体验过电视，自从购买了一台电视之后，她痴迷于电视。她说："我一遍又一遍地看它，聆听它呈现的不同方式，即便呈现不同的话语与不同的面容，要知道，这些加强了它的吸引力。"另一位女士参加者感觉到新闻将她和世界的其他部分联系在一起。另一位女士提到，她得到越多的信息，她就越能感觉对自己的生活具有可控性。

一个男士在讨论结尾处提到记者是如何工作并且是怎样成为娱乐行业一部分的，这经常让他们变得消极和耸人听闻。"你在消极和积极的事务之间必须找到一个平衡……相信寓言故事并没有什么好处……你也应该知道一些负面的事情，这样一来你就可以在生活中达到一个平衡的决策。"一位女士反映道，一些照片是那么有冲击力，以至于她不能忘却这些照片。她讲述了一个非常正面的故事，一个残疾的小女孩赢得了一个去迪士尼公园游玩的机会，这个故事深深地打动了她，但是当她翻阅报纸看得到一张"9·11"时一个人从世贸大楼／双塔之一跳下的照片时，那种被小女孩打动的感觉迅速被取代了。她被这张照片震慑，并且想象这个男人的身世——他是某人的儿子或者兄弟。这种失落感超越了迪士尼小女孩的正面故事。

5. 第五组：公共关系，布里斯班

这组队几位参加者曾经做过记者，大多数是新生代的公共关系从业人员，他们接受过传播学的训练。这个小组的成员出人意料坦率，但同时与专业的记者和自身从事的行业有着重大的偏离。有时他们提到"晕眩"，好像这不是他们所从事的行业，而是碰巧在媒体中。

与受众群体不同，布里斯班的公共关系从业者从不讨论自己的生活。他们整个的讨论都在一个"专业的"层面进行：新闻的本质以及它与公共关系的联系。小组花费大量时间讨论当时新闻中的特定案例：作为不列颠女皇代表的总督，此前他的工作是圣公会大主教，错误地处理过一个性虐待的案例。让小组感兴趣的是这样的一些情形：目前总督的职业生涯有危机，因为他没能恰当地处理媒介关系。总督变得晕眩，看起来不想听取专业的意见。在一个公共关系从业者的眼中，正在发生的事态失控了，它变成了异常的而非具有社会意义的指导性新闻，这类新闻关注恰当的亲子关系和公共官员维持这种关系的职责。一位参加者评论道，与我的隔壁邻居相比，我更多地了解媒体。像这个故事这样

离奇的事情，你只需要坐下来，然后阅读，这里发生了什么？谁有这样的动机并且为什么这个故事如此迷人？平心而论，我不相信我所读到的这些。

在其他问题上，他们对媒体的态度——就是媒体为什么会那么做决定以便更了解情况——仍然显得愤世嫉俗。主要问题是新闻价值的负面性，以及公共关系从业者如果想要让故事发表，如何沿着相似的负面思路精巧地制作自己的产品。"好新闻不能保证报纸畅销。"有一些关于互联网简要的讨论，以及目前它如何提供一个更少控制的环境。对于网络来说，这样的看法一般来说是有趣的，因为它表明公共关系人员如何作为个体的市民承认"超越控制"的互联网的价值，从专业上来讲，这只能让他们感到沮丧。在这个中心小组中，他们愉快地跨越了两个世界——专业的和个人的——尽管这两个世界是互相矛盾的。

非新闻内容制作的社会意义又一次更有效地独立出来。"我喜欢收听国家广播，你收获了新的观点和辩论并且……事实上，听人们对于我感兴趣事情的谈论。"这个评论开启了一系列对负面新闻的观察。"我们的国家有史以来第一次让女性总理就职。她是一个化学工程师，我发布的新闻稿绝对、绝对是积极正面的，但是……每次采访我们的总理，我们都给她一个负面的问题：'一个女性在男性统治的行业中运作，将会是一个怎样的情景？'"显然，公共关系从业者不能因为工作进展而置入一个负面的令人晕眩的问题。另外一个策略是自行选择他们的记者！有时现实一点是行动的最好路径。

6. 第六组：公共关系从业者，悉尼

这是一个年轻的小组，一些成员在兼职学习，一些人具有媒体培训和经历。与前面提到的公共关系从业者不同，这些小组成员在当天听到的最重要信息，是不变的个人化。当研究者向他们指出这点时，他们有些警惕，并且强调与新闻保持同步对于他们工作的重要性。"让你转

圈……这是一个谈话发起者。"涉及政治时他们态度相似。"我对政治不是很感兴趣，但是我认为，作为一个澳大利亚的公民，我需要知道发生了什么。"有时，流行的电视——肥皂剧和真人秀——在让他们困在迷宫中这件事情上扮演了相似的角色，并提供了谈话发起者。这种电视有社会效果，也富于娱乐价值。事实上，那些从小组谈话中产生的观点在社会信息使用上产生了不同的偏见：这不仅在于当事人从那些变得重要和值得拥有的信息中学到了什么；某种程度上这也是分享信息的社会行为。在不同的情况下，分享可以以不同的方式显现。例如，关于"9·11"：

> 我在学校时进行的谈话（在送小孩下车时）与我在工作时进行的谈话是非常不同的，我要与一帮黏在电视上的专业人士进行谈话，但是现在我正在送我的女儿去学校，有相当数量的家长告诉我他们关了电视。他们不想知道……这太令人恐怖了，太困难了，他们不知道如何向孩子们进行解释……我要做的是让它从我的心里移开，并且否定它们……所以，我认为这取决于观察这类信息的最好的方式，它如何将你社会化……当你们聚在一起的时候，并不仅仅是分享信息，也是寻求支持，他们的孩子定义它们，他们需要知道的也定义了它们，这就是所有故事交换的地点和涉及的东西。你几乎很少在这个群体中谈论政治。

这是非常个人化的时刻。有另外一种个人感觉在讨论中出现——作为媒体工作者，他们如何单独地回应媒体。"这能让你对事情更加愤世嫉俗……你忘记了那些没有理解事实能力的普通人，而恰恰你拥有这样的能力……一个在公共关系相关环节或者其他环节所产生的故事，你只是不这样来解读它……"有些人对媒体呼吁更多透明度，这样受众就能更好地从主观本质上理解故事是如何产生的。他们认为英文报纸也许在这点上做得不错。

7. 第七组：记者，悉尼

保持"待命状态"让记者在中心小组会话中取得成果变得困难。我们需要一些会话和一些个人采访。第一组由3位报纸记者和1位电视记者组成。第二组由独立采访的商业电视台的记者组成，第三组包括3位ABC（公共）广播记者。那一天最重要的新闻是公共和私人的混合：1艘难民的渡船在印度尼西亚的海边沉没、1位朋友的死亡、子宫中第1个孩子的加速形成、与不动产机构打交道，等等。对于3位ABC广播记者来说，公共事件是相同的——安捷航空公司的坠机事故。即便那些提出个人话题的人也意识到公共话题的存在，但是他们将公共话题与私人话题分开。"它们几乎是一个记者的两大部分。对我们来说，它是一个商品……你要做的第一件事情，就是将它作为你要使用的东西进行划分。"另外，那些将优先权给予个人的人提出，当听到难民船沉没的时候，作为一名政策报道者他认为："哈哈，对于我来说又是平静的一天。"一个足够有竞争力的事件将让他的船不会出现在这个版面上。

这两个话题——有趣的新闻，正面与负面新闻话题的交锋——引起了广泛的反响。广播新闻记者专注于工作话题，表示"撒谎的人"将吸引他们的注意力。作为记者，揭露骗子有社会意义。某个关于腐败的负面故事将对社会改革有正面的效果。可以预测的是，对新闻的定义是虚弱的，但是有一种感觉存在，那就是负面性是必需的配料，因为记者必须提供对现状可选择的解释。但是，正面与负面交锋是明确的，由于新闻故事经常包含每一个元素。正如世界并不是黑色和白色，所以记者应该更多聚焦于黑色地带，尤其是在报纸上。一位初级的电视记者强调好图片的重要性，这会揭示新闻很大一部分是情感的反映。他认为政府讲述的普遍故事并不是事实："我自己不能告诉你事情细节是什么……但是人们因为他报道了这次性虐待而愤怒……我经常要剪辑我的脚本，因为我有太多的信息。"另外一位接受采访的商业电视记者地位高而有经验，尽管她为第三等级等级的电视网络工作（十台）。她最喜欢的信息服务是 ABC 国家广播。作为一位新闻生产者，他评论道："我在行业中用了几年的时间，才意识到有多少垃圾进入新闻，但是如果你的产品运转得不错，为什么要改变它……这就是一个生意。"

8. 第八组：记者，布里斯班

这一次，记者又要在很多对话中接受调查：4 位主要来自报纸和电视的高级和调查记者，3 位有混合经验的广播记者以及 2 位电视记者（1位初级的和 1 位高级的）。性别组合和年龄涵盖大致平衡。

关于什么是新闻，参与者的观点大相径庭。高级自由撰稿人和调查记者对新闻议程大大不以为然，他们私下参与了"内部的"不能公开的故事，这些不能公开是因为时间问题，或者不能找到出版机构。但是，自由撰稿人经常表达这一观点，这一小组有一个音频。他们中的一员于20 世纪 80 年代做了一系列调查报道，这些报道针对警务腐败，推动了州政府的下台。他的观点是媒体文化变得更加保守。另一位自由撰稿的记者，工作于多个新闻办公室，报道多个活动，也对变化中的媒体文化感到沮丧，尤其是默多克新闻集团的多个交易，以及他们在整体上对澳大利亚媒体的影响，尤其是在布里斯班，将日报的数量从 3 个减少到 1个。最高级的调查记者在接受采访的时候表示，他发现布里斯班的新闻事件很容易出版在高质量的悉尼报纸上（非默多克旗下），尤其是在环境、消费主义和政治都更具挑战性的环境下。但自由撰稿人却发现不仅出版很难，而且它们的比重也在降低。"在几年之前价值 2000 澳元的，现在你只需出价 700 澳元——买它或者放弃它。我们并不介意这个故事有多么好。我们也不介意它们有多么相关。要知道，这就是产品。"

所以，当研究者询问高级记者群关于他们的新闻优先等级时，他们不加改变地引用了故事背后的故事或者内部的故事，同时他们表达道：出版网点并不容易获得。他们的观点是，对记者来讲，随着对源头的强调，网络已经越来越成为新闻源头。他们认为记者很少会在网上阅读其他报纸。

例如，《纽约时报》是世界范围内重要的议程设置者，尤其是在"9·11"惨剧之后。不过对记者来说，一些苦力报道还有澳大利亚crikey.com这样的网站，也是重要的议程设置者——虽然它们本身并不是出版网点。

需要强调的是新闻记者主要关心媒体议程。在布里斯班，"议程"意味着没有沉船的故事，主要是关于政治和执行文化的。默多克的《快递邮报》甚至都没有给记者提供电子邮件——只为执行团队提供。一位自由撰稿人备注道："如果有更多的网站，那么会更加容易。记者经常到处走动。"同样小组的另外一名成员，一个先前的商业电视新闻生产者，备注道："他们（地方记者）可能在非新闻故事上很棒，在找到故事方面是很好的人才——他们因此得到报偿，获得升职。他们待在行业中但是停止了思考，'这太难了，我要出去。'伴随着一些批判性分析，你进入行业。并且因为'那是废话，我对它不感兴趣'来开始问问题并且做决策……我告诉你，商业电视里完全没有那些去追问背后问题的人。"

ABC广播记者也差不多一样。他们也受到调查记者群的批评，并且对"主流的"、不去沉船的新闻议程更加支持。

电视新闻记者站到了另一边。他们似乎对隐蔽政治和议程的回馈并不关心，似乎更被公开的世界所吸引，在那里，政治不是主要的内容。采访进行时，对电视记者来说最重要的故事是一个布里斯班的国家级游泳教练被他先前的儿童游泳队员指控性虐待的丑闻。很明显，这是一个全国性的新闻，但是由于电视新闻记者缺少对政治和社会建构问题和问责的兴趣，这使他们不能有效解除信息。他们的世界被"画报重要性"所占领，并且独立地而不是社会地问责。

八、将民众新闻偏好和报纸中呈现的新闻内容进行对比

研究者使用斯皮尔曼排名等级相关系数，除了每个小组对被分析报纸中新闻显著性进行排名之外，对记者、公共关系从业者和受众群所进

行的新闻条目排名之间的关系进行了检验。表8.6呈现了悉尼和布里斯班各小组的斯皮尔曼排名相关。

在记者、公共关系从业者以及受众群中对于报纸排名有较弱的一致性。在悉尼，所有小组参加者进行的排名和报纸排名相关较小，也是不显著的。这同样适用于在布里斯班所做的排名，在布里斯班所的中心小组中，我们看到在公共关系从业者和报纸排名中（rho=0.50），以及对于低社会经济地位参与者（rho=0.39），有一个中度的但是显著的相关。在《快递邮报》员工和读者对于新闻优先级等级评定之间的关系，产生的结果相对更强。布里斯班是一个较小的城市，报纸也会更加狭隘，因此与它的社区紧密相连。

表 8.6　在报纸新闻显著性和中心小组排名之间斯皮尔曼排名等级相关系数

	记者	公共关系从业者	高 SES 受众	低 SES 受众	报纸
记者	—	0.71[c]	0.64[c]	0.64[c]	0.29
公共关系从业者	0.86[c]	—	0.80[c]	0.82[c]	0.50[b]
高 SES 受众	0.61[c]	0.65[c]	—	0.75[c]	0.35
低 SES 受众	0.63[c]	0.65[c]	0.78[c]	—	0.39[a]
报纸	0.18	0.17	0.11	0.19	—

注：悉尼系数在更上面的三角上，布里斯班在更低的三角上。SES= 社会经济地位。

[a]p<0.05; [b]p<0.01;[c]p<0.001。

悉尼被更多聚焦，也因此拥有更少社群主义。但是记者、公共关系从业者和受众之间的一致，似乎与"什么是新闻"这个普遍较高的个人化回答以及与所有小组对新闻媒体议程拉开的距离更加契合。

相反，在布里斯班和悉尼，记者、公共关系从业者以及受众关于新闻的相对重要性，从中度到高度系数都有着重要的一致，正如卡片分类排序所展示的一样。在悉尼，范围从 0.64 到 0.71，在布里斯班，范围从 0.61 到 0.86。因此，使用新闻条目标题，记者、公共关系从业者以及受众群将新闻排列为相似的重要性等级。

九、讨论

所有媒体间关于体育新闻的高相关，似乎与大量版面用于这类新闻一致。尽管高层次的体育在广播和电视新闻中受到期待，但这很明显不属于文化报道；报纸给文化报道的分数排名第二。

媒体有着相当可以预见的兴趣：对报纸来说，是商业、贸易和产业；对电视来说，是灾难、事故以及有人情味事件；对广播来说，是内政和内部秩序。报纸，作为记录和强烈基于文本的媒体，承载着需要细节的新闻；商业电视大量地运用于情绪氛围中。公共广播系统如 ABC 与政治进程紧密相连。

在广义上，澳大利亚的报纸没有必要赋予新闻异常显著性，但是，广播和电视却不得不这样做。举个例子，《快递邮报》给予较高级的异常新闻以显著性，这点没有问题。但是与显著性新闻相竞争的还有社会意义：所有的补充内容致力于健康生活、时尚、电脑、招聘、体育、食品、娱乐，等等。这些肯定的显著性话题倾向于稀释那些经常与异常性相关的硬新闻的效果。

在普遍意义上，所有三个媒体中有一个关于新闻显著性和社会意义的相关。这个结果倾向于缓解小报的极端。事实上，尽管《快递邮报》和第九频道的新闻倾向于小报，他们是中度的，表明在异常性和社会意义之间有一个平衡。在异常性和社会意义中，尽管显著性会受到影响，但是故事的大小并不会受影响。

研究者并非基于社会经济地位招募观众群，这里似乎有一个对社会经济地位的大致排列；无论这是一个偶然的结果还是小组动态有争议的话题。看上去低社会经济地位小组有两个普遍的特点：（1）他们普遍喜欢某一类公共人物执行任务的故事；（2）他们对单纯关于行政、政策和教条式的故事感到气愤——"纯粹无稽之谈"——并且经常对它们无视。

受众和专业群体对 ABC 的评价是令人享受的、信息丰富的、正面
知识的数量多得惊人——与大多数的新闻服务相比，它们既不工作也不
接受调查。ABC 很像 BBC 2 台：信息量大的广播谈话、采访、纪录片、
新音乐，等等。另外一个庇护空间是世界宽带网。对公共关系工作者而
言，世界宽带网是他们不能控制的媒体，因为它很大程度上不属于法人
所有；对记者来说也是如此，缺少法人是一个加分，正如它意味着的那
样，这里没有议程：一个接近公共的范围。

另外一个普遍存在的威胁，是商业电视记者在政治或事实方面缺乏
兴趣。他们是严重视觉偏向的，并且相比于他们故事的真实依据，他们
更偏爱情感的依据。有一种感觉是电视以相同的形式扮演着对引用的消
化，它让受众第二天以社会化的行为对新闻中的话题进行表现，但是不
必对它们了解太多。根据推测，这个角色是针对报纸记者的。

研究者发现，在所有小组中有一种广泛的担忧，那就是尽管异常性
和社会意义看上去是个体新闻或社会持续的极端，事实上，他们并不是
彼此排斥的。那些具有强烈异常的故事，例如一名游泳教练对于他的儿
童游泳明星进行性侵犯，也具有潜在的强烈社会意义。将这些人置于新
闻视野中就像将中世纪村庄里的恶棍放入故事：他们被记者、司法、受
众套上枷锁，并且因此通过他们自己的异常或者负面例子而强调了社会
道德。心理效应以类似的方式运作。许多中心小组成员认为，尽管故事
可能有最初的负面效应，阅读它、观看它或收听它可能有正面的社会
结果。

在人们生活中，最重要的活动总是会产生"普遍的"反应。对于
年老的人来说，第一次登上月球是重要的，约翰·F. 肯尼迪被暗杀也是
重要的。但是，有一些是接近全球化的：戴安娜王妃的死、柏林墙的倒
塌、1991 年海湾战争和越南战争。一些澳大利亚的政治和社会活动可以
和全球话题竞争，一些个人的话题有效地与世界性的与公共性的事情进
行竞争。

总之，有些令人费解的是，在人们（记者、公共关系从业者、和受众群体）对于新闻价值的评定与报纸显著性之间没有相关性存在，但是在对于新闻的排序这一点上，可以在人们之间发现显著（中度到强烈）的相关。因此，报纸不仅与它们的读者步调不一致，而且与它们的构成员工——公共关系从业者和记者——步调不同。

第九章　智利的新闻

索莱达·普恩特（Soledad Puente）、康斯坦萨·穆希卡（Constanza Mujica）

一、智利媒体生态

智利是一个狭长而封闭的国家，一边毗邻太平洋，另一边为安第斯山脉。国土狭长，长的一维达 2653 英里（4270 千米）。智利权力高度集中。政府曾经采取多种措施改革，但没能改变其首都圣地亚哥的强势状况。2002 年的调查显示 1/3 的智利人口都居住在首都（INE，2003）。

智利是个小国，人口只有 1550 万（INE，2003）。过去 10 年中，人口仅仅增长 180 万（INE，2003），说明出生率降低。（INE，2003）。然而这个与世隔绝的小国媒体发展迅速，在一些地区已经相当成功。

总体来说，当今的智利有 8 家全国性报纸，44 家地方性报纸。地方性报刊大多数为本地经营。另外圣地亚哥发行有 3 份免费报纸。（ANP，2003）

大多数媒体掌握在新闻企业手中，要么是国营，要么是近些年来进入智利媒体舞台的跨国公司在经营，但这并不影响整个行业的创新，从而创造出独具特色的商业模式。（Dermota，2002；Krohne，2002）

在全国范围内发行报刊的媒体公司有《汞报》和《第三报》。《汞报》在圣地亚哥，成立于 1900 年（ANP，2003），创建者为爱德华家族，拥有强大的家族出版业。此家族也有晚报《第二报》和报纸《最新闻》，这 3 份报纸全国发行。另一家具影响力的媒体集团为智利新闻集团，拥有两份报刊《第三报》和《季报》，以及新闻周刊《通过》等（Dermota，2002；Krohne，2002）。以上媒体都有自己的网站，因为智利网络新闻正快速发展，与这些久负盛名的媒体紧密联系。

电视行业同样具有全国性影响而又独具特色。智利有 7 个密集传输的电视频道（CNTV），最重要的是智利国家电视台和 13 频道，皆为智利天主教教皇大学电视公司拥有。排行第三的是私人电视台"蓝色视野"，以上 3 家电视台覆盖全国。（Krohne，2002）

由大学经营的电视台，传统意义上被称为非营利事业。第一个被授权制作节目的电视台正是几所大学牵头，一所是智利大学，另一所为智利天主教教皇大学。1968 年第 3 个电视台——智利国家电视台以国营性质进入电视行业。军政府时代趋近尾声，私人组织开始进入电视业，这种体制开始发生变化。

现在，教皇大学电视台依然在大学手中，它原本为大学经营，现在由一位智利企业家在管理。如其他视听媒体一样，国营频道经济自足，往公共频道方向努力。有线电视方面，2005 年的数据显示 35.9% 的智利家庭订阅有线电视（CNTV，2003）。电视由全国电视委员会管理，监控电视节目的质量，尤其在暴力和色情内容方面（Godoy，1999）。

在广播业，这个行业几乎全部为大财团掌控，其中较有实力的是调频广播。90 年代中期广播行业经历过两次主要变革：从圣地亚哥覆盖至全国，以及国外经营者获得本土经营权（Godoy，1999）。新闻广播方面。这两次变革中，广播合作社值得一提。同样要指出的是称作"伴侣"或"对话"的节目。目前广播是非常重要的节目播出领域，尤其在高峰时段。

大约 15 家智利媒体机构中的工作受 2001 年 5 月的媒体法案管理，该法案的颁布耗时 8 年，扭转了之前传播法规滥用的态势（Krohen，2002）。智利记者和编辑意识到媒体在影响当局、揭发社会不公方面的价值。另一方面，他们也埋怨记者——同事以及编辑——很少真正为公民知情权努力，也并未通过新闻对强化民主、国家制度的稳定和健全做出什么贡献（Gronemeyer，2002）。这给新一代的媒体人带来挑战，他们必须为智利记者中弱化了的自主和独立精神奋斗（Gronemeyer，2002）。

二、研究样本

因为国家的地理特色，在这里挑选大城市很容易，但选择一处既有全部类型的媒体，又最好有当地特点的小城市就很困难。

本研究中大城市选择圣地亚哥——智利首都和最大的城市，周边城市则选择康塞普西翁。后者虽然是智利范围内的重要城市，但相对研究而言就是小城市了。康塞普西翁有属于自己的报刊、电视台以及广播，并且都与大城市里的媒体有所不同。

广义的圣地亚哥包含其自治区县，有480万人口（INE，2003）以及如前所述的由集中的权利体系造成的中央影响力。这种体制在近些年被传播技术的发展进一步强化，技术的进步降低了成本，也缩小了距离。首都对于整个国家的重要性不言而喻，然而这种境况未必会在新闻议程中有所反映，因为很大一部分智利新闻聚焦于圣地亚哥以及其自身关注的议题。

参照其重要性，在圣地亚哥抽取的报刊是《汞报》，样本包括3540条新闻。电视新闻节目选择 Teletrece，晚9点至10点于教皇大学电视台播放，虽然经历过起伏，该电视台仍然是最独立的媒体，抽取的新闻有221条。广播节目选择《日常合作社》，每晚1点至2点播送，播报每天最新一版新闻，共抽选233条新闻。

康塞普西翁距离圣地亚哥318英里远，有超过90万居民（INE，2003）。该城市位于比奥比奥地区，因为居民对自治权利的抗争而被认为独立于圣地亚哥。报纸选择《南报》，成立于1882年，属南报公司所有（ANP，2003），研究包含1207条新闻。1966年，意大利移民 Nibaldo Mosciatti 成立比奥比奥广播，它成为推动该地区前进事业中最重要的广播。其时该公司拥有33家电台，覆盖从非洲到彭塔阿雷纳斯地区（Mosciatti，2003）的广阔地域。比奥比奥广播的新闻节目 Radiograma 晚间1点播送，时长50到70分钟。本研究涵盖了其334条新闻。最后，电视新闻节目选择时长50分钟的频道9《康塞普西翁地区》，在圣地亚哥新闻之后播放，晚10：45播出，本研究选择154条新闻进行分析。

三、新闻话题

一开始两个城市中新闻的话题很相似——主要话题为文化事件、体育以及国内政治——但深入探究后研究者发现两个城市及媒体之间的巨大差异。

研究者在直观上认为，研究会发现话题之间的更多相似性，这些相似性为每个媒体及其编辑原则、社会意识所展现，从而与新闻的定义和内涵相符。因此《汞报》将文化事件赋予具有较高新闻价值的信息，而非传统报纸所聚焦的政治和经济事件。这点有些出人意料。

另外一点值得注意的是有关国内秩序的当地议题，这通过除了圣地亚哥报纸以外的所有媒体反映出来。确实，圣地亚哥是国家首都，这里的媒体覆盖是全国性的，但对地方新闻报道很有限，所以对事件结果的衡量以其对圣地亚哥地区的潜在重要性为分析依据。圣地亚哥地区的受访者数次提到这个现象，这在中心小组访谈中也时常出现。

表9.1中可以看到，相对于竞争对手广播，报纸更加具有概括性。《汞报》中，最重要的新闻话题为文化事件（16.2%）、体育（14.0%）以及国内政治（13.4%）；但在《南报》中，国内政治最重要（20.4%），其次是国际政治（9.9%）和文化事件（8.1%）。这些数据展现了这些媒体对当地新闻价值的分配，意味着首都方面的独立政策，以及如康塞普西翁这样的远方城市对国外新闻的价值赋予。

在电视方面，Teletrece 中的圣地亚哥新闻给予国内政治（20.1%）、体育（10.9%）和健康／福利／社会服务（7.8%）以重要位置。康塞普西翁的第九频道地区新闻节目更多曝光国内政治（32.0%），随后是国内秩序（18.5%）、劳工关系和贸易联盟（6.7%）。加在一起，这3种价值分配显示这些话题总数的57.2%。这些都很独特，展现了它试图同圣地亚哥区分而独立的状况。

在圣地亚哥的广播新闻节目《日常合作社》中，国内政治（35.9%）、健康／福利／社会服务（8.5%）以及国际政治（7.0%）是

三种最重要的话题。地区性节目《康塞普西翁地区》则将国内政治
(30.4%)、体育（15.7%）和国内秩序（13.3%）视为重要的新闻。出
人意料的是康塞普西翁报纸《南报》和第九频道新闻节目都未重视
体育（分别为 7.6% 和 1.7%），但体育却是 *Radiograma* 里排名前三的
话题。

截至目前，除了圣地亚哥的《汞报》之外，所有媒体最重视的都是
国内政治。在康塞普西翁的电视节目（32.0%）和两城的广播（35.9%
和 30.4%）中都尤为重要。这似乎与智利人重视政治的特点相符，特别
是那些年龄在 30 岁以上，经历过 20 世纪 70 年代和 80 年代的政治动乱
而又目睹了智利从社会主义过渡到军政府再到民主国家过程的群体。

斯皮尔曼等级相关分析显示，这些数据间越看越具有其相似性，尽
管一开始看起来有所不同（参见表 9.2）。最高系数出现在报纸和电视之
间（0.89）。康塞普西翁的《南报》和圣地亚哥的 *Teletrece* 新闻节目在
话题多样性上很相似，也在重视国内秩序话题上近乎一致。参考媒体的
特点和全国性的影响力，圣地亚哥电视新闻被认为是全国性的品牌而服
务于全体智利人的，虽然许多人都觉得它过分侧重于首都新闻事件。康
塞普西翁的报纸，肯定是地方媒体，但却具有国家级的水准。事实上它
在智利备受尊敬，许多优秀的智利记者最开始都服务于康塞普西翁《南
报》，从这儿成长至后来的高度。

表 9.1　按照城市和媒体所进行的新闻条目话题的广泛分布　　　123

话题	报纸		电视		广播	
	圣地亚哥	康塞普西翁	圣地亚哥	康塞普西翁	圣地亚哥	康塞普西翁
文化活动	16.2	8.1	5.8	2.2	1.1	0.3
体育	14.0	7.6	10.9	1.7	3.5	15.7
国内政治	13.4	20.4	20.1	32.0	35.9	30.4
商业/贸易/产业	8.0	7.8	5.1	3.9	2.1	2.4

话题	报纸		电视		广播	
	圣地亚哥	康塞普西翁	圣地亚哥	康塞普西翁	圣地亚哥	康塞普西翁
经济	6.9	5.5	4.4	2.2	6.7	2.1
有人情味事件	4.9	3.0	5.5	1.1	1.8	6
国际政治	4.1	9.9	6.1	3.4	7.0	5.1
内部秩序	4.0	5.3	5.5	18.5	3.5	13.3
健康 / 福利 / 公益	3.4	3.7	7.8	3.9	8.5	3.0
交通运输	3.1	3.4	5.1	3.4	6.3	1.5
传播	3.0	2.5	1.7	1.1	0.0	0.6
教育	2.5	4.6	2.4	5.6	0.4	2.1
仪式	2.2	3.2	6.5	3.4	5.6	1.2
娱乐	1.9	2.2	0.7	0.0	0.0	0.0
住房	1.7	0.9	1.4	2.2	0.0	1.5
其他	1.6	0.0	0.0	0.0	0.0	0.0
社会关系	1.6	1.5	4.1	1.1	2.5	3.3
灾难 / 事故 / 瘟疫	1.4	1.2	0.7	3.9	3.2	3.9
军事和防务	1.2	1.8	1.4	0.0	2.1	0.9
行业协会	1.1	1.6	1.0	1.1	0.0	0.6
科学 / 技术	1.1	2.5	1.0	1.1	0.0	0.6
天气	1.1	0.9	0.0	0.6	2.5	2.1
环境	0.6	0.8	0.3	1.7	0.4	1.8
时尚 / 美	0.6	0.4	0.0	0.0	0.0	1.0
人口	0.4	0.2	0.0	0.0	0.9	0.0
能源	0.2	1.2	0.0	0.0	0.0	0.0

话题	报纸		电视		广播	
	圣地亚哥	康塞普西翁	圣地亚哥	康塞普西翁	圣地亚哥	康塞普西翁
人口	0.1	2.0	0.0	0.0	0.7	0.3
总计[a]	100.0	100.0	100.0	100.0	100.0	100.0
	(n=3415)	(n=1713)	(n=293)	(n=178)	(n=284)	(n=332)

注：分布以百分数的形式给出。

[a] 由于舍入误差，总计百分数可能并不是百分之百。

表 9.2　多种媒体新闻的新闻话题排名间的斯皮尔曼等级排名相关系数　124

	圣地亚哥报纸	康塞普西翁报纸	圣地亚哥电视	康塞普西翁电视	圣地亚哥广播	康塞普西翁广播
圣地亚哥报纸		0.88[c]	0.84[b]	0.52[a]	0.44[a]	0.40[c]
康塞普西翁报纸			0.89[c]	0.66[b]	0.57[b]	0.54[a]
圣地亚哥电视				0.67[c]	0.69[c]	0.58[b]
康塞普西翁电视					0.6[c]	0.77[c]
圣地亚哥广播						0.77[c]
康塞普西翁广播						

注：[a] $p < 0.05$；[b] $p < 0.01$；[c] $p < 0.001$。

　　斯皮尔曼等级相关系数超过 0.80 的部分在两个报纸（0.88）和圣地亚哥电视及报纸新闻（0.84）。这些数据与印刷媒体应具有相似议题的直觉认知一致，因为他们要为读者提供参考并坚持报道中之客观平衡。

这个事实将对未来的深入研究产生大的助益，以更详细地探究媒体间的议程设置，以及其如何相互影响。

广播媒体上有一些有趣的数据。电视与广播间，以及圣地亚哥的《日常合作社》与康塞普西翁的 *Radiograma* 间的系数都是 0.77，这也许是因为对国内秩序议题的重视。对于圣地亚哥广播、康塞普西翁广播和电视三者，国内秩序是主要话题，构成了超过 30% 的新闻内容。其他话题间也存在较大差异，但在劳工关系和贸易联盟方面也存在有趣的相似性，所有 3 家广播媒体的新闻都有 6% 的内容与此相关。值得一提的是，在纳入研究的一周内曾发生一次政府员工罢工，随后又是医院的罢工。

智利的等级相关系数既在意料之外又合乎情理。数据似乎在有关媒体间有所默契，在一定程度上的确如此。智利新闻的主要问题——尽管看起来成就显赫——在于：（1）媒体之间话题很相似；（2）他们倾向于参照其他媒体设置自己议程；（3）选择的话题紧紧按照他们订阅的合众社（UPI）和奥尔布（智利）新闻通讯社来指导每天的新闻生产。对智利新闻价值和记者习惯的研究显示，挑选和强调新闻结果的决策，亟须训练具有自主意识、追求自由和影响力的记者。（Gronemeyer，2002）

四、新闻中的异常性

在智利，异于常规通常会受到社会制裁。这里风气相当保守，并且强烈抵制剧烈变迁；因此在几乎所有方面都实施社会制裁。直到现在，政治最吸引的是亲历过去 30 年变迁的老一代。虽然议程中政治的显著性已经下降，尤其在青年人之间，但避免激烈冲突、寻求团结而非分裂依然是整个国家的目标。这种倾向解释了智利媒体议程中的低异常性水平。出现在媒体议程中的事物具有极端的异常性，尤其是更加保守的媒体，就如本研究中那些媒体。

大体来说，对异常性的内容实证分析结果很混杂（参照表 9.3）。30个异常分析中，9 个较为显著，但具有线性关系的为数不多——这就是说，异常的时间有更高的显著性得分。进一步而言，显著性最高得分落在 3 个维度（统计、社会变迁、规范）的异常性的中间水平，在圣地亚哥和康塞普西翁的报纸以及圣地亚哥的电视新闻上尤其明显。

具体而言，在统计异常上，圣地亚哥的《汞报》在语言和非语言以及图像数据上都很明显；康塞普西翁的《南报》只在文本数据上较为明显。数据也显示智利电视尤其倾向于有些异常和相当异常的新闻。

表 9.3　按照城市和媒体划分的平均语言和视觉异常强度显著分数

异常强度	圣地亚哥					康塞普西翁				
	报纸		电视		广播	报纸		电视		广播
	只是语言 (n=27922)	语言和视觉 (n=1196)	语言 (n=179)	视觉 (n=179)	语言 (n=204)	只是语言 (n=935)	语言和视觉 (n=473)	语言 (n=155)	视觉 (n=155)	语言 (n=288)
统计异常										
（1）普遍	290.4[b]	516.2[b]	93.7	89.2a	167.5	341.[b]	570.3	125.7	171.8	185.6
（2）有些异常	355.6	545.0	121.3	160.8	149.8	455.2	693.0	120.8	166.1	134.7
（3）相当异常	382.3	696.9	176.9	165.3	263.5	319.7	700.3	164.5	130.5	144.6
（4）极度异常	319.0	646.3	27.3	39.0	102.3	346.5	—	117.0	171.3	144.3
社会改变异常										
（1）对现状没有威胁	334.0	567.2	129.2	120.5	149.7	383.1	579.5	89.9c	126.5[b]	124.7a
（2）最小威胁	329.0	721.4	153.0	156.2	192.4	406.8	795.6	161.9	137.6	173.7
（3）中度威胁	385.9	780.5	60.1	157.0	169.4	445.6	1099.7	169.9	97.2	147.1
（4）重要威胁	347.5	524.6	103.3	16.0	—	549.6		218.6	168.0	183.3
规范性异常										
（1）没有破坏任何规范	339.2	524.6	103.3	16.0	—	549.6	—	218.6	168.0	183.3

续表

异常强度	圣地亚哥					康塞普西翁				
	报纸		电视		广播	报纸		电视		广播
	只是语言（n=27922）	语言和视觉（n=1196）	语言（n=179）	视觉（n=179）	语言（n=204）	只是语言（n=935）	语言和视觉（n=473）	语言（n=155）	视觉（n=155）	语言（n=288）
(2) 最小破坏	300.6	496.0	97.2	126.4	356.9	548.1	587.7	169.2	218.0	122.5
(3) 中度破坏	274.5	269.3	126.8	67.5	104.7	265.2	737.5	168.6	169.3	83.0
(4) 重要破坏	329,1	1429.2	90.9	186.87	–	372.0	384,5	159.9	58.0	186.3

注：[a]p < 0.05; [b]p < 0.01; [c]p < 0.001。

128　　　在社会变化异常性方面，异常性分析结果很明显。在康塞普西翁的电视和广播媒体的文本内容中，存在线性关系，意味着这些新闻事件对城市、地区、国家甚至国际系统的现状都具有潜在威胁和变迁能力。

对于规范异常性，最有影响的发现是《汞报》的文字和图像新闻具有极高的显著性和异常性。对康塞普西翁的报纸异常性分析显示，虽然显著，但不具有清晰的模式。最后，电视和广播新闻节目都没有明显的线性关系。

五、新闻中的社会意义

如表9.2显示的四个维度的社会意义（政治、经济、文化和公共意义）的实验数据呈现混杂状况。总体而言，40个分析中的13个较为明显，只有几个——主要在康塞普西翁的报纸中——展现出线性关系。

政治意义，就是新闻内容对公众与政府或政府之间的关系具有潜在的或事实的影响程度。对康塞普西翁的电视和广播新闻节目的分析表明，文本内容在数值上较为明显。并且，正如异常性的状况（表9.3），不存在线性关系，但在政治意义的中间水平有很高的显著性分值。没有报纸或者圣地亚哥电视新闻在政治意义的显著性上有高分值。

经济意义，即新闻内容对商品和服务交换，包含货币系统、商业、税务、劳务、交通、就业、市场、资源和基础设施具有潜在的或事实的影响程度，10 个分析中的 3 个是明显的，但没有线性关系。中间范围同样有最高的显著性，尤其在圣地亚哥报纸和康塞普西翁电视新闻节目的文本内容中。在康塞普西翁报纸和其电视新闻的图像内容中存在线性趋势，虽然数据看来并不太明显。

在 10 项文化意义——意即新闻内容对社会系统的传统、制度和规范，例如信仰、种族或艺术具有潜在的或事实的影响程度——的显著性分析中，有 4 项数据显示明显。然而更重要的是，3 项分析中，意味着更高显著性的线性关系同文化意义成正相关。在康塞普西翁《南报》的文本和图像内容、圣地亚哥《汞报》的文本和图像内容上皆是如此。部分线性关系也存在于《汞报》的文本内容中。在两个城市的广播媒体中没有发现可以辨识出的模式。

表 9.4　按照城市和媒体划分的语言和视觉社会意义强度平均显著分数

社会意义强烈度	圣地亚哥					康塞普西翁				
	报纸		电视		广播	报纸		电视		广播
	只是语言 (n=2792)	语言和视觉 (n=1196)	语言 (n=179)	视觉 (n=179)	语言 (n=204)	只是语言 (n=935)	语言和视觉 (n=473)	语言 (n=155)	视觉 (n=155)	语言 (n=288)
政治意义										
（1）不重要	332.0	561.6	117.0	131.3	154.9	400.0	605.4	122.4a	136.2	85.3c
（2）最小	360.1	663.7	188.5	115.2	194.7	349.4	482.9	164.7	193.4	162.1
（3）中度	344.2	728.5	145.7	153.3	210.1	407.5	811.5	180.0	149.9	189.4
（4）重要	323.0	854.0	7.0	–	–	739.3	–	114.5	189.3	153.8

续表

社会意义强烈度	圣地亚哥					康塞普西翁				
	报纸		电视		广播	报纸		电视		广播
	只是语言 (n=2792)	语言和视觉 (n=1196)	语言 (n=179)	视觉 (n=179)	语言 (n=204)	只是语言 (n=935)	语言和视觉 (n=473)	语言 (n=155)	视觉 (n=155)	语言 (n=288)
经济意义										
（1）不重要	314.6c	573.4	129.0	124.1	168.7	395.0	592.2	133.4a	149.4	141.0a
（2）最小	381.8	526.0	61.1	222.1	217.7	425.0	846.3	162.9	156.0	96.3
（3）中度	475.0	833.4	171.0	189.0	237.0	378.8	1026.5	206.2	177.0	185.2
（4）重要	308.6	259.9	—	—	—	998.0	—	162.8	—	182.7
文化意义										
（1）不重要	337.9c	574.9c	119.6	127.6	180.1	370.8b	587.7c	166.8	155.6	145.2
（2）最小	269.7	507.7	216.1	139.5	166.3	378.1	563.8	142.5	131.9	131.7
（3）中度	403.9	1080.2	137.0	152.6	—	521.6	1141.3	113.1	124.6	175.7
（4）重要	617.5	3162.0	—	250.0	—	—	—	149.2	—	162.8
公共意义										
（1）不重要	323.1	566.3b	67.2	109.5	81.6	316.0c	564.6b	143.2	149.6	121.7
（2）最小	362.3	834.0	150.7	131.4	180.6	354.6	652.6	148.1	112.7	156.3
（3）中度	403.2	981.6	120.4	159.8	238.9	500.5	853.4	135.0	243.1	164.0
（4）重要	358.4	400.5	—	—	—	1830.0	—	170.2	145.2	164.8

注：$^a p < 0.05$；$^b p < 0.01$；$^c p < 0.001$。

131　　　最后，在公共意义的显著性上，即新闻内容对公共幸福展现出的强化和威胁，10 项分析中有 4 项的数据较为明显。唯一清晰的模式——即线性关系——只在《南报》新闻的两部分内容中存在。

六、作为新闻显著性指标的异常性和社会意义

最后一项数据分析是 8 个逐步回归分析，检测所有异常性和社会意义变量之于预测新闻显著性的影响。

表 9.5 的数据显示，倘若仅以文本视角来分析变量，圣地亚哥媒体有相同结果（0.03），除了《汞报》。所有分析过的显著性之异常性都不甚高，但康塞普西翁的异常性和社会意义高于圣地亚哥却是显然。事实上，康塞普西翁的异常性和社会意义说明了 16% 的电视和 12% 的广播显著性异常。并且，康塞普西翁报纸的图像和文本内容综合分析说明了 8% 的显著性异常。在变量的贝塔系数上，圣地亚哥较少，但在对每个康塞普西翁媒体的回归分析上则有更多显著变量。

这些结果可能归因于圣地亚哥报纸作为全国性媒体的重要地位上，相比之下康塞普西翁的报纸则更加地域化。另外，研究者认为，看起来代表非主流媒体的康塞普西翁媒体建立起了独特的议题，在电视上尤为如此，因为地区新闻在首都新闻之后播送。相似状况也存在于广播新闻中。

七、人们对新闻的定义

2001 年 7 月末到 8 月初，研究者组织了共 7 次中心小组访谈，圣地亚哥和康塞普西翁各 4 组。每个城市进行的访谈都采用相同方法，并都包含来自较高和较低社会经济地位的记者、公关代理人和受众。记者的两组包括编辑，代表不同的媒体组织，其新闻产品作为研究对象进行过内容分析。公关组涵盖了不同公司，有一些专门从事该行业，其他则为组织中的传播部门。在受众组中尤其注意到了性别和年龄平衡。

表 9.5 新闻显著性中异常和社会意义强度的逐步回归分析

独立变量	圣地亚哥								康塞普西翁							
	报纸显著性只是语言 R^2=0.01[a] (n=2787)		报纸显著性视觉和语言 R^2=0.03[a] (n=1128)		电视显著性 R^2=0.03[a] (n=179)		广播显著性 R^2=0.03[a] (n=204)		报纸显著性只是语言 R^2=0.04[c] (n=935)		报纸显著性视觉和语言 R^2=0.08[c] (n=439)		电视显著性 R^2=0.16[c] (n=155)		广播显著性 R^2=0.12[c] (n=287)	
	r	Std. Beta	r	Std. Beta	r	Std. Beta	r	Std. Beta	r	Std. Beta	r	Std. Beta	r	Std. Beta	r	Std. Beta
异常																
一统计的，语言内容	0.05[a]	0.05[a]	0.16[c]	0.17[c]	0.14	ns	0.11	ns	0.03	ns	0.06	ns	0.09	ns	-0.08	-0.1[a]
一统计的，视觉内容	—	—	0.08[b]	ns	0.17[a]	0.17[a]	—	—	—	—	0.09	ns	-0.14	ns	—	—
一社会变化，语言内容	0.01	ns	0.00	-0.06[a]	-0.06	-0.06	ns	0.04	ns	0.07[a]	0.09	0.10[a]	0.22[b]	0.34[c]	0.13[a]	ns
一社会变化，视觉内容	—	—	0.03	ns	0.07	ns	—	—	—	—	0.08	ns	-0.11	-0.39[c]	—	—
一规范的，语言内容	-0.01	ns	0.02	ns	-0.06	ns	-0.05	0.00	-0.05	ns	-0.04	ns	0.07	ns	0.16[b]	0.19[b]
一规范的，视觉内容	—	—	0.06[a]	ns	-0.01	—	—	—	—	—	-0.01	ns	0.02	ns	—	—
社会意义																
一政治的，语言内容	0.00	ns	0.04	ns	0.09	ns	0.09	ns	0.01	ns	-0.05	ns	0.07	ns	0.26[c]	0.22[c]

	圣地亚哥								康塞普西翁							
	报纸显著性 只是语言 $R^2=0.01$[a] (n=2787)		报纸显著性 视觉和语言 $R^2=0.03$[a] (n=1128)		电视显著性 $R^2=0.03$[a] (n=179)		广播显著性 $R^2=0.03$[a] (n=204)		报纸显著性 只是语言 $R^2=0.04$[c] (n=935)		报纸显著性 视觉和语言 $R^2=0.08$[c] (n=439)		电视显著性 $R^2=0.16$[c] (n=155)		广播显著性 $R^2=0.12$[c] (n=287)	
独立变量	r	Std. Beta	r	Std. Beta	r	Std. Beta	r	Std. Beta	r	Std. Beta	r	Std. Beta	r	Std. Beta	r	Std. Beta
一政治的，视觉内容	—	—	0.05	ns	−0.01	ns	—	—	—	—	0.03	ns	0.13	ns	—	—
一经济的，语言内容	0.06[b]	0.06[b]	0.03	ns	0.05	ns	0.09	ns	0.00	ns	0.02	ns	ns	ns	0.22[b]	0.16[a]
一经济的，视觉内容	—	—	0.01	ns	0.12	ns	—	—	—	—	0.12[a]	0.11[a]	−0.18[a]	−0.16[a]	0.07	ns
一文化的，语言内容	0.04[a]	0.04[a]	−0.01	ns	0.09	ns	−0.01	ns	0.11[c]	0.10[b]	0.15[b]	0.17[c]	−0.18[a]	−0.16[a]	0.07	ns
一文化的，视觉内容	—	—	−0.03	ns	0.06	ns	—	—	—	—	0.15[b]	ns	0.08	ns	—	—
一公共的，语言内容	0.04	ns	0.05	ns	0.04	ns	0.17[a]	0.17[a]	0.17[c]	0.15[c]	0.17[c]	ns	0.08	ns	0.17[a]	ns
一公共的，视觉内容	—	—	0.08[a]	0.08[a]	0.11	ns	—	—	—	—	0.19[c]	0.17[a]	0.05	20[a]	—	—

注：[a]p＜0.05；[b]p＜0.01；[c]p＜0.001；ns＝不是最终逐步回归等式的一部分。

圣地亚哥小组在教皇大学传播学院进行，在康塞普西翁是康塞普西翁大学新闻学院的克劳迪拉·塔皮亚组织受访者，访谈在研究院造访该城时所住的当地旅馆进行。

不同中心小组访谈支持了目前的理论，尤其是受众小组，对受众而言，最有意义的新闻事件包含高异常性和不同水平的社会意义。

所有小组都能定义新闻的内涵。即使并不了解新闻的传统标准，大部分受访者都在其给出的定义中提到相关概念。在记者组中，有些人列出了一些判断标准例如接近性、结果、显著性、性和稀奇，其他人囊括了学术定义。然而，大部分回答都限于与新奇、影响或社会相关性和意义有关的词汇。

人们讨论的第一个概念是新奇，也即前所未闻的事物，因为它们被隐藏，很少发生或第一次发生。正如来自圣地亚哥的一位具有较高社会经济地位的受访者谈到，"新闻是引人入胜的、新奇的、较少发生的事就值得报道"。另一个受访者是首都一位清洁工，30 岁，低社会经济地位，她表示："对我来说，新闻是信息。信息就是知晓世界在发生什么，因为新闻到处都是。新闻也是我自己家里发生的事，因为有时家里发生的事你并不知道，当你知道的时候，就是新闻。"一个圣地亚哥的公关人员这样定义新闻："对于我来说，新闻是新的、不同的事物，对其他所有人都有一定的吸引力。"

社会相关性最多在定义中提到的是通常被理解为对社区生活有影响的内容。事实上，在康塞普西翁 4 个中心小组中，有 3 个都倾向于认为该概念是本地性质的、地区性的，甚至是个人性的。康塞普西翁一位高社会经济地位的男性教授称："既然我生活于此，就更多为地方性和本地新闻所影响，我们日常生活的方式就一定要摆脱圣地亚哥的掌控、监管和威权。"此地另一位低社会经济地位的受访者说："新闻是任何影响我、我爱的人或者我身边的人和与我有关的人的事，从这个意义讲，就是影响我这个公民的事。"

圣地亚哥居民在探讨社区时有更多异议。记者甚至根本不考虑"本地"概念，他们将全国和世界范围包含在社会中。圣地亚哥一位公关人员说新闻是"对大多数人而言重要的事"，另一位低社会经济地位的受访者叙述道"新闻是随时随地发生的对国家重要的事"。而一位记者如此描述："我认为仅仅是新奇的事并不足以成为信息或新闻，新闻必须是新奇的，引起大家的兴趣，因此还必须要有些社区反响。"

意义——即具有长远影响的事物，新闻不仅仅是一个事件，还是一个完整的过程，或者时间流逝但会保持不变的事件特征——也在小组中进行了讨论，虽然并未频繁出现。例如，一个圣地亚哥高社会经济地位的接近 70 岁的工程师，将新闻描述为"某种会延续的事物，会让我随后持续思考的事物"，而另一位 40 多岁的低社会经济地位的男性言道："有些事物已经发生，被人遗忘，或留待解决，最重要的是那些尚未解决的事。"

访谈得出某种观点：一个成为新闻的事件抑或是过程自然有必要出现在媒体上。在一些情况中，受访者认为其他元素甚至不必要出现。一个圣地亚哥的高社会经济地位的受访者谈道："如今图像是很重要的，媒体上有些并不足以成为新闻的内容，却有极具冲击力的图片，例如无足挂齿的事故现场。"康塞普西翁的一位男性记者认为："事事皆新闻，要紧的是发现、转换以及传达。那些身边的事、重大的事或任何有意思的事都可以变成有意义的新闻。"

在圣地亚哥记者组，中心小组访谈的当天进行的谈话就清晰阐明了本研究的论点，尤其是其与异常性的关系上。那天前夜，第 13 频道新闻摄影师捕捉到一个溺亡者的画面，发生在一个为圣地亚哥贫民窟阿瓜达环绕的运河里。这些画面在夜间新闻播放，这则事件令该电视台的一位记者惊诧，这位记者又是中心小组的受访者之一。他们和其他从业者在访谈时花了相当长的时间讨论该事件。

当请受访人说出遇到的 3 个最有意义的事件时，答案很有意思。所有 8 个中心小组里，两个最常提到的事件与智利政治有关：1988 年反对派获胜，结束当年 8 月皮诺切特政府（28 次提及）和皮诺切特在伦敦被拘禁（20 次提及）。智利社会以天主教为主流信仰，因此教皇访问智利也时常被提及（15 次）。两个世界性的新闻也有相当多的关注：一是登陆月球，二是推倒柏林墙（各 13 次提及）。最后，1985 年智利大地震和军事政变各被提及 12 次。

事件的接近性则为另一特征。最值一提的一个案例是高社会经济地位的一位老年女性提到青霉素的发现是她生活中遇到的最重要事件，因为青霉素挽救了她家里一个生命垂危的堂亲的性命——所以是兼具异常性和社会意义的新闻范例。

136　　针对事件的分析和评估使得答案分组形成 5 类：出人意料、社会变迁、接近、亲历、冲击力画面。

出人意料即对受访者而言未曾预料到而感到震惊的事件。这里列出几个例子：

> "皮诺切特在英国被拘禁……这是我们从没想到过的事"——康塞普西翁一位低社会经济地位的受访者。
> "1973 年的军事政变……对我有一定影响，因为它是看起来不可能发生的事，却突然就变成了现实。"——康塞普西翁的一名记者。
> "柏林墙的倒塌……最令人印象深刻之处在于从未有人预料到它……就很像攻占巴士底狱一样。苏联剧变开始时，没人能感受到其重大意义，没人想到事情的发生会如此迅雷不及掩耳，而又塑造了这样的结局。"——圣地亚哥一位 45 岁左右高社会经济地位的女性。

社会变迁即终结了长期动荡的社会和政治状态，与此同时开启全新而未知的状态。受访者将此标准同前面一个以及未知性联系起来。以下是受访者观点的例子：

> "'说不'运动真是记忆犹新；支持者，被动员起来的人们，

社会和精神理念，还有在社会意义上将运动团结起来的集体精神。"——圣地亚哥一位公关人员。

"皮诺切特在伦敦被拘禁（之时）正是我搬到康塞普西翁的第一年，所以我感受到智利所有公众舆论都参与了讨论，争论此起彼伏，即将发生之事则是个大未知数。"——一位接近40岁具有高社会经济地位的阿根廷女性，居住在康塞普西翁超过11年。

"柏林墙倒塌……目睹那个存在了多年并且伴随你长大的体制崩塌，从此世界开始全然不同，我想这对我影响深远。"——圣地亚哥一位45岁左右的女性记者。

接近性在中心小组提到距离他们很近的事件发生之时出现了数次，这些事件带来的感受同当事人的感受很相似。康塞普西翁一位接近40岁有高社会经济地位的女性如此谈道："才两周前我奇迹般从一场事故中幸存，之后就看到发生在著名如她（Di女士）的身上的事，所以这引发我反思了很多。"也有案例是与自己生活中的事件有相关，康塞普西翁一位35岁左右有高社会经济地位的女性历史教师称："1978年与阿根廷可能开战的事情对我影响很大，我记得当时我很害怕，因为我父亲有可能亲赴前线，战争离我很近。"

许多受访者，尤其是记者和公关从业人员提到直接**亲历**事件与事件本身相关的重要性。受访者谈道：

"总统竞选。因为我参加了竞选活动，作为一位记者我奔波四处。那段时光很紧张也很有意思，因为之前我从未想过我可以参与总统竞选工作。"——圣地亚哥一位公关人员。

"全民公投期间我在电台工作，我觉得那一刻对我们所有参与报道的人都很特别。"——圣地亚哥一位记者。

"我想说的第一件事是1985年的地震，因为我那时在街上，亲眼看到马路如同蛇一样扭动真是让人难以忘怀。这给我留下了深刻印象，至今那种天摇地动的景象还留在我的脑海中。"——受众组一位圣地亚哥低社会经济地位的受访者评论地震，包括1985年圣地亚哥地震和1960年的南部地震。

第五个概念是**冲击力画面**。发生在电视出现之后的事件集中在4个：人类第一次登上月球，埃及总统安沃·萨达被刺杀，1973年政变期间的莫内达宫爆炸，1987年挑战者号航天飞船的爆炸。对萨达事件，圣地亚哥一位接近30岁的公关人员谈道："当时我还年幼，但却是第一次看到恐怖袭击。我记得看到站台上的人们满是鲜血的双手，这一切对我冲击很大。"圣地亚哥一位40岁左右有高社会经济地位的职业翻译这样说："城市范围的爆炸袭击影响了我，因为你时常听到外面的爆炸声；如果发生在其他国家就会觉得遥不可及，但你在政府权力象征的莫内达宫看到爆炸，你就会感到意义非凡。"

当询问中心小组的受访者偏爱积极新闻还是消极新闻之时，回答大体上是虽然他们期望正面新闻多些出现，但他们知道这很难。大部分受访者回答说，他们希望在媒体上看到全部两种类型的新闻，虽然有个人提道，"我们总是关注坏消息，这本来就是种文化。"但一位年逾40低社会经济地位的男性技术助理犀利地总结道："新闻就如人，有光明面和黑暗面。"

所有小组的共同态度都是喜欢正面消息，但事实上，好事和坏事都会发生，拒不报道任何一种都不适当。康塞普西翁的一位低社会经济地位的受访者说："倘若所有新闻都是正面的，我们自然会喜欢，但不幸之处在于，大部分新闻是负面多于正面的。"康塞普西翁的一位记者评论道："我只想知晓消息，消息是好是坏自有公论。我不知道——有时我听说什么坏消息，当所有来龙去脉都尘埃落定，结果反而可能是好的。"最后，两位圣地亚哥高社会经济地位受访者这样说："我喜欢正面新闻，不过跳出来讲，我更喜欢真相。"一位30余岁的男性说:"你不能掩耳盗铃说当下什么坏事都没有——要紧的是积极向上的思考。"

对任何事件,受访者普遍认为智利新闻更多强调负面新闻。康塞普西翁一位低社会经济地位的受访者如此谈道:"比如,你想一下你打开电视和看报纸的时候,遍地悲剧。"相反,一位圣地亚哥的公关人员说:"当然是正面新闻,我讨厌所有这样一种消极的文化,四处追寻缺陷、惨剧和消极之事。"

讨论中许多受访者表达了其看到针对出现的问题的对策或积极视角的期许。圣地亚哥一位40余岁高社会经济地位的经济学家说,"我觉得新闻非黑即白,只取决于赋予的态度。我相信,就如其他人所说,洪水淹没所有事物是个坏消息,但好消息是智利已经组织救援受灾人民。"

虽然偏好正面新闻,但这些受访小组认为负面新闻对了解世界而言是必需品。来自康塞普西翁的一位刚过30岁的高社会经济地位的男性教授说:"如果我对新闻标题很感兴趣,那么无论事情是好是坏我都接受。如果新闻称'失业率下降两个百分点',太好了,因为我觉得这是件好事。但可能如果标题说'失业率上升三个百分点'可能我更感兴趣,因为我要看看问题出在哪里。"圣地亚哥一位30岁左右的女性自由公关人员评论道:"我对待负面新闻像对正面新闻一样,去了解它,因为这样你会倾注更多注意力……如果小孩子有这样那样的表现,可能是因为保姆在惩罚她……"

知晓某人参与了某个新闻事件,或者直接经历某事件,在选择新闻时与接近性价值有关。这使得人们将媒体与身边的人联系在一起。新闻中的异常性特征不仅有助于参与社会,更是社会集会中的谈论话题,就如中心小组谈论发生在前一天的圣地亚哥的暴风雨,这一点很有趣。

所有事件中,康塞普西翁的小组认为,除了正面和负面这样的衡量标准,对新闻而言本质问题在于接近性,这同为两个维度"本地之事"和"对我有用"所定义。一位来自康塞普西翁有高社会经济地位和已经 139

是 6 个孩子的父亲的农学家说："我对影响我的日常生活和家庭的事件感兴趣……如果税率降低……我就会看看……而且很显然，我会把手伸向计算器……相反情况，如果利率上升，我也会跟进看一看怎样做来防止出什么问题。"

八、对比报纸新闻与民众的新闻偏好

之前中心小组成员的评论点出了问题的本质。最后一个问题即为现实中两城报纸上的新闻与访谈小组观点的关系，如果关系存在。分析结果见于表 9.6。

表 9.6　在报纸新闻条目显著性和

中心小组排名之间斯皮尔曼排名等级相关系数

	记者	公共关系从业者	高 SES 受众	低 SES 受众	报纸
记者	—	0.67[c]	0.63[c]	0.62[c]	− 0.20
公共关系从业者	0.89[c]	—	0.76[c]	0.65[c]	− 0.34
高 SES 受众	0.93[c]	0.80[c]	—	0.38[a]	− 0.37[a]
低 SES 受众	0.89[c]	0.81[c]	0.82[c]	—	0.14
报纸	0.34	0.33	0.24	0.26	—

注：圣地亚哥系数在更上面的三角上，康塞普西翁在更低的三角上。SES=社会经济地位。

[a]$p < 0.05$; [b]$p <0.01$; [c]$p < 0.001$。

在圣地亚哥把关人实验的基础上，不同小组认知之间存在较高的斯皮尔曼等级相关系数，除了高低社会经济地位之间的相关，其系数相对较低——尽管统计显著性依然较高。然而，《汞报》上新闻的实际显著性与中心小组所认为的新闻价值之间的关系微弱并为负相关，只有一个系数较高，一个接近零。换句话说，4 个中心小组成员的认知很难同中心城市报纸的议题联系起来，即使有，也是负相关——被呈现和强调的新闻被认为并不怎么具有新闻价值，反之亦然。

另一方面，在康塞普西翁则更是不同。首先，4个小组之间相当一致，甚至比圣地亚哥还高，所有系数都在0.80及以上（最高值出现在记者和高社会经济地位受访人之间）。其次，《南报》新闻的实际显著性和4个小组的认知之间的斯皮尔曼等级相关系数相当低，但都是正相关，由此意味着报纸议程和记者、公关人员和公众认知之间存在微弱相关关系。

140

九、讨论

本研究不探讨智利媒体是否生产出最好的新闻，而在于反映媒体议程和公众认知之间的平衡关系。媒体分析和中心小组访谈倾向于肯定研究假设，虽然统计数据并未一致反映如此。

圣地亚哥媒体议程和受众观点之间存在最大差异，与本研究的猜想一致。然而，在康塞普西翁，异常性和社会意义昭示了更多新闻显著性的差异。

对于异常性和社会意义缺乏解释能力的现象，有一个可能的解释，就是圣地亚哥媒体具有全国性视角，而非本地视角，虽然国内其他地域的人们表达了相反意见。另一方面，在其他地区，尤其是康塞普西翁即本研究的地区城市研究对象——媒体更多强调了人的身份。

全国性特征意味着数据背后的动因具有文化性质。智利是一个保守的国家，因为强有力的精英掌控而不允许出格行为。激进分子会被公众审查，无论其政治地位如何，因此许多人认为可能性被压制，即使他们所在的是个民主社会。

智利拒绝冲突和极端状况的特点也在对不同媒体的分析中有所反映，尤其是圣地亚哥媒体《汞报》Teletrece和《日常合作社》，没有一个分析的社会变迁异常性之显著性较高，这可能成为未来研究的主体。Teletrece作为全国最重要的两个新闻节目之一，在新闻显著性方面，所有社会意义变量中均没有得出一个明显结果。

　　中心小组成员展现出的对传统新闻定义的熟知也很出人意料。虽然访谈有许多次得到与预料反应不同的答案，一回到新闻上，受访者就回到众所周知的传统新闻概念上。

　　总之，从研究假设判断，智利研究未能提供支持数据。然而，将国家之文化因素与当下媒体境况纳入考虑之后，数据确实支持基本论点。并且，就如新闻受众所说，对新闻的偏好并不总是反映在新闻议程上，尤其对于圣地亚哥媒体。

第十章 在中国什么是新闻

张国良、祝建华、洪兵、廖圣清、韩纲、丁未、龙耘、陆晔

一、中国媒体生态

中国有世界上最大的媒体事业规模，尽管这里人均媒体消费量相对较低。2001 年，中国境内有 2000 家报纸、9000 家杂志、2000 个电台频道和 3600 个电视频道。报纸发行量超过 2 亿份，面向全国 5 亿读者。广电媒体的受众规模更大，听众有 7 亿，电视观众有 10 亿。全国有线电视购买率为 40%，在大部分城市则达到 70% 到 80%。有线电视用户能收看 30 多个电视频道，而非订阅用户一般只能收看 5—8 个地面频道。除了这些印刷和广电媒体外，中国媒体还运营 2000 个线上发行版本，服务于国内总计 6000 万互联网用户。

尽管媒体事业规模庞大，但事实上所有中国媒体都归国有，这对编辑方针和人事都有直接影响。位于该体系中心的是宣传部门，管辖具体而微的日常工作，为媒体下达有关报道内容、报道方式和避免内容的指令。另一方面，同经理人、医生和其他专业人员相比，在中国媒体工作将会获得更好的社会地位和物质回报（Chen，Zhu and Wu，1997）。因此，强大的震慑力和激励促使中国媒体的编辑和记者在工作中遵从党的指示。所以，媒体人员因为不服从指令而被免职的事很少发生。

由于媒体规模巨大并且受到监督，所以中国媒体的新闻报道覆盖面极广而又高度一致，这在所有国际事件和重大国内事件（例如国家事务、全国会议和党的决策）的报道上尤为明显，因为所有地方媒体都要根据几家指定的全国媒体（例如新华社、《人民日报》或中央电视台）来安排新闻。相比非重大事件或者当地事件，同宣传议题吻合的事件更

有可能进入报道，例如弘扬英雄作为公众行为模范、宣扬经济成就以突显政府政策的合理性以及谴责政敌观点以确保政治稳定。对新闻的期望就是以当地视角展现这些主题。

然而，国有性质对媒体内容的影响被不断深入的市场化过程抵消（Zhao，1998）。虽然国有性质不变，但从 90 年代开始，中国媒体就实现自给自足，以广告和订阅而非政府补贴作为收入。幸运的是，中国已经从计划经济向市场经济转变，这提供了媒体所需的广告收入，一年总额超过 100 亿美元——这个数字让亚太地区所有其他国家都望尘莫及。然而，正如任何商业化媒体一样，中国媒体间争夺受众（以及最终对广告收入）的竞争日趋激烈。在竞争的驱使下，中国媒体组织开始提供日趋多样的新闻话题，有时佐以耸人听闻的叙述手法。

中国受众的规模世界最大，关心而认真对待国内媒体提供的新闻。受众——尤其是那些居住在社会变化剧烈的城市中的群体——很留意新闻。例如，受众调查屡次证明，4 亿城市居民中，几乎每个人都看电视，超过 80% 阅读报纸，近半数收听广播。然而他们对国内新闻通常不满意，这些新闻与他们亲眼所见、从他人听说或从其他媒体资源例如国外广播和网络得到的信息相比，或者乏味，或者大相径庭。（Zhu and He，2002）

简而言之，参照中国媒体独特的结构和功能，我们可以猜想，中国媒体同其他地区的媒体相比，对新闻事件的选择呈现独树一帜顺理成章的特征。同时，近几年的商业化带来了不一致且无规则的新闻内容，这些内容如果不是在商业化环境下，就是不可理解的。媒体和受众间的矛盾也可能出现，要解决矛盾，媒体要承担更多责任。

二、研究取样

如同其他研究国家，研究者在中国选择了一大一小两个城市：北部的北京和东部的金华。北京是国家首都，所有全国性媒体组织都在这里，有超过 200 家全国性报纸，唯一的全国性电视网（CCTV），唯一的全国性广播电台（CNR）和两家通讯社（新华社和中国新闻社）。北京人口超过 900 万，在中国和世界都是最大的城市之一。北京有全国最大的媒体市场，除了已经提及的全国性媒体，北京居民能看到或收听超过 30 种当地报纸，40 个电视频道（1/4 是本地节目）和超过 12 个电台频道。

以中国标准来看，金华在规模上小得多，城市居民人口为 26 万，是北京的 3%，位于中国东部的浙江省境内，人口规模在中国 660 个城市中排第 220 位。这座小城市里的居民，同北京居民一样能看到全国性印刷和广电媒体。然而，他们更喜欢本地媒体，2 家日报（《金华日报》和《金华晚报》）、1 家电台（金华广播）和 1 家电视台（金华卫视），分别有 3 个频道。相同规模的其他城市也有类似的本地媒体数量和结构。

我们在北京选择的媒体是《人民日报》、CCTV 1 和 CNR 1 频道。不像其他只有本地媒体的城市，我们从北京挑选的并非本地媒体，而是全国性的覆盖大大小小城市的媒体。《人民日报》是官方报纸，发行量超过 200 万，是全国第二大报纸。CCTV 是仅有的全国性电视台，有 11 个频道（截至研究进行时）。CCTV 1 是个综合频道，包含多种类型的节目，有新闻、娱乐和体育。所有省级频道都按国家要求每晚 7：00 到 7：30 播送 CCTV 1 30 分钟的新闻节目。该频道在 11 个频道中（事实上也是其他所有电视频道）有最大规模的观众。CNR 是唯一的全国性电台，综合频道 CNR 1 在 8 个频道中最受欢迎。

在金华，《金华晚报》、金华卫视和金华广播被选作研究对象。如前所述，该城市有两家日报，属于同一报社旗下，有相同但分工明确的编辑团队。历史较久、规模更大的《金华日报》一开始针对体制订阅者，例如当地政府官员、经理人和村干部，历史较短的《金华晚报》（7年历史）面对8万城市居民以及外围空间的公众。就其本身而言，《金华日报》同《人民日报》相似，《金华晚报》被纳入样本之中，使媒体内容最大程度的多样化。研究进行时，《金华晚报》每个工作日发行8页，周末为4页。如前所述，金华卫视和金华广播是分别是本土唯一的电视台和电台，分别运营有3个频道，包括1个综合频道、1个经济频道和1个混合频道。样本之中的是金华卫视和广播的综合频道，分别与CCTV 1和CNR 1相对应。

1．新闻话题

中国媒体上有多少新闻？分析发现，就每天而论，《人民日报》发表127则新闻（平均16cm²）和22幅新闻图片（平均每张14cm²）。《金华晚报》则有61则新闻（平均每则8 cm²）和16幅图片（平均每张8cm²）。在每天黄金时段的新闻节目中，CCTV1播送了28则新闻（平均每则时长62秒），金华卫视有17则（每则48秒），CNR15则（每则31秒），金华广播29则（每则36秒）。

如表10.1所示，6个中国媒体前3名话题都在硬新闻栏目如国内政治、商业／贸易／工业还有国际政治中。总体上，国内政治占据6家媒体20%的新闻空间或时间，随后是商业／贸易／工业（13%）和国际政治（10%）。加起来，这3种话题占据40%—50%的新闻总量。事实上，如果类似类型例如经济（5%）、交通（4%）和远程通信（3%）合并到商业／贸易／工业中，这个比例将更大。对政治和商业新闻的重视显然与前述的中国媒体指令相符。

表 10.1　按照城市和媒体所进行的新闻条目话题的广泛分布

话题	报纸		电视		广播	
	北京	金华	北京	金华	北京	金华
商业 / 贸易 / 产业	15.5	6.7	10.6	15.6	8.7	21.4
国内政治	15.2	5.8	27.4	35.9	25.5	10.0
国际政治	13.7	7.6	14.4	0.0	13.4	8.6
文化活动	7.1	7.0	9.1	4.7	2.5	7.1
有人情味事件	5.8	15.5	3.4	0.8	2.8	3.8
体育	4.9	10.1	1.0	0.0	0.8	2.4
健康 / 福利 / 公益	4.7	4.9	4.3	10.2	5.0	3.8
环境	4.5	1.6	1.4	6.3	3.1	2.9
经济	4.4	1.1	8.2	2.3	7.6	8.6
内部秩序	4.3	3.1	0.5	8.6	4.8	11.4
科学 / 技术	3.8	2.7	3.8	2.3	2.5	2.4
教育	3.7	13.2	1.4	0.0	1.4	3.8
传播	2.4	1.3	0.0	3.1	2.0	0.5
交通运输	1.8	2.2	3.8	8.6	2.5	2.4
仪式	1.7	0.4	3.8	8.6	2.5	2.4
能源	1.2	0.2	1.9	0.0	0.0	1.0
军事和防务	1.2	0.7	1.0	0.0	3.1	0.0
天气	1.2	1.8	1.0	0.0	5.9	0.5
住房	0.8	3.1	1.4	0.8	1.4	1.9
社会关系	0.8	0.9	0.5	0.0	5.9	0.5
灾难 / 事故 / 瘟疫	0.5	2.0	1.0	0.0	1.7	0.5
人口	0.4	0.2	0.0	0.0	1.4	0.0
娱乐	0.3	5.2	0.0	0.0	0.0	0.0

话题	报纸		电视		广播	
	北京	金华	北京	金华	北京	金华
时尚/美	0.0	2.0	0.0	0.0	0.0	0.0
行业协会	0.0	0.4	0.0	0.8	0.3	3.8
其他	0.0	0.0	0.0	0.0	0.0	0.0
总计 [a]	100.0	100.0	100.0	100.0	100.0	100.0
	(n=952)	(n=446)	(n=208)	(n=128)	(n=357)	(n=210)

注：分布以百分数的形式给出。

[a] 由于舍入误差，总计百分数可能并不是百分之百。

　　6 种媒体中，《金华晚报》是个例外，前 3 名话题全部是软新闻，依次如有人情味事件、教育和体育。这是《金华晚报》和其兄弟报纸《金华日报》之间的分工造成的，后者负责硬新闻。这种分工在中国大部分城市的媒体中普遍存在。另外值得注意的是，3 家全国性媒体中的国际新闻同地区媒体比起来多很多（平均比例分别为 14% 和 5%）。进一步论，3 家本地媒体中，金华卫视没有任何国际政治新闻，事实上，它并不报道国际新闻——政治或其他——这是中国地区电视台的典型，缺少资源和权力去参与国际新闻报道。当地报纸例如《金华晚报》和电台如金华广播同样不具备这样的资源，但可以改编来自新华社和其他全国新闻社的国际新闻。

新闻议程的一致性

　　为了测量 6 家媒体在新闻话题上的同质性和一致性，我们分析了每对媒体间的斯皮尔曼等级相关系数。如表 10.2 所示，15 对中的 13 对在 0.05 显著性水平上相关系数很高，意味着 6 家媒体间较高的一致性，这在之前对中国媒体体系的回顾里有所预测。

更有趣的是比较媒体维度中新闻话题的一致性（也就是媒体内部一致性）和地域维度中新闻话题的一致性（地区内部一致性）。前者代表媒体组织、技术和职业因素的影响，后者更可能反映政治或本土文化力量。通过计算每个媒体部分之间、每个地域之间的系数，比较基准一致性（即表 10.2 中所有 15 个系数的平均值），我们可以对比两者间的相对大小。平均两家报纸系数（0.66）、两家电视台系数（0.48）和两家电台系数（0.65）后，我们得出媒体内部一致性数值（0.60），这一数值事实上与基准一致性数值相同（0.59）。也即印刷媒体间和广电媒体间的新闻话题与其他任何随机选出的媒体相似。北京内部的一致性由全国性媒体的系数（0.7，0.73 和 0.79）的平均值反映，比基准值要高；金华内部一致性（0.50）是 3 家当地媒体系数的平均值（0.30，0.54 和 0.66）却比基准值要低得多。简而言之，媒体内部一致性有一个平均值，全国性媒体的一致性较强，地方媒体较弱。

表 10.2　多种媒体新闻的新闻话题排名间的斯皮尔曼等级排名相关系数

	北京报纸	金华报纸	北京电视	金华电视	北京广播	金华广播
北京报纸		0.66[c]	0.79[c]	0.59[b]	0.73[c]	0.80[c]
金华报纸			0.47[a]	0.30	0.31	0.54[b]
北京电视				0.48[a]	0.70[c]	0.70[c]
金华电视					0.54[b]	0.66[c]
北京广播						0.65[c]
金华广播						

注：[a]$p < 0.05$；[b]$p < 0.01$；[c]$p < 0.001$。

新闻议程的多样性

表 10.1 中的数据也使得我们能够分析 5 家媒体新闻话题的多样性。

根据早先做出的媒体议程设置背景下的话题多样性研究，我们计算了所有 6 家媒体中新闻议程的 H 值来测量其多样性。(McCombs and Zhu 1995, 502) 结果显示，报纸的 H 值最高（《人民日报》3.87，《金华晚报》3.98），电视最低（CCTV3.48，金华卫视 2.93），两家电台处于中间（CNR3.73，金华广播 3.78）。两个原因可能导致这样的结果：报纸新闻数量比广电媒体多，对多样性检测有正向影响；电视新闻在中国的管制最严格，成为负影响。

2．体育新闻在哪里?

研究者发现，体育新闻在中国媒体的地位很低，而在其他国家体育新闻通常数一数二。总体而言，体育新闻仅仅占据 5% 的新闻空间，在 6 家媒体的 28 种话题上排名第 10（CCTV 第 17，CNR 第 21，金华卫视和广播第 18，但在报纸上相对较高——《人民日报》第 6，《金华晚报》第 3）。可以肯定地说，中国媒体会报道体育新闻。例如 CCTV 有体育频道，有全国性的《体育日报》以及国内不计其数的体育杂志。但体育通常被视为娱乐，被主流新闻拒之门外。只有当与政治主题（例如民族自豪感）相关时，体育才有机会跻身重要的新闻版面。

三、新闻中的异常性

本研究中异常性通过 3 个变量测量：统计异常、社会变迁异常和规范异常，分别用四分量表计算。文本分析显示 6 家媒体绝大多数新闻处在异常性量表的"一般"或"较少"异常序列中。只有不到 3% 的新闻被列入"极其异常"。根据异常性的 3 个标准，中国媒体新闻更多统计异常，较少规范异常，最少社会异常。大体来说，软新闻比硬新闻更可能异常，国际新闻比国内新闻更可能异常，而后者则比本地新闻更多异常性。

表 10.3 显示了 30 项分析与异常性假设间的差异，假设认为新闻事件的异常性决定了媒体对其报道的显著性。该假设并未被数据所支持，因为 30 项分析中只有 6 项（或 20%）显示出较明显的差异。两城之间，6 项差异显著的结果全部出现在金华，也就是说，事件的异常性对北京 3 家全国性媒体赋予其报道空间和时间的大小没有影响。

6 项明显的结果中，4 项出现在《金华晚报》。事实上，报纸文本内容（文字显著性）中新闻事件的显著性，同所有 3 项异常性指标（也就是统计，社会变迁和规范异常性）都有紧密相关。然而，报纸上文字加图像的显著性则只与规范异常有关。另外，在异常性影响新闻显著性的 3 项结果中，其关系的方向通常与假设中所预测的新闻越异常媒体报道越显著，也即正相关不同。预测中的模式只存在于社会变迁异常中，极其异常的事件获得报纸上的最高显著性。在其他 3 个对比——文本意义的统计异常，以及《金华晚报》之文本和图像意义的规范异常——最异常的事件实际显著性最低。然而，如果我们忽略那些最异常的事件（仅占样本的 3%，如前所述），那么其相关的模式就如预测相同："相当异常"的事件比"有些异常"的事件更显著，后者则比"一般"事件更显著。

余下的两项统计意义测试包含金华卫视的图像显著性。如异常性假设所述，"有些异常"的事件在该电视上获得的显著性比"一般"事件多；另一方面，3 个异常性维度中没有一个同金华卫视或金华广播的文本显著性相关。

另外需要提及之处，两城中的 4 家广电媒体与报纸比起来更少可能报道高度异常的事件。尤其在金华卫视，编码员没能找到可以编为"相当异常"或"极其异常"的事件，这可能因为当地电视台缺少国际新闻，而国际新闻通常比国内新闻更加异常。这些结果都在意料之中，因为中国的媒体管理者认为电视新闻对受众的影响最大，因此要尽可能避免哗众取宠的内容。事实上，研究中两个电视频道里的负面新闻少得多（只有 2% 的"大部分负面或坏消息"），广播频道有 9%，而两家报纸则有 11%。

表 10.3 按照城市和媒体划分的平均语言和视觉异常强度显著分数

异常强度	北京					金华				
	报纸		电视		广播	报纸		电视		广播
	只是语言(n=889)	语言和视觉(n=158)	语言(n=199)	视觉(n=199)	语言(n=352)	只是语言(n=425)	语言和视觉(n=113)	语言(n=116)	视觉(n=116)	语言(n=204)
统计异常										
(1) 普遍	158.8	286.8	96.7	88.5	49.7	74.5[a]	130.8	–	43.7[c]	69.6
(2) 有些异常	163.0	218.8	139.2	146.9	63.7	91.2	95.8	102.4	146.9	78.1
(3) 相当异常	178.4	214.0	145.4	143.0	75.5	125.2	194.3	–	–	69.7
(4) 极度异常	169.2	98.4	42.1	72.0	53.6	54.0	46.5	–	–	–
社会改变异常										
(1) 对现状没有威胁	160.5	254.4	137.9	140.1	68.8	76.7[c]	122.5	102.9	99.9	74.9
(2) 最小的威胁	168.8	197.0	117.5	91.6	66.3	134.3	163.0	99.2	128.8	75.6
(3) 中度的威胁	170.1	136.5	136.7	150.3	62.8	96.1	87.3	–	–	–
(4) 重要威胁	210.6	106.6	89.0	–	–	306.0	–	–	–	–
规范性异常										
(1) 没有破坏任何规范	160.1	254.4	158.5	142.7	80.8	76.9[c]	76.9[c]	85.3	69.0[b]	80.0
(2) 最小的破坏	188.7	172.0	94.6	95.3	61.5	97.1	146.5	110.7	137.0	51.2
(3) 中度破坏	142.0	162.6	108.7	135.1	50.9	178.5	411.7	–	–	39.5

异常强度	北京					金华				
	报纸		电视		广播	报纸		电视		广播
	只是语言 (n=889)	语言和视觉 (n=158)	语言 (n=199)	视觉 (n=199)	语言 (n=352)	只是语言 (n=425)	语言和视觉 (n=113)	语言 (n=116)	视觉 (n=116)	语言 (n=204)
(4) 重要破坏	116.5	111.4	72.0	72.0	57.0	38.5	116.0	—	—	—

注：[a]p < 0.05；[b]p < 0.01；[c]p < .001。

四、新闻的社会意义

151

社会意义通过 4 个内容衡量：政治意义、经济意义、文化意义和公共意义，每一个都有从"没有意义"到"重大意义"的四分量表。研究中的 6 家中国媒体都集中在量表中较低的一端，76%—95% 的新闻落在"没有意义"或"较少意义"序列中，低于 3% 落在"重大意义"里。如异常性、意义分布的不均影响随后的二变量和多变量分析。在 4 个社会意义维度中，研究中的新闻在公共意义上得分最高，随后是经济意义、政治意义和文化意义。

表 10.4 总结了 40 个针对社会意义假设的验证测试，假设认为新闻事件的社会意义越大，媒体的报道就越显著。情况比前述的异常性假设验证稍好些，异常性验证中 5 项测试只有一项有统计意义，此处 40 项中的 10 项（25%）结果明显，两项在北京的《人民日报》，其他 8 项在金华的 3 家本地媒体。

《人民日报》的两项社会意义测试包含政治和公共意义。同社会意义假设吻合之处在于有"重大意义"的事件——政治或公共意义——在全国性报纸文本上的显著性最高；相反，较少政治或公共意义的事件显著性最低。经济和文化意义同报纸文本显著性无关。同样，社会意义没有维度影响报纸的文本和图像显著性、CCTV 的文本和图像显著性以及

CNR 的文本显著性。

《金华晚报》的文本显著性不仅为 3 个异常性维度影响（参见表10.3），也被所有 4 项社会意义维度深刻影响（见表 10.4）。相反，社会意义的 4 个维度中没有一个同报纸文本和图像显著性有关。然而，同异常性相似，报纸中社会意义和文本显著性的关系通常与假设预测的媒体中社会意义和新闻显著性之间方向一致和线性关系不符。例如，较少具有政治或经济意义的事件确实显著性较低，有重大文化意义的事件的显著性最低。事实上，《金华晚报》中新闻事件的社会意义与文本显著性之间存在线性关系，因为落在中间范围——"有些"或"较为有意义"——的事件在报纸上有最高显著性。

在金华卫视，文本显著性只为公共意义所影响，图像显著性则与经济和公共意义相关。这些关系都同预测的方向一致。然而，在异常性方面，小城市的电视台很少报道较有意义或有重大意义的新闻，而着重于不具有或具很少意义的事件。同样地，4 项社会意义维度中，只有经济意义同金华广播的新闻显著性有关，其关系的方向与假设中的意义方向一致。没有一条广播新闻落在"重大意义"中，这种结果再次出现。缺少报道国际新闻和重大国内新闻的资源和权力，很能解释中国地区广电媒体如金华电视和广播新闻中的浅薄倾向。

152　表 10.4　按照城市和媒体划分的语言和视觉社会意义强度平均显著分数

| 社会意义强烈度 | 北京 | | | | | 金华 | | | | |
| | 报纸 | | 电视 | | 广播 | 报纸 | | 电视 | | 广播 |
	只是语言 (n=889)	语言和视觉 (n=158)	语言 (n=199)	视觉 (n=199)	语言 (n=352)	只是语言 (n=425)	语言和视觉 (n=113)	语言 (n=116)	视觉 (n=116)	语言 (n=204)
政治意义										
(1) 不重要	166.3[a]	219.2	123.3	122.1	52.3	83.1[a]	122.2	108.2	101.1	76.8

社会意义强烈度	北京					金华				
	报纸		电视		广播	报纸		电视		广播
	只是语言 (n=889)	语言和视觉 (n=158)	语言 (n=199)	视觉 (n=199)	语言 (n=352)	只是语言 (n=425)	语言和视觉 (n=113)	语言 (n=116)	视觉 (n=116)	语言 (n=204)
(2) 最小	154.5	330.9	118.5	135.4	70.5	137.5	186.4	89.9	106.4	68.1
(3) 中度	151.5	257.3	169.5	159.8	96.6	109.2	68.0	220.0	–	31.1
(4) 重要	274.8	116.8	83.3	72.0	17.8	107.7	53.5	–	–	–
经济意义										
(1) 不重要	150.4	240.8	123.2	123.8	65.5	78.8^b	108.3	71.4^b	65.4^c	60.2^b
(2) 最小	177.1	226.5	129.3	175.0	59.2	103.6	177.6	127.6	163.0	71.7
(3) 中度	191.1	199.9	169.3	112.7	79.5	158.2	253.7	–	–	156.0
(4) 重要	173.5	108.7	132.1	–	75.8	149.0	–	–	–	–
文化意义										
(1) 不重要	168.1	258.0	137.3	134.5	62.0	76.5^b	117.2	98.8	94.9	77.4
(2) 最小	143.7	175.6	81.9	127.1	99.2	124.9	154.3	119.6	156.6	54.0
(3) 中度	164.7	254.4	140.7	100.9	71.4	119.1	121.4	–	–	56.6
(4) 重要	231.0	134.5	–	–	65.7	60.0	–	–	–	–
公共意义										
(1) 不重要	136.0^b	220.7	138.2	122.4	61.7	71.0^a	117.5	44.6^c	60.7^b	64.2
(2) 最小	175.8	257.6	121.9	140.2	78.9	96.1	141.0	119.5	136.7	97.4
(3) 中度	170.2	276.2	149.6	143.0	56.1	127.8	102.5	147.8	147.8	64.5
(4) 重要	252.5	114.6	59.5	–	52.7	60.0	116.0	–	–	–

注：$^a p < 0.05$; $^b p < 0.01$; $^c p < 0.001$。

五、作为新闻显著性指标的异常性和社会意义

前文部分分别检测了异常性和社会意义对新闻显著性的影响。由于异常性和社会意义相关，所以同时检验异常性和社会意义的所有维度很有必要。表 10.5 显示了回归分析结果，逐步估量了异常性所有 6 个维度和社会意义的 8 个维度对新闻显著性的影响。

如表 10.5 中表头 R^2 值所示，异常性的 14 个维度和总体社会意义能部分地解释研究中 6 家媒体新闻显著性的差异。平均能解释的差异为 10%，最小值为零，最大值为 31%。两城之间，金华的 3 家本地媒体相对更能通过异常性和社会意义反映，新闻显著性差异为 16%，北京的 3 家全国性媒体则为 4%。3 家全国性媒体中，只有《人民日报》多少能够反映（解释差异为 14%）。两家全国性观点媒体（即 CCTV 和 CNR）的新闻显著性全部同异常性和社会意义无关。

对比异常性和社会意义指标，后者貌似对新闻显著性的影响稍多。例如，《人民日报》和金华广播的文本显著性只分别为公共意义和经济意义反映。在其他 2 项回归分析中（即合计《人民日报》文本和图像显著性，以及《金华晚报》的文本显著性），两项社会意义指标数值较高，而异常性只有一项较为明显。

表10.5 新闻显著性中异常和社会意义强度的逐步回归分析

	北京								金华							
	报纸显著性只是语言 总计 $R^2=0.01^b$ (n=889)		报纸显著性视觉和语言 总计 $R^2=0.14^c$ (n=150)		电视显著性 总计 $R^2=ns$ (n=199)		广播显著性 总计 $R^2=ns$ (n=352)		报纸显著性只是语言 总计 $R^2=0.07^c$ (n=425)		报纸显著性视觉和语言 总计 $R^2=0.21^c$ (n=425)		电视显著性 总计 $R^2=0.21^c$ (n=96)		广播显著性 总计 $R^2=0.31^c$ (n=96)	
独立变量	r	Std. Beta	r	Std. Beta	r	Std. Beta	r	Std. Beta	r	Std. Beta	r	Std. Beta	r	Std. Beta	r	Std. Beta
异常性																
统计异常，语言内容	0.02	ns	−0.04	ns	0.00	ns	0.04	ns	0.11^a	ns	0.01	ns	ns	ns	0.01	ns
统计异常，视觉内容	—	—	−0.16	ns	0.09	ns	—	—	—	—	0.00	ns	0.46^c	0.37^c	—	—
社会变化异常，语言内容	0.04	ns	−0.08	ns	−0.02	ns	−0.02	ns	0.15^b	ns	0.12	ns	−0.01	ns	−0.06	ns
社会变化异常，视觉内容	—	—	-0.18^a	-0.65^c	−0.02	ns	—	—	—	—	−0.02	ns	0.07	ns	—	—

独立变量	北京 报纸显著性只是语言 R²=0.01^b (n=889)		北京 报纸显著性视觉和语言 R²=0.14^c (n=150)		北京 电视显著性 总计 R²=ns (n=199)		北京 广播显著性 总计 R²=ns (n=352)		金华 报纸显著性只是语言 R²=0.07^c (n=425)		金华 报纸显著性视觉和语言 R²=0.21^c (n=425)		金华 电视显著性 R²=0.21^c (n=96)		金华 广播显著性 R²=0.31^c (n=96)	
	r	Std. Beta	r	Std. Beta	r	Std. Beta	r	Std. Beta	r	Std. Beta	r	Std. Beta	r	Std. Beta	r	Std. Beta
规范异常，语言内容	−0.01	ns	−0.09	ns	−0.12	ns	−0.08	ns	0.19^c	0.16^b	0.41^c	0.39^c	0.11	ns	−0.11	ns
规范异常，视觉内容	—	—	−0.17^a	ns	−0.05	ns	—	—	—	—	0.35^c	ns	0.31^b	ns	—	—
社会意义																
政治意义，语言内容	0.04	ns	−0.01	ns	0.07	ns	0.08	ns	0.10^a	ns	−0.00	ns	−0.05	ns	−0.09	ns
政治意义，视觉内容	—	—	−0.01	0.28^a	0.07	ns	—	—	—	—	0.01	ns	0.02	ns	—	—
经济意义，语言内容	0.06	ns	−0.00	ns	0.08	ns	0.03	ns	0.16^b	0.14^b	0.23^a	ns	0.25^b	ns	0.25^b	0.25^b

独立变量	北京 报纸显著性只是语言 总计 R²=0.01^b (n=889)		北京 报纸显著性和视觉语言 总计 R²=0.14^c (n=150)		北京 电视显著性 总计 R²=ns (n=199)		北京 广播显著性 总计 R²=ns (n=352)		金华 报纸显著性只是语言 总计 R²=0.07^c (n=425)		金华 报纸显著性视觉和语言 总计 R²=0.21^c (n=425)		金华 电视显著性 总计 R²=0.21^c (n=96)		金华 广播显著性 总计 R²=0.31^c (n=96)	
	r	Std. Beta	r	Std. Beta	r	Std. Beta	r	Std. Beta	r	Std. Beta	r	Std. Beta	r	Std. Beta	r	Std. Beta
经济意义，视觉内容	—	—	-0.08	ns	0.03	ns	—	ns	—	—	0.23^a	0.20^a	0.43^c	0.32^c	—	—
文化意义，语言内容	0.02	ns	-0.03	ns	-0.03	ns	0.03	ns	0.16^b	0.12^a	0.03	ns	0.07	ns	-0.07	ns
文化意义，视觉内容	—	—	-0.09	ns	-0.04	ns	—	—	—	—	0.07	ns	0.18	ns	—	—
公共意义，语言内容	0.10^b	0.10^b	0.07	0.36^b	-0.01	ns	-0.02	ns	0.15^b	ns	0.08	ns	0.29^b	ns	0.04	ns
公共意义，视觉内容	—	—	-0.02	ns	0.04	ns	—	—	—	—	0.03	ns	0.33^c	ns	—	ns

注：^a p<0.05；^b p<0.01；^c p<0.001；ns = 不是最终逐步回归等式的一部分。

157　　　　更有意思的是，与异常性假设相反，异常性预测指标之一（"图像社会异常性"）对《人民日报》的文本—图像显著性有负相关影响。（β=-0.65），这就是说，某一事件看起来对现状越有威胁，在该报纸上报道的显著性就越小。这个结论与目前研究的理论框架相悖，却在中国媒体系统背景下相当真实可感。如前所述，中国媒体最重要的功能，尤其对全国性媒体来说，是展现现状的优越性、成就和稳定性，这些很少具有异常性。

人们对新闻的定义

　　8个中心小组访谈在北京和金华进行，75位受访者参与讨论，并被平均分为记者组、公关人员组和高低社会经济地位受众组。异常性和社会意义都在讨论中谈到，虽然这两个概念并未频繁提及而常被模糊提到。在两个概念中，异常性比社会意义相对更显著。然而，在自愿发表意见的状况下，更多受访者提到对于新闻概念，个人相关性是更突出的因素。例如，当询问受访者回忆访谈进行当天的新闻之时，受访者有41次根据个人相关性提出信息，而19次根据异常性，17次根据社会意义。同样，谈到最吸引其注意的新闻时，个人相关性出现了36次，异常性14次，社会意义23次。相似的，当被问到新闻的定义时，个人相关性被提及19次，而异常性15次，社会意义13次。事实上，在定义新闻上，最常提到的词语为"客观"或"真实"（25次），"即时"也频繁出现（17次）。

异常性

　　中心小组访谈中，描述性词语如"异常"，"反常"和"不同寻常"并未经常出现，但受访者常将新闻称为"不曾预料"、"出乎意料"、"独特"、"神秘"或"反常规"，包括新闻如一位72岁高龄的老人申请上海医学院就读，13 岁男孩游过琼州海峡，农村贫困儿童光脚上学，小偷将偷来的钱包还给失主，17 岁男孩杀死母亲以及夏天反常的炎热。有一名受访人是金华的大学教授，50 岁，他谈到"我被那些能引起悬念遐思的事件吸引"。

75 位受访者中，一位北京的公关人员点明用可能性概念（意即统计异常）来描述异常性："新闻带有同可能性负相关的信息，中美飞机撞毁这种事极少发生。越少可能发生，事件的信息量就越大。"一位来自北京低社会经济地位的受访者也强调了这个观点："令人震惊的新闻很有吸引力。"

对异常新闻的兴趣也可以从受访者对负面新闻的偏好中体现出来。当询问受访者对正面新闻和负面新闻的态度时，29% 的受访者只喜欢负面新闻，而 25% 只喜欢正面新闻，45% 没有明显偏好。一个喜欢负面新闻的受访者给出了一个理由："正面新闻通常可以预见，而负面新闻就不行。"

小部分受访者明确谈到他们对异常新闻感兴趣，但对具有社会意义的新闻就不是这样。北京一位 32 岁的男性专业人士称："我对国际新闻和悲剧性新闻很好奇。我只对国际新闻或事故感兴趣，这就是我的态度。"

社会意义

当探讨具有社会意义的新闻时，受访者引用词汇例如"重大影响"、"有影响"、"许多人受影响"或"世界影响"。换句话说，意义或是被解读为抽象的量级，或是为具体受影响的人的规模。北京一位 32 岁的男性技工谈道："新闻是那些细枝末节但却可能发展为大事件的事物，是无法预测的事故，但影响很多人，影响世界。"该观点强调了"细枝末节的事"和"无法预测的事故"，有悖于那些充斥在中国全国性与地方性媒体上规划好的大事件，比如官方会谈或商业仪式。

重大影响（即意义）概念在国际冲突（相对于国内事务）、腐败案件（相对于共产主义英雄模范）或灾难（相对于成就）语境下被频繁提及，这同样是有意思的现象。北京一位 32 岁的男性公关人员称："对国际关系有重大影响的新闻最吸引我。"

可能更有启发性的发现，来自对中国受众赋予意义与其他思考方向间相对重要性的验证。当询问受访者新闻的内涵时，北京一位有高社会经济地位的男性受访者列出了 4 个维度，按重要性降序排列："新闻首先应该是及时的、真实的，同公众有关的，以及有重大影响的。"这里意义出现但仅排到第四，排在即时、真实和个人相关之后。许多其他受访者将个人相关性排在所有其他因素之上，但意义的位置不变。

当回忆 3 件印象最深刻的"一生中最重要的事"时，社会意义是最重要的因素。受访者一共提到了 54 个事件，频次最高的 7 个事件为超过 10 名受访人提及，包含以下：

> 1966—1976 年"文化大革命"（15 次）
>
> 1976 年粉碎"四人帮"（14 次）
>
> 1976 年毛泽东主席逝世和/或周恩来总理逝世（14 次）
>
> 1978 年改革开放（11 次）
>
> 1978 年恢复高考、中考（11 次）
>
> 2000 年美国轰炸中国南斯拉夫大使馆（10 次）（实际为 1999 年——译者）

这里 7 个事件总计占 187 个被提及事件中的 58%。所有 7 个事件都表现出较大的社会意义，但其中两个（改革开放和高考中考）并不具有异常性。事实上，社会意义和异常性在 187 个事件中所占比重相同，皆为 70%，其中 59% 的事件兼具社会意义和异常性，11% 两者都不具备。在社会意义和异常性都缺失的事件中，除一个之外所有都是与个人相关的。中国足球队 1998 年世界杯战败是唯一一个在所有三个维度社会意义、异常性和相关性上都较低的新闻。

　　将两者分开的是余下事件的对比，26% 的事件有社会意义但非异常，4% 则只异常而不具备社会意义，表现出中国受众对重大事件集体回忆的重构中，社会意义所占比重高于异常性。

　　个人相关，即对个人职业、家庭或生活有着直接相关的事件，正如北京受众组中一位高社会经济地位的受访人所称："我只对跟我有关的信息有兴趣（比如买房），没有其他。"所有中心小组中，参与者都不由自主不约而同地将个人相关性列为新闻定义中最重要的概念。 160

　　即使对那些本身并不异常也没有社会意义的事件，中国受众也常用个人视角来解读。9 位受访者提到中国加入世界贸易组织，他们解释，因为这件事会打破进口贸易壁垒，他们就能买得起进口车和其他之前昂贵的产品。当听说石家庄爆炸事件时，北京受众立刻关心北京的安全。CCTV 的一位记者对北京 2008 年申奥很感兴趣，因为如果北京申奥成功，CCTV 就会搬去新办公地点。

　　对一些中国受众来说，社会意义和个人相关性似乎与生俱来就有冲突。当被问到社会意义和个人相关性哪一项更加重要时，北京一位 26 岁的女性技工说："个人相关性（即与生活和工作的相关）对我更加重要，新闻就是我关心的事，如果我不关心（一个事件或议题），它就根本不是新闻，即使电视都报道了。"另一位来自北京具有低社会经济地位的 37 岁男性受访者称："有全国意义的事件不必然就是新闻，普通公民的事也可能成为新闻……（我们的媒体）一直在报道所谓的重大事件，根本就不是新闻，但却对很多直接与公众根本利益相关的事件置若罔闻。"

六、对比报纸新闻与民众的新闻偏好

　　本文已经分别分析了媒体内容数据和受众数据。两种数据呈现出相异的相关模式：中国媒体更侧重于社会意义，受众——有些正是记者——则偏向于异常性和个人相关性。研究中的把关人实验为我们提供了数据，以检测两者间的异同。

如表 10.6 前 4 列前 4 行所示，4 个小组间，北京的斯皮尔曼等级相关系数从 0.58 到 0.76，金华从 0.56 到 0.75。所有数值都很突出，皆为 0.01 或以上。由于系数大小相近，受众组都不存在细分。换句话说，数据显示，在判断新闻重要与否上，中国受众具有显著的一致性，无论是社会经济地位或高或低的普通居民，职业记者，还是公关人员。进一步探究中，中心小组发现，这种一致性在记者和公关人员群体间更突出，他们扮演更多的是普通受众，而非媒体人。在中心小组访谈中，大部分记者和公关人员提到媒体时用了"他们"（也就是媒体的政府管理者），而非"我们"，证明了这种倾向。

表 10.6　在报纸新闻条目显著性和
中心小组排名之间斯皮尔曼排名等级相关系数

	记者	公共关系从业者	高 SES 受众	低 SES 受众	报纸
记者	—	0.60[c]	0.70[c]	0.58[c]	− 0.20
公共关系从业者	0.56[b]	—	0.76[c]	0.71[c]	− 0.31
高 SES 受众	0.64[c]	0.73[c]	—	0.70[c]	− 0.46[a]
低 SES 受众	0.71[c]	0.75[c]	0.63[c]	—	− 0.37[a]
报纸	0.01	0.13	0.04	0.11	—

注：北京系数在更上面的三角上，金华在更低的三角上。SES＝社会经济地位。
[a]$p<0.05$; [b]$p<0.01$; [c]$p<0.001$。

即使媒体间存在高一致性（参见新闻话题部分），并且前文已提及，受众间也高度相似，但两者之间依然存在差距。表 10.6 的最后一行表明，《金华晚报》30 条新闻的显著性与金华全部 4 个小组对相同新闻的排序不相关。表 10.6 的最后一栏表示的是《人民日报》和北京 4 个小组间的关系，小组偏离报纸的升序列也对研究很有助益：记者（0.20）、公关人员（0.31）、低社会经济地位受众（0.20）和高社会经济地位受众（0.46）。虽然前两个的相关数值并不突出，但已然很显著。

为了进一步理解为什么两者有这么大的差异，我们逐条对比了受众排序和报纸新闻。在北京，4个中心小组的成员认同《人民日报》新闻具有价值的数目只有两条，12条上略有争议，7条中有些争议，有9条新闻争议很大。类似的，金华的4个小组中，对3条新闻的排序同《金华晚报》相同，在7条新闻中略有不同，其他8条上差异较大。

在特别的新闻题材上，一方认为最显著，而另一方确认为最不显著的现象，这种差异可能更引人深思。《人民日报》出现在头条最显著的新闻包含：（1）一位道德高尚的嘉兴教育部门负责人，新闻面积353cm^2；（2）春兰集团快速发展，面积633cm^2；（3）国家主席观看京剧表演，面积524cm^2。北京的4个中心小组则将这些新闻列为最少新闻价值。

相反，《人民日报》中最不显著的新闻包括：（1）美国国防部秘书科恩发表对伊拉克制裁的谈话，新闻面积37cm^2；（2）国家质检部门禁止销售假棉花，面积25cm^2；（3）10位百岁老人赢得"世纪最健康人士"称号，面积48cm^2。受访者认为这3个新闻更具新闻价值。伊拉克和假棉花的新闻被许多人认为最具新闻价值，甚至那篇有关老人的报道也被认为比《人民日报》大部分显著报道的新闻有价值。

《金华晚报》和金华受众间的差异不那么剧烈，但也很明显。比如，《金华晚报》上一条显著报道的新闻——头版上面积317cm^{2}的上海股市——被受访者列在新闻价值排序的第7位。另一方面，最不显著的两条新闻，一条有关道路建设（内页面积25cm^2），另一条（读者来信）有关电价（内页面积17cm^2）的新闻在访谈中则被列在新闻价值近乎最高的位置。

逐条对比验证了前文中未涉及的模式。一方面，中国媒体将版面和节目的一大部分给予重要人物（例如主席或英雄）或事件（例如快速发展的企业或股市）以突显成就和意识形态价值。另一方面，受众成员将

162

那些异常的事件（例如国际冲突）或有相关的事件（例如售卖假棉花、交通建设和电价）列为更具新闻价值的新闻。

七、讨论

在中国，"新闻"意味着什么？本研究展现了两个现实版本：一个是能在媒体内容中看到的官方版本，一个是中心小组访谈和其他方法中表现出的公众版本。两个版本迥乎不同。在媒体一方存在着一致而普遍的运行法则，即侧重正面（对应负面）、正常（对应异常）以及常规（对应社会意义）的政治和经济事件。这种对新闻的认知同中国媒体系统的结构、功能和传统紧密吻合。诚然，媒体也具有多样性，例如当地报纸《金华晚报》着重软性新闻，当地电视台金华卫视则缺少国际新闻。这些多样性侧面反映了近些年在媒体领域的商业化，以及在中央计划体制下不同媒体间分工协调的影响。

中国受众对新闻的定义也相当一致。在现实生活中，公众对于新闻的认识版本突出强调真实、即时和最重要的个人相关性，本研究指出，个人相关性同媒体对新闻的定义有直接差异。借用媒体议程设置研究的语言来论，本研究说明政府成功控制了媒体议程，但媒体对公众的议程设置功能则乏善可陈。两种不同的新闻内涵正是社会主义社会的典型特征，这样的社会里，公共意识形态与个人观点同时存在（Shlapentokh，1986：1989）。对后者的深入探究不在本研究范围之内，但中心小组中的一位受访者解释了为什么媒体的显著性未能顺理成章地转化为受众间的议题显著性："我们通常不看头版头条。"另一位受访者则强调一些机制，如字里行间的潜台词或者相反的解读："圣诞快来的时候，《人民日报》一定会发表美国街头流浪乞讨儿童的新闻。"

差异虽然存在，但中国的两个新闻版本有一个共同点：新闻显著性不为异常性和社会意义所反映，而后两者则是本研究探讨的核心概念。如果异常性和社会意义几乎不能反映中国媒体的新闻显著性，那么是什么实际反映了新闻显著性？这里遗漏的变量可能是宣传价值。粗略浏览中国媒体内容就能轻而易举地感受到，许多新闻都是政府会议、模范个人、政策规范以及卓越成就，这些占据了大量空间和显著位置。它们既没有高异常性，也不具备社会意义，媒体的确要为重大使命努力——设定全国议题、相关公众舆论、赋予社会地位、保持现状（Lazarsfeld and Merton，1948）。那种类型的新闻事实上很容易预测。访谈中一位广电记者谈道："我们每天不报别的，只有政府会议。你要做的是把以前 新闻里的地点、时间和参加者名字换掉。"另外一位记者谈道："新闻就是领导人，层级越高，活动越有排场，就越可能成为新闻。"

为什么中国受众对真实如此在意，并且对同个人相关的事件比具有异常性和社会意义的事件更感兴趣？根据中心小组访谈，中国受众对真实和与个人相关的新闻的偏好，并不必然代表"中国特色"，而更是一种对所处的信息环境不满的直接反映。正如其他地区的情况，受众消费媒体是为了获知信息，以实现他们的目标（Ball-Rokeach，1985），有限的情感资源驱使他们关注短期问题（Hilgartner and Bosk，1988）。对于身处社会巨变之中的中国受众，真实而与个人相关的新闻更有用，而具有异常性和社会意义的新闻在现阶段显得奢侈。如果这一猜想得以证实，那么可能随之出现的是，新闻真实性提高之后，受众的新闻偏好也会相应地趋近异常性和社会意义。

第十一章　德国的新闻

卡斯顿·雷恩曼（Carsten Reinemann）、马丁·艾克豪兹（Martin Eichholz）

一、德国媒体生态

德国人口约 8200 万。这里媒体事业的基础是作为德国宪法的《基本法》，该法律保障了言论和新闻自由。媒体法执行权归属德国的 16 个州，所有的州都通过了额外条款以保障自由和民主媒体。20 世纪 80 年代中期取消广电媒体管制后，德国媒体扩张和分化极为迅速，并带来激烈竞争（Hans-Bredow-Institut，2000；Kleinsteuber，1997）。

德国媒体有一个显著特征：地区和本地报纸影响甚大。订阅报纸 90% 以上为本地报纸，阅读率和发行量比全国性报纸大得多。约有 70% 的 14 岁以上的德国人每天阅读本地报纸，22% 阅读（全国性或地区性）小报，不到 6% 阅读全国性单张大报。不过，全国性日报和周报对国家政治和其他媒体的影响很大。德国媒体另一个特征是经济高度集中，前 5 家媒体共占据超过 40% 的市场份额。约 40% 的德国人只能看到一份有当地信息的日报。（Kleinsteuber，1997；Reinemann，2003；Roeper，2000；Schuetz，2000）

德国电视和广播媒体竞争也极其激烈。因为每个州独立负责媒体法律和广播公司执照的授予，这里市场构成很分散。大约 2/3 的 14 岁及以上的德国人每天看电视，80% 则收听广播节目。由于分散，德国广播系统是商业化和公共服务网络的混合体。如今，公共和私人广播实体平分广电市场份额。法律规定公共服务频道要播出综合、广泛以及政治倾向温和的内容。对私人媒体节目的要求则不太严厉，但是比起单个的工作者，整个私人媒体都追求政治温和。

近几年，排名最前的电视频道占据的市场份额不超过 15%，因为普通德国家庭可以收看到大约 30 个免费电视频道。大部分频道是全国或全州辐射；辐射全州的频道通常是公共电视台。许多电视台只有很少的观众，在媒体系统内也没什么影响。德国广播有显著的区域特性，普通家庭可以收听大约 30 个不同电台。大部分全国性的公共电台为不同听众提供不同的频道，私人电台则只运营一个频道，有些覆盖全州，其他则面向全国。（Darschin and Keyser，2001；Hans-Bredow-Institut，2000；Kleinsteuber，1997；Klingler and Mueller，2001）

除了传统媒体，网络媒体在德国也在蓬勃发展。自 2000 年始，大部分德国报纸、电台和电视频道都在网络上亮相，几家电台可以在网上收听。网络受众数量很可观，2000 年，大约 30% 的 14 岁及以上的德国人都能上网，有一半网络用户至少每周一次在网络上看新闻。（Neuberger，2000；Eimeren and Gerhard，2000）

德国媒体中，新闻是非常重要的组成部分。例如，在全国性和地区性报纸、电视和互联网上都可以看到全国新闻。5 大全国电视网全天候播送新闻，晚间有 15 到 39 分钟的主要新闻节目。另外也有几家 24 小时电视新闻频道。

电台通常每小时播送半分钟到 1 分钟的新闻简讯（Schoenbach and Goertz，1995），大部分公共电台都运营至少一个 24 小时新闻电台（称为信息电台）。商业性和公共电视电台上的新闻，在内容结构上有所不同：公共电视频道中的信息量较大，公共电台的政治新闻和硬新闻比私人电台多（Schoenbach and Goertz，1995）。

德国日报的平均厚度为 38 页，包含 26 页的编辑内容。本地信息比重最高，平均有 7 页，随后为体育，4 页。（Schoenbach，1997）超过 80% 的报纸读者每天阅读本地新闻，60% 读国内新闻，40% 读国际新闻以及 30% 读经济和文化版。（Schulz，1999）分析显示，事件的显著性、负面性，同精英阶层或政府的关系以及政治党派倾向，是德国记者突出的专业特征。(Eilders, 1997) 国际层面的对比研究显示, 德国的新闻文化在角色认知、编辑控制和其他方面上独树一帜。研究表明, 多数德国记者重视其促进观念和价值观传播的角色, 但在该研究中, 只有1/5 的美国记者回答同上。(Donsbach, 1999, Patterson, 1998, Pfetsch, 2001) 另一方面, 最近也有迹象显示德国的新闻运营越来越接近其他西方国家。一部分要追溯于激烈的竞争, 这降低了新闻与政治动因的相关。

二、研究样本

本研究选择的城市是柏林和美因茨。柏林是德国首都, 在许多方面都很突出, 也是目前全国最大的城市, 人口330 万——他们以其独特的文化和民族多样性自豪; 柏林也是全国媒体竞争最激烈的地方, 包含2家全国性和3 家地方性电视频道, 10 家日报以及超过20 家地方电台。收入研究的柏林报纸为《柏林人报》, 除周日之外每天发行, 1999 年发行量为250 000 份, 这代表柏林所有订阅报纸的最高水准。虽然是个区域性报纸, 但因为德国政府于1999 年迁至柏林, 《柏林人报》具有全国影响力。研究选择的电视新闻节目是每天30 分钟的《晚场》, B1 地区公共频道的主要新闻节目, 每晚7:30 播出, 平均观众30 万, 市场份额30%。最后, 选择的电台为上午9 点版的商业柏林人广播, 1999 年最成功的柏林电台, 听众500 000, 市场份额15%。

美因茨居民20 万, 是德国第6 大州莱茵兰－普法尔茨的首府, 该州人口400 万。美因茨的媒体市场远比柏林竞争激烈, 但该城市以两大全国性电视频道 (ZDF 和3sat) 闻名。另外, 美因茨有一家地方性公共电视频道和广播以及两家当地报纸。本研究中, 报纸选择《美因茨汇报》, 当地市场第一, 也在除周日之外每天发行, 美因茨地区发行量约70 000。电视新闻选择《莱茵兰－普法尔茨此时此刻》, 这是公共频道SWR 的主要新闻, 最重要的地区电视新闻节目, 晚间7:45 至8:00播报, 约17 万观众, 市场份额14%。最后, 电台选择私人电台RPR 的

9 点早新闻，该电台在该州第一，听众 90 万，市场份额 30%。

本研究从 6 家德国媒体中得到 3933 条新闻。两家报纸占据了新闻的大部分（《柏林人报》1929 条，美因茨《美因茨汇报》1640 条），其次为电视新闻（《晚场》154 条，《莱茵兰－普法尔茨此时此刻》95 条）以及电台新闻（RPR154 条，柏林人广播 45 条）。168

三、新闻话题

德国媒体都关注什么话题？总体而论，所有新闻中，15% 是国内政治，这是媒体最常报道的话题，通常是报道谈话或政治家活动，以及司法或执行决议。紧随其后的 3 个最突出话题是：贸易／商业／工业（12）、文化事件（12%）以及体育（11%）。其他两个话题，国内秩序（例如犯罪，警察）、个人兴趣则各占 6%。考虑到柏林和美因茨之间显著的人口、经济和文化差异，以及报纸、电视和广播报道间的多种不同，两城之间的不同媒体话题分布也不大相同。表 11.1 分媒体和城市展示了新闻话题，可以得出几点结论。

表 11.1 按照城市和媒体所进行的新闻话题的广泛分布　　169

话题	报纸		电视		广播	
	柏林	美因茨	柏林	美因茨	柏林	美因茨
国内政治	16.4	11.8	14.2	19.9	19.8	20.5
商业／贸易／产业	14.9	9.4	11.2	12.2	7.2	10.9
文化活动	11.2	14.1	8.3	8.1	0.9	1.3
有人情味事件	5.3	6.7	3.5	9.0	16.2	5.1
内部秩序	5.3	5.6	16.5	6.8	15.3	14.7
传播	3.9	2.7	3.8	4.1	0.9	3.2

话题	报纸		电视		广播	
	柏林	美因茨	柏林	美因茨	柏林	美因茨
经济	3.9	2.7	3.8	4.1	0.9	1.3
国际政治	3.6	1.9	1.8	1.4	2.7	3.2
交通运输	3.3	3.6	5.3	1.4	1.8	8.3
仪式	3.2	6.1	2.7	0.9	3.6	2.6
灾难／事故／瘟疫	3.0	2.3	4.4	6.3	6.3	10.3
社会关系	2.9	3.2	2.4	3.2	1.8	1.3
教育	2.5	1.7	2.1	1.8	1.8	0.6
住房	2.5	2.1	5.6	3.6	2.7	0.6
健康／福利／公益	1.9	3.2	2.9	5.9	1.8	1.9
科学／技术	1.6	1.5	0.6	2.7	1.8	1.3
娱乐	0.9	2.1	0.0	0.0	0.9	0.0
其他	0.9	0.4	0.0	0.0	0.0	0.0
环境	0.8	1.1	1.2	0.0	0.0	0.6
军事与防务	0.8	0.4	0.6	0.0	2.7	1.3
天气	0.7	0.7	2.1	5.0	6.3	9.0
能源	0.6	0.5	0.9	0.5	0.0	0.6
行业协会	0.5	0.6	0.0	0.9	0.0	0.0
人口	0.5	0.7	0.6	0.9	0.0	0.0
时尚／美	0.2	0.2	0.0	0.0	0.0	0.0
总计 [a]	100.0	100.0	100.0	100.0	100.0	100.0
	(n=3864)	(n=3379)	(n=339)	(n=221)	(n=111)	(n=156)

注：分布以百分数的形式给出。

[a] 由于舍入误差，总计百分数可能并不是百分之百。

首先，报纸话题的范围比电视或电台广泛。根据更加综合和详细的话题列表，报纸新闻覆盖213个不同话题，电视新闻为126个，广播电台只有74个。这不只是因为报纸比其他两种媒体能刊载更多信息，更在于电视尤其是广播的性质使其话题结构更好。

第二，媒体上的话题比重和相对重要性不同。例如，在6家媒体的4家中，国内政治都是最显著的话题，占美因茨电视和广播新闻的20%，柏林报纸的16%。这不均衡。但是，德国广播新闻特别关心政治。许多广播中的国内政治新闻都与判案有关，意味着这些事件首先同犯罪相关。国内政治是柏林电视第二突出的话题（14%），在美因茨报纸上只排第三位（12%），所以无须赘述。更有趣的是，美因茨报纸上最常见的话题为体育（15%），在柏林广播新闻中排第二。其他媒体上体育并不突出。

媒体间其他话题的重要性也不尽相同。例如贸易/商业/工业在柏林广播为7%，在柏林报纸为14%。文化事件在德国报纸（柏林14%，美因茨11%）和电视（皆为8%）上特别显著，但在广播中就不存在（两城皆为1%），这是因为本地报纸和公共电视新闻上文化事件的报道更为频繁。与此相反，国内秩序话题在广播（各为15%）和电视（柏林17%，美因茨7%）上比报纸（柏林5%，美因茨6%）出现更多，使得国内秩序为柏林电视新闻报道最多的话题，是美因茨广播第二大话题，以及柏林广播第三大显著话题。最后，灾难/事故/流行病都列在两城之电台前五位话题之中（柏林6%，美因茨10%），天气预报也同样如此（柏林6%，美因茨9%）。

虽然存在差异，但表11.2中较高的斯皮尔曼等级相关系数意味着两城的媒体话题结构颇为相近。分析显示，相同媒体类型的话题结构比同城内不同媒体之间更为相似。例如，在两家报纸中，国内政治、贸易/商业/工业、文化事件、体育和人的利益故事为5种最常报道的新闻话题，与此相对应，它的斯皮尔曼等级相关系数就很高（0.90）。电视和电台媒体间的话题结构也很类似，虽然系数不如报纸高（电视0.83，电台 0.81）。另一方面，美因茨的斯皮尔曼等级相关系数之平均值仅为 0.75，柏林媒体则为 0.71。这说明不同类型媒体间报道新闻的特定方式对话题结构的影响，比新闻媒体所在的城市环境影响稍大。

表 11.2　多种媒体新闻的新闻话题排名间的斯皮尔曼等级排名相关系数

	柏林报纸	美因茨报纸	柏林电视	美因茨电视	柏林广播	美因茨广播
柏林报纸		0.90[c]	0.85[c]	0.75[c]	0.62[b]	0.71[c]
美因茨报纸			0.84[c]	0.77[c]	0.62[b]	0.65[c]
柏林电视				0.83[c]	0.66[c]	0.74[c]
美因茨电视					0.70[c]	0.73[c]
柏林广播						0.81[c]
美因茨广播						

注：[a]$p < 0.05$; [b]$p < 0.01$; [c]$p < 0.001$。

171　　　　因此，一些差异可能反映了不同类型媒体之间的一般趋势。例如，为广电媒体工作的记者通常必须挑选少量新闻，并且必须以比报纸新闻更简短的形式呈现。这种快节奏的新闻制作环境，导致对显著而脉络清晰的事件的重视，因为这些事件明显具有新闻价值。数据显示，这在国内秩序和灾难新闻上更明显，这两种话题在大部分电子媒体上都很常见。另外，广播和电视间话题的差异，可能源于其组织结构和所有权（样本中的电视媒体皆为公共频道，两家电台则都是私人所有），对文化新闻的忽视，可能反映出德国私人电台的特性。美因茨和柏林之间报纸话题结构的差异原因可能不同，因为柏林报纸反映出位于德国政治中心的优越性，还有它作为优质媒体的特征。因此，20 世纪 90 年代中期以来，《柏林人报》不断试图同全国性大报竞争，并以优质的政治、经济和文化新闻获得卓越声誉。（Reinemann，2003）因此，《柏林人报》赋予政治和经济新闻更多空间。另外，由于本地和区域体育对读者来说举足轻重，所以，《美因茨汇报》上体育新闻地位突出，这也反映出大多数德国地区报纸的特征。

四、新闻的异常性

本研究有关异常性的基本假设，认为异常新闻比非异常新闻篇幅更长、地位更突出。为了验证这个假设，本研究计算了不同媒体中统计异常、社会变迁异常和规范异常的平均显著性分值，也计算了异常性单项分值，以验证显著性得分间差异的统计意义。表 11.3 反映出普通分值以及差异性分析中较为突出的数值。

表 11.3　按照城市和媒体划分的平均语言和视觉异常强度显著分数　172

异常强度	柏林					美因茨				
	报纸		电视		广播	报纸		电视		广播
	只是语言 (n=1917)	语言和视觉 (n=563)	语言 (n=154)	视觉 (n=154)	语言 (n=45)	只是语言 (n=1627)	语言和视觉 (n=431)	语言 (n=95)	视觉 (n=95)	语言 (n=70)
统计异常										
(1) 普遍	245.2^c	500.9^b	125.3	116.^{b}	18.8^c	198.^{c}	374.^{c}	102.2	103.6^a	17.4^b
(2) 有些异常	237.2	695.8	138.3	254.6	55.1	183.2	498.3	114.1	250.9	18.1
(3) 相当异常	325.3	570.9	195.5	189.8	74.6	231.7	622.1	126.6	223.9	35.3
(4) 极度异常	384.7	848.3	178.4	–	69.6	309.1	528.8	157.4	164.2	72.4
社会改变异常										
(1) 对现状没有威胁	253.0^c	518.3^b	126.0	128.7^b	50.6	204.2^b	417.4	114.2	118.2	31.6

续表

异常强度	柏林					美因茨				
	报纸		电视		广播	报纸		电视		广播
	只是语言 (n=1917)	语言和视觉 (n=563)	语言 (n=154)	视觉 (n=154)	语言 (n=45)	只是语言 (n=1627)	语言和视觉 (n=431)	语言 (n=95)	视觉 (n=95)	语言 (n=70)
(2) 最小的威胁	266.4	783.0	171.0	309.9	74.3	238.4	577.1	117.4	204.0	46.0
(3) 中度威胁	323.6	187.6	199.2	133.0	—	264.5	542.7	105.5	—	13.7
(4) 重要威胁	466.3	994.8	256.0	—	89.5	307.9	585.3	205.0	—	45.1
规范性异常										
(1) 没有破坏任何规范	253.2[a]	512.6[c]	171.0	309.9	74.3	238.4	577.1	117.4	204.0	46.0
(2) 最小破坏	334.6	645.5	211.7	273.1	78.1	224.0	385.2	169.5	145.5	55.9
(3) 中度破坏	300.6	801.8	125.5	—	58.6	198.0	682.3	127.0	49.0	35.3
(4) 重要破坏	279.7	1093.0	137.4	324.0	72.6	218.4	630.7	72.7	—	—

注：[a] $p < 0.05$; [b] $p < 0.01$; [c] $p < 0.001$。

30 个分析中，18 项的异常性差异较高。但这并不必然意味着所有的显著差异都说明异常性和显著性间存在线性关系。有时显著性分值对较低水平的异常性比较高水平更高。审阅数值明显的两端异常性水平可见，最低水平的异常性同最低的显著性分值一致，在 18 个案例中的 14 个皆为如此；9 个案例的最高异常性与最高显著性一致。这说明异常性通常影响新闻的长短和 / 或位置，与研究假设相符。

另一方面，媒体间异常性的相关性差异悬殊。异常性对《柏林人报》的影响最常见。在文本和图像内容中，异常性的所有 3 个维度上，显著性得分的差异都很高，此种影响与研究猜想一致。柏林和美因茨广播新闻方面，2/3 的研究得出明显结果。虽然不存在线性关系，但统计和规范异常性确然影响两家电台中新闻的位置和长短。在柏林电视新闻方面，6 项对比中有 4 项较明显：异常性的所有维度中图像显著性分值差别较大，而文本内容显著性只为统计异常性水平影响。这里不存在线性关系，但所有的显著性都与低异常性相关。

相反，美因茨报纸《汇报》的分析中，只有一半得出较为突出的结果，但影响的方向与研究猜想一致。因此，尽管，规范异常性的影响不明显，但统计异常对文本和图像内容皆有影响，社会变迁异常性对文本内容也有影响。最后，6 项对比研究中，只有一项的异常性对美因茨电视新闻报道有影响，其统计异常与新闻的长短和位置有关。

总体而言，异常性的 3 个维度中，统计异常与新闻显著性最常相关。根据研究假设，统计异常性水平对新闻长短和位置的影响达到 8/10。规范异常性影响 10 项分析中的 6 项，包括两城间的显著差异，在柏林，至少一种类型的媒体内容的显著性受到它的影响；然而在美因茨规范异常性仅对广播新闻有影响。这可能意味着，柏林的记者比美因茨的记者更侧重突出规范异常性新闻。

最后，社会变迁异常性只对 10 项研究中的 4 项有影响。有趣之处在于，两家报纸的文本报道中存在与本研究猜想完全一致的模式：社会变迁异常性越高，新闻越突出。并且也对《柏林人报》的文本和图像内容以及柏林电视新闻的图像内容有影响。与报纸内容相挂钩的频率更频繁的原因在于，潜在的权力更迭通常可见，甚至只能出现在电子媒体少见的长篇幅报道或背景报道中。

175

五、新闻的社会意义

就异常性而言，本研究的基本假设是具有社会意义的新闻在媒体上会更加突出。为了验证该假设，本研究计算了在 40 项单向异常性分析中不同媒体新闻的平均显著性分值，设定并猜想这些分析中社会意义水平会影响新闻的平均显著性。并且，在异常性测量中，影响的模式并非总为严格线性，虽然 17 个案例中，最低的社会意义水平均与最低的显著性相对应，19 个案例中最高的社会意义水平与最高的显著性一致。因此我们可以得出结论，社会意义常常影响新闻显著性，与研究猜想吻合，但异常性的影响模式又很不同。

与异常性分析得出的结果不同的是，美因茨报纸内容最常受社会意义影响。6 项分析中，有 5 项得出明显数值，只有在文本和图像内容与政治意义间关系上的数值较低。柏林广播新闻上，4 项对比中有 3 项显示出显著差异，只有文化维度不明显。柏林报纸、电视和美因茨电视新闻中，一半显著性分值较高。但每家媒体呈现出不同的影响模式。最后，柏林广播的 4 项分析中，只有一项结果较突出，只有公共意义同预测模式相同。

对社会意义的 4 个维度，政治和经济意义最能影响新闻显著性，10 项分析中有 7 项如此。因此，对德国媒体，新闻同政治或经济进程和决议的相关性是衡量新闻价值的主要标准。只有在柏林电视新闻的文本内容，美因茨电视新闻的图像内容，以及美因茨广播的内容不受政治意义影响。在电子媒体上，具有政治意义的新闻显著性较低，这与其他区域和本土广电新闻研究一致（Brosius and Fahr，1996；Schoenbach and Goertz，1995）。另一方面，经济意义对柏林新闻的文本、文本—图像内容以及美因茨广播新闻都没有影响。

176 表 11.4　按照城市和媒体的划分的语言和视觉社会意义强度平均显著分数

社会意义强烈度	柏林					美因茨				
	报纸		电视		广播	报纸		电视		广播
	只是语言（n=1917）	语言和视觉（n=563）	语言（n=154）	视觉（n=154）	语言（n=45）	只是语言（n=1627）	语言和视觉（n=431）	语言（n=95）	视觉（n=95）	语言（n=70）
政治意义										
(1) 不重要	261.4[c]	502.5[c]	125.2	123.3[c]	43.7[a]	206.0[b]	414.4	92.2[a]	100.5	24.9

社会意义强烈度	柏林					美因茨				
	报纸		电视		广播	报纸		电视		广播
	只是语言 (n=1917)	语言和视觉 (n=563)	语言 (n=154)	视觉 (n=154)	语言 (n=45)	只是语言 (n=1627)	语言和视觉 (n=431)	语言 (n=95)	视觉 (n=95)	语言 (n=70)
(2) 最小	228.3	595.4	156.4	298.4	71.0	203.5	477.3	120.4	128.0	34.0
(3) 中度	260.7	722.7	198.0	374.0	75.3	246.3	571.9	143.7	227.3	53.5
(4) 重要	427.3	1009.0	212.4	—	89.5	333.6	567.0	238.2	238.2	47.4
经济意义										
(1) 不重要	266.9	530.8	126.6[a]	130.2[b]	44.1[b]	204.3[b]	408.5[b]	99.5[a]	101.3[b]	30.6
(2) 最小	304.0	548.2	135.1	297.1	108.0	210.0	441.7	104.6	162.1	47.8
(3) 中度	249.5	549.0	208.1	145.0	74.8	234.1	684.8	161.8	275.8	13.2
(4) 重要	335.2	356.0	454.7	—	79.1	328.5	602.4	245.0	—	47.8
文化意义										
(1) 不重要	219.4[c]	509.9[a]	150.5	140.9	57.2	202.9[b]	430.1[a]	110.7	115.7	33.3
(2) 最小	371.5	606.0	172.6	180.6	30.5	219.4	339.6	136.3	128.5	38.4
(3) 中度	359.6	681.1	99.0	279.3	53.5	234.7	551.1	108.6	82.2	42.5
(4) 重要	392.5	727.1	194.7	290.0	65.7	—	302.0	202.8	201.3	—
公共意义										
(1) 不重要	238.1[c]	518.0	132.0[a]	142.4	47.5[a]	192.3[c]	399.1[c]	93.8	120.0	22.7[b]
(2) 最小	334.1	720.4	131.3	231.1	66.6	243.4	588.0	154.8	—	48.5
(3) 中度	299.7	430.8	227.3	—	72.8	272.4	523.2	159.2	—	58.4
(4) 重要	442.4	662.0	331.4	—	138.0	138.0	366.2	733.3	—	66.8

注：[a] p < 0.05; [b] p < 0.01; [c] p < 0.001。

177

178

　　10 项分析中的 6 项显示，公共意义影响新闻的篇幅和位置。在公共意义层面，柏林报纸、柏林与美因茨电视的文本与图像内容、美因茨电视的文本内容之间关系都不明显。需要指出的是，有关电视新闻图像内容的结论很难阐述，因为在柏林和美因茨电视中，不存在有"一些"或"重大"公共意义的新闻，在美因茨电视中不存在具有"少量"公共意义的新闻。

最后，10 项分析中，只有 3 项显示出文化意义对报纸内容的影响，出现在美因茨文本与图像内容，以及柏林的文本内容。产生这些影响的是每天呈现在报纸上的一系列本地和地区文化事件，但在电子媒体中，文化事件比重小得多。

六、作为新闻显著性指标的异常性和社会意义

为了同时验证异常性所有维度和社会意义之于新闻显著性的影响，本研究做了 8 项回归分析，分别对两座城市的报纸文本显著性、报纸文本－图像显著性，以及电视和广播显著性进行分析。

如表 11.5 所示，所有回归分析都得出较高数值，但在一些情况中——尤其是报纸部分——反映的差异量更小些，3% 的《汇报》文本内容有显著性，而《柏林人报》则为 5%。如果将图像显著性和文本显著性放在一起考虑，其模式的预测走向更清晰，能反映 8% 的美因茨差异，柏林则为 16%。总的说来，异常性和社会意义所反映的新闻显著性较少。电子媒体的结果则更为明显，美因茨电视为 26%，美因茨广播为 24%，柏林电视新闻为 26%。最后，柏林广播新闻的回归模式预测力高出许多，47% 的差异性仅为两个因素反映：统计异常和经济意义。

对比文本及图像内容间不同维度的异常性和社会意义可知，图像内容的选择和安排比文本遵循更多元的规则。因此，统计异常深刻影响文本内容，6 个案例中 5 个皆为如此。事实上，有一项分析影响了大部分结果，即柏林电台的新闻显著性，其标准 β 值为 0.56。

181

表 11.5 新闻显著性中异常和社会意义强度的逐步回归分析

	柏林								美因茨							
独立变量	报纸显著性只是语言 总计 $R^2=0.05^c$ (n=1917)		报纸显著性视觉和语言 总计 $R^2=0.16^c$ (n=551)		电视显著性 总计 $R^2=0.26^c$ (n=154)		广播显著性 总计 $R^2=0.47^c$ (n=45)		报纸显著性只是语言 总计 $R^2=0.03^c$ (n=1627)		报纸显著性视觉和语言 总计 $R^2=0.08^c$ (n=418)		电视显著性 总计 $R^2=0.22^c$ (n=95)		广播显著性 总计 $R^2=0.24^c$ (n=70)	
	r	Std. Beta	r	Std. Beta	r	Std. Beta	r	Std. Beta	r	Std. Beta	r	Std. Beta	r	Std. Beta	r	Std. Beta
异常性																
— 统计常性，语言内容	0.11^c	0.06^b	0.26^c	0.19^c	0.20^a	ns	0.61^c	0.56^c	0.12^c	0.09^b	0.13^a	ns	0.16	ns	0.32^b	0.28^a
— 统计常性，视觉内容	—	—	0.15^b	ns	0.26^b	ns	—	—	—	—	0.23^c	0.19^c	0.38^c	ns	—	—
— 社会变化常性，语言内容	0.11^c	0.08^b	0.24^c	0.15^c	0.12	ns	0.37^a	ns	0.09^c	ns	0.10^a	ns	0.06	ns	0.09	ns
— 社会变化常性，视觉内容	—	—	0.12^b	ns	0.31^c	ns	—	—	—	—	0.12^a	ns	0.03	ns	—	—

独立变量	柏林 报纸显著性只是语言 $R^2=0.05$[c] (n=1917) r	Std. Beta	报纸显著性视觉和语言 $R^2=0.16$[c] (n=551) r	Std. Beta	电视显著性 $R^2=0.26$[c] (n=154) r	Std. Beta	广播显著性 $R^2=0.47$[c] (n=45) r	Std. Beta	美因茨 报纸显著性只是语言 $R^2=0.03$[c] (n=1627) r	Std. Beta	报纸显著性视觉和语言 $R^2=0.08$[c] (n=418) r	Std. Beta	电视显著性 $R^2=0.22$[c] (n=95) r	Std. Beta	广播显著性 $R^2=0.24$[c] (n=70) r	Std. Beta
规范常性，语言内容	0.04	ns	0.16[c]	ns	−0.04	ns	0.18	ns	−0.01	ns	0.04	ns	−0.02	ns	0.17	ns
规范常性，视觉内容	—	—	0.18[c]	0.09[a]	0.20[a]	0.26[c]	—	—	—	—	0.09[c]	ns	−0.11	ns	—	—
政治常性，语言内容	0.09[c]	ns	0.19[c]	ns	0.13	ns	0.34[a]	ns	0.09[b]	ns	0.09	ns	0.07	ns	0.24	ns
政治常性，视觉内容	—	—	0.20[c]	0.11[b]	0.37[c]	0.27[c]	—	—	—	—	0.13[b]	ns	0.15	0.27[b]	—	—
社会意义																
经济意义，语言内容	0.02	ns	0.05	ns	0.25[b]	0.19[a]	0.31[a]	0.27[a]	0.08[b]	ns	0.14[b]	ns	0.20	ns	0.08	ns

独立变量	柏林 报纸显著性只是语言 总计 R²=0.05ᶜ (n=1917)		柏林 报纸显著性视觉和语言 总计 R²=0.16ᶜ (n=551)		柏林 电视显著性 总计 R²=0.26ᶜ (n=154)		柏林 广播显著性 总计 R²=0.47ᶜ (n=45)		美因茨 报纸显著性只是语言 总计 R²=0.03ᶜ (n=1627)		美因茨 报纸显著性视觉和语言 总计 R²=0.08ᶜ (n=418)		美因茨 电视显著性 总计 R²=0.22ᶜ (n=95)		美因茨 广播显著性 总计 R²=0.24ᶜ (n=70)	
	r	Std. Beta	r	Std. Beta	r	Std. Beta	r	Std. Beta	r	Std. Beta	r	Std. Beta	r	Std. Beta	r	Std. Beta
经济意义，视觉内容	–	–	–0.02	ns	0.32ᶜ	ns	–	–	–	–	0.16ᵇ	ns	0.35ᶜ	0.34ᶜ	–	–
文化意义，语言内容	0.16ᶜ	0.15ᶜ	0.19ᶜ	0.18ᶜ	0.09	–0.16ᵃ	–0.17	ns	0.08ᵇ	0.07ᵇ	0.00	ns	0.28ᵇ	ns	0.09	ns
文化意义，视觉内容	–	–	0.13ᵇ	ns	0.19ᵃ	ns	–	–	–	–	0.06	ns	0.21ᵃ	ns	–	–
公共意义，语言内容	0.12ᶜ	0.08ᵇ	0.21ᶜ	ns	0.22ᵇ	0.24ᵇ	0.41ᵇ	ns	0.14ᶜ	0.12ᶜ	0.13ᵇ	ns	0.18	ns	0.35ᵇ	0.31ᵇ
公共意义，视觉内容	–	–	–0.08	ns	0.14	ns	–	–	–	–	0.20ᶜ	0.16ᵇ	ns	ns	–	–

注：ᵃp＜0.05；ᵇp＜0.01；ᶜp＜0.001；ns＝不是最终逐步回归等式的一部分。

分析中有一半的公共和文化意义影响了结果。公共意义影响美因茨和柏林报纸的文本内容、柏林电视和美因茨电台新闻的显著性。柏林报纸的文本和文本－图像显著性，以及美因茨报纸的文本内容显著性受文化意义影响。这个结论同前述异常性分析一致，也就意味着大量文化事件报道带来该现象和结果，只有这些事件具有较高文化意义。相反，文化意义对柏林电视台的文本内容有负相关，这说明具有文化意义的新闻显著性较低。文化相关的新闻通常在电视新闻的末尾报道是产生这个结果的原因，倘若确实如此。

经济意义和社会变迁异常性上只有两项结果较明显。经济意义影响柏林广播和电视新闻显著性。社会变迁异常性只影响《柏林人报》文本内容的篇幅和位置。如果仔细研究《柏林人报》的报道，这个结果就在意料之中。该报记者比列入研究的其他媒体的工作者更注重新闻质量，编辑团队也在政治进程和社会问题上有更扎实的背景积累。最后，规范异常性和政治意义对新闻性没有影响。这意味着在文本内容中，统计异常性以及文化和公共意义通常对一些媒体有影响，但规范异常性和政治意义则毫无影响力。

图像内容方面的结论有所不同。这里的社会意义政治维度对新闻显著性的影响最大，4 项分析中 3 项如此。只有美因茨报纸的图像—文本内容不受政治意义的影响。美因茨报纸的统计异常性、美因茨电视的经济意义以及美因茨报纸的公共意义分别影响其显著性。最后，社会变迁异常性和文化意义对图像不存在影响。这意味着有政治意义的事件——能看到政治家的新闻——最有可能与大幅而突出呈现的照片一起报道，或出现在广电新闻的头条。由于报纸照片有典型架构，而电视新闻头条极为重要，这项结论在直观上也合乎情理。

七、人们对新闻的定义

8 个中心小组于 2000 年 8 月进行。以下是一些同研究构架有关的主要发现。

1. 异常性

在谈到对新闻的兴趣时，许多来自不同行业和城市的德国受访者提到了异常性的概念以及多种维度。在所有涉及异常性的概念中，统计异常性和不同寻常是最常提到的。例如，一位高社会经济地位的美因茨受访者说，有新闻价值的是那些"你从未见过没听过，很可怕、很远、很高或很悲剧"的事件。许多美因茨和柏林记者也提到异常性，一些柏林的公关人员则阐述了如何对异常性进行营销来吸引消费者的案例，比如一档极受欢迎的德国电视节目，普通人可以通过做不同寻常的事来赢得奖金。

对异常性的定义也存在一些困难：主要在于异常性会随着时间的流逝而减弱。受访者常常用感觉迟钝的例子来描述这个减弱的过程，由此新闻消费者习惯于某种特定的异常新闻。许多受访者也将异常性与新闻价值联系起来，常常以负面新闻作为异常性的例子。然而，深入研究，许多受访者则改论道正面新闻可以同负面新闻一样异常，由此验证了异常性为新闻价值的双重维度这一理论概念。

当询问受访者对异常性新闻兴趣的原因时，几位受访者提出生物进化和相关议题。这是人类需要监测环境这一需求的例证。有趣的是，低社会经济地位的受访者更倾向于这样说。第二种回答则提到，异常性新闻本来就具有吸引注意力的性质。一些中心小组受访人无法描述为异常性所吸引的原因，他们认为谈论这个话题根本没有意义。就如一位来自柏林的高社会经济地位的女性所说的："设想一个新闻标题'大墓坑发现 1000 具尸体'，你不可能忽略它，它就这样把你吸引去。"第三种回答则直接谈到生存和生物进化概念，一些受访者则将新闻的负面特征与生存监测联系起来。一位女性公关人员将生物进化对新闻兴趣的影响描述为："你只有知晓、感兴趣并探寻事物背后的原因才能生存，才能构建自己的思想和策略来生存……我怎样才能生活下去？……一旦离开安全的洞穴，什么都可能发生。"

2. 社会意义

社会意义则未在德国主题访谈中扮演主要角色，人们极少提到这一概念。虽然受访者经常引用有高社会意义的新闻来说明对新闻价值的定义，但他们并不深入探讨这一概念。在美因茨，高社会经济地位的受访人谈到公众是否应当熟知和进一步了解新闻时，一开始一位受访人指出，他从 1989 年开始就对大众媒体新闻没兴趣了，结果其他几个人立即谴责他不关心天下大事。一位男性受访者说："了解时事是一项义务……民主不是一件免费赠予的礼物，我们要不断争取，这迫使我们去保证在 20 世纪初发生的悲剧不再发生。"

3. 新闻价值

新闻价值的概念占据了访谈的很大一部分，有时在受访人中引起热烈讨论。然而，新闻消费者通常认为该概念虽然可以定义，但很困难。德国记者和公关人员则较少像新闻消费者一样感到困难。总体说来，大多数受访者相信人们对负面新闻比对正面新闻更感兴趣。有趣的是，当被问到受众对正负面新闻的偏好时，许多美因茨记者变得警惕起来，因为这些新闻人感觉受到谴责并觉得有必要为其事业正名。一些美因茨记者争论道，他们的确报道许多正面新闻，其他人则谈到他们不报道正面新闻因为受众不感兴趣，或者正面报道不会产生任何社会效用。

在公众对负面新闻的偏好上，受访者提到许多原因。最基本的是，一些受访者认为这是人类本能。然而更多的原因则是受访者感到负面新闻可以使新闻消费者感觉自己的生活更好，并引发对新闻事件中受害者的同情。但负面新闻不仅让人感觉良好，能引起新闻消费者同情的负面新闻也具有新闻价值。一位柏林男性电视新闻记者谈道："负面新闻更能触发同情，因为人们对事件感同身受。当新闻是有关某个具体的人的命运时这种现象就尤其明显。"另外一个解释则指向大众媒体。一位美因茨高社会经济地位的受访人声称，传统大众媒体的新闻是针对热门负面新闻的兴趣。最后，几位美因茨高社会经济地位的受访人描述了一些能推翻或改变新闻效果这一新闻价值主流标准的概念。例如，一些受访者争论道，某个新闻话题或单个因素，例如情绪或生活状况在决定人们的新闻兴趣上，比新闻效果更加重要。

4．新闻的社会沟通功能

在德国，低社会经济地位的受访者当中特别容易出现另一个议题，即了解新闻如何为其与朋友和同事的交流提供话题。新闻的这种社会沟通功能在低社会经济地位的受访者中是产生新闻兴趣的重要动因，受访者也指出这能在很大程度上提高或降低一个人的社会地位。另外，那些"不知情"的人则常常被排挤出日常交流，这种耻辱的威胁造成很大的社会压力。"你要了解新闻才能与他人交谈，不会像生活在沙漠一样。"几位低社会经济地位的受访者以社交圈中新闻讲述者受关注提高的现象说明了解日常新闻的好处。

每个访谈的最后，受访者都被问到生活中 3 件最重要的新闻。一大串新闻随之出现，从著名的国际事件到隐秘的地区和当地事件，几乎 2/3 都是负面新闻。最多提到的事件包括战争、犯罪、暗杀、重大政治或文化事件、灾难事故和科学发现。根据受访者的阐述，有几个原因可以解释这些事件被铭记的原因。最重要的是新闻引发恐惧感（例如海湾战争、巴尔干危机以及切尔诺贝利核泄漏事件）。相反，开心和愉悦感也可以让人记住某个事件（例如柏林墙倒塌）。第三个主要原因是个人影响或参与。最后，许多新闻被受访人提出，因为这些事件引起他们的同情感。

八、对比民众新闻偏好与报纸新闻

本研究的假设为记者、公关人员和受众对新闻价值的定义具有正向相关关系，3 组民众对新闻的排序也与报纸的实际显著性呈正向相关。这两项假设通过本书前述的把关人实验得以验证。斯皮尔曼等级相关系数可以判定报纸新闻的实际显著性与 3 个中心小组的主观排序之间的关系。表 11.6 列出了两座城市共 20 个斯皮尔曼等级相关系数。粗略研究显示，在 0.05 到 0.001 显著性水平上，19 个系数都很高。因此这些结果意味着不同性别、年龄、职业和社会经济地位的德国人对新闻的定义较为相似，深入研究则显示出一些有意思的不同。

在美因茨小组中，10 个系数中有 8 个较为明显。最强的相关关系出现在公关人员和高社会经济地位的受众之间（皆为 0.85）。记者和高社会经济地位的受众之间的相关也同样明显。记者和公关人员组之间对新闻的定义很相似，这并不奇怪，因为两组人员的职业背景相似，并且两个行业之间跳槽频繁。最强的相关关系出现在高社会经济地位的受众分别与公关人员和记者之间，这出人意料，但可能与这些组员相似的社会经济背景有关。美因茨受访者的异常值出现在低社会经济地位受众组，与其他组的系数平均为 0.59。

柏林所有系数都很高，最强相关关系出现在公关人员和两组受众间
（高低社会经济地位）。其他系数也很高，但柏林低社会经济地位的受众与受众组之间的相关则不很明显。

表 11.6　在报纸新闻条目显著性和中心小组排名之间斯皮尔曼排名等级相关系数

	记者	公共关系从业者	高 SES 受众	低 SES 受众	报纸
记者	—	0.74[c]	0.78[c]	0.82[c]	0.48[b]
公共关系从业者	0.85[c]	—	0.91[c]	0.87[c]	0.49[b]
高 SES 受众	0.74[c]	0.85[c]	—	0.86[c]	0.47[b]
低 SES 受众	0.52[b]	0.59[b]	0.67[c]	—	0.48[b]
报纸	0.58[b]	0.38[a]	0.35	0.38[a]	—

注：柏林系数在更上面的三角上，美因茨在更低的三角上。SES＝社会经济地位。
[a] p<0.05; [b] p<0.01; [c] p<0.001。

媒体实际报道（报纸中）与不同小组对新闻之评判间的 8 个数值中，有 7 个较高。中心小组对新闻价值的定义与报纸新闻的实际显著性之间，显然存在相关，但这些相关的系数通常低于不同小组间的系数。

在美因茨，报道的实际显著性与记者的排序相关性最高。记者是当地媒体内容的实际生产者，所以这个结论直观上就行得通。同其他小组的相关性低得多，平均 r 值为 0.37。另外，唯一不明显的系数出现在高社会经济地位的受众与实际报纸报道之间。然而在柏林，包含记者在内所有四个系数都在 0.47 到 0.49 之间。总之，各个小组之间对新闻之价值内涵的判定比，与报纸新闻的实际新闻显著性更为相似。

九、讨论

德国报纸、广播和电视新闻的话题结构大体能反映德国媒体的特征，而且话题结构颇为相近。较高的相关系数很能证明这一点。然而，相同种类的媒体比相同城市里的媒体在话题上更相似。

3 种媒体之间的差异很明显。德国报纸呈现更为综合而复杂的时事图景，并比电子媒体报道有更多文化相关的新闻。最常报道的 5 个话题为：国内政治、贸易／商业／工业、文化事件、体育以及人的利益故事。德国区域电视报道的新闻话题基本同上，但柏林电视的国内秩序取代体育，美因茨则是国内秩序取代人的利益故事。在两家电台，国内秩序亦为前五位重要话题。另外，灾难／事故／流行病与天气也同样为重要话题，在柏林电台取代文化事件和人的利益故事，在美因茨则外加体育。这些结论与德国新闻媒体的其他研究相符，广电媒体在负面新闻上投入更多时间和空间。

在异常性的分析上，只有超过一半的验证显示出异常性与社会意义的影响较大。总体而言，这些影响的方向与模式同本研究的假设吻合。另一方面，媒体间的影响模式则颇为不同。这支持了不同类型的媒体对新闻的选择和呈现标准不同的猜想，甚至单一媒体之内也不同。这些特

187 定媒体的标准限制了生物和文化因素的影响。并且，异常性的单一维度和社会意义在其重要性上不同。统计异常性以及政治和经济意义最常影响平均显著性分值。公共意义和规范异常性的影响也同样常见，但社会变迁异常性和文化意义对平均显著性的影响，只有统计异常性的一半或更少。因此，植根于生物进化概念的维度对新闻显著性的影响最为常见和突出。

这个重要发现支持了多变量回归分析。在几乎所有的媒体中，文本新闻内容为统计性所影响。一半的分析中，文化和公共意义对文本新闻显著性的影响较大。相反，经济意义和社会变迁异常性很少影响文本新闻显著性。政治意义和规范异常性——在双变量分析中结果最突出——在考虑所有异常性维度和社会意义之下对文本显著性不存在真正影响。这些图景则在图像新闻内容上略有差别，政治意义最常影响其显著性。

双变量分析也显示不同媒体上的异常性和社会意义的预测力有所不同。报纸异常性的显示程度很低，但广电媒体就很大。统计异常性和经济意义几乎影响50%的柏林广播新闻。这显然说明报纸对新闻的选择比广电媒体更难。地区报纸内容林林总总，从硬性政治新闻到一系列文化事件、地区体育、连环漫画和当地比赛结果，考虑到这种状况，这个结论就很容易理解了。因此，为整个媒体内容确定新闻选择理论显然极其困难。或许将报纸新闻内容按话题或板块区分会得出很好的结论，因为不同板块有着不同的新闻选择标准，这可能是未来研究和分析的方向。

研究中一些构成核心部分的基础概念在德国民众生产和消费新闻的理念中得以充分呈现，尤其在统计异常性上。一些中心小组受访人甚至认为统计异常性与生物进化概念有关，这凸显了这一因素的重要性，正如内容分析所示。另一方面，社会意义作为一个概念并没有凸显出来，可能因为日常性活动例如消费新闻的文化依赖性在未与不同文化背景对

188 比的情况下难以识别。最后，守门人实验说明，在德国中心小组的受访人中间，对新闻的新闻价值存在基本共识，组间的相关系数通常高于小

组和报纸之间的系数，再一次显示出媒体新闻的选择不仅受生物和文化因素影响，还受许多其他制度和个人因素的影响。

德国部分可以得出什么结论？异常性维度或社会意义确实影响了研究中所有德国媒体的新闻显著性。并且，这些概念与德国新闻生产者和新闻消费者都相关。广电媒体异常性和社会意义的预测力比报纸高得多。另外，影响模式确实在某些程度上取决于媒体的某个特定特征。但尽管有局限和问题，我们的德国研究显然支持了异常性和社会意义是新闻定义的重要价值这一观点。

第十二章　印度的新闻

卡维塔·卡兰（Kavita Karan）

一、印度媒体生态

从面积上看，印度是世界第 7 大国，人口超过 10 亿，构成世界人口的 16%，仅次于中国。识字率相对较低，只有 65%，男性比女性多。印度政府为议会制，在多样性下具有统一性，并以此为傲。城乡差异很大，70% 的人口住在农村以及半城市地区。多样性体现在多种宗教、种姓和语言上。印度展现出一幅有趣的多元共生图画：高科技与原始技术、贫与富、发达与发展中、高学历与文盲。

低识字率和高贫困率是印度建构统一国家体系的主要障碍。最重要的是语言：该国的 26 个邦和 6 个中央直辖区，共有 18 种指定语言和 844 种方言。印地语是官方语言，40% 的人口讲印地语。英语通常与印地语或者邦官方语言共同使用于政府、商业和贸易场合。

印刷媒体以私营形式发展，在印度独立后 50 多年的自由环境下运营，只有 20 世纪 70 年代中期短暂的国际危机时期例外。（Mankekar，1978）报纸和杂志，以英语和当地语言呈现，持续为读者提供高质量新闻。报纸阅读持续增长，最后一次统计显示有 8500 万报纸读者（NRS，2002a）。19 世纪早期的报纸为印度人与英国人共同拥有，最初旨在培养公众对自由的广泛认知。独立后，媒体则活跃于印度的政治与经济进程之中，并且可以自由批评人物、项目和阻碍国家进步的政策。（Karan and Mathur，2003）

虽然有电子媒体尤其是私人新闻频道发展的威胁，报纸每年发行量都持续上升（大部分在当地语言部分）。印度报纸登记报告显示，2001

年，报纸以 101 种语言和方言发行，这些包括 5364 种日报和 47 296 种杂志，其中大部分为印地语。《孟加拉日报》（*Anand Bazar Patrika*）以加尔各答语发行，发行量近于 90 万，两家英语日报，在金奈发行的《印度人》，在德里发行的《印度斯坦时报》，两家发行量皆超过 90 万（Press in India，2001），大部分印度报纸都是私有的，其余为各种社会机构所有。

印度媒体部门负责管理媒体，政府则可以通过几部媒体管理法规来限制媒体自治，包括 1923 年的《国家机密法》、1980 年的《国家机密法》和 1977 年的《国会保护法》，另外，虽然印度制宪机构曾建议修宪，现有宪法并不直接保障媒体的言论自由。管制也以报纸注册和价格管理政策形式实行。（Iyer 2000; Venkateshwaran，1993）

报纸被认为是可靠的信息来源，在识字人群中阅读率较高。农村地区报纸也在社区阅读中颇为流行。一份普通报纸通常为 15 到 25 页。近几年印度媒体同其他国家的媒体一样，经历了剧烈的变革。新技术使得编辑精巧的内容（例如新专栏、提供招聘信息、生活方式、时尚、电影和投资）引发印度民众的强烈兴趣，也采取独创的价格和营销策略以扩大市场份额。大部分报纸也可在互联网上读到，虽然报纸为组织所有，但以往广告和发行部门很少能影响内容编辑。如今，发行打破了编辑和业务部门以培养商业和读者需求——这在 10 年前还被固执的记者认为是富有危险性的理念——因为内容和呈现方式被认为纯粹是他们的管辖范围。

广播和电视是受欢迎的大众媒体，全国性和地区性频道为争夺媒体空间和观众而竞争激烈。印度政府同其左膀右臂——广播（全印度广播 [AIR]）和电视（Doordarshan）一起担负起拓展广电阵地的任务，以促进全国发展，并聚焦于信息、教育和为农村以及城乡结合部地区观众提供娱乐。数十年的广电媒体独立争议过后，国会于 1990 年颁布法案，1997 年法案生效，由此组建印度广播公司来监管广播和电视运营。虽然是私有化，但 AIR 和 Doordarshan 依然为政府所管制。

191

电台可以克服阅读障碍，因此作为大众媒体先驱的电台对政府议程很有影响力。由 210 家电台构成的广播网络，覆盖全国 90% 的地区以及 99% 的人口。所有印度广播都以 68 种语言和方言播送，而印度国际电台则以 16 种外语和 10 种印度语言运营，使其成为世界上最大的广播网络。20 世纪 60 年代中期晶体管的应用降低了成本，扩大了广播电台的覆盖，达到最偏远的地区。

电视改变了国家的信息娱乐版图。政府的一致努力，使得 Doordarshan 电视台成为最大的电视网络。电视能覆盖 7900 万印度家庭。

20 世纪 90 年代中期以来最剧烈的变迁，是私人有线电视的出现。印度有不受政府管制的私人电视频道以补足印刷媒体，这点意义深远，虽然有线电视频道的分配、消费者课税以及管制和传送的局面依然混乱。国有电视频道与有线频道一起提供了全天候运营的多样而大量的新闻、教育和娱乐频道，吸引印度人守在电视机前。

同样意义深远的是，20 世纪 70 年代中期以来印度节目制作基础设施已经较为发达，不需要依赖国外资源。Doordarshan 和 AIR 经年累月具备了相当好的技术条件。媒体集团有多样化的节目产品，为公共和私人频道提供节目。

二、研究样本

研究选择的印度城市为新德里和海德拉巴德。新德里为印度首都，人口 1380 万，是印度政治、文化和媒体活动的中枢。大部分全国发行的英语报纸都在这里发行或有一个新德里版本。报纸选择《印度斯坦时报》，多版本全国报纸，在新德里和其他 9 个城市发行，是历史最悠久的报纸之一，在印度独立运动时期成立。它在新德里的发行量最高，是其他同行无法比拟的。广播媒体选择每晚 9 点的全国英语新闻广播 Doordarshan 和 AIR，覆盖 90% 的人口。

另一个城市选择的是海德拉巴德，这是安德拉省的首府，人口 640 万，尔都语三种语言的报纸以及电视频道的媒体市场竞争相当激烈。

选择的报纸是《今日》，发行量最大的是《泰卢固日报》，在海德拉巴德和本邦其他 7 个城市发行。该报每日发行，有专门的女性、青年和儿童版块。想要阅读该报的愿望使得许多人注册成人扫盲班。泰卢固地区广播每晚 7 点的 AIR 和晚 7：30 的电视被选为研究对象。挑选 7 天里新闻的一组 10 人的团队，研究开始前进行过 3 次培训会。在报纸和广电新闻被编码前就确认了编码间可靠性。

三、新闻话题

表 12.1 从媒体和城市角度展示了新闻话题，可以看到几个有趣的信息。研究分析的 3 种媒体话题相似，但频率的顺序不同。

国内政治在印度媒体居于显著位置。两城 1/4 的广播新闻都是国内政治。海德拉巴德电视中的政治新闻（43.4%）是国内新闻（20.3%）的两倍。有趣之处在于，报纸上的国内政治新闻最少，《印度斯坦时报》为 18.2%，而《今日》为 15.6%。

虽然全国性和地方媒体对国内政治的报道都很多，在国际政治新闻上则迥乎不同。新德里全国性电视上国际新闻的报道篇幅很大（22.1%），是最高的一个，超过了国内政治，广播则为 17.1%，排在第三。《印度斯坦时报》这一全国性报纸报道的国际新闻有 6.9%，而地区性日报《今日》大约报道一半，3.9%。总体来说，海德拉巴德的地方性媒体对国际政治新闻较为冷感，所有 3 家媒体的报道都少于 5%。

印度人热衷于体育尤其是板球。《印度斯坦时报》上，体育新闻是第二大话题（15.3%），仅次于政治。但它的地方性对手《今日》的体育新闻，则不到前者的一半（7.7%）。体育新闻在新德里广播上比例略高（17.8%），电视则为 10%（排第四），这很出人意料。相反，海德拉巴德的 3 家地区性媒体上，体育新闻都占到 7% 到 8%。

印度经历了长时期的集体冲突和种姓战争，以及晚近的暴动、恐怖主义、白领犯罪和腐败，考虑到这一点，下面这种说法就不足为奇了：关于国内秩序的新闻，更准确地说，法律和秩序新闻充分反映了该国的犯罪状况。这类新闻占到所有媒体篇幅的10%—13%。

表 12.1　按照城市和媒体所进行的新闻话题的广泛分布

话题	报纸		电视		广播	
	新德里	海德拉巴德	新德里	海德拉巴德	新德里	海德拉巴德
国内政治	18.2	15.6	20.3	43.5	26.3	24.5
体育	15.3	7.7	10.0	6.1	17.8	4.8
内部秩序	10.0	12.1	12.1	13.3	13.2	10.3
商业/贸易/产业	8.4	9.5	6.4	3.1	2.8	5.5
有人情味事件	8.3	10.2	2.1	0.0	1.1	0.6
国际政治	6.9	3.9	22.1	4.8	17.1	0.3
文化活动	5.3	12.0	2.8	0.7	0.7	3.9
教育	4.1	4.6	0.0	0.3	0.4	3.9
传播	3.0	1.4	1.1	0.0	2.5	0.9
社会关系	2.9	1.7	2.8	2.7	1.4	6.7
娱乐	2.4	2.1	0.0	0.0	0.0	0.0
科学/技术	2.1	1.1	0.0	1.7	0.0	0.9
经济	1.9	3.0	2.1	2.0	0.7	8.2
军事和防务	1.8	0.9	2.8	0.3	1.8	2.1
灾难/事故/瘟疫	1.7	1.8	1.1	1.7	1.8	2.1
健康/福利/公益	1.6	2.5	0.7	2.7	0.4	4.8
仪式	1.4	1.1	1.8	0.3	2.5	4.5
环境	1.4	1.1	2.5	0.0	2.1	1.5
行业协会	0.8	1.1	1.8	2.7	4.6	3.0
交通运输	0.8	1.3	0.0	0.0	0.7	0.0

话题	报纸		电视		广播	
	新德里	海德拉巴德	新德里	海德拉巴德	新德里	海德拉巴德
时尚/美	0.6	0.5	0.0	0.3	0.0	0.0
住房	0.4	1.3	0.0	0.7	0.0	0.6
能源	0.3	1.4	0.0	4.4	0.0	7.6
人口	0.2	0.6	0.4	0.3	0.4	0.0
天气	0.2	0.6	7.1	8.2	1.8	0.9
其他	0.1	0.6	0.0	0.0	0.0	0.0
总计[a]	100.0	100.0	100.0	100.0	100.0	100.0
	(n=1894)	(n=2712)	(n=281)	(n=294)	(n=281)	(n=330)

注：分布以百分数的形式给出。

[a] 由于舍入误差，总计百分数可能并不是百分之百。

过去 20 年中印度投资界欣欣向荣。为了满足不断上升的贸易/商业/工业需求，全国性和地区性报纸将商业板块分开单列出来。这也就是报纸之贸易/商业/工业报道在 8.4% 到 9.5% 之间的原因。电视和电台上的报道较少，但在其他电视和广播节目中商业内容亦是一大特征。

人们感兴趣的报道在报纸中也很突出（《印度斯坦时报》8.3%，《今日》10.2%），但在广电媒体中却没有报道。文化事件在全国性媒体中较少报道，但在海德拉巴德的地区性报纸（12%）和广播（8.2%）中则报道较多，但电视中只有 0.7%。天气预报也占据了一大部分电视新闻，7%—8%，在广播和报纸则微不足道。

在所有全国性和地区性媒体中，报道话题类型很相似，但具体比例则不同，详见表 12.2。

研究者分析斯皮尔曼等级相关系数后发现，两家报纸之间新闻话题的排列极其相似（0.86），两家电视媒体之间次之（0.60），电台之间更弱（0.41）。另外，平均而论，新德里 3 家媒体之间（0.87）的相关关系比海德拉巴德 3 家媒体（0.56）高，这就说明在大城市之间话题结构更加相似。因此，虽然两家媒体皆为私有，但比公共和私人所有的电视台和电台新闻彼此更加相近。这些差异反映了不同媒体、采编政策以及影响报道的地区特性的一般趋势。所以，两家报纸话题结构的相似性，反映了记者有共同新闻报道价值理念的趋势。

表 12.2　多种媒体新闻的新闻话题排名间的斯皮尔曼等级排名相关系数

	新德里报纸	海德拉巴德报纸	新德里电视	海德拉巴德电视	新德里广播	海德拉巴德广播
新德里报纸	0.86^c	0.59^b	0.31	0.57^b	0.49^a
海德拉巴德报纸		0.47^a	0.39	0.42^a	0.65^c
新德里电视			0.60^b	0.85^c	0.47^a
海德拉巴德电视				0.46^a	0.66^c
新德里广播					0.41^c
海德拉巴德广播					

注：$^a p < 0.05$; $^b p < 0.01$; $^c p < 0.001$。

进一步地说，各个地区新闻报道趋于一致，因为它们将显著性和重要性给予了议题和消费者口味。全国发行的报纸如《印度斯坦时报》更多报道国内和国际事件，较少报道本地新闻，而区域性报纸如《今日》则将更大的篇幅赋予地区事件、国内秩序、人之兴趣以及文化事件。最后，电台和电视台新闻之间的相对相似性在预料之中，因为新闻来源一致：印度广播公司。另外，两城中电台和电视台之间话题的显著差异说明地区存在差异而媒体将新闻本土化以贴近读者。

四、新闻异常性

为了检测新闻异常性和新闻显著性的关系，本研究计算了 3 种媒体所有统计异常、社会变迁异常和规范异常的平均显著性系数。单向差异性分析用来测算统计意义和显著性之间的关系。表 12.3 展示了这些测量的平均分值。

30 项分析中只有 13 项显示异常性与显著性有关。这一结论说明，与预期相反，一些极端异常或不同寻常的新闻有较低显著性分值，而一般异常性议题则显著性较高。另外，即便在关系较为明显的情况中，异常性和显著性之间的线性相关也很有限。13 个案例中，有 10 个出现了异常性水平最低而显著性分值最高的状况。另一方面，最高异常性与最高显著性吻合的，13 个案例中只有 3 个。其他案例中，分值的差异依然存在，普通异常性获得最高显著性，这意味着异常性对新闻的篇幅和位置只有有限影响力。

两城之间媒体异常性的水平和相关性也不同。大多数案例异常性水平越高显著性分值越低，反之亦然。每一个异常性水平都反映着印度媒体如何处理新闻，以及最有显著性的异常性水平。《今日》中异常性的影响最为频繁，显著性分值之间的差异在所有 3 个维度的异常性上，文本和文本—图像内容中都很明显，但其影响的模式并不符合研究假设。在所有 3 个水平的图像内容以及统计异常的文本内容中，其影响方向是相反的。对《印度斯坦时报》的图像内容影响深为明显，异常性所有 3 个维度都有相反或混合影响方向。

198

表 12.3　按照城市和媒体划分的平均语言和视觉异常强度显著分数

异常强度	新德里					海德拉巴德				
	报纸		报纸电视		广播	报纸		电视		广播
	只是语言 (n=1291)	语言和视觉 (n=361)	语言 (n=113)	视觉 (n=113)	语言 (n=155)	只是语言 (n=1911)	语言和视觉 (n=502)	语言 (n=140)	视觉 (n=140)	语言 (n=132)
统计异常										
(1) 普遍	220.5	206.9	104.1[c]	116.9[b]	47.0	151.3	97.2	207.9	25.9	20.5

续表

异常强度	新德里					海德拉巴德				
	报纸		报纸电视		广播	报纸		电视		广播
	只是语言（n=1291）	语言和视觉（n=361）	语言（n=113）	视觉（n=113）	语言（n=155）	只是语言（n=1911）	语言和视觉（n=502）	语言（n=140）	视觉（n=140）	语言（n=132）
（2）有些异常	224.4	237.6	149.1	201.5	109.5	153.0	107.6	112.1	162.4	40.4
（3）相当异常	265.6	207.9	279.1	251.6	108.7	157.0	86.6	107.1	113.5	73.7
（4）极度异常	247.4	246.7	300.5	96.3	69.0	182.2	52.4	66.5	40.5	－
社会改变异常										
（1）对现状没有威胁	224.4	210.4	127.7[a]	124.9[b]	93.3	150.1[b]	96.5	129.6	119.6	55.9
（2）最小的威胁	246.4	258.5	157.0	222.4	120.6	118.5	103.1	86.6	132.2	80.2
（3）中度的威胁	251.4	223.3	213.4	262.5	76.6	207.3	117.4	113.4	86.0	71.8
（4）重要威胁	279.7	378.0	242.9	228.0	－	188.0	110.0	101.0	105.1	－
规范性异常										
（1）没有破坏任何规范	243.5	213.7	163.6	159.3	94.6	147.4[a]	99.1	108.8	112.5	64.1
（2）最小的破坏	155.5	208.2	393.0	196.0	181.8	179.2	94.1	112.5	152.3	74.2
（3）中度破坏	212.6	223.7	189.5	221.0	110.9	214.4	101.1	180.7	97.2	57.2
（4）重要破坏	222.6	333.2	205.0	234.5	70.7	254.8	107.0	100.0	103.6	－

注：[a]p＜0.05；[b]p＜0.01；[c]p＜0.001。

广电媒体方面，只有新德里电视台的文本内容呈现出预测方向：3项分析中的 2 项（统计和社会变迁异常性）得出了较高的差异性分值。

异常性对新闻篇幅和位置影响如何？这些观察和趋势影射出了宏观的社会政治媒体背景（管制或非管制），媒体倾向于对极其异常的新闻一笔带过，尽管这些新闻可以影响立法和秩序，以及国内的政治环境。公共暴动、宗教冲突、恐怖袭击和其他敏感议题——尽管极其异常——一般只是轻描淡写，较少给予显著性，以避免争端。在一些重大刑事案件发生时尤其如此，大部分异常新闻报道都较少。

重大犯罪案件报道最为突出，但小案件、偷窃和事故则被放在专栏或专门余留的缝隙中，这些事件根据其发生频率被编码为"一般"或"较为一般"。虽然犯罪案件极具轰动效应而又异常，但媒体对待犯罪新闻时，会尽可能遵守新闻伦理，避免美化犯罪或罪犯。因此，社会变迁异常性也被媒体淡化，或许因为要顺应歌颂现状的价值观。这样的新闻会被归到内页中，像是在故意降低其影响力。在文本内容中异常性被淡化，而报纸则将更多显著性赋予文本—图像内容。文本加图像新闻，尤其是穿着暴露的西方和印度女性，受到年长女性和男性的强烈批评，在高低社会经济地位的中心小组中皆为如此。他们认为这些图片破坏印度文化价值观，对青少年也有负面影响。

虽然在报纸和新德里电视中，统计和社会变迁异常性影响了异常性，但在广播新闻中则不存在特定影响，每天报道一般的日常新闻。有趣的是，在新德里电视和海德拉巴德报纸上的文本和图像内容中，出现同研究假设完全相反的影响方向。所有 3 种媒体中可以明显看到，极度异常的新闻通常被淡化，并不如假设一样具有相应的显著性。

五、新闻中的社会意义 199

与异常性相似，基本猜想即为，具有社会意义的新闻在媒体中更加突出。这里同样，差异性测试检测了社会意义的 4 个维度，即政治、经

济、文化和公共之平均显著性得分的差异。表12.4展现了分析结果。

表格显示，40项分析中，22个得出明显结果。与异常性的例子相似，社会意义可以影响——会有一些不同——报纸和电视，但不包括广播。根据预期，其关系方向应在5个案例中为线性，2个中为反方向。其他案例则几近线性。另外，10个案例中最低水平的社会意义与最低的显著性分值一致，12个中最高水平的社会意义与最高的显著性分值一致。

在《今日》中，显著性线性关系受文本的文化和公共意义的影响，而在《印度斯坦时报》，唯一明显的线性关系出现在经济意义上。在文本—图像测量上，两家报纸中的政治意义与显著性成线性相关，但与研究假设的方向相反。与异常性的例子相似，新德里电视台在政治和公共意义与文本和图像内容之间表现出近乎线性的关系。电视中新闻数量有限，又侧重于印度和国际政治新闻，因此政治和公共意义对新德里电视新闻的影响，在研究者的意料之中。另外，印度人对政治很有兴趣，中心小组中许多人都表达其兴趣，并且表示会时常翻阅报纸浏览最新政治进程。海德拉巴德电视方面，具有重大文化意义的新闻在文本和图像内容上都很显著。

然而，参考变量，研究未发现媒体呈现社会意义之不同文本和图像的特定模式。这再一次反映了媒体特性的不同、国家级和地区性编辑原则，以及可推断出来的读者预期。总的来说，在公共意义上存在一般一致性，公共意义是重要的媒体议程，重大异常话题被淡化，具有社会意义的话题被突出。中心小组中的记者在讨论时倾向于认同如上结论。

本文设想新闻报道应该具有目的性，以告知、训导甚至娱乐公众（这也为包含异常性和社会意义在内的新闻价值所认同），然而并非所有的新闻报道在决定其显著性之时都为这些因素所影响。这在回归分析中得到进一步验证。

表 12.4 按照城市和媒体划分的语言和视觉社会意义强度平均显著分数

社会意义强烈度	新德里					海德拉巴德				
	报纸		电视		广播	报纸		电视		广播
	只是语言 (n=1291)	语言和视觉 (n=361)	语言 (n=1139)	视觉 (n=113)	语言 (n=155)	只是语言 (n=1911)	语言和视觉 (n=502)	语言 (n=140)	视觉 (n=1406)	语言 (n=132)
政治意义										
(1) 不重要	204.4[a]	205.8	126.8[b]	125.3[c]	72.6	157.2[a]	80.0[b]	164.0	152.4[a]	57.1
(2) 最小	193.0	220.0	123.6	117.5	77.3	141.1	127.0	82.7	84.8	71.3
(3) 中度	217.3	321.6	145.5	206.8	116.8	145.2	161.2	80.6	75.8	64.9
(4) 重要	288.2	225.4	251.8	288.9	15.6	237.2	130.1	134.8	147.0	–
经济意义										
(1) 不重要	217.0[c]	207.7[a]	179.2	176.6	99.6	151.5[b]	95.6	113.0	109.8	59.0
(2) 最小	238.3	251.7	187.1	171.3	71.5	127.3	133.1	133.0	144.8	64.1
(3) 中度	263.8	308.1	115.1	141.2	75.8	143.3	108.4	94.3	100.0	77.3
(4) 重要	517.0	179.0	184.7	203.8	27.0	267.7	153.0	176.5	176.5	–

社会意义强烈度	新德里					海德拉巴德				
	报纸		电视		广播	报纸		电视		广播
	只是语言（n=1291）	语言和视觉（n=361）	语言（n=1139）	视觉（n=113）	语言（n=155）	只是语言（n=1911）	语言和视觉（n=502）	语言（n=140）	视觉（n=1406）	语言（n=132）
文化意义										
(1) 不重要	196.0[c]	187.1	171.4	176.5	90.5	147.5[a]	98.4	110.2[c]	110.2[c]	71.3
(2) 最小	244.2	271.3	58.0	58.0	63.6	154.9	97.8	116.5	116.5	58.1
(3) 中度	377.3	237.9	159.2	142.4	153.6	223.8	95.8	77.4	77.4	67.4
(4) 重要	347.6	279.0	298.8	298.8	43.7	189.8	174.8	870.0	870.0	–
公共意义										
(1) 不重要	155.8[c]	166.0	98.7	131.7[a]	–	95.7[c]	112.0	114.7	88.8	71.3
(2) 最小	204.7	228.5	157.4	193.2	80.1	122.0	95.2	93.2	90.2	54.9
(3) 中度	318.6	247.6	171.0	177.7	88.9	181.8	104.2	125.3	131.5	72.4
(4) 重要	418.6	266.4	250.2	263.6	119.3	273.7	103.2	118.4	118.4	–

注：[a] $p<0.05$；[b] $p<0.01$；[c] $p<0.001$。

　　为了验证异常性和社会意义作为新闻显著性指标的假设和理论相关，研究进行了 8 项递归分析，即分别分析两所城市中报纸文本内容和文本—图像内容的显著性，以及电视和广播显著性。所有 8 项分析对差异性的解释程度都很高，从 4% 到 22%。（参见表 12.5）

　　对报纸文本内容，《印度斯坦时报》和《今日》分别有 6% 和 4% 的文本内容差异，可以为异常性和社会意义所解释；文本和图像内容结合起来分析时，以模型的预测力高出许多，新德里之程度为 12%，海德拉巴德为 17%。在《印度斯坦时报》，规范异常性以及经济和文化决定文本内容的显著性，但当文本内容与图像结合起来时，统计和文化意义决定其相关元素。在《今日》，统计异常性、政治意义和公共意义是文本内容显著性的决定因素，而统计异常性和公共意义对文本—图像内容存在影响。同样明显的是，一些标准系数是正的，而一些则是负的——其关系的方向见表 12.3 和表 12.4，这意味着相关异常性或社会意义因素越高，其显著性越低，反之亦然。

　　两城报纸之中对差异性的解释能力相似，而在电视方面则颇有不同：新德里 22%，海德拉巴德只有 5%。在新德里，统计异常和政治意义决定了图像和文本内容显著性，而在海德拉巴德，唯一的决定因素为统计异常性，与文本内容显著性成负相关关系。

　　对于广播，在新德里，只有 4% 的广播内容显著性可以用政治意义解释，在海德拉巴德则是 6% 为统计异常性解释。

　　分析中不同走势的形成有 3 个主要原因。电视中的图像内容极其具有异常性，而文本内容则相当克制，在两城都是如此，正如案例中两个极端异常事件所示。新德里的重大事件有关一个古怪的"猴人"，怀疑是参与了杀童狂欢，海德拉巴德则满是有关政府准许代理商非法收养婴儿的新闻。因为印度政治不稳定，全国和地区内政党之间诽谤不断，所以统计异常性和政治意义成为显著性的决定因素就不足为奇，二者也同样解释了新德里电视的模式，对其广播则在一些程度上可以解释。新德里是主要政治活动的中心，所以意料之外的政治变迁经常让人瞠目结舌。最后，印度媒体的异常性和社会意义的量化显著性不存在确切模式。对待新闻的方式存在很大差异，取决于政治和社会结构、政府政策和管制以及国家多样性。媒体倾向于周旋在真正具有异常性的新闻价值报道与具有社会意义的新闻之间。调查性新闻聚焦于曝光政治黑幕，虽然这也反映出自由媒体的阴暗面，但这在印度媒体界始终如一，这在世界其他地区难以想象。

表 12.5　新闻显著性中异常和社会意义强度的逐步回归分析

独立变量	新德里 报纸显著性只是语言 总计 $R^2=0.06^b$ (n=1279)		报纸显著性视觉和语言 总计 $R^2=0.12^a$ (n=129)		电视显著性 总计 $R^2=0.22^c$ (n=109)		广播显著性 总计 $R^2=0.04^a$ (n=154)		海德拉巴德 报纸显著性只是语言 总计 $R^2=0.04^c$ (n=1768)		报纸显著性视觉和语言 总计 $R^2=0.17^c$ (n=154)		电视显著性 总计 $R^2=0.06^b$ (n=139)		广播显著性 总计 $R^2=0.06^b$ (n=131)	
	r	Std. Beta	r	Std. Beta	r	Std. Beta	r	Std. Beta	r	Std. Beta	r	Std. Beta	r	Std. Beta	r	Std. Beta
异常性																
– 统计异常，语言内容	-0.01	ns	-0.02	ns	0.40^c	0.30^b	0.00	ns	-0.08^b	-0.10^c	-0.30^c	ns	-0.22^b	-0.22^b	0.25^b	0.25^b
– 统计异常，视觉内容	–	–	-0.21^b	-0.27^a	0.26^b	ns	–	–	–	–	-0.39^c	-0.37^c	0.02	ns	–	–
– 社会变化异常，语言内容	0.01	ns	-0.10	ns	0.30^b	ns	0.03	ns	0.02	ns	-0.17^a	ns	-0.08	ns	0.15	ns
– 社会变化异常，视觉内容	–	–	-0.20^a	–	0.33^b	ns	–	–	–	–	-0.16^a	–	-0.08	–	–	–
– 规范异常，语言内容	-0.07^a	-0.07^a	-0.09	ns	0.12	ns	-0.01	ns	0.01	ns	-0.10	ns	0.03	ns	0.01	ns

独立变量	新德里								海德拉巴德							
	报纸显著性只是语言 总计 $R^2=0.06^b$（n=1279）		报纸显著性视觉和语言 总计 $R^2=0.12^a$ (n=129)		电视显著性 总计 $R^2=0.22^c$ (n=109)		广播显著性 总计 $R^2=0.04^a$ (n=154)		报纸显著性只是语言 总计 $R^2=0.04^c$ (n=1768)		报纸显著性视觉和语言 总计 $R^2=0.17^c$ (n=154)		电视显著性 总计 $R^2=0.06^b$ (n=139)		广播显著性 总计 $R^2=0.06^b$ (n=131)	
	r	Std. Beta	r	Std. Beta	r	Std. Beta	r	Std. Beta	r	Std. Beta	r	Std. Beta	r	Std. Beta	r	Std. Beta
−规范异常，视觉内容	−	−	-0.18^a	ns	0.16	ns	−	−	−	−	−0.11	ns	−0.03	ns	−	−
政治意义，语言内容	-0.07^a	ns	-0.23^b	ns	0.32^b	ns	0.19^a	0.19^a	−0.04	-0.05^a	−0.16	ns	−0.03	ns	0.04	ns
政治意义，视觉内容	−	−	−0.13	ns	0.39^c	0.26^b	−	−	−	−	-0.19^a	ns	0.01	ns	−	−
−经济意义，语言内容	0.13^c	0.15^c	0.19	ns	−0.03	ns	−0.06	ns	0.02	ns	−0.12	ns	0.01	ns	0.12	ns
−经济意义，视觉内容	−	−	−0.02	ns	0.02	ns	−	−	−	−	−0.11	0.16^c	0.04	ns	−	−
−文化意义，语言内容	0.17^c	0.18^c	0.28^b	0.28^b	0.11	ns	0.05	ns	0.03	ns	0.11	ns	0.11	ns	−0.02	ns
−文化意义，视觉内容	−	−	0.27^b	ns	0.10	ns	−	−	−	−	-0.09^c	ns	0.11	ns	−	−
−公共意义，语言内容	0.07^a	ns	0.10	ns	0.23^a	ns	0.10	ns	0.15^c	0.18^c	0.21^b	−0.18	0.07	ns	0.09	ns
公共意义，视觉内容	−	−	−0.01	ns	0.21^a	ns	−	−	−	−	0.21^b	ns	0.13	ns	−	−

注：$^a p < 0.05$；$^b p < 0.01$；$^c p < 0.001$；ns = 不是最终逐步回归等式的一部分。

对文化议题，尤其是有关宗教和种姓的议题，媒体一直如履薄冰，因为印度对这些话题极其敏感。但社区间的冲突在私人媒体上得到更多曝光，因为这些媒体约束较少。新闻社会责任的困局经常缠绕印度媒体人，其原因在于不断变化的异常性边界、媒体间和媒体内竞争，以及与西方媒体中印度新闻的接触。中心小组受访人进一步证实了这一点。

七、人们对新闻的定义

在两个城市进行的中心小组访谈，得出了 3 种媒体的新闻呈现与消费的有意思的数据。每个分组讨论——记者、公关人员以及高低社会经济地位的媒体受众——在新德里和海德拉巴德进行。

记者组由 23 位全国性与区域性媒体的资深编辑、记者、纸媒专栏作家、新闻制片人以及电台和电视台通讯员组成。该组大部分为男性，因为只有两位女性回复了访谈邀请。公关组则由 26 位男性和女性构成，是最热烈而坚持己见的小组。他们代表了公共和私人组织，也包括政府和印度公关协会理事会成员。28 位高社会经济地位受众组受访人包括跨界专业人士、公司经理、商人以及家庭主妇。回应的多样化反映着该小组的社会经济地位、职业兴趣以及在个人新闻品味上的性别差异。最后，由 27 位受访人组成的低社会经济地位小组，包含大学雇员、工厂工人、初级文员、办公室勤杂工以及清洁工。该组讨论刺激而有趣，因为人们自由发牢骚批评媒体和政府，指责他们不顾及民生。显然他们对媒体抱有较高期望。

第一个问题询问人们阅读报纸、收听广播或看电视新闻的原因。最直接清楚的回答即为"了解周边世界"。信息和知识是人们需求的结果。这一方面出现在高低社会经济地位受众和公关人员之间，他们的陈述一般是"新闻是教育、提供娱乐和增加社会常识的东西"，还有一位男性谈道："新闻扩展人的知识，这对人和国家的发展和进步都有助益。"访谈中出现的另一个因素为选择。人们展现出对新闻消费模式的理解——

意即，虽然媒体产出量巨大，但新闻之于个人的消费取决于个人的新闻兴趣。年龄、性别、职业、收入和社会阶层是一些塑造新闻兴趣的变量。

印度人热衷政治，这在高或低社会经济地位受众组的主题访谈中都有所体现。记者认为民众对政治信息处于饥渴难耐的状况，并且人们依赖于媒体来得到这些信息，欲了解政府和政治家为公众做了些什么努力。相似的政治兴趣也为公关和媒体人员以及受众所阐述。由于印度政治气候不稳定，以及印度政府、各个州意识形态不同的政党纷繁复杂，所以政治不确定性的更新信息在媒体议程中极为突出。

大部分受访人尤其是媒体人和公关人员，认为某个议题的重要性、发生或事件是媒体对待和呈现新闻的指导标准。大部分受访者（近乎80%，除了记者）认为人的本性驱使人们更多注意负面新闻。但实证研究表明，基于此的新闻选择或呈现关系微弱，因为记者为法律、道德和公众敏感所束缚。对这种新闻的呈现——甚至依据事实——都可能引发恐慌、暴力和其他不希望发生的结果。新闻之影响（正面或负面）对公关则极为重要。

在中心小组访谈期间，异常性和社会意义维度成为新闻呈现和消费的指导原则。

1. 异常性

与作为公民对社会政治不安稳及国内犯罪率和腐败上升的关注有关，对异常性新闻的兴趣和回忆，覆盖了印度这两个城市中心小组的大部分受访人。媒体消费者称，"新闻全是谋杀、政府政策和国内国外事件"，以及"新闻是我们听到的有关政府和人的腐败以及有关娱乐的信息"。异常性概念有统计、社会变迁和规范异常性的影子。对异常新闻的偏好出现在记者报道新闻和受众的新闻兴趣中。女性相对男性而言对异常新闻更有兴趣。她们解释道，这是因为她们在提高警惕以及保护孩

207

子和自己上有更大的责任。

受访者认同异常性新闻铺天盖地，无所不在。一位记者的观点为："负面性使得事件成为新闻，而只有极其负面的新闻才是真正的新闻。"媒体以耸人听闻的标题、粗体字、显著位置和极具冲击力的图片等方式突出这种新闻，以吸引纸媒读者的注意力，一些粗体和具有冲击力的新闻报道方式已被电视引用。

记者对新闻的概念、异常性、社会意义和新闻的构成因素有清楚认知，其主要的关注点在于为公众提供信息。他们认为，新闻本身必须构建在事件的基础上，而以新奇（不寻常、出乎意料，可能也有异常性）以及对公众生活有确切影响的意义为衡量标准。记者认为，虽然灾难是负面新闻，但报道这种事件（有时夸张报道）很重要，以帮助灾民及时获得所需。他们称，犯罪也时常被报道，这让人们保持警觉，因为社会需要减少犯罪。在记者的新闻兴趣与媒体消费者所关心的话题以及对一场新闻的消费上，可以看出一定程度的相互取向。犯罪、独家新闻、丑闻和灾难常被记者称为不同寻常（异常性）而又影响民众生活（社会意义）的事件，这些事件有时是政府疏忽造成。

消费者则很谨慎，在轰动性新闻（例如政治丑闻和腐败）以及犯罪新闻（例如强奸、谋杀以及针对女性的暴力）内涵描述上有些迟钝，但这些新闻的阅读率很高，因为这促使他们保持警觉，避免成为受害者。所有受访者尤其是女性，坦陈她们很注意阅读犯罪新闻，这些新闻已经达到了能引起警觉的程度，尤其在新德里（异常性和社会意义）。在新德里，对犯罪新闻的关注是一种保护—生存机制，没人可以否认生存问题的社会意义。并且，这种新闻吸引读者注意，也促进发行量和广告收入。海德拉巴德一位高社会经济地位的受众谈道："因为（报纸间）的价格战，负面新闻很有吸引力；人们也应该从报纸的视角来看，因为他们也想卖报纸。"

因此，具有异常性的新闻也同时具有社会意义。虽然大部分中心小组讨论围绕在对异常性以及政府和媒体的批判上，但对新闻的定义则十分明显地集中在获取和分享知识的社会意义、带来幸福感和乐趣以及改善生活上。

2. 社会意义

有关发展和社会意义的新闻对印度媒体人和消费者来说更像是一种替代和解脱，消费者们对铺天盖地的异常信息——比如政治丑闻、犯罪和腐败，以及自然灾害如洪水和地震——几近麻木。

许多受访者质疑"没有消息就是好消息"的说法。一位海德拉巴德资深公共从业者谈道："人们想要了解与切身相关的事件，这在当今大部分报纸上非常缺失。"其他人则谈到他们选择那些能够改善和启发其生活，以及改善地位的新闻。他们试图将新闻定义为"直接或间接影响我们的事件，并且帮助我们过更好的生活，同孩子分享新鲜事物"或"有特定目的的信息，并具有影响、观点或针对某个问题的解决方案"。

高社会经济地位的受众方面，具有社会意义的新闻被限定为他们认为有意义的事件，而并不必然是整个社会都关注的事件。在这个社会层级上，生活方式问题（例如健康和营养、美容、时尚、艺术、社会和文化事件、名人新闻、子女高等教育）成为他们关心的主要议题。在职业层面上，他们关注与经济、投资、贸易、商业政策和科学技术发展有关的新闻。低社会经济地位的受访者期望媒体提供能够改善其生活的信息，最重要的是可以帮助他们过上安全的生活。

记者表现出对受众的需求和期待的理解。受众、编辑和生意限制着记者的实际新闻报道。正如一位资深记者所述，"真正的政治是人的政治，却从不报道和讲述"。虽然大部分记者对政治发展很有兴趣，但也有一些显示出对社经发展、科学、教育、文化、文学和艺术话题的兴趣。然而，他们坦陈对这些新闻的处理（在研究进行之时）肤浅而不足。

媒体消费者感到媒体的责任在于报道具有社会意义的新闻。在此背景下，一位受访者谈道："新闻是直接影响环境（并）改善健康、政治和社会生活的事件。"他们确实注意到并欢迎报纸的新闻报道从过多政治到多样话题的转变。正如一位高社会经济地位的受访者的观察："报纸一定在改变，因为报纸有了有关发展的新闻、社会新闻、女性新闻，并出现了关于健康、环境、社会生活、家居和娱乐的话题。"

对受访者回答进行大范围评估后可见，虽然异常性影响事件的新闻价值，但社会意义是新闻生产者和消费者所关心的更重要的维度。在一些方面也反映了更广范围的影响：新闻对受众需求更加敏感，此即自上而下的"供者最优"思维模式的转变。然而其风险则在媒体之内，此转变更是市场和发行量而非采编驱动，倘若许多记者的回复能反映状况的话。

3. 信息、知识和社会目的

媒体对新闻的期望中心与新闻生产者及消费者之于新闻的定义存在显著转变。消费者将新闻定义为帮助他们了解知识并改善其生活的事物。

高社会经济地位的受众组在以获取知识为目的的信息索取之中更多强调社会目的。他们同时强调新闻的社会沟通功能，因为他们将新闻定义为连接人群、朋友、生意伙伴以及专业人士的工具。新闻也帮助他们了解世界以及同家人、朋友和亲属交流。女性具有独特性别特质和信息索取行为，她们不仅需要并关注家庭相关话题（例如家居、健康、儿童、教育、营养），也关注能扩展其视野的有用信息（例如改善应聘能力、技能进步、美容）。

新闻和媒体对低社会经济地位的受众组极为重要，这亦很明显。他们对政治、国际新闻、犯罪和周边日常时间都有独特观点。那些不具有或者较少接触媒体的受众则积极从同侪获得信息，并且对媒体有明确期望。他们并不对政治腐败和"国际娱乐"感兴趣，如一位受访者所述，却欲求能够改善其技能和收入状况的信息。而其他组则对负面新闻有很实际的看法，低社会经济地位的受众提出并批评政府未能管理和回应相关问题，并详述了媒体的精英取向是对印度文化价值观的侵蚀。

八、生活中最重要的事件

每个讨论的最后，都要求受众回忆 3 件生活中最重要的事件。这里显示出，负面新闻并不具有最高的回忆频次，任何异常、具有社会或文化意义的事件都可能铭刻在受访人回忆中，即使该事件不具有任何个人相关性。在被受访人提出的一系列过往或当下的事件中，受访人回答往往较为相似，这反映了同一国家和文化族群相似的思考模式。其总趋势为个人回忆到全国性事件，相比之下，国际新闻出现得较少。

总的说来，统计到的主要事项是负面的。有趣的是，中心小组统 210 计到的相关重要事项（异常的和具有社会意义的）包含了前总理英迪拉·甘地及其子拉吉夫·甘地的被暗杀、巴基斯坦战争和两次地震，这些都导致了人们的痛苦情绪。其他的还有发生在克什米尔的持续紧张、关于政治与防务的传言以及板球比赛。

人们看到许多正面的消息，参与者们认可这个国家的人民取得的进步并为之高兴，无论这些进步是在科学技术、太空或者体育。年长的记者们还记得那些里程碑式的时间——这个国家于 1947 年独立、印度战胜了巴基斯坦、博克拉地下爆炸事件铺平了印度通往专有核能俱乐部的道路、体育赛事中的胜利。每个中心小组都有一到两位成员回忆起印度赢得 1983 年世界板球比赛冠军这一事件。基于参与者的解释，一些胜利被回忆起来，因为"它使我们自豪"，"它唤醒了我们国家的精神"或者激发了他们的道德。"我们很好，比其他国家的人更好"。他们提到的国际事件，只有第一个登上月球的人，还有美国总统克林顿访问印度。

从相关事项中可以得到一些重要的发现。我们假设西方个人化社会中能够被记得的事大多具有个人价值，亚洲的情况不一样，这里有浓厚的集体主义氛围，相关的文化因素体现了这一点，这里的人们不大关心他们自己的事情，更关心周围人的事情——比如他们的社区成员和更远的"国家"。对国家有意义的新闻条目对他们个人也自然具有意义。甚至相当异常的条目，比如地震、暗杀和灾难之所以为人们铭记，是因为它们具有重大社会意义。这个理由是基于"它们让全体印度人感到痛苦"，还有"政治领袖的被暗杀导致了更多的牺牲以及政治动荡"。

九、民众新闻偏好与报纸新闻的对比

把关人的测试揭示了读者理解、公共关系渠道以及记者们对他们个人所持意见的显著性和发表于媒体的显著性之相异程度。斯皮尔曼等级相关系数被用于检验报纸条目的实际影响与 4 种群体主观上的新闻价值。表 12.6 列出了两个城市的相关系数。这些发现表明在印度人那里，记者、媒体从业者与高社会经济地位的群体中，只有不多的相似点。在地位较低的群体中，这些相似点更低。而且，在不同的群体成员对新闻价值的判断中，在他们对报纸故事所给的实际关注中，这些相似点更少以至没有。

211　表 12.6　报纸新闻条目显著性和中心小组排名之间斯皮尔曼排名等级相关系数

	记者	公共关系从业者	高 SES 受众	低 SES 受众	报纸
记者	—	0.63^c	0.51^b	0.11	0.17
公共关系从业者	0.18	—	0.47^b	0.07	0.38^a
高 SES 受众	0.45^a	0.44^a	—	−0.01	0.19
低 SES 受众	−0.13	0.31	0.37^a	—	−0.04
报纸	0.23	0.38^a	0.33	0.07	—

注：新德里系数在更上面的三角上，海德拉巴德在更低的三角上。SES= 社会经济地位。

^{a}p<0.05; ^{b}p<0.01; ^{c}p<0.001。

在新德里，最强的相关关系出现在记者和公关人员之间（0.63），因为两组人员的职业背景相似。记者和高社会经济地位的受众之间的相关也同样明显（0.51）。公关人员与高社会经济地位者之间对新闻的定义很相似（0.47），这些中度的相似性可以归结为这些组员具有相似的社会经济背景。在海德拉巴德，等级系数有一个相似性，在记者、公共关系渠道和社会经济较高的组之间有一个平均线（0.45和0.44）。另外，高社会经济地位和较低的组之间的相关很低（0.37），这可归因于许多参与者对很多新闻头条漠不关心，因为与他们的生活毫无相关。

媒体实际报道（报纸中）与不同小组对新闻之评判间的数值中，有2个较高。这个系数清楚表明报纸和包括观众、记者、公关人员在内的参与者的兴趣之间缺乏一致。因此总体而言，在报纸的新闻价值与中心小组参与者之间存在不同。这毫无疑问反映出消费者偏好和媒体内容间的区别。

十、讨论

在印度，报纸、广播与电视间的话题结构大体相似，也有一定的区别。这些区别从新闻覆盖范围和媒体自身属性的国家和区域视角中显露出来。两个城市媒体的话题结构相似，同一城市的广播和电视之间也相似。但是国家的电视和广播新闻与地区的广播和电视新闻间，存在巨大的不同。

新闻倾向于具有地区特性，海德拉巴德的区域性新闻报道地区事件，而新德里媒体则凸显全国和世界事件，在英语和方言媒体之间也是如此，其差异显示出基于显著性、差异性和社会意义之上的新闻选择与呈现。

多样分析显示，异常性和社会意义成为影响新闻篇幅和位置的决定原则。在约一半的分析中，异常性和社会意义每个维度的影响系数都很高。然而，这些系数在各媒体之间略有差异，也在文本和图像内容间存

212

在不同。其影响模式多种多样，一些还有反方向影响，在极端异常事件获得很少或少量报道时尤其明显。图像内容也有类似趋势，一些平常不过的事件得到最多的曝光，反之亦然。最常见的还是统计和社会变迁异常性影响异常事件的显著性。异常事件的较低显著性归因于印度不稳定的政治、社会和经济环境，这使得媒体淡化最具异常性的事件，因为这些事件可能会引发国内秩序问题，尤其是那些与敏感话题例如全国和地区政治、社区政治和宗教起义有关的事件。

213 　　相对异常性，印度新闻更多为社会意义所影响，这在大部分分析中都很明显。政治、文化、经济和公共意义，尤其对于报纸，影响平均显著性分值。海德拉巴德的地区新闻将显著性赋予文化意义话题，不同于异常性，这种趋势在文本和图像内容上呈现出线性方向。该结论验证了显著性为社会意义所影响的假设。

　　多变量分析也显示出在预测显著性上的差异。规范异常性、经济和文化因素影响报纸文本内容显著性，规范性得分越低，报纸文本显著性越高。电视文本内容受统计异常性影响最大，其次是图像内容的政治意义。这也阐明了对比报纸，电视新闻数量更少、异常事件更多的状况。报纸对新闻的报道有更多延伸，日常性新闻占据了更大的空间，尤其在同其他媒体对比时，会影响其显著性得分。

　　中心小组中的新闻生产者和消费者充分阐述了新闻兴趣和本研究的核心概念。在消费者兴趣和对媒体内容的满意程度上，观点差别很大。异常性新闻通过对其进行的处理吸引人们的注意力：粗体标题、延伸报道和极具冲击力的图片。异常性新闻深受关注，常被人们提起，对于新闻的定义则从一般到具有特定个人以及职业兴趣。公关人员和高社会经济地位受众用异常性和社会意义视角定义新闻，而低社会经济地位受访者阅读和收听新闻的目的在于了解异常性事件，以保护和改善自身生活。在新闻兴趣和被回忆起的重要新闻中，记者、公关人员和媒体受众之间对事件之新闻价值的定义呈现出显著的相互导向。

总结而论，异常性和社会意义维度影响媒体新闻的显著性以及新闻制作者和生产者对新闻的定义。印度新闻和媒体可称得上与受众的新闻价值观相似，然而，考虑到每个媒体的基本特性以及该国的社会政治和文化环境，这两个概念的预测力在电视上比在报纸和广播上更强。但在总体分析中，印度研究验证了异常性以及更重要的社会意义是新闻选择和呈现的重要衡量指标这一观点，因为消费者寻找异常和有用信息以改善其职业和个人生活。

第十三章 以色列的新闻

阿基巴·A. 科恩（Akiba A. Cohen）、诺亚·罗夫勒－艾里凡特（Noa Loffler-Elefant）

一、以色列媒体生态

以色列国土很小，文化多样。截至 2000 年研究进行之时，以色列人口接近 630 万，其中 81% 为犹太人，17% 为穆斯林，2% 为基督徒（Central Bureau of Statistics，2002）。1948 年建国之时，该国犹太人口约为 600 000，现在增长到超过 5 000 000，这得益于从各个国家的大规模移民，也与种族背景和自然增长有关。非犹太人口的自然增长率高于犹太人。

以色列被认为是犹太人的祖国，希伯来语主导了媒体系统。不过近年有所改变，许多媒体，包括纸媒和广电媒体，开始使用其他语言包括阿拉伯语、俄语、英语以及其他欧洲语言。

以色列尚未正式颁布宪法，媒体自由长期为最高法院许多规定所约束，这与该国建立前英国托管机构的严厉管制形成鲜明对照。成立报社必须获得政府许可，不过这样的要求从未被拒绝。并且，官方关闭报社也只偶尔在希伯来语和阿拉伯语报纸出现过几次，并总是声称与国家安全密切相关。另外，官方军事审查仍然存在，但规则及实行逐年松弛，目前其约束力已很小。

1968 年成立第一个公共电视频道。广播局以执照费为经费来源，这种制度以欧洲公共广播管理模式为范本，尤其是英国广播公司（BBC）。1990 年前，以色列广播局（IBA）垄断电视广播。因为政府指派管理层，所以一直以来都高度政治化。有线电视于 1990 年进入以色列，以特权经营，靠订阅维持。另一个政府指派机构管理有线电视并指导卫星广播系统（DBS），包含以色列以及许多国外频道。有线电视和 2001 年成立的 DBS 系统都以订阅运营。国内有线电视频道和卫星电视系统都不允许播放广告。第二个广播电视频道可以在电视和 DBS 上收看到，以广告为收入，自 1992 年开始运营。该频道为分开独立的实体管理，即第二电视与地区广播局（Caspi and Limor，1999；Schejter，1999）。本研究开始后，第二商业电视频道（频道 10）建立，还有一个俄语频道，二者在有线电视和 DBS 上都可以看到。

虽然以色列电视不断发展，但广播一直是主流媒体，共有 5 个全国性公共广播，皆在 IBA 的管辖下，以执照费为收入，一些频道也有广告收入。另一个非常受欢迎的广播频道为 Galei Zahal，为以色列军队经营。本地商业广播频道从 20 世纪 90 年代开始播送，在第二电视与地区广播局管理范围内。这些当地广播相当流行，尤其在该国周边地区。另外，许多私人电台也面向以色列社会的不同受众，例如正统犹太人、阿拉伯人和俄罗斯移民。

以色列有 3 家主要的和 3 家较小的全国性希伯来日报，也有几家其他语言的报纸，包括两家英文报纸，《耶路撒冷邮报》和希伯来语精英日报《国土报》的英文版，《国土报》由国际先驱论坛报发行；1 家阿拉伯日报和 3 家阿拉伯周报；3 家俄语日报和许多俄语周报。另外，许多本地周报为全国集团发行，同时发行有 3 份主要的希伯来日报。这些周报通常于每周五出版，从几页到包含副刊的大型版本，前者主要在基布兹和莫夏夫，后者在中心城市发行。

以色列人新闻消费旺盛。约有 90% 的国民阅读一份日报，周末则读两份或以上。电视新闻通常决定电视收视率，尤其当国内有重大事件发生之时。这可能来自于以色列国内复杂的安全局势，以及不计其数的国内危机和冲突。最后，所有广播频道每小时都播送新闻，每半小时播送简短消息。广播设备到处都是，包含公共通讯缆，民众每天都会收听几次新闻。

以色列的本土媒体有独特特征，认识到这一点极为重要。大部分以色列媒体都是全国性的，主要原因在于以色列本身很小，并且崇尚社会团结。因此，像一个来自小乡镇的军人战死沙场这样事件的照片也会出现在所有的全国性报纸以及全国性电视上。本地媒体扮演的角色相对全国性媒体而言较为次要。本地媒体通常更多是全国性媒体消费的补充，而非一种替代。在许多方面本地媒体可以被认为是一种社区媒体。

本地报纸开始出现于 20 世纪 80 年代（Caspi，1986）并具有填补全国性报纸之过失的前景，在以色列的边远地区受到欢迎。根据最近的研究，以色列边远地区一直未能受到全国性媒体的关注和报道，当被报道之时，则通常落入"混乱"的偏见。（Avraham，2000，2002）

二、研究样本

研究选择的两座城市为特拉维夫市和贝尔谢巴。特拉维夫虽然不是首都，却是经济和文化生活的中心，人口密集。以色列大部分媒体尤其是报纸都在特拉维夫和周边地区。全国性电视和电台位于耶路撒冷——首都和人口最多的城市，而每个频道在特拉维夫都有办公室。特拉维夫没有本土电视台，有一家新闻广播在有线电视频道上每天播送新闻。特拉维夫也有几家本土商业电台以及两家全国领先的周报。

本研究在特拉维夫选择的报纸为《都市》，该报每周五出版，是对《国土报》读者的补充，在国内所有城市销售。选择的广播节目为《米什奥今早》，在特拉维夫本地电台最流行的频道——直达电台上播送。由于本土电台上没有真正的新闻节目，所以研究所选的节目是有关时事的。这些电台与全国其他电台组成集团。根据商业电视和广播管理机构提供的数据，在研究进行之时，该电台的收听率约为 12%。最后，选择的电视新闻节目为中央电视台一档 30 分钟的每日新闻，在一个有线频道上播放。

贝尔谢巴是位于以色列南部地区的边远城市，是南部地区的中心，小镇和村落稀疏分布。贝尔谢巴有4家本地报纸，其中两份是全国性报纸的补充。研究选择的报纸为《大内盖夫》，每周发行，是对《最新闻》的补充，《最新闻》是贝尔谢巴和内盖夫地区最流行的全国性报纸。选择的电台为南部广播，总部在贝尔谢巴。商业电视和广播管理机构提供的数据显示，该电台是全国第二流行的本土电台，研究进行之时到达率接近16%。本研究选择的节目为《南部今日》，探讨地区时事，电视选择的是《小镇话题》，其时每周于贝尔谢巴特权频道播放两次。 ₂₁₈

因为研究选择的报纸是周报（正如以色列所有其他本地报纸一样），所以这些媒体按连续5个周五来取样，而非像研究中其他国家一样在同一个完整星期。特拉维夫样本包含852条新闻，666条报纸新闻，107条广播新闻，79条电视新闻。贝尔谢巴则有1223条新闻，936条报纸新闻，155条广播新闻，132条电视新闻。

三、新闻话题

如表13.1所示，许多特拉维夫和贝尔谢巴的报纸话题都与娱乐有关（特拉维夫17.5%，贝尔谢巴13%）。有趣的是，电视和电台新闻并不全部报道娱乐新闻。这种现象可能因为两城本地报纸都是周报，不像电视和电台每天都在特拉维夫有新闻节目。作为周报，本土报纸补充全国性报纸，报道不同的、软性的话题。报纸中其他重要话题为文化事件（主要在特拉维夫，17.2%）和体育（特拉维夫14.7%，贝尔谢巴17.4%）。这些信息也不会在全国性报纸上出现。

另外一个有意思的发现是，贝尔谢巴报纸相对特拉维夫而言，对国内秩序的大面积报道（11%对3.2%），贝尔谢巴广播有16.5%报道这个话题，特拉维夫广播只有8.8%。只有在电视上特拉维夫对该话题的报道比贝尔谢巴多（13.5%对8.7%），可能因为特拉维夫与国内秩序有关的话题更可能出现在全国性媒体上，而有关贝尔谢巴的事件只可能偶尔被全国性媒体报道。

表 13.1　按照城市和媒体所进行的新闻条目话题的广泛分布

话题	报纸		电视		广播	
	特拉维夫	贝尔谢巴	特拉维夫	贝尔谢巴	特拉维夫	贝尔谢巴
娱乐	17.5	13.0	0	0	0	0
文化活动	17.2	8.8	9.9	15.1	0	0.8
体育	14.7	17.4	7.8	30.7	3.5	14.5
国内政治	9.7	7.9	11.3	7.8	39.0	20.2
有人情味事件	6.4	6.1	9.2	6.4	0	1.2
传播	5.9	2.9	0	1.4	0	0
商业／贸易／产业	3.4	3.0	0.7	0.9	0	2.0
住房	3.3	3.0	4.3	0.9	0	0.8
内部秩序	3.2	11.0	13.5	8.7	8.8	16.5
国际政治	13.7	7.6	14.4	0	13.4	8.6
教育	2.9	6.6	2.1	6.0	0	4.8
社会关系	2.8	4.2	4.3	6.4	6.6	9.7
时尚／美	2.1	1.2	4.3	2.3	0	0
经济	1.8	3.9	2.8	2.8	0.4	6.5
交通运输	1.8	3.9	2.8	2.8	0.4	6.5
国际政治	1.4	0.4	5.0	2.8	32.5	8.9
健康／福利／公益	1.3	5.1	2.1	1.4	0	0.8
环境	1.2	0.3	8.5	0.5	0	0
行业协会	1.1	1.4	0	1.8	0.4	2.4
灾难／事故／瘟疫	0.7	0.7	5.0	0.5	0.4	2.4
军事和防务	0.5	1.3	1.4	0.5	8.3	4.4
科学／技术	0.4	0.1	0	0.5	0	0
仪式	0.3	0.4	2.8	2.3	0	0
天气	0.2	0	0.7	0	0	0

话题	报纸		电视		广播	
	特拉维夫	贝尔谢巴	特拉维夫	贝尔谢巴	特拉维夫	贝尔谢巴
能源	0.1	0.1	0.7	0	0	0
其他	0.1	0	0	0	0	0
人口	0	0.1	0	0.5	0	0
总计[a]	100.0	100.0	100.0	100.0	100.0	100.0
	(n=920)	(n=1438)	(n=141)	(n=218)	(n=228)	(n=248)

注：分布以百分数的形式给出。

[a] 由于舍入误差，总计百分数可能并不是百分之百。

特拉维夫的电台新闻与本研究中其他电媒新闻有所不同。如前所述，研究分析的节目电台与全国其他电台联盟。这对理解其有限的话题差异很重要，其39%有关国内政治，另32.5%有关国际政治（通常与以色列相关）。其他话题有关国内秩序（8.8%）、军事和国防（8.3%）、社会关系（6.6%）和体育（3.5%）。大部分其他话题基本没有报道。话题报道的范围是不同媒体节目特征的标志，具有更多全国性特征，对地区议题较少侧重。

特拉维夫电视新闻对于环境议题的报道，比其他所有媒体都多（8.5%，其他为1.2%）。从这个层面上讲，本地电视新闻找到了独特的定位。贝尔谢巴电视新闻中体育新闻是主要话题，比该城其他媒体高出许多。

研究者计算斯皮尔曼等级相关系数，从而验证了不同媒体不同话题之间的相关关系（见表13.2）。贝尔谢巴和特拉维夫报纸话题之间系数很高（0.88）。相对较高的相关系数也出现在两城电视和广播新闻之间（分别为0.65和0.80）。这些发现很有意思，因为人们可能觉得两城之间的不同会导致当地新闻关注中心的不同。如前所述，贝尔谢巴是个小而偏远的城市，并不出现在全国性媒体上，而特拉维夫是以色列的中心城市。猜想贝尔谢巴媒体聚焦于全国性媒体不会报道的国内、城市事件顺理成章，而特拉维夫则没有什么必要报道这些事件。出人意料的是，两城之间较高的相关系数并不支持这种设想。相反，它们展现出两城媒体关注的话题领域相同的现象。然而在此背景下需要说明的是，为了进一步研究两城之间的差异，报道的特征也需要进行验证。

表 13.2　多种媒体新闻的新闻话题排名间的斯皮尔曼等级排名相关系数

	特拉维夫报纸	贝尔谢巴报纸	特拉维夫电视	贝尔谢巴电视	特拉维夫广播	贝尔谢巴广播
特拉维夫报纸		0.88[c]	0.46[a]	0.58[b]	0.14	0.35
贝尔谢巴报纸			0.45[a]	0.60[c]	0.31	0.56[b]
特拉维夫电视				0.65[c]	0.43[a]	0.55[b]
贝尔谢巴电视					0.48[a]	0.72[c]
特拉维夫广播						0.80[c]
贝尔谢巴广播						

注：[a] $p < 0.05$; [b] $p < 0.01$; [c] $p < 0.001$。

221　　分析两城不同媒体的相关关系后，我们得出了有趣的结论，也与两城差异有关。在特拉维夫这个大而多样的城市，媒体之间的相关系数相对较低。考虑到之前探讨过的流行话题问题，该结论并不意外。特拉维夫报纸将侧重点放在文化和文化事件的报道上。像特拉维夫这样的城市是文化活动和发展的永恒源头。当地电视新闻对于环境话题的关注则是其独特的报道特征。正如前文所述，电台新闻更多是全国性导向的（因为只有几家本地电台报道新闻）。因此特拉维夫不同的中心导致其相对较低的相关关系（报纸和电视 0.46，报纸和电台 0.14，电台和电视 0.43）。最低的相关关系系数出现在特拉维夫报纸和广播之间，这可以由两者极为不同的特性解释。第一个是本地周报，聚焦于文化，而第二个则是集团化趋势的日常节目，侧重时事。贝尔谢巴则如前文所述，是一个偏远小城，却具有同特拉维夫一样的活力。由此我们设想，每周发生的硬新闻事件极为有限。这个结果支持了贝尔谢巴媒体之间存在相对较高相关系数的猜想（报纸和电视 0.68，报纸和广播 0.56，电视和广播 0.72）。

四、新闻异常性

本研究的基本假设为新闻越具有异常性，在媒体上的报道就越显著，也即异常性事件会占据更多空间或时间，相对其他事件也会被置于更加明显的位置。表 13.3 呈现出 3 个异常性维度的显著性分值：统计异常性、社会变迁异常性以及规范异常性。

不同水平异常性的显著差异出现在 30 项分析中的 10 项，而其中只有一个包含图像内容（贝尔谢巴电视图像内容的社会变迁异常性）。在 30 个分析中的 21 个中，没有一个被编码为"极度异常"，其中 9 个没有被编为"相当异常"。在特拉维夫，除广播外，以色列所有媒体都是本地媒体，报道的新闻多为市内的或地区级别的，通常没有太异常的事件发生，这可能可以解释以上现象的出现。10 个出现较高结果的分析中，有 6 个显著性随着异常性升高而升高，呈现出线性关系。在另一个分析中最低的显著性分值对应了最少异常性新闻，最高显著性对应了最异常新闻。

社会变迁异常性也是显著性的最好指示器，越具有社会变迁异常性的新闻显著性就越高，这出现在 4 个案例中。在特拉维夫，异常性的影响最常出现在报纸中，其显著性对所有异常性维度都有所不同，与社会变迁异常性呈现出线性增长关系。规范异常性则不存在线性相关关系，224 但异常性最低的一组得到最低的分值，最高的一组得到最高分值。研究中特拉维夫其他媒体数值并不明显，但电视新闻文本内容的规范显著性分析则很高，但异常性和显著性之间未呈现出线性相关关系。在贝尔谢巴，电台新闻数据在所有维度的异常性都有线性关系，贝尔谢巴电视新闻也在社会变迁异常性和文本、图像内容显著性上具有线性关系。

表 13.3 按照城市和媒体划分的平均语言和视觉异常强度显著分数

异常强度	特拉维夫					贝尔谢巴				
	报纸		电视		广播	报纸		电视		广播
	只是语言 (n=661)	语言和视觉 (n=339)	语言 (n=79)	视觉 (n=79)	语言 (n=106)	只是语言 (n=926)	语言和视觉 (n=330)	语言 (n=132)	视觉 (n=132)	语言 (n=155)
统计异常										
(1) 普通	377.2[c]	778.1	199.3	204.4	0	233.[c]	812.7	142.8	148.7	56.2[c]
(2) 有些异常	744.9	863.2	289.2	419.4	190.6	444.1	1120.2	255.3	0	117.2
(3) 相当异常	1896.6	0	248.2	176.4	283.0	808.3	119.7	0	0	231.2
(4) 极度异常	680.0	0	0	206.4	390.7	132.0	0	0	0	0
社会改变异常										
(1) 对现状没有威胁	413.8[b]	775.3	207.1	206.4	208.0	386.3	836.3	137.9[c]	143.9[b]	81.1[c]
(2) 最小的威胁	766.6	879.9	0	0	303.1	463.3	470.0	851.4	783.0	158.9
(3) 中度的威胁	1246.8	0	152.4	0	306.2	719.3	0	0	0	362.2
(4) 重要威胁	0	0	0	0	0	0	0	0	0	0
规范性异常										
(1) 没有破坏任何规范	389.9[b]	783.0	163.6[c]	196.0	254.4	370.4[a]	828.5	127.3[b]	139.2	66.7[b]
(2) 最小的破坏	643.2	694.2	387.4	251.8	245.2	312.1	1510.2	236.5	238.5	97.0
(3) 中度破坏	612.5	0	221.9	248.4	291.4	624.8	470.0	470.3	294.0	190.2
(4) 重要破坏	1119.5	0	232.3	633.6	245.0	0	0	157.3	0	0

注：[a] p < 0.05；[b] p < 0.01；[c] p < 0.001。

五、新闻中的社会意义

研究假设为新闻越具有社会意义，在媒体上就越为显著。此结果呈现在表13.4，40个差异性分析中，12个得出较高差异结果，其中只有两个比较高，出现在两城电视上。在特拉维夫，社会意义的影响最常出现在报纸上，显著性在3个维度的异常性中颇有不同。两个维度，经济意义和文化意义同显著性存在线性相关关系。第四个维度，公共意义则不明显。特拉维夫其他大部分媒体的分析也不明显，除了电视新闻文本内容的政治意义。

在贝尔谢巴，广播新闻在政治和公共意义这两个社会意义维度上呈现出线性关系。第三个维度经济意义则不明显，但与显著性分值存在线性相关。同样在贝尔谢巴，电视新闻也有明显的线性关系，出现在社会意义四个维度中的3个：政治、经济和公共意义。

从更大范围来分析数据可以发现异常性和社会意义较高的差异得分具有相似性。社会意义理论上包含4个维度：政治、经济、文化和公共。特拉维夫报纸有其中3个的差异数值较为明显。在其他3个维度中，贝尔谢巴电台也出现较高数值。特拉维夫电视新闻呈现出两个显著差异，贝尔谢巴电视新闻则有3个出现在文本内容，一个出现在图像内容上。

对比这些数据与表13.3中的异常性分值可以发现许多相似之处。特拉维夫报纸和贝尔谢巴电台有许多分析的数值较高，而特拉维夫电台和贝尔谢巴报纸则没有突出结果。两城都只在电视图像内容之公共意义上存在较高数值。这个结果可能意味着异常性和社会意义以某种方式存在相关，换句话说，当媒体呈现异常性之时，同时也表现出社会意义。因此，与研究假设一致，异常性和社会意义是广义新闻价值的两个维度。

表 13.4 按照城市和媒体划分的语言和视觉社会意义强度平均显著分数

社会意义强度	特拉维夫 报纸 只是语言（n=661）	特拉维夫 报纸 语言和视觉（n=340）	特拉维夫 电视 语言（n=79）	特拉维夫 电视 视觉（n=79）	特拉维夫 广播 语言（n=107）	贝尔谢巴 报纸 只是语言（n=927）	贝尔谢巴 报纸 语言和视觉（n=327）	贝尔谢巴 电视 语言（n=132）	贝尔谢巴 电视 视觉（n=132）	贝尔谢巴 广播 语言（n=155）
政治意义										
(1) 不重要	416.4[a]	779.1	165.2[b]	203.4	163.3	351.6[b]	846.8	128.2[b]	147.0	66.2[b]
(2) 最小	395.3	703.2	253.8	228.6	0	346.3	1047.2	236.5	270.0	81.3
(3) 中度	849.6	980.0	320.5	419.4	246.0	713.6	0	305.3	259.2	163.9
(4) 重要	775.5	0	0	0	397.6	138.0	0	0	0	0
经济意义										
(1) 不重要	416.4[b]	777.9	196.3	206.4	272.0	381.3	852.7	131.4[c]	148.7	104.8
(2) 最小	586.3	0	392.4	0	61.7	476.9	384.5	633.4	0	106.3
(3) 中度	1814.8	0	400.5	0	265.0	381.1	0	919.8	0	153.9
(4) 重要	0	0	0	0	0	132.0	0	0	0	0

社会意义强烈度	特拉维夫					贝尔谢巴				
	报纸		电视		广播	报纸		电视		广播
	只是语言（n=661）	语言和视觉（n=340）	语言（n=79）	视觉（n=79）	语言（n=107）	只是语言（n=927）	语言和视觉（n=327）	语言（n=132）	视觉（n=132）	语言（n=155）
文化意义										
(1) 不重要	363.2[c]	772.8	213.2	208.9	283.3	304.8[b]	847.0	173.1	168.8	124.1[a]
(2) 最小	577.5	821.6	189.6	195.4	87.1	476.2	944.8	92.8	95.2	62.9
(3) 中度	1326.1	1509.0	174.2	188.0	215.0	701.2	0	0	0	196.7
(4) 重要	0	0	206.4	0	0	0	0	0	0	0
公共意义										
(1) 不重要	405.7	780.0	180.1	193.4[b]	299.3	322.2[a]	851.1	126.2[c]	145.0[a]	66.9[b]
(2) 最小	541.3	534.9	256.2	220.8	117.8	460.9	649.0	180.9	545.4	143.3
(3) 中度	742.2	0	239.3	437.4	258.6	530.8	0	456.9	241.2	163.0
(4) 重要	960.0	0	264.6	0	477.0	814.9	0	0	0	0

注：[a] $p < 0.05$；[b] $p < 0.01$；[c] $p < 0.001$。

六、作为新闻显著性指标的异常性和社会意义

为了同时验证异常性和社会意义所有维度对新闻显著性的影响，研究进行了8项递归分析。对两个城市分别进行报纸文本内容、图像内容和电视与广播的文本—图像内容的显著性分值测量。如表13.5所见，除了两个不明显的分析（特拉维夫电台显著性和贝尔谢巴报纸的文本显著性），所有回归分析都得出较明显结果。但在3个案例中，被解释的差异性很小——5%或以下。

异常性和社会意义对电视的预测力比其他媒体要高——贝尔谢巴45%，特拉维夫20%。在贝尔谢巴，4个文本内容在预测显著性上很明显：社会变迁异常性、规范异常性、经济意义和公共意义。特拉维夫则是两个维度：规范异常性和政治意义。两者的图像内容结果都不明显。

两家电台中，只有贝尔谢巴的差异性得到解释（17%）。对新闻文本内容有较高作用的是社会变迁异常性和规范异常性。在特拉维夫，文本内容异常性的差异有9%为统计异常性和文化意义所解释。对贝尔谢巴新闻的相同分析得出5%的差异性解释。

对比异常性和社会意义的不同维度可以得出有意思的结论，从差异性分析可见，没有变量可以影响图像内容显著性。差异性分析显示几乎在图像内容的异常性和社会意义之间不存在明显差别。统计和规范异常性各在3项分析中有明显作用。统计异常性对两城报纸差异存在有效影响：特拉维夫的文本和文本—图像内容显著性，贝尔谢巴的图像—文本内容显著性。

表 13.5 新闻显著性中异常和社会意义强度的逐步回归分析

独立变量	特拉维夫								贝尔谢巴							
	报纸显著性只是语言 $R^2=0.09^c$ (n=661)		报纸显著性视觉和语言 $R^2=0.04^b$ (n=330)		电视显著性 $R^2=0.20^c$ (n=79)		广播显著性 $R^2=ns$ (n=106)		报纸显著性只是语言 $R^2=ns$ (n=924)		报纸显著性视觉和语言 $R^2=0.05^c$ (n=319)		电视显著性 $R^2=0.45^c$ (n=132)		广播显著性 $R^2=0.17^c$ (n=155)	
	r	Std. Beta	r	Std. Beta	r	Std. Beta	r	Std. Beta	r	Std. Beta	r	Std. Beta	r	Std. Beta	r	Std. Beta
异常性																
— 统计异常，语言内容	0.25^c	0.22^c	0.19^b	0.19^b	0.10	ns	0.17	ns	0.06	ns	0.23^c	0.23^c	0.13	ns	0.32^c	ns
— 统计异常，视觉内容	—	—	0.03	ns	0.02	ns	—	—	—	—	0.06	ns	ns	ns	—	—
— 社会变化异常，语言内容	0.13^b	ns	0.09	ns	−0.04	ns	.13	ns	−0.01	ns	0.03	ns	0.45^c	0.31^c	0.38^c	0.31^c
— 社会变化异常，视觉内容	—	—	0.01	ns	ns	ns	—	—	—	—	−0.02	ns	0.28^b	ns	—	—
— 规范异常，语言内容	0.14^c	ns	0.07	ns	0.20	0.26^a	0.06	ns	−0.02	ns	0.06	ns	0.21^a	0.23^b	0.28^c	0.17^a
— 规范异常，视觉内容	—	—	−0.02	ns	0.26^a	ns	—	—	—	—	0.07	0.17	ns	—	—	—
— 政治异常，语言内容	0.07	ns	0.01	ns	0.36^b	0.36^b	0.17	ns	−0.02	ns	0.11^a	ns	0.26^b	ns	0.26^c	ns

独立变量	特拉维夫								贝尔谢巴							
	报纸显著性只是语言 $R^2=0.09^c$ (n=661)		报纸显著性视觉和语言 $R^2=0.04^b$ (n=330)		电视显著性 $R^2=0.20^c$ (n=79)		广播显著性 $R^2=ns$ (n=106)		报纸显著性只是语言 $R^2=ns$ (n=924)		报纸显著性视觉和语言 $R^2=0.05^c$ (n=319)		电视显著性 $R^2=0.45^c$ (n=132)		广播显著性 $R^2=0.17^c$ (n=155)	
	r	Std. Beta	r	Std. Beta	r	Std. Beta	r	Std. Beta	r	Std. Beta	r	Std. Beta	r	Std. Beta	r	Std. Beta
政治异常，视觉内容	–	–	0.00	ns	0.14	ns	–	–	–	–	0.05	ns	0.07	ns	–	–
经济异常，语言内容	0.12^b	ns	0.12^a	ns	0.25^a	ns	–0.06	ns	–0.02	ns	0.03	ns	0.51^c	0.47^c	0.10	ns
经济异常，视觉内容	–	–	ns	ns	ns	ns	–	–	–	–	–0.03	ns	ns	ns	–	–
文化异常，语言内容	0.21^c	0.17^c	0.09	ns	–0.07	ns	–0.09	ns	0.03	ns	0.10	ns	-0.19^a	ns	–0.01	ns
文化异常，视觉内容	–	–	0.06	ns	0.03	ns	–	–	–	–	0.01	ns	–0.17	ns	–	–
公共异常，语言内容	0.10^b	ns	0.05	ns	0.17	ns	0.02	ns	–0.03	ns	0.12^a	ns	0.36^c	0.19^b	0.24^b	ns
公共异常，视觉内容	–	–	–0.03	ns	0.31^b	ns	–	–	–	–	–0.01	ns	1.2	ns	–	=

注：ᵃ $p<0.05$；ᵇ $p<0.01$；ᶜ $p<0.001$；ns＝不是最终逐步回归等式的一部分。

规范异常性影响两城电视显著性和贝尔谢巴广播显著性。社会变迁异常性在特拉维夫并不明显，但却是贝尔谢巴电视和广播显著性的有效指标（0.31）。

有趣的是，社会意义的每个构成维度只对两城的一个媒体有效。政治意义（0.36）和规范异常性是特拉维夫电视显著性的主要决定因素。经济意义对贝尔谢巴电视很有效用（0.47），公共意义对其亦是略有影响的因素（0.19）。文化意义是特拉维夫报纸的有效因素（0.17），这可以预料得到，因为与文化和文化事件有关的大幅报道出现在特拉维夫报纸上。

正如前文所述，最大程度上被预测的差异性出现在贝尔谢巴电视内容显著性上。这可以通过四个维度说明，主要因素为社会变迁异常性（0.31）和经济意义（0.47），规范异常性和公共意义是略有影响的因素。其他两个媒体则至多有一到两个维度因素影响显著性。

七、人们对新闻的定义

在以色列组织中心小组访谈并不容易，尤其是记者。特拉维夫组织了 4 个小组访谈，贝尔谢巴是 5 组，因为将纸媒和广电媒体记者聚集在同一组很困难。总体来说中心小组的规模从 7 个到 10 个受访者不等。受众小组包含高低社会经济地位，在其中一个受访者家中进行，该受访者负责邀请其他组员。记者和公关人员小组访谈在其中一个同意组织访谈的受访人办公室进行。贝尔谢巴部分在 2000 年 5 月到 9 月举行，特拉维夫访谈在 2001 年 7 月到 11 月进行（其中 3 个组在 2001 年美国"9·11"事件之后进行）。以色列中心小组有一个典型特征，即受访者争论程度较高，这是以色列人观点丰富而激烈的表现。

中心访谈的第一阶段是询问受访者生活中 3 件最重要的新闻。受访者通常回忆起战争、恐怖行动、和平谈判和其他政治事件。以色列前总理伊扎克·拉宾遇刺在所有小组中都最常被提起，除了贝尔谢巴低社会经济地位的受众组。受访者说出写下的事件之后，大部分没有提到拉宾的受访者需要道歉或者要解释原因，这个现象很有趣。

231 前文所及，3 个中心小组访谈在"9·11"事件之后进行，这使得许多受访人提到该事件，然而所有小组提到的大多是以色列事件而非国际事件。只有少数以色列之外的新闻被提到，例如柏林墙倒塌、苏联解体以及人类基因序列解码。

相当一部分受访人提到 1977 年埃及总统安瓦尔·萨达特访问以色列，并且描述他到达以色列机场的盛况。在该事件上，一些受访人谈到是历史发展而非媒体创造了这一事件，诚然，许多受访者提到引发社会或政治变革的是时间，因此，正如一位贝尔谢巴女性公关人员试图给她提到的事件归类一样："我提到的共同特性在于一种个人感觉，所有事物都在变化，向着更好或更差……极富力量或失去力量变化。"一位特拉维夫公关人员谈到人类基因序列解码，并这样说："这个事件标志着一个时代的结束和一个全新时代的开始。"另一个受访者也在以色列撤离黎巴嫩事件上提到"时代结束"的比喻。特拉维夫高社会经济地位的受众组里一位受访者谈道："这些是预料得到的事件，曾经是的事件和将会成为的事件并不一致。"最后，另一个受访者认为："在我相对很短的生命中，这些是发生过的最有意义的事件，有重大历史意义，并且一直都有意义。"

下一个讨论主题围绕着什么样的信息同受访者有关这一话题，意即是正面新闻还是负面新闻，以及过多或过少报道的新闻话题。

特拉维夫公关组表现出对媒体的工具性态度，将报纸描述为收集媒体机会的过程。他们觉得正面新闻和负面新闻之间的差异没什么意义。根据他们的观点，主要衡量标准是新闻同其职业和个人生活的相关性。他们将大量负面新闻视为媒体特性，以及比正面新闻更加吸引读者。

贝尔谢巴公关人员也将负面新闻与受众参与联系起来。小组发生了一场辩论，有关负面新闻的出现是因为现实的负面，还是由于记者向公众呈现他们想要新闻呈现的维度。一位女性受访者谈论道："有些事可以狠狠吸引人们的注意力。"这个小组声称暴力和政治的夸张报道以及科学和医疗成就与环境报道较为缺失。另一个女性受访者觉得媒体已经到了歇斯底里的地步，并由此在生活的每个领域里都给歇斯底里行为赋予了合法性。

特拉维夫的记者与公关人员相似，认为最吸引其注意力的是与其相关的信息。几位受访人解释道，吸引其注意力的信息通常是新而异常的。在辨别什么种类的信息吸引其注意力时，一位受访者说："唯一令我感兴趣的情况是事件告知了新的信息，或者具有特别的、不同寻常的事件……'新'这个词是关键词，我之前从未听过的信息就是有趣的。"另一位受访者同意这个观点，并补充道："只有极其好或极其坏、极端的信息才会吸引人的注意力。"小组在报道积极新闻问题上展开激烈辩论，一些受访者认为，报道市政府预算增加或治安状况良好这种事并不算新闻，因为政府官员和警察就应该为公众利益服务，因此不应受到特殊关注。其他受访者则认为，作为受众他们想要获知这样的信息，却通常极为匮乏。相似的争论也在贝尔谢巴记者组出现，其中一些受访者认为媒体的角色是报道非秩序的事件，这也是受众的期望。特拉维夫记者达成共识，认为受众偏好负面和轰动新闻，但同时受众指责媒体履行其义务的方式。

在贝尔谢巴记者组的讨论中，这个问题并不事关正面抑或负面新闻，而是受众对"让他们兴奋"的新闻感兴趣。新闻的中性测试也许有些主观。在贝尔谢巴也提出了显著性问题。本地电视新闻节目的一位编辑解释道："相近引发注意。"另一位受访者补充道："如果贝尔谢巴居民赢了几百万乐透彩，我也坚信这件事会淹没所有强奸、谋杀或腐败案。这是路人甲都会看出来的事件。"贝尔谢巴的几位记者抱怨全国性媒体并不报道国家周边地区事件。一些则认为媒体倾注了太多注意在犯罪上，而极少在教育、环境和娱乐上。

贝尔谢巴低社会经济地位的受众组也同样抱怨媒体对犯罪和政治的过度报道和教育、文化以及娱乐报道的缺失。受访者通常不承认正面新闻和负面新闻之间的差异，强调了解有用信息的重要性。他们说，正面信息可以改善生活，而负面信息可以帮助他们了解必须避免的事情。相似的概念也同样在贝尔谢巴高社会经济地位受众组出现。大部分受访者认同之处在于，虽然他们喜欢阅读正面新闻，但他们也为负面新闻所吸引，这是出于一种认同感和了解信息的欲望。正如一位受访者所说：

233 "所有坏新闻都源自坏事物、负面事物、脱离正常发展方式的事物，这事实上可以成为改善的开始，之后才能出现好消息。"

在记者之间的辩论中，一些低社会经济地位受众组的受访者埋怨媒体总是偏向负面新闻，但一些其他受访者则声称媒体之角色以及艰难的状况亦并非媒体本意。一位受访者如是说："我认为健康社会的基础是我们认为好的状况是理所当然的是，并且认为坏事物是我们需要解决的异常状况。"

高社会经济地位的受众组一位受访人说，她为有新奇事物的信息吸引，不管是正面还是负面。小组中的其他人则声称在这个方面正面新闻并不常见，并且这就是它们在被报道之时显得突出的原因。对大部分人来说——中心访谈小组之外的人——受访者认为偏爱负面和轰动消息。

中心小组受访者解释道，媒体在某些领域过度关注，例如政治，却不报道什么新事件。他们要求媒体报道更及时，而非重复性。这个组也同样指责媒体在教育、体育或南部地区事件以及边远地区上报道不足。

特拉维夫高社会经济地位的小组受访人根据研究假设明确指出吸引其注意力的信息类型。其定义包含新的或突发信息、极端事件（即使是个人层面）、异常规则以及常被引用的"人咬狗才是新闻"。一个受访者强调其他维度吸引他的注意力，以及他也对有重大社会、政治和经济意义的事件感兴趣。这个概念出现在一个女性受访人的描述中，她抱怨道，小组中的人们觉得一则尼日利亚艳后的消息是重大社会议题。

在小组访谈的最后，主持人直接询问受访者他们如何定义新闻。大部分受访者的直觉反应为"新的事物"。

在贝尔谢巴公关组，人们认为发生的所有新闻事件中，真正成为新闻的是那些具有改变观点和认知潜力、引发反响和与公众有关的事件。一位受访者是当地大学发言人，举了如下例子："在毕业典礼上有一位盲人学生以及一个年逾80岁的学生，成千上万的毕业生中他俩就成为新闻。"小组成员认同这两位学生改变了他们思考事物的方式。纸媒记者也认同："具有新闻价值的事件是人们津津乐道的那些。"电视新闻记者则区分了重要事件和有趣事件，他们认为重要事件是对我们日常生 234 活有影响的事件，有趣的事件为"性感"或者带来高收视率的事情。最后，高社会经济地位受众组认为成为新闻的事件必须异常于社会规范。

在特拉维夫，公关行业受访者强调商业考虑使得媒体报道有趣和对最大多数人重要的新闻。这个小组声称异常性成为新闻。"它不一定要使许多人都感兴趣，但因为它是异常的，所以它就会成为新闻，它不一定是新的，但会是有趣和吸引眼球的。"公关人员也认同他们对新闻内涵的认知不同于普通公众，因为大部分新闻事件都有利自我利益的结果。特拉维夫记者认为不同媒体新闻特征不同。

两城中，受众组将新闻描述为没有媒体就不会被公众知晓的信息。新闻的主要特征在于事件中的公众利益及其普遍性。受众组也提到决定新闻呈现的商业考虑。最后，特拉维夫高社会经济地位的受众组认为新闻的"质量"代表真实变迁，通过有节制而中性的语言呈现，并不以受众情感为目标，而在于受众认知。

八、民众的新闻偏好与报纸实际新闻的对比

中心小组的每个受访人都经历了3轮把关人实验，其中他们根据自己的判断对应该出现在报纸上的顺序对10条新闻（根据标题）排序。排好后主持人询问受访人用于排序的标准。

两城每个小组受访人都会提到的一个标准，是公众对事件的态度——意即，信息对一般公众之意义的程度，对人们有用或有意义的信

息，与私人和公众生活有关的信息。一些受访者将与教育有关的事件放在最重要的位置，而其他人则称他们把影响人数越多的事件排得越前。公关人员、记者和贝尔谢巴受众组感到新闻必须与事件的地理显著性有关：离他们越近，事件就越可能被排在前面。

最后的分析包含事件排序之间的关系，包括每个小组之间，以及每个小组与报纸实际新闻呈现之间。表 13.6 呈现出两组的斯皮尔曼等级相关系数。由于技术原因，贝尔谢巴高社会经济地位受众组的把关人实验数据不能呈现出来，因为未能较好记录。

235   **表 13.6   在报纸新闻条目显著性和中心小组排名之间斯皮尔曼排名等级相关系数**

	记者	公共关系从业者	高 SES 受众	低 SES 受众	报纸
记者	—	0.78[c]	0.81[c]	0.90[c]	0.57[b]
公共关系从业者	− 0.44[a]	—	0.78[c]	0.84[c]	0.56[b]
高 SES 受众	NA	NA	—	0.80[c]	0.49[b]
低 SES 受众	− 0.65[c]	0.75[c]	NA	—	0.67[c]
报纸	0.25	−0.16	NA	− 0.24	—

注：特拉维夫系数在更上面的三角上，贝尔谢巴在更低的三角上。SES= 社会经济地位。

[a] $p<0.05$; [b] $p<0.01$; [c] $p<0.001$。

特拉维夫所有 4 个中心小组之间的等级相关系数都是正的，并且很高，从最低值 0.78 到最高值 0.90。这意味着在哪些事件应该更显著哪些事件应该不显著的问题上，不同小组之间一致性很高。然而在贝尔谢巴，相关相对较低，记者与低社会经济地位受众组以及公关人员之间的排序呈现出负相关关系。这个结论意味着公关人员与记者之间的排序差异很大。

对事件实际呈现，两城之间的结果也差异很大。在特拉维夫，所有关系系数都是正的，从高社会经济地位的受众组的 0.49 到低社会经济地位的受众组的 0.67。另一方面，在贝尔谢巴，公关人员和低社会经济地位受众组的相关系数分别为 -0.16 和 -0.24，意味着两者之间相关很小。记者的相关系数也很低（0.25），意味着记者和实际报道之间的相关一致性也很小。

这可能说明在贝尔谢巴这个偏远城市，人们对其城市在媒体呈现中的地位很不满，满意度的缺失的确存在于报纸的实际报道上。有趣的是，公关人员与受众在表达其不满上"达成同盟"。另一方面，参与设定报纸规则的记者，也并不满意，虽然并未否定报纸新闻报道。

九、讨论

以色列是一个高度政治化并且冲突频繁的国家。作为一个历史较短的社会，这里经历了许多动乱事件，对其人民有长远影响。这些悲惨经历困扰了以色列许多年，尽管有不计其数的社会维度待处理——犹太人与阿拉伯人、宗教对世俗、左派对右派——但以色列人民总是能够在危急之时团结起来。

这也许很好地反映在中心小组受访者提到的"生活中最重要的新闻类型"当中。许多人提到了重大国家事件，例如开战和前述和平协议，以及导致总理拉宾遇刺的政治冲突（被许多人提到的事件）。这个社会背景也解释了为什么中心小组引发了诸多讨论，直接或间接与异常性和社会意义有关，即使并不总是准确提到这两个词。

并且，如前所述，以色列主要媒体都是全国性报纸、电视频道和广播。这些媒体通常将大量时间和空间给全国和国际事件，主要与以色列、邻国阿拉伯以及其与世界大国主要是美国的关系上。然而在当下的研究中所选的媒体是本地性质的，因此许多对全国都有影响的重大新闻通常不会出现在其报道中。

并且，国家边远地区由许多小城镇和乡村组成，在对这些地区的报道上，全国性媒体只偶尔报道几个事件，或者相对其他大城市事件来说，淡化这些边缘地带的新闻。正为了"补充"报道的缺陷，本地媒体聚焦于软性新闻事件上，包括多样的文化事件和体育。与缺乏此种类型事件报道的本地媒体相对应，中心小组受访人提到的是全国性事件，可能意味着他们相对并不准确。

这可能还与两城尤其在特拉维夫把关人实验中相对较低的相关系数有关。具体而言，这可能因为以色列对国家和国际政治这些在本地媒体上找不到的新闻很感兴趣，尤其是本地报纸（特拉维夫广播是个例外，如前所述，因为它事实上是全国媒体集团的一部分，探讨国家事件）。

以色列人具有社会视角，对多种多样的权威有批判性思维。他们常常指责中央政府、市政府和其他社会组织的政策。他们经常示威，并且威胁采取法律行动——而且相当频繁地那样做——通过要求针对机构的禁令。所有这些都在社会变迁需求以及新闻在促进该过程上与中心小组受访人的强调序列结合起来。

最后，以色列研究结果与以色列人对媒体既爱又恨的态度相符。如前所述，他们是高媒体消费者，尤其是新闻，他们通常却会表达对其国家的媒体报道话题多样性的缺乏的愤慨。边远地区的居民可能更为典型——像贝尔谢巴这样的城市——因为他们只在当其社区发生负面新闻时才能在全国性媒体上看到他们的城镇和乡村被提及。因此可以猜想，本地媒体尤其在贝尔谢巴，在补充全国性媒体上极为重要。然而这些期望也并未被实现，导致人们对本地媒体相当不满。

对这种失败可能有几种解释。一个是大部分本地媒体是全国性报纸集团的一部分，或在中央全国广电媒体管理者和运营者的审查之下。另一个解释则与本地媒体人员有关，本地媒体通常由年轻的、刚开始其职业生涯的年轻记者构成。他们大部分坦诚最终目标是在全国性媒体而非本地媒体工作。因此，以色列本地新闻媒体一方面相当多产而多样——尤其是纸媒——一方面则并不为其潜在消费者所青睐，虽然他们每周末都买本地报纸。

第十四章　约旦的新闻

穆罕默德·伊莎·塔哈·阿里（Mohammed Issa Taha Ali）

一、约旦媒体生态

约旦是个阿拉伯小国，自然资源有限。但它在中东地区的权力争夺中扮演了重要角色。约旦的重要地位来源于它与西方国家的政治和军事联系，它的战略位置在于它处于被大部分基督徒、犹太人和伊斯兰教徒称为"圣城"的十字路口，这赋予约旦部分主动权。与东部的许多邻国不同，约旦本身没有石油资源。其经济实力依赖于国外援助、海外劳工和农业生产。人均年收入为 1745 美元

2002 年约旦人口约为 530 万，每年以 2.8% 的比例增长。男性平均寿命为 65 岁，女性 为 70 岁。人口分布模式深受土地质量和水源的影响。近乎 90% 的人口聚居在约旦西北部。行政上，约旦被划分为 12 个省，安曼（同时也是首都的名字）是最大的省。

约旦媒体的研究文献很少。2000 年，约旦有 6 家日报，其中 4 家使用阿拉伯语，《观点》《宪法》《阿拉伯今日》和《市场》。另两份日报，《约旦时报》和《明星》以英语出版发行。

在约旦，媒体一直受国家严密管控。大部分媒体是私营的，却服从于审查。文化和信息部负责大部分日常媒体审查工作，但编辑通常进行自我审查以将与政府的矛盾降到最低。尽管如此，阿拉伯语报纸依然因为发表反对当局的文章而被停刊多次。在此背景下，媒体被视为政府公关力量的延伸。政府拥有官方新闻机构佩特拉。几家国际新闻服务机构在安曼设有办公部，分别是法新社、美联社、路透社、ANP、塔斯社，等等。

自从 1998 年开始，上述大部分限制都松弛了。事实上，日常出版

发行已没有任何限制，除非"相关部门"接到投诉信息。

除了日报之外，约旦还有 19 家周报，一些为反对党所有。这些周报中发行量最大的是《山峰》《国家》《道路》《约旦》和《新月》。

约旦广播和电视为政府管制。约旦电视是国营组织，运营有频道 1、频道 2（外语频道），以及约旦卫星频道，转播频道 1 的节目。约旦电台以阿拉伯语、英语和法语播送。电视每天有 20 小时为阿拉伯语节目，15 小时为英语。外语新闻主要针对约旦人，因为许多人讲英语。2000年约有 550 000 个拥有收音机的广播收听者。广播和电视都播放广告，也有政府资助。因为都接受广告，自然而然就有来自商业资源的大量资金。约旦政府允许私人电视台和电台存在，结束了长期以来的政府垄断。国内和国际投资者也被允许成立私人电视台和电台，但要严格遵从规定。政府也鼓励阿拉伯商业卫星电台进驻没有媒体的区域，尽管投资者对审查管制仍持有戒心保留态度。

所有约旦媒体——无论与政治、经济、社会还是体育有关——都没有自己的明确身份。这样的媒体身份特征包含明晰的媒体制度、专业化、专门化、背景知识和训练有素而熟知报道知识的记者网络。这些组成部分在约旦媒体中很匮乏。

1989 年侯赛因国王发起约旦民主化运动。随之，日报和周报数目从 4 份增加到 20 份，但质量仍然滞后。其时，报社社长或发行商可以是任何具有学历或有 5000 美元资本的人。去年颁布的法令将其资质提高到 8 年从业经验，至少有 5 年是在约旦从业，对日报资本的要求提高到350 000 美元。改革的原因正在于约旦充斥非专业而缺乏职业素养的记者。

241 ## 二、研究样本

本研究选择的两个城市为首都安曼和安曼北部 55 英里的较小城市伊尔比德。安曼人口 190 万，构成了全国 38% 的人口；伊尔比德人口90 万，构成全部人口的 18%。伊尔比德是为数不多的几所符合内容分析要求的约旦城市。安曼选择的报纸为《观点》，发行量最大。伊尔比德没有日报发行，因此选择流行周报《山峰》。

采选报纸样本的时间为组合而成的一星期，根据研究的一般要求，从周一，2000 年 11 月 13 日开始，到周日，2000 年 12 月 31 日结束。到小城市，因为《山峰》是一份周报，所以样本从周日 2000 年 11 月 12 日开始，持续 7 个连续的星期。

因为报纸和广电媒体的新闻周期不同，所以电视和广播新闻的取样内容则从报纸取样开始日期的前一天开始。因此，由于报纸取样开始于周一，所以电视和广播样本开始于周日，随后每一天取样日期都先于报纸取样日。

对安曼电视样本，研究选择约旦频道 1。该频道播送领先的国内电视新闻节目，声誉卓著，观众群最大。选择的日期与研究计划相同，从周日，2000 年 11 月 12 日开始，到周六，2000 年 12 月 30 日结束。主要新闻节目在晚 8 点播出。在伊尔比德，因为没有电视频道播送当地电视新闻，所有研究选择频道 1 播出的一档每晚 6 点的简短新闻节目，播送地区新闻。

研究选择播送最佳新闻的电台。在安曼选择了约旦广播主流新闻广播节目。该节目每晚 6 点播送。由于约旦广播较少，而且没有广播提供本地新闻节目，所以在伊尔比德选择了每晚新闻，晚 9 点播送，通常包含地区和本地新闻。

6 家约旦新闻媒体在研究中得出总计 3352 条新闻。两家报纸占据了大多数新闻数量——2761 条（《观点》1620 条，《山峰》1141 条）——随后是广播 297 条（安曼 166 条，伊尔比德 131 条）电视新闻有 294 条（安曼 227 条，伊尔比德 67 条）。

三、新闻中的话题

242

从表 14.1 看出，国际政治和国内政治占据了约旦电视和电台新闻的大多数。媒体通常以报道国家元首或政治家的出访和谈话来呈现该话题。约旦是一个坐落在政治动荡地区的小国，所以这样的结果并不出人意料。侯赛因国王逝世，其子继承王位以及中东地区恶化的和平进程都在这其中找到。除了国内和国际政治，即使在同样地域内，3种报道相似话题的手法存在显著差异，这在随后的说明中更加明显。

首先，对安曼报纸来说，国际政治之后，3个最突出的话题为体育（15.4%）、经济（9.9%）和文化事件（8.8%）。国际和国内政治之后，3个主要电视话题为体育（10%）、贸易/商业/工业（5.3%）以及经济（5%）；广播3个主要话题为军事与国防（6.2%）、教育（3.3%）和天气（2.9%）。

第二，排在国际政治后3个伊尔比德报纸话题为文化事件（20.6%）、国内政治（12.5%）和国内秩序（9.8%）。电视主要新闻话题为教育和国内政治（皆为16.7%）、人的利益相关（9.5%）以及天气（7.1%）；广播方面，国际和国内政治后为经济（4.1%）、军事与国防和天气（皆为2.1%）。

媒体之间不同话题的相对重要性则迥异。例如，报纸上体育活动有大面积报道，但在电视上则逊色许多，在广播上则完全不存在，娱乐话题上也有相同趋势。并且广播和电视新闻相对更多报道天气，却在一定程度上为报纸所忽视。

243　　表 14.1　按照城市和媒体所进行的新闻条目话题的广泛分布

话题	报纸		电视		广播	
	安曼	伊尔比德	安曼	伊尔比德	安曼	伊尔比德
国际政治	18.7	15.7	42.3	25.0	58.9	80.7
体育	15.4	3.8	10.0	0	0	0
经济	9.9	3.2	5.0	0	0.5	4.1
文化活动	8.8	20.6	0	1.2	0.5	0
国内政治	8.2	12.5	15.3	16.7	21.5	5.5
商业/贸易/产业	7.0	5.0	5.3	2.4	1.0	0

话题	报纸		电视		广播	
	安曼	伊尔比德	安曼	伊尔比德	安曼	伊尔比德
健康/福利/公益	5.4	5.3	4.6	4.8	1.0	0
社会关系	4.4	3.2	1.4	4.8	1.4	0.7
教育	3.9	1.8	0.4	16.7	3.3	1.4
内部秩序	3.0	9.8	2.5	2.4	1.4	1.4
娱乐	2.6	7.2	0.7	0	0	0
军事和防务	2.2	1.4	0.7	0	6.2	2.1
科学/技术	2.0	0.4	0.4	1.2	0	0
交通运输	1.4	0.8	0.4	1.2	0	0
仪式	1.2	1.3	3.6	1.2	0	0.7
人类利益故事	1.2	2.9	1.4	9.5	1.4	0
传播	0.9	1.8	0.7	2.4	0	0
灾难/事故/瘟疫	0.7	0.4	0.4	0	0	0
环境	0.7	0.9	0	0	0	0.7
行业协会	0.7	1.1	0	0	0	0.7
天气	0.7	0	4.3	7.1	2.9	2.1
人口	0.5	0.7	0.7	0	0	0
住房	0.3	0	0	0	0	0
时尚/美	0.2	0.1	0	0	0	0
能源	0.1	0.2	0	4.8	0.3	3.8
其他	0	0	0	0	0	0
总计[a]	100.0	100.0	100.0	100.0	100.0	100.0
	(n=1764)	(n=1210)	(n=281)	(n=84)	(n=209)	(n=145)

注：分布以百分数的形式给出。

[a] 由于舍入误差，总计百分数可能并不是百分之百。

安曼和伊尔比德之间不存在明显的人口、经济和社会差异，但在报纸、电视和电台新闻报道话题上则有多种差异。

对比出现在 3 种媒体上的不同话题数量可见许多差异。根据详细的话题列表，报纸报道了 166 种不同话题，电视有 54 种，电台只有 30 种。这不仅仅因为报纸能够比其他两种媒体承载更多信息，更因为政府掌控电视和电台新闻的特性，使其呈现政府意志而非个人活动。

表 14.2 显示了两城报纸话题的等级相关系数较高（0.87），这就意味着话题之间有许多相似性。对电台，话题结构也很相近，但不如报纸系数高（0.68）。电视话题结构只在某些程度上有关，虽然数值很高（0.46）。这意味着报纸话题间存在强烈相关关系，而电视话题之相关则较小。最后，广播话题的相关系数也比其他两种媒体小，虽然其数值也很高。

244 表 14.2 多种媒体新闻的新闻话题排名间的斯皮尔曼等级排名相关系数

	安曼报纸	伊尔比德报纸	安曼电视	伊尔比德电视	安曼广播	伊尔比德广播
安曼报纸		0.87[c]	0.70[c]	0.36	0.58[b]	0.38
伊尔比德报纸			0.59[b]	0.39[a]	0.53[b]	0.29
安曼电视				0.46[a]	0.57[b]	0.43[a]
伊尔比德电视					0.70[c]	0.35
安曼广播						0.68[c]
伊尔比德广播						

注：[a] $p < 0.05$；[b] $p < 0.01$；[c] $p < 0.001$。

观察两座城市 3 种媒体的相关关系可以发现，安曼媒体的话题结构比伊尔比德更统一。在安曼，3 家媒体平均相关系数高出许多（0.62），所有 3 个系数都很高；而伊尔比德平均系数只有 0.34，3 个系数中甚至有 2 个数值不高。

因此我们可以得出这个结论：不同媒体的话题——特别是在小城市——相关系数是微弱的，有时候无足轻重。在约旦这个例子中，这个结论可以很好地支持 3 种媒体的所有制状况：报纸中的变量是一种情况，国有广播和电视是另一种情况。

四、新闻异常性

研究假设认为异常性新闻比其他新闻更为显著，这可以通过针对两城不同媒体每个层面的统计异常性、社会变迁异常性以及规范异常性的单向差异性分析进行验证。表 14.3 展示了其结果。

如表所示，30 项分析中，只有 6 项很高，包括 4 项规范异常性，两项统计异常性，社会变迁异常性一项都没有。6 项分析中有 5 项出现在文本维度上，而只有 1 项在图像维度上。并且，此 6 项中有 4 项有关两城中的报纸。

表 14.3　按照城市和媒体划分平均语言和视觉异常强度显著分数

异常强度	安曼					伊尔比德				
	报纸		电视		广播	报纸		电视		广播
	只是语言 (n=1598)	语言和视觉 (n=343)	语言 (n=227)	视觉 (n=118)	语言 (n=166)	只是语言 (n=1082)	语言和视觉 (n=389)	语言 (n=67)	视觉 (n=43)	语言 (n=131)
统计异常										
(1) 普遍	227.1[b]	519.3	123.8	136.7	77.7	234.3[a]	473.5	93.1	136.8	71.9
(2) 有些异常	307.5	166.7	320.4	396.7	98.7	227.2	22.4	206.5	286.1	79.1
(3) 相当异常	292.0	–	142.1	240.8	76.6	257.9	194.0	212.1	294.5	83.0

续表

异常强度	安曼					伊尔比德				
	报纸		电视		广播	报纸		电视		广播
	只是语言 (n=1598)	语言和视觉 (n=343)	语言 (n=227)	视觉 (n=118)	语言 (n=166)	只是语言 (n=1082)	语言和视觉 (n=389)	语言 (n=67)	视觉 (n=43)	语言 (n=131)
(4) 极度异常	295.7	–	118.7	238.7	76.9	396.1	220.3	171.8	212.2	81.4
社会改变异常										
(1) 对现状没有威胁	254.1	513.8	184.2	244.4	89.0	231.7	463.4	195.3	268.0	85.5
(2) 最小的威胁	222.6	–	112.8	360.0	47.6	291.1	213.9	152.0	244.0	79.5
(3) 中度的威胁	237.0	–	161.9	182.0	74.5	278.2	158.3	179.3	243.3	71.8
(4) 重要威胁	–	–	139.0	313.8	79.1	647.3	–	72.5	72.5	61.0
规范性异常										
(1) 没有破坏任何规范	244.9[a]	512.3	195.2	253.8	97.2	230.7[b]	466.7	359.5[a]	161.5[a]	88.0
(2) 最小的破坏	263.5	164.0	161.1	221.7	63.8	218.3	281.0	163.1	233.5	71.5
(3) 中度破坏	363.7	102.0	151.0	277.1	76.0	367.0	272.1	140.5	183.1	74.8
(4) 重要破坏	357.3	–	58.8	200.0	56.8	174.2	–	66.2	81.8	49.9

注：[a] $p < 0.05$; [b] $p < 0.01$; [c] $p < 0.001$。

通常认为，差异性分析中异常性越高，显著性越高。安曼报纸的统计和规范异常性，以及伊尔比德报纸的规范异常性都存在线性相关趋势

（但伊尔比德规范异常性不存在这种模式）。

然而，最有趣的发现在伊尔比德电视的规范异常性上，相关关系相反，意即越具有规范异常性，新闻显著性越低。虽然并不明显，但相似的趋势也存在于安曼电视（尤其在文本方面），这意味着国家管控的电视倾向于淡化更具有规范异常性的新闻。这进一步支持了约旦不同所有权对媒体的影响。

五、新闻的社会意义

正如异常性，对社会意义的基本猜想是具有社会意义的新闻在媒体中的呈现比较少，或不具有社会意义的新闻更为显著。为了验证该假设，研究通过 40 项差异性检测分析了所有媒体的平均显著性分值，计算了社会意义的每项构成——政治、经济、文化和公共。

总体来说，两城四项社会意义维度差异性较小，如表 14.4 所示，40 项分析中有 5 项得出突出差异。有意思的是，所有突出差异都出现在报纸中：安曼 2 项，伊尔比德 3 项。而且，其中 3 项与社会公共意义有关——安曼文本内容以及伊尔比德文本和图像内容。产生这种结果的主要原因可能在于两城媒体每天都报道大量公共活动新闻。这可能意味着约旦报纸以事件与政治进程和决策过程的相关性作为新闻价值的重要标准。

其中，3 项出现在公共意义，1 项在政治意义，1 项在文化意义。经济意义则并未发现差异相关。

对报纸和电视中文本与图像显著性的平均分值进一步研究表明，许多情况下，图像维度显著性较高，尤其在电视新闻上。并且，正如异常性测量，出现许多负数但不明显的社会意义维度与显著性得分之间的相关关系。

表 14.4 按照城市和媒体划分的语言和视觉社会意义强度平均显著分数

社会意义强烈度	安曼					伊尔比德				
	报纸		电视		广播	报纸		电视		广播
	只是语言 (n=158)	语言和视觉 (n=343)	语言 (n=227)	视觉 (n=118)	语言 (n=166)	只是语言 (n=1082)	语言和视觉 (n=389)	语言 (n=67)	视觉 (n=436)	语言 (n=131)
政治意义										
(1) 不重要	242.0[c]	510.1	190.7	236.7	92.3	228.0	468.2	128.7	173.0	88.6
(2) 最小	225.1	–	160.9	171.9	100.1	287.9	275.6	207.0	305.0	84.4
(3) 中度	428.4	–	156.8	305.8	69.3	263.5	330.7	209.7	286.2	66.6
(4) 重要	874.8	–	154.7	386.4	71.3	251.1	86.0	380.9	470.3	78.4
经济意义										
(1) 不重要	262.3	509.9	189.4	285.0	90.8	238.3	463.3	219.3	291.9	93.1
(2) 最小	158.6	–	90.9	108.3	52.7	239.8	212.5	159.9	224.5	60.8
(3) 中度	189.7	–	33.9	50.0	67.9	358.8	180.0	116.6	173.8	57.3
(4) 重要	216.6	549.0	136.5	141.7	43.5	45.0	–	40.0	40.0	55.7
文化意义										
(1) 不重要	252.3	510.3	176.4	253.4	84.8	262.9[c]	459.0	180.2	237.0	85.3
(2) 最小	288.0	–	76.7	120.0	68.6	254.1	228.3	264.3	322.8	52.2
(3) 中度	186.0	–	100.0	120.0	–	119.2	239.5	159.2	237.2	0
(4) 重要	328.6	–	115.0	142.5	75.0	181.5	–	177.8	263.3	72.5
公共意义										
(1) 不重要	224.9[c]	526.1	218.8	328.2	96.2	183.1[c]	477.7[a]	290.4	367.2	101.5
(2) 最小	236.3	240.6	158.6	179.5	69.4	243.6	249.3	151.0	207.3	85.2
(3) 中度	321.6	222.5	147.7	265.8	80.9	408.4	205.7	200.3	269.4	70.3
(4) 重要	1001.0	–	82.0	`175.0	57.0	714.5	170.0	108.5	167.0	34.2

注：[a]p < 0.05; [b]p < 0.01; [c]p < 0.001。

总而言之，具有社会意义的新闻显著性更高这一假设在报纸上获得一定验证，但在电视和电台上不存在。这可以通过约旦广播和电视台属于政府所有和掌控这一现状解释，政府倾向于较为稳定的政治、经济、文化和公共意义的新闻。

六、作为新闻显著性指标的异常性和社会意义

为了验证异常性和社会意义所有维度之于新闻显著性的影响，研究进行了 8 项递归分析——每座城市 4 项。变量为报纸文本显著性、报纸内容之文本—图像显著性、电视内容显著性以及广播内容。结果呈现在表 14.5 中。

安曼数据表明对两家报纸显著性的影响较高：文本以及文本—图像内容。对于显著性的文本内容，得以预测的差异性只有 5%，其两个维度数值为 0.14（政治和公共意义）以及另外两个维度（规范异常性和文化意义）只有 0.06。但对文本—图像内容显著性，3 个维度——规范异常性、政治与公共意义预测的差异性为 16%，其数值从 0.20 到 0.22。

对伊尔比德，唯一较为明显的回归值出现在电视显著性上，18% 的差异得以预测。造成这一结果的是文本内容规范异常性，数值为 −0.43，这与表 14.3 中显示出的负相关关系吻合。而伊尔比德报纸文本和报纸文本—图像内容回归分析得出的结果分别为 4% 和 2%，这些数值很难称得上具有显著意义。

总结而言，回归分析为异常性和社会意义对安曼报纸和伊尔比德电视显著性的影响提供了数据证据，而对两个城市的电台都不存在影响。

七、民众对新闻的定义

2000 年 4 月在安曼进行了 4 个中心小组访谈，5 月在伊尔比德进行 4 个访谈。每个城市的小组都包含记者、公关人员和媒体消费者（高低社会经济地位）。访谈探讨集中在人们生活中最重要的事件、新闻的显著性和社会意义以及新闻价值。访谈后半部分进行把关人实验。

表14.5 新闻显著性中异常和社会意义强度的逐步回归分析

独立变量	安曼 报纸显著性只是语言 总计 R²=0.05 (n=1594) r	Std. Beta	报纸显著性视觉和语言 总计 R²=0.16[c] (n=320) r	Std. Beta	电视显著性 总计 R²=ns (n=118) r	Std. Beta	广播显著性 总计 R²=ns (n=166) r	Std. Beta	伊尔比德 报纸显著性只是语言 总计 R²=0.04[c] (n=1079) r	Std. Beta	报纸显著性视觉和语言 总计 R²=0.02[a] (n=331) r	Std. Beta	电视显著性 总计 R²=0.18[b] (n=43) r	Std. Beta	广播显著性 总计 R²=ns (n=131) r	Std. Beta
异常性																
— 统计异常，语言内容	0.07[b]	ns	0.26[c]	ns	0.04	ns	−0.07	ns	0.06	ns	0.07	ns	0.01	ns	0.03	ns
— 统计异常，视觉内容	—	—	ns	ns	0.04	ns	—	—	—	—	0.01	ns	0.01	ns	—	—
— 社会变化异常，语言内容	−0.01	ns	ns	ns	0.02	ns	−0.06	ns	0.06[a]	ns	0.02	ns	−0.12	ns	−0.08	ns
— 社会变化异常，视觉内容	—	—	ns	ns	0.02	ns	—	—	—	—	−0.04	ns	−0.12	ns	—	—
— 规范异常，语言内容	0.07[b]	0.06[b]	0.23[c]	0.22[c]	0	ns	−0.13	ns	0.06	ns	0.13[a]	0.13[a]	−0.43[b]	−0.43[b]	−0.09	ns
— 规范异常，视觉内容	—	—	ns	ns	0	ns	—	—	—	—	0.05	ns	−0.43[b]	ns	—	—
— 政治异常，语言内容	0.15[c]	0.14[c]	0.25[c]	0.22[c]	0.05	ns	−0.11	ns	0.04	ns	−0.00	ns	0.34[a]	ns	−0.05	ns

续表

独立变量	安曼 报纸显著性只是语言 $R^2=0.05$ (n=1594) r	Std. Beta	安曼 报纸显著性视觉和语言 $R^2=0.16$[c] (n=320) r	Std. Beta	安曼 电视显著性 $R^2=ns$ (n=118) r	Std. Beta	安曼 广播显著性 $R^2=ns$ (n=166) r	Std. Beta	伊尔比德 报纸显著性只是语言 $R^2=0.04$[c] (n=1079) r	Std. Beta	伊尔比德 报纸显著性视觉和语言 $R^2=0.02$[a] (n=331) r	Std. Beta	伊尔比德 电视显著性 $R^2=0.18$[b] (n=43) r	Std. Beta	伊尔比德 广播显著性 $R^2=ns$ (n=131) r	Std. Beta
政治异常，视觉内容	—	—	ns	ns	0.05	ns	—	—	—	—	0.02	ns	0.34[a]	ns	—	=
经济异常，语言内容	−0.05	ns	−0.08	ns	−0.08	ns	−0.13	ns	0.04	ns	0.03	ns	−0.19	ns	−0.14	ns
经济异常，视觉内容	—	—	ns	ns	−0.08	ns	—	—	—	—	ns	ns	−0.19	ns	—	—
文化异常，语言内容	0.02	0.06[a]	−0.08	ns	−0.03	ns	−0.03	ns	−0.12[c]	−0.07[a]	−0.02	ns	0.03	ns	−0.07	ns
文化异常，视觉内容	—	—	ns	ns	−0.03	ns	—	—	—	—	−0.04	ns	0.03	ns	—	—
公共异常，语言内容	0.15[c]	0.14[c]	0.28[c]	0.20[c]	−0.05	ns	−0.09	ns	0.19[c]	0.17[c]	0.06	ns	−0.08	ns	−0.17	ns
公共异常，视觉内容	—	—	ns	ns	−0.05	ns	—	—	—	—	0.01	ns	−0.08	ns	—	—

注：[a] $p<0.05$；[b] $p<0.01$；[c] $p<0.001$；ns = 不是最终步逐步回归等式的一部分。

　　　两所城市的中心小组由 10 个受访人组成，除了安曼记者组有 9 人，伊尔比德记者组有 7 人。大体说来，近 90% 的受访者都是青年人，19 岁到 22 岁之间。在伊尔比德没有女性受访者，但在安曼组有 5 位女性受访者——3 位在低社会经济地位受众组，2 位在公关人员组。

八、生活中最重要的新闻事件

　　中心小组受访人被询问到回忆并写下生活中 3 件最重要的新闻事件。总体而言，受访者共提到 56 条新闻，从著名国际事件到较小的地区或本地事件。57% 的事件为负面新闻，集中在名人逝世、无辜伤亡和灾难上。但正面新闻则有关政治和文化事件、体育、经济改革和科学成就。

　　有几个原因可以解释人们能回忆起某个特定事件。首先在于与某个新闻事件相关的恐惧和威胁感（例如约旦国王侯赛因逝世、海湾战争爆发、以色列总理伊扎克·拉宾遇刺和英国王妃戴安娜逝世）。第二，正面新闻给人们的生活带来快乐，所以人们可以依然记得这些开心时刻。正面新闻主要包括巴勒斯坦起义、以色列撤兵黎巴嫩南部、安曼举行阿拉伯首脑峰会以及以色列与约旦签订和平协议。

1. 异常性

　　在探讨新闻性质时，几乎所有受访者都提到异常性的某些方面对人们有影响。例如，安曼一位记者称："无论新闻话题是什么，最重要的是新闻对不同人的影响。一些人可能觉得足球赛进球了很开心，而另一些人却可能会关掉电视或收音机。"然而，定义新闻的异常性则不那么容易，尤其在区分约旦新闻异常性和新闻作为一般概念的异常性之时。受访者将其观点与新闻对人之影响相关起来。例如，悲情新闻就不被认作异常新闻，而快乐的或好新闻则是，不包含人物或人之生活的新闻并不被认为具有异常性，正如一位低社会经济地位受访者所述："我为什么要关心动物园里一只熊猫的凄惨死亡？"

当被问到为什么正面新闻是异常的时候，几位受访人将其归结于个 人生活史。"它是每个人本性都具有的东西。"伊尔比德一位低社会经济地位受众组受访人如此谈到，而且组内其他人都同意如上说法。另一位伊尔比德低社会经济地位受访者将此与新闻话题联系起来："金融新闻，比如股票市场报告和约旦货币汇率根本没有异常性，在我看来。约旦第纳尔汇率从 1989 年开始就固定了。这是不会影响我的事，所以我觉得理所当然。"另一种论述提到接受或拒绝新闻异常性的人的"生物结构"。对人类生物结构的探讨引发更多问题而非答案。一位安曼男性公关人员谈道："你越觉得新闻会影响你的生活，新闻就越有异常性。"

2. 社会意义

约旦中心小组受访人对社会意义的探讨得出了几个观察结论。首先，大部分受访人将社会意义和人的社会地位联系在一起。换句话说，如果新闻接受者在低社会经济地位受众组中，他们会比高社会经济地位受众组更觉得某个新闻有社会意义。第二，当询问受访者谈论自己而非其他人时，社会意义就没那么吸引受访者的注意了，正如安曼一位记者所述："新闻的社会意义在约旦并不那么重要，因为大部分人——尤其是新闻消费者——是中产阶级。"安曼所有记者似乎都同意这一观点。第三，新闻显著性在决定新闻社会意义方面起主导作用。社会新闻的出现频率支持了这个观点，因为伊尔比德中心小组大部分受访人都认同"这座小城市里的社会事件很少，除了一些大议题"。伊尔比德另一位记者谈道："我并不觉得记者有责任按照新闻社会意义来呈现。也许这是公关人员的任务，尤其是那些在大型私企中工作的人。""相反，记者和公关人员都有责任在新闻发到媒体前查验其社会意义。"伊尔比德一位公关人员说。该受访者补充道："政府公关人员更有责任在信息发布之前检查社会意义。"伊尔比德另一个公关人员补充道:"通常总管才能最后拍板新闻的内容,而非公关人员。"

这些探讨得出结论,大城市的新闻社会意义比小城市更为明显,并且,当人们的社会差异较小时,新闻的社会意义重要性也较小。

3. 新闻价值

几乎所有受访人都清楚新闻价值概念。可以得出几个观察结论,首先,所有受访人,尤其是记者,认同新闻消费者更易为负面新闻而非正面新闻所吸引。这并不出人意料,因为在研究进行期间,有两个负面新闻占据了约旦媒体的大部分:约旦国王侯赛因悲剧性逝世以及巴勒斯坦人的持续困境。

第二,几乎所有记者都相信新闻显著性依赖于新闻正面或负面的性质。一位记者谈道:"没有负面新闻的报纸发行量很小。"

第三,几乎所有中心小组受访者都认同对一些人来说,负面新闻是积极的。在探讨巴勒斯坦崛起议题之时尤其明显,这是一个占据约旦媒体大面积篇幅的重大事件。

第四,在探讨人们对负面新闻的兴趣时,受访人认为负面新闻迟早会影响社会和经济生活。安曼一位公关人员声称:"约旦媒体的大部分新闻都是负面的:战争、反抗、暗杀、就业、拆迁、宗教狂热活动,等等。我们很少听说正面新闻,除了有关天气和这个人那个人的任命一类。所有这些负面新闻都影响我们的生活环境和我们亲人的生活。"

当被问到偏好负面新闻的背后动因之时,一些受访者谈到,可能因为他们从小就已习惯如此。正如安曼一位高社会经济地位的受访者谈道:"每天我们都听到坏消息,尤其是那些发生在很远的地方的事件。也许其他国家也想看阿拉伯的坏消息呢,谁知道呢。"

4. 新闻的社会沟通功能

新闻是日常生活的热点话题和必需品,不仅对约旦中心小组受访人如此,对约旦社会亦如是,这就是为什么许多受访者强调了解新闻以熟知事件进程之重要性的原因,否则很难同同事和朋友沟通,有时甚至被社会孤立。如安曼一位高社会经济地位的受访者所述:"当我同事开始讨论某件事时我立刻加入讨论。不仅我而且每个人都要知道发生了什么事。每天至少会发生三件大事。同别人聊天,你就常常提到在媒体上听到或读到的内容。唯一让我觉得孤立或者不想加入讨论的话题是星座或体育。"伊尔比德几乎所有中心小组受访者探讨了了解新闻对社会关系的影响。伊尔比德一位公关人员谈道:"男人碰面会谈论三件事:生活条件的糟糕、政治和宗教。所有三种话题都有媒体报道,对后者报道相对略少。所以如果你不知道发生了什么,你会发觉很难与其他人交流。255女人们聚在一起会讨论烹饪、个人护理和宗教。媒体也会报道这些话题,所以每个女人也要阅读和收听这些新闻,以同其他女人交流。"

总结而论,新闻的社会沟通功能是新闻兴趣的核心动因,在两城几乎所有中心小组的受访人当中都是如此。

九、对比民众的新闻兴趣与报纸新闻

本研究假设,记者、公关人员和受众对新闻价值的排序存在正向相关关系。该假设通过前述已及的把关人实验进行验证。假设也由报纸新闻实际显著性的斯皮尔曼等级相关系数与中心访谈小组受访人的主观排序得以验证。

正如表 14.6 所示,安曼 0.05 显著性水平上所有系数都很高。最强的相关关系出现在高低社会经济地位受众组之间(0.77),随后是记者和高社会经济地位受众(0.76),以及记者和公关人(0.75)。

在小城市伊尔比德,0.05 显著性水平上,6 个系数中有 4 个都较高。

最高系数在低社会经济地位受众组和公关人员之间（0.83）和低社会经济地位受众组和记者（0.77）。因此，这些结果可能意味着约旦人——媒体人和非专业人士——对新闻价值都持相似观点。

表 14.6　在报纸新闻条目显著性和中心小组排名之间斯皮尔曼排名等级相关系数

	记者	公共关系从业者	高 SES 受众	低 SES 受众	报纸
记者	—	0.75[c]	0.76[c]	0.72[c]	0.48[b]
公共关系从业者	0.72[c]	—	0.48[b]	0.63[c]	0.38[a]
高 SES 受众	0.22	0.40[a]	—	0.77[c]	0.69[c]
低 SES 受众	0.77[c]	0.83[c]	0.35	—	0.51[b]
报纸	-0.13	0.09	0.73[c]	0.05	—

注：安曼系数在更上面的三角上，伊尔比德在更低的三角上。SES= 社会经济地位。

[a] p<0.05; [b] p<0.01; [c] p<0.001。

研究分析报纸新闻实际报道和不同受访人之间关系的数据，共测算了 8 个系数，得出了 5 项较明显的结果。不过中心小组组员对新闻价值的定义和报纸新闻的实际显著性之间存在明显的相关，但这些关系通常比不同中心小组之间的关系要弱。

在安曼，所有系数都很明显。然而，一切系数均低于 50%，例如记者（48%）和公关人员（38%）。新闻消费者的高系数说明大众对新闻显著性的观点趋同，而新闻生产者较低系数则意味着其对新闻显著性的共识较低。

另一方面，在伊尔比德，只有一个系数较高，是高社会经济地位受众组的 0.73，其他 3 个系数都较低而不突出，说明记者、公关人员和低社会经济地位受众组对新闻显著性的认知关系很弱。

总而言之，有充分证据表明，不同中心小组受访者提供的对多种新闻事件的新闻价值的模糊定义，同与当地报纸对其呈现的实际显著性相比，有更多相似之处。证据同样支持有关报纸新闻的实际显著性排序与受访者主观排序之相关的研究假设，尽管这在大城市更为明显。

十、讨论

观察约旦媒体新闻的主要话题，很明显国际政治和国内政治主导了电视和电台新闻话题。在安曼，3个最常见的话题为：（1）报纸：体育，经济和文化事件；（2）电视：体育，贸易/商业/工业和经济；（3）广播：军事和国防，教育和天气。从这些数据可以得出结论，话题的相对重要性在不同媒体之间差别很远。

测量不同媒体对话题的分配关系呈现出微弱以及有时不存在的相关，尤其在伊尔比德这座小城市。在约旦，3种类型媒体所有权结构：一方面报纸多种多样，另一方面电视为国营和受到管制，使得该现象相当合理。

对新闻异常性的分析表明，安曼报纸的统计和规范异常性以及伊尔比德报纸的统计异常性存在一些线性关系。然而，最有意思的发现是伊尔比德电视规范异常性关系相反，这可能意味着国有的电视倾向于淡化更具有规范异常性的新闻事件，这进一步支持了约旦媒体不同所有权所具有的影响。 257

在新闻的社会意义方面，两城中4个社会意义维度都有相对较小的差异性。具有社会意义的新闻会更显著地报道这一概念在报纸但非电视和广播上得到了验证。

分析异常性和社会意义的所有维度对新闻显著性的影响，为二者对安曼和伊尔比德报纸显著性的影响提供了支持证据，但对两城的广播新闻都不存在影响。

有关人们对新闻的定义，中心小组访谈得出几个结论：

（1）几乎57%的事件都是负面的。

（2）恐惧和威胁同回忆某个负面事件联系起来，而正面新闻为人们的生活带来快乐，所以他们依然记得这些美好时刻。

（3）几乎所有中心小组成员都提到异常性影响民众的某些方面。

（4）大部分受访人将社会意义与人的社会地位联系起来。

（5）新闻显著性在决定新闻社会意义上起决定性作用，这可能得出新闻社会意义在大城市比小城市更为明显的结论。当人们之间的社会差异较小时，新闻的社会意义就不那么重要了。

（6）新闻消费者更易为负面新闻而非正面新闻所吸引。

（7）新闻显著性取决于新闻是正面还是负面。

（8）新闻的社会沟通功能两城是所有小组受访者产生新闻兴趣的主要动因。

（9）中心小组受访人提出的不同新闻事件的新闻价值的模糊定义，比其与当地报纸新闻的实际显著性之间的关系更为相近，这得到实证证据支持。也有清楚的证据验证了研究有关报纸新闻的显著性排序和3组受访者主观排序之间关系的假设。

第十五章　俄罗斯的新闻

娜塔莉亚·波罗缇娜（Natalia Bolotina）

一、俄罗斯媒体生态

为了理解和描绘当代俄罗斯媒体景观，我们很有必要对苏联这段历史做一个简短探究。得益于大规模销售发行，传达观点、信仰和不同社会团体的兴趣，俄罗斯新闻经历了从手写报纸到当今商业生产一段相当长的历史时期。俄国著名学者瓦拉迪米尔·戴尔说："新闻是一种品质，其特征是全新的，是有关发生的事件、奇遇、新鲜事物的信息。"（Dal, 1989,549）

直到19世纪中期电报发明前，报纸一直是人们唯一的新闻来源。民众与外界世界的相关主要通过报纸，它提供了其他人的生活以及这个世界的信息，也传达思想和事件以及当事人的情感。

苏联时代，人们对新闻的认知和定义植根于"信息服务于人民、集体、政党或阶级，并且是宣传和动员的重要组成部分"这一观念。包括书籍、杂志、报纸、广播和电视在内的媒体，都被认为是当权者进行阶级斗争的强有力工具，而且是意识形态教化的最重要"武器"。有意思的是，大部分苏联学者将新闻视为广义概念，包含了信息、流言以及国内和个人生活故事。根据这种观点，信息是具有社会和政治价值的事件。

苏联媒体是整个社会主义阵营的范本，下列（1）项与（4）项原则为基础：（1）对纸媒和广电媒体进行清楚而严格的划分；（2）媒体服从中央（党与国家）的意识形态控制，这是苏联独特而复杂的中央集权、地方化和内部审查这一结合体的体现，虽然在中立的政治议题上有一定的编辑自主；（3）报纸和杂志是"意识形态工程"的中心，这由纸媒受众的碎片化特征所决定，目的在于影响不同的社会阶层和群体；（4）中央集中（非市场）的媒体经济下，商业广告的角色很小（或几乎缺失），而出版则由中央计划，这为政府带来可观收入。（Kenez，1985；Remington，1988）

苏联媒体迥异于资本主义国家的媒体，后者通常侧重于报道名流与丑闻、经济、政治、体育以及个人事件的轰动性新闻。在几位苏联学者眼中，西方媒体所有者驱使记者以其认为正确的方式评价事件。另一方面，苏联媒体必须避开无意义信息，异常信息甚至轰动的事件并不意味着有发表在苏联报纸上的价值。主笔们始终要牢记谁将阅读新闻，因此会不自觉地回答以下问题：为什么要发表它？它会教导读者什么？它是否是个模范或者会激励其他人？一则不具有社会或教育价值的文章会被认作是肤浅的而不会出现在苏联报纸上。记者必须坚持列宁主义，即只有人民群众了解一切，能对一切做出判断并在完全觉悟下做出承诺之时，国家才会富强。

苏联媒体为苏联人民提供世界重要事件的信息，另一方面则致力于人民的经济、政治和文化发展。首先，新闻必须具有社会和政治价值。苏联大众媒体报道的话题来源于其社会角色。需要注意的是，虽然它宣称开放，但一些话题仍然不可以呈现给苏联受众。中央文化局进行严格的审查，掌控所有有关灾难、事故、犯罪率等的信息流通，这些被看成是苏联人民不该了解的新闻类型。

苏联媒体的结构性变革肇始于1989年苏联解体，变革促使自由媒体成为后改革时代新意识形态导向系统的一部分。这使得全新的市场——受众关系在大众媒体领域建立起来，造成目前新闻内容特征与受众对俄罗斯媒体的独特认知。

大体而言，世界范围内的媒体变革在俄罗斯也出现，例如娱乐的增加和对新闻尤其是国外新闻兴趣的降低。这得益于俄罗斯审查制度的废除和新闻话题的开放。因此，电视趋向于以更多娱乐性内容取代新闻，但当下电视报道的新闻更为宽泛，能以千变万化的风格报道全球事件。

261

广播也遵从相似模式，以特定群体的兴趣为导向，以及缩减新闻和增加音乐。这在一些方面导致了国外新闻的本地化，就是记者会以趋近于国内受众的形式呈现国外新闻。

另外的重要趋势是新闻的商业化以及新闻与广告的整合，这引发前所未有的运营模式，包含目标的达成、特定政治和商业团体的价值观。

所有这些都改变了俄罗斯媒体的消费模式。当今，约有 40% 的俄罗斯人每天观看中央电视频道的新闻节目，而全国性（联邦）报纸阅读受众则只占 20%。由于俄罗斯经济不稳定，当地电视台成为 40% 俄罗斯人最重要的信息来源，而只有 19% 的受众认为当地报纸是最重要的信息来源。（Zassoursky，2002）

俄罗斯金融和政治状况不稳定，但这不影响国内媒体数量持续增长。根据国家统计年鉴《2000 年俄罗斯联邦媒体》，俄罗斯报纸总数 5758 家，发行量总计 710 万，杂志 2781 种，总发行量 496 593 份。根据俄罗斯国家电视联盟数据，1999 年 100 家国有电视公司、9 个电视频道（只有 2 个为国营）可以为超过半数的俄罗斯人口收看到。根据一些估算，地区电视台约有 1000 家（俄罗斯记者联盟，1997,1998）。

俄罗斯广播也在不断扩张。其中一个例证为莫斯科媒体市场。1990 年，莫斯科只有 3 家非国营广播，截至 1991 年有 10 家电台，1997 年初联邦电视和广播局发放了 500 个广播许可证。

二、研究样本

研究建立在分析所选媒体和中心小组中收集的数据基础上，俄罗斯两个城市被选入内：莫斯科，俄罗斯首都，人口 1000 万；图拉，主要地区工业中心，人口约为 54.4 万。

莫斯科选择的报纸为《新闻》，这是该国历史最悠久、最受尊敬的报纸。电视选择 ORT，俄罗斯 10 家主要电视台之一，是收视率很高的全国性电视台，部分为国营部分为私人企业运营，有多样化的观众。电台选择俄罗斯广播，声誉卓著的全国性频道，国有，播送高品质节目。研究选择 ORT 的《新闻》，每晚 7 点播放，时长 30 分钟，广播节目选择每晚 7 点的新闻节目，时长约 20 分钟。

图拉选择的报纸为《图拉新闻》，图拉地区主要报纸之一，1991 年成立，研究进行之时该报纸在每周六和周日停刊，发行量超过 54 000 [1]。电视选择国家电视，图拉 3 大频道之一，观众总计超过 200 万。电台选择"我的图拉"，为国家和图拉媒体集团共同所有。选择的电视节目为《记者》，每晚 6 点播出，时长 10 分钟 [2]；电台节目也名为《记者》。电视和广播新闻节目的持续时间每天都有所不同，取决于当天发生的事件。

三、新闻话题

俄罗斯媒体的分析中，报纸方面，莫斯科 1160 条新闻，图拉 536 条新闻；电视方面，莫斯科 197 条新闻，图拉 58 条；广播方面，莫斯科 203 条，图拉 104 条。两城之间的巨大差异由几个原因造成。首先，莫斯科报纸比图拉报纸页数多很多。第二，图拉电视和广播节目通常只报道本地新闻，而莫斯科节目则报道世界新闻、国内新闻和莫斯科新闻。最后，莫斯科媒体资金更为充裕，因此他们可以进入不同信息来源，相应地提供新闻。

需要提到的是，莫斯科版的《新闻》在周日并不发行，图拉版则在周六和周日停刊，所以一整个编辑星期由莫斯科一个周一、图拉一个周一和周二进行补充。

正如表 15.1 所示，莫斯科报纸主要话题为国内政治（14.2%）、文化事件（12.7%）和体育（11.4%）。在图拉，最多的话题为国内秩序

1　此报纸于 2004 年 4 月因为财政困难而关闭。

2　值得注意的是，2002 年 9 月其为每日新闻维斯提－图拉（图拉新闻）所替代。

（13.6%），随后为国内政治（12.3%）。莫斯科电视话题上，与报纸相似，大部分皆为国内政治（25.4%），随后是国际政治（18.8%）。因此，几乎半数电视新闻有关政治。图拉电视新闻话题报道最多的是国内秩序（15.5%），随后是体育（10.3%）。有意思的是，与莫斯科相比，没有一条新闻有关国际政治。广播新闻则在两城有不同景象出现，体育排在首位，莫斯科24.1%，图拉23.1%。排在第二的话题为国内政治，莫斯科16.3%，图拉21.2%。

表 15.1　按照城市和媒体所进行的新闻条目话题的广泛分布

话题	报纸		电视		广播	
	莫斯科	图拉	莫斯科	图拉	莫斯科	图拉
国内政治	14.2	12.3	25.4	8.6	16.3	21.2
文化活动	12.7	6.3	4.1	3.4	2.1	5.8
体育	11.4	3.2	1.0	10.3	24.1	23.1
国际政治	9.1	4.3	18.8	0	14.1	0
传播	7.4	4.1	1.5	0	0.5	0
商业/贸易/产业	7.0	3.5	1.0	6.9	0.5	3.8
经济	6.7	9.7	6.6	6.9	4.9	7.7
有人情味事件	5.9	9.7	2.0	1.7	2.0	4.8
内部秩序	4.9	13.6	13.2	15.5	7.4	6.7
娱乐	2.5	2.4	0	0	0	0
社会关系	2.3	1.3	0.5	0	2.5	1.0
仪式	2.2	5.0	4.6	6.9	1.0	3.8
科学/技术	2.0	0.7	2.0	3.4	3.4	1.9
灾难/事故/瘟疫	1.6	2.2	3.6	3.4	7.9	2.9
交通运输	1.4	3.0	1.0	0	0.5	0
住房	1.1	2.8	1.0	3.4	1.0	1.9
天气	1.1	4.1	1.5	3.4	4.4	6.7
能源	1.0	0.4	2.5	0	1.5	1.0

话题	报纸		电视		广播	
	莫斯科	图拉	莫斯科	图拉	莫斯科	图拉
健康 / 福利 / 公益	1.0	3.9	0.5	6.9	1.0	2.9
其他	1.0	0	0	0	0	0
时尚 / 美	0.8	0	0	0	1.0	1.0
环境	0.7	0.6	0	0	1.0	0
军事和防务	0.7	2.6	7.6	10.3	2.5	1.9
行业协会	0.5	0.6	0.5	3.4	1.0	0
教育	0.4	2.8	0	3.4	0	1.9
人口	0.2	0.7	1.0	1.7	0.5	0
总计 [a]	100.0	100.0	100.0	100.0	100.0	100.0
	(n=1160)	(n=536)	(n=197)	(n=58)	(n=203)	(n=104)

注：分布以百分数的形式给出。

[a] 由于舍入误差，总计百分数可能并不是百分之百。

对比媒体对话题分配的差异得出的斯皮尔曼等级相关系数见表 15.2。莫斯科 3 家媒体的系数都为正，平均值为 0.59，图拉则稍高些，平均值为 0.66。这些系数意味着两城媒体在话题侧重点上存在差异。

最高的等级相关系数出现在莫斯科（0.73）和图拉（相对较高 0.79）电视和广播上，这一点发现也很有趣。两城电视和广播相对较高的系数可以通过两家电视媒体存在特定结构性关系这一现状解释。在图拉，电台和电视台都由相同组织运营，虽然他们有分开的编辑室。在莫斯科，如前所述，所分析的广播频道为国有，广播频道部分国有。由于其国有共性，所以在两城中，媒体组织的信息政策趋同，其信息来源为不同频道所用，因此其报道话题也很相似。

另外，观察两城 3 种媒体的系数可以发现，两家报纸之间的关系最强烈（0.70），电台之间略微弱些（0.64），最低系数出现在两家电视台之间（0.47），这可能由于资金资源的匮乏。电视新闻与广播和报纸相

265

比最耗费资金。因为资金缺乏，尤其图拉对比莫斯科，两家电视台不可能报道相同类型的话题——因此两城之间出现较低的等级相关系数。另一方面，在报纸上，成本问题并不突出，因为总体费用不高；而广播新闻生产成本介于电视和报纸之间。因此最高系数出现在报纸上，广播系数则在报纸和电视之间。

表 15.2　多种媒体新闻的新闻话题排名间的斯皮尔曼等级排名相关系数

	莫斯科报纸	图拉报纸	莫斯科电视	图拉电视	莫斯科广播	图拉广播
莫斯科报纸	0.70[c]	0.53[b]	0.21	0.50[b]	0.48[a]
图拉报纸		0.65[c]	0.52[b]	0.47[a]	0.70[c]
莫斯科电视			0.47[a]	0.73[c]	0.50[b]
图拉电视				0.49[a]	0.79[c]
莫斯科广播					0.64[c]
图拉广播					

注：[a] $p < 0.05$; [b] $p < 0.01$; [c] $p < 0.001$。

四、新闻异常性

研究的主要假设之一是新闻越具有异常性，在媒体上的呈现就越显著。表 15.3 是俄罗斯样本的研究发现。30 项单项差异性分析中，只有 7 项较为明显，但没有一个存在完全线性关系。

7 个突出结果中，5 个在莫斯科报纸上，2 个在莫斯科广播上。图拉没有一项明显。在莫斯科报纸的几乎所有情况中，最少异常性的新闻显著性最低，正如预测；然而，只有一个案例（规范异常性）异常——违背规范的重大事件文本显著性最高。事实上，大部分情况中，中等范围的少量或较为违反规范的事件最为显著。莫斯科广播也有相似模式。

然而在莫斯科不突出的差异性测试结果表明，一些分析与预测的方向吻合。然而在图拉，尽管几项分析数值不高，但事实上是线性关系，但是与预测相反的方向——也就是说，异常性越低，显著性越高。

　　本文提出两个推测性结论。首先，在俄罗斯，高度异常的新闻虽然有时吸引公众注意，但并不必然与民众之生活相关，因此，这些事件的显著性比研究假设的少。第二，数值并不高但以相反方向呈现的结果，尤其在图拉，可以归因于最普通和平常的新闻——因此最少异常性的事件最与读者相关，因此报道最为显著。

　　表 15.3　按照城市和媒体划分的平均语言和视觉异常强度显著分数

异常强度	莫斯科					图拉				
	报纸		电视		广播	报纸		电视		广播
	只是语言 (n=810)	语言和视觉 (n=311)	语言 (n=105)	视觉 (n=105)	语言 (n=107)	只是语言 (n=147)	语言和视觉 (n=361)	语言 (n=107)	视觉 (n=20)	语言 (n=74)
统计异常										
(1) 普遍	303.7	539.6[b]	30.0	155.3	197.8	31.3[a]	365.0	17.1	213.9	22.8[b]
(2) 有些异常	374.8	705.6	119.8	115.0	52.5	219.7	298.0	168.5	237.9	77.8
(3) 相当异常	418.6	1042.6	138.9	129.5	66.2	213.8	266.4	345.0	−	122.5
(4) 极度异常	541.6	906.0	155.7	101.7	41.8	60.7	455.4	217.5	135.0	−
社会改变异常										
(1) 对现状没有威胁	308.1[c]	611.6[c]	88.0	135.8	33.3[b]	206.8	322.8	179.1	201.8	68.7
(2) 最小的威胁	398.1	1214.7	129.8	114.2	68.7	280.1	278.9	160.3	99.1	132.4
(3) 中度的威胁	590.0	906.6	133.2	165.5	51.3	190.0	148.6	136.8	13.1	96.3
(4) 重要威胁	445.1	−	153.2	140.0	65.1	105.5	−	−	6.0	130.5
规范性异常										
(1) 没有破坏任何规范	337.7[b]	668.8[c]	134.0	133.6	45.7	217.0	322.0	163.0	198.0	77.7

异常强度	莫斯科					图拉				
	报纸		电视		广播	报纸		电视		广播
	只是语言 (n=810)	语言和视觉 (n=311)	语言 (n=105)	视觉 (n=105)	语言 (n=107)	只是语言 (n=147)	语言和视觉 (n=361)	语言 (n=107)	视觉 (n=20)	语言 (n=74)
(2) 最小的破坏	507.3	675.1	135.0	125.6	69.4	294.5	52.7	136.8	75.3	34.0
(3) 中度破坏	393.1	2622.5	120.5	134.2	63.7	170.6	274.4	258.3	6.0	208.0
(4) 重要破坏	518.1	614.0	144.8	140.0	35.2	94.2	–	6.0	21.9	68.3

注：[a] $p < 0.05$; [b] $p < 0.01$; [c] $p < 0.00$。

五、新闻的社会意义

有关社会意义的猜想与异常性相似——也就是说，新闻的社会意义越高，显著性就越高。表15.4展现了俄罗斯数据。40项差异性检测中，16项较为突出。在这其中，7项出现在莫斯科，9项在图拉。正如异常性一样，没有一个结果呈线性关系。

表 15.4　按照城市和媒体划分的语言和视觉社会重要性强度平均显著分数 268

社会重要性强烈度	莫斯科					图拉				
	报纸		电视		广播	报纸		电视		广播
	只是语言 (n=809)	语言和视觉 (n=308)	语言 (n=105)	视觉 (n=107)	语言 (n=147)	只是语言 (n=360)	语言和视觉 (n=107)	语言 (n=28)	视觉 (n=28)	语言 (n=74)
政治重要性										
(1) 不重要	326.8[c]	650.8	99.8	123.4	33.5[c]	160.2[b]	287.4	182.2	182.5	56.1[c]
(2) 最小	428.1	924.4	109.8	157.5	48.1	315.8	406.8	176.0	145.9	112.3

续表

社会重要性 强烈度	莫斯科					图拉				
	报纸		电视		广播	报纸		电视		广播
	只是语言 (n=809)	语言和视觉 (n=308)	语言 (n=105)	视觉 (n=107)	语言 (n=147)	只是语言 (n=360)	语言和视觉 (n=107)	语言 (n=28)	视觉 (n=28)	语言 (n=74)
(3) 中度	379.9	628.4	152.5	113.0	85.0	288.2	266.0	64.8	2.2	130.2
(4) 重要	711.4	858.4	166.9	95.5	71.6	327.9	–	–	–	189.0
经济重要性										
(1) 不重要	315.4^c	660.3	118.6	126.9	36.3^c	173.7^b	287.7^a	164.0	189.5	50.0^c
(2) 最小	445.7	934.5	176.7	226.7	60.6	177.0	510.1	261.4	3.6	73.9
(3) 中度	428.9	789.6	172.5	–	95.7	300.0	81.0	141.9	2.2	117.7
(4) 重要	647.6	–	117.9	–	78.7	335.5	871.3	3.7	6.0	174.8
文化重要性										
(1) 不重要	353.2	674.6	137.5	133.7	47.0	189.3	278.5	131.6	152.0	85.1
(2) 最小	380.1	749.2	94.2	102.5	47.6	268.5	483.7	221.8	246.2	88.6
(3) 中度	514.3	737.6	107.2	146.4	68.9	206.4	763.5	157.2	4.0	64.8
(4) 重要	449.3	706.0	150.7	123.3	44.5	417.9	–	135.0	135.0	68.8
公共重要性										
(1) 不重要	257.2^c	633.4	86.7	141.1	30.8^b	172.9^a	263.7^a	92.7^a	221.3^a	49.1
(2) 最小	429.3	999.4	160.9	123.3	65.9	130.3	344.3	244.9	186.4	65.1
(3) 中度	578.6	633.2	113.1	132.4	67.4	228.8	472.2	179.9	22.8	74.7
(4) 重要	339.7	–	134.1	112.2	59.1	272.9	656.8	7.5	5.1	116.4

注：$^a p < 0.05$; $^b p < 0.01$; $^c p < 0.001$。

270 在莫斯科，3项较高的差异测试结果出现在报纸文本内容上，3项在广播新闻上。然而，只有在政治意义和经济意义中，最低和最高分值分别与最低和最高的文本内容显著性相关在一起。事实上，社会意义的中间水平通常在显著性上最高。因此，在莫斯科能够支持研究猜想的证据较少。

在图拉，预期结果的情况好些。9 项测试中的 5 项为线性关系，说明越具有社会意义，显著性越高。在这之中有 4 项与图拉报纸有关。另外，在另两个案例中最低和最高水平的社会意义分别有最低和最高显著性。但须指出，在电视图像内容的公共意义上也有线性关系，但呈相反方向——也即社会意义越大，显著性越低。因此在图拉，预期关系模式比莫斯科更明显。

六、作为新闻显著性指标的异常性和社会意义

在异常性和社会意义关系分析的基础上（表 14.3 和表 14.4）进行深入研究，以所有维度的异常性和社会意义来决定在显著性上的差异性分值。这通过多项回归分析达成，对文本内容和文本—图像内容分别进行分析。结果呈现在表 15.5 中。

8 项分析中有 7 项结果很突出，显著性差异的预测比例从莫斯科报纸文本内容的 5% 到图拉广播内容的 45%。唯一一个不明显的数据出现在图拉电视内容中。在异常性和社会意义的多种维度中，政治意义与文本内容的 5 项显著性分值相关，经济意义与 4 项文本显著性变量相关。

被预测的图拉广播文本内容显著性差异的 45% 归因于经济意义（0.41）、政治意义（0.30）和统计异常性（0.20）。对图拉报纸文本—图像内容显著性，30% 被预测的差异性在于以下 5 个内容（以标准系数递减顺序）：公共意义、社会异常性（负相关）、文化意义、经济意义和政治意义。

表 15.5 新闻显著性中异常和社会重要性强度的逐步回归分析

	莫斯科								图拉							
独立变量	报纸显著性只是语言 $R^2=0.05^c$ (n=807)		报纸显著性视觉和语言 $R^2=0.10^c$ (n=298)		电视显著性 $R^2=0.09^a$ (n=105)		广播显著性 $R^2=0.19^c$ (n=1147)		报纸显著性只是语言 $R^2=.007^c$ (n=360)		报纸显著性视觉和语言 $R^2=0.030^c$ (n=103)		电视显著性 $R^2=ns$ (n=20)		广播显著性 $R^2=0.45^c$ (n=73)	
	r	Std. Beta	r	Std. Beta	r	Std. Beta	r	Std. Beta	r	Std. Beta	r	Std. Beta	r	Std. Beta	r	Std. Beta
异常性																
—统计异常，语言内容	0.08^a	ns	0.21^c	ns	0.12	ns	0.13	ns	−0.03	ns	−0.06	ns	0.23	ns	0.30^a	0.20^a
—统计异常，视觉内容	—	—	0.20^c	0.16^b	−0.13	ns	—	—	—	—	−0.05	ns	−0.06	ns	—	—
—社会变化异常，语言内容	0.16^c	0.09^a	0.27^c	0.24^c	0.10	ns	0.22^b	ns	−0.05	—	−0.10	ns	0.05	ns	0.22	ns
—社会变化异常，视觉内容	—	—	0.23^c	ns	0.01	ns	—	—	—	—	−0.11	-0.30^b	−0.20	ns	—	—
—规范异常，语言内容	0.09^a	ns	0.22^c	ns	0.02	ns	0.06	ns	0.08	ns	−0.13	ms	−0.01	ns	0.08	ns

	莫斯科								图拉							
	报纸显著性只是语言 总计 $R^2=0.05^c$ (n=807)		报纸显著性视觉和语言 总计 $R^2=0.10^c$ (n=298)		电视显著性 总计 $R^2=0.09^a$ (n=105)		广播显著性 总计 $R^2=0.19^c$ (n=1147)		报纸显著性只是语言 总计 $R^2=.007^c$ (n=360)		报纸显著性视觉和语言 总计 $R^2=0.030^c$ (n=103)		电视显著性 总计 $R^2=ns$ (n=20)		广播显著性 总计 $R^2=0.45^c$ (n=73)	
独立变量	r	Std. Beta	r	Std. Beta	r	Std. Beta	r	Std. Beta	r	Std. Beta	r	Std. Beta	r	Std. Beta	r	Std. Beta
规范异常，视觉内容	—	—	0.16^b	ns	-0.01	ns	—	—	—	—	-0.06	0.ns	-0.11	ns	—	—
社会意义																
政治意义，语言内容	0.12^c	ns	0.22^c	ns	0.21^a	0.23^a	0.37^c	0.27^b	0.19^c	0.16^b	0.20^a	0.20^a	0.08	ns	0.53^b	0.30^b
政治意义，视觉内容	—	—	0.06	ns	0.04	ns	—	—	—	—	0.10	ns	0.27	ns	—	—
经济意义，语言内容	0.14^c	0.09^a	0.19^b	ns	0.09	ns	0.36^c	0.26^b	0.17^c	0.15^b	0.25^a	ns	0.15	ns	0.57^a	0.41^c
经济意义，视觉内容	—	—	0.11	ns	0.18	0.20^a	—	—	—	—	0.26^b	0.26^b	—	ns	—	—

独立变量	莫斯科								图拉							
	报纸显著性只是语言 $R^2=0.05$[c] (n=807)		报纸显著性视觉和语言 $R^2=0.10$[c] (n=298)		电视显著性 $R^2=0.09$[a] (n=105)		广播显著性 $R^2=0.19$[c] (n=1147)		报纸显著性只是语言 $R^2=.007$[c] (n=360)		报纸显著性视觉和语言 $R^2=0.030$[c] (n=103)		电视显著性 $R^2=$ns (n=20)		广播显著性 $R^2=0.45$[c] (n=73)	
	r	Std. Beta	r	Std. Beta	r	Std. Beta	r	Std. Beta	r	Std. Beta	r	Std. Beta	r	Std. Beta	r	Std. Beta
文化意义，语言内容	0.09[a]	0.12[b]	0.04	ns	−0.02	ns	0.07	ns	0.08	0.14[a]	0.28[b]	0.28[b]	0.26	ns	−0.11	ns
文化意义，视觉内容	—	—	0.04	ns	−0.01	ns	—	—	—	—	0.26[b]	ns	0.03	ns	—	—
公共意义，语言内容	0.17[c]	0.09	0.24[c]	ns	−0.05	ns	0.27[b]	ns	0.12[a]	ns	0.20[a]	ns	0.22	ns	0.28[a]	ns
公共意义，视觉内容	—	—	0.13[a]	ns	−0.07	ns	—	—	—	—	0.27[b]	0.33[b]	−0.20	ns	—	—

注：[a] p<0.05；[b] p<0.01；[c] p<0.001；ns＝不是最终逐步回归等式的一部分。

莫斯科方面值得一提的是广播新闻，19% 的显著性差异为两个维度 273的社会意义所预测：政治和经济意义。最后，报纸文本和图像内容显著性差异有 10% 为社会变迁和统计异常性所预测。

总体结论为，在图拉，异常性和社会意义比在莫斯科能预测更多差异性。这可能是因为在图拉，媒体在人们的生活中扮演一个更有意义的角色，因此更加局限在自身能够报道的本地话题。也可能在于，因为莫斯科媒体比图拉多，所以图拉显著性更容易为从其他来源获得信息的莫斯科人所预测，而非局限于——图拉居民亦是——研究中的某个媒体上。最后，两城的广播更多受到关注的原因，在于俄罗斯新闻广播对高质量的追求。这些电台新闻话题范围有限，如果它们所报道的内容不在当天最重要的信息上或者也不是微不足道，这种倾向会更加突出。

七、人们对新闻的定义

2001 年夏天于莫斯科进行 4 个中心小组访谈，图拉的 4 组访谈在当年秋季进行。每个中心小组由 8 到 10 个人受访人组成。每个小组都有不同年龄段的男性女性——除了图拉低社经地位受众组（该组只有女性）。莫斯科记者中心小组全部由来自《新闻》的记者组成；在图拉，记者组由电视和广播记者组成，因为报纸记者拒绝参加访谈。莫斯科所有公关从业者都来自一个商业公关公司，该公司服务于许多营利性和公共组织，但在图拉，公关人则来自不同的公共和私人组织的公关部门。

需要指出的是，中心小组访谈进行当中发现，记者和公关从业者的观点很相似，因为公关人经常把自己视为新闻生产者。而且在受众组，不论社经地位高低，其观点也类同。因此在很大程度上，随后进行的访谈分析将部分通过结合每个城市中两个职业组和受众组的观点评论进行。

八、人们生活中的重要事件

274　　中心小组受访者被询问道记忆中最重要的新闻。所有小组的成员都表达了相似的新闻内容，并提到几乎相同的主题，包含以下：

- 天气预报。
- 与职业有关的信息。
- 文化事件（例如，节日和戏剧）。
- 重大国内国际政治和经济事件，例如瑞典哥德堡反全球化会议骚乱。
- 俄罗斯领导人与国外元首会晤。
- 各种安全议题，如美国退出反导弹协议、战争与和平、核废料保存以及与生化武器有关的事故。
- 教育议题和与青年有关的议题，例如图拉地区学校试点、青少年毒品问题。

换句话说，中心小组成员的注意力被那些影响其日常生活的事件、具有全球社会政治意义的事件、破坏社会价值观与现状的事件以及影响其生活正常轨道的事件所吸引。正如一些受访者所说，他们提到每天都会关心的事件。有意思的是，当他们提到这些议题尤其是有关电视的议题时，受访者经常引用动人而触动情感的画面，例如开心与激动、恐惧、厌恶或愤恨，并常用词语如"它让我很担忧"，"太可怕了"和"震惊"。根据受访者描述，这些具有冲击力的画面通常使其思考未来，关心国家，恐惧生活，关心爱人健康以及为不确定性而担忧。这些有关情感影响的画面在受众和专业人士组中都出现。

如所有中心小组受访者所述，个人兴趣决定信息兴趣。一些受访者认为，那些思考全球进程的人会留意国外新闻，这有助于读者追随世界经济和政治的主要潮流。

国内政治和经济议题也对受访者有重要意义，尤其是与苏联有关的话题。苏联现在成为独立联邦，这对大部分受访人而言是个相当敏感的议题，对记者和公关人皆是如此；苏联解体造成其信仰、观念和成见的崩塌；当时一些人必须离开家园搬到新住地，一些人失去亲人，还有一些因为政治和资金原因不能见到家人和朋友。

研究进行时俄罗斯最热门的话题——因此也常被受访人提到——是车臣战争。有趣之处在于，许多受访人并不希望听到任何有关这个事件的消息，而会避开此话题。根据他们所述，一般受众已经习惯了有关中枪和坦克被击爆的消息，因此通常不会太注意它们。

有孩子的受访人爱搜寻与年轻人有关的信息。许多时候专业人士和个人兴趣会重合，这很有意思。中心小组中有孩子的教师和医生经常接收有关教育、流浪儿童、毒瘾和儿童疾病的新闻。另一个例证是莫斯科一位高社经地位受访者出于职业原因要查找所有类型的数据——包含流浪儿童的数据——因为作为母亲她觉得这种事很重要。

由于"铁幕"存在了几十年，俄罗斯人对与这个话题有关的所有类型的新闻都很有兴趣。对年轻一代，旅行经常与"我该去哪里度假"这一问题有关。相反，对年长者——很少能负担国外旅行的人——旅行新闻是他们用以了解遥远国度及其生活方式、习惯和传统的方式。

九、社会意义和正面负面新闻

中心小组提到的大部分话题与社会意义有关。这可能在于其文化传统，媒体必须报道社会重大事件，忽略细枝末节的小事。"人咬狗"事件从不出现在苏联报纸上，因为它们煽情、毫无意义，所以无用。新闻必须教化，增加人们的知识，有社会价值。从一些角度而言，当改革刚开始时，俄罗斯媒体充斥着"肤浅"而耸人听闻的新闻，这对观众而言是一种革新。如今，俄罗斯正经历着经济和政治都极为困难的时期，人们自然而然更留意与自己和家人的日常活动有关的新闻。

一些中心小组受访人认为如果俄罗斯有什么事发生，每个人都会探讨。一般而言，负面新闻被认为更加吸引人注意，因为它们刺激而非同寻常，而其他人则坚持正面新闻是公众兴趣的核心。它们的逻辑在于，"如果好事情发生那就有一切进步的可能"。坦陈偏向正面新闻的受访人解释道，人们离不开负面新闻，因为它们促使人们思考、得出结论并行动，但负面信息通常引发问题。相反，正面信息有助读者休息。因为世界上邪恶太多，正面新闻帮助人们克服困难，坚强地生活下去。与此同时，负面信息对人们有很大影响，而且人们忍不住要回应。负面信息自然会增加人们的经验，帮助人们避开困境。一位受访者的论述很有趣：她认为感性的人们认为负面信息才是有用信息，人们通常注意负面新闻，包括与灾难抗争、流浪者、孤儿和事故。

大部分受访者认为所有信息都包含正面和负面，并且人们确实需要两方面的信息，以做出判断并对世间万物有自己的观点。许多时候受访者觉得辨别正面和负面新闻很困难，除非是库尔斯克潜艇悲剧和切尔诺贝利核泄漏事件这种显而易见的案例。

在把关人实验中，图拉和莫斯科的中心小组受访人都谈到，他们选择在职业上和个人层面而言都吸引他们的新闻并将其排在前面。另外，对一些受访人而言，最主要的判断标准是一个事件是否能吸引他们的情感投入。在讨论如何为正面和负面新闻排序时，所有小组的受访人都引用强烈情感的词语来描述事件："我为祖国自豪""重大发现""当然让人讨厌"。并且，莫斯科公关人确信，莫斯科以外的人们和莫斯科居民有不同的信息优先顺序，意即，莫斯科之外地区的人们对与其日常生活有关的信息更为关注，而对国际事件不甚感兴趣。

如前所述，中心小组成员提到了信息的双面性。一个受访人提到一个例子，沃罗涅什市歌剧院在一些改革后重新开放。这个事件当然是个正面新闻，但该事件也有负面含义，因为该歌剧院环境很差，几近倒塌。另一个例子有关美国决定退出反导弹武装协约，一些受访人觉得是中性事件，而一些人则认为是负面新闻。

所有新奇而异常的新闻对公众而言都很有兴趣，但负面新闻更加引人注意。大部分受访者认为，虽然人们喜欢正面新闻，但他们却将更多注意力放在负面新闻上。在他们的工作中，记者将这个看似自相矛盾的现象纳入考虑之中。除了记者之外，大部分受访者都认同俄罗斯媒体上负面新闻比正面新闻多得多，并强调一些俄罗斯报纸专门提供负面消息。事实上，俄罗斯国内新闻报道中很大一部分都是负面的，而且人们对负面信息比正面信息记得更加清楚。

在对新闻事件的排序之时，中心小组的所有受访人——但不包括记者和公关从业者——都谈到大众媒体热衷于负面信息，并以有吸引力的方式呈现。图拉低社经地位受众组的一位女性受访者谈道："记者谈论太多有关负面的事物，他们不是在对抗邪恶，而是在产生邪恶。"一些受访人认为记者的职责在于提供负面和正面信息，也宣称记者以提供负面信息谋利。

一些受访者坚信媒体不应该播送或报道破坏道德价值观的信息，因为这些信息对儿童有害。另外，新闻也要以儿童不能客观分析信息为前提假设。图拉一位低社经地位受众组的女性解释道："他们错误地认识事物，有时负面信息成为一种指示，一种遵从的计划。"

以下是一些受访人提到的负面新闻的例子：

　·阿富汗战争——人们忧虑战争会蔓延到整个世界，恐惧于不确定性和骚乱。

　·切尔诺贝利核泄漏事件——对于该惨剧，人们知之甚少，但该事件影响整个国家以及一些受访者的家庭。图拉一位低社经地位的女性受访者说："我儿子出生在那里，并且我现在发现该事件对他健康有影响。"

　·苏联解体——变迁带来不确定性；同情深陷危机的国家。莫斯科低社经地位的年轻女性受访者说："所有人都团结在一起，而祖国却正在解体。我意识到我们不再生活在安稳和友谊之中了。"

·NTV电视危机——商业纠纷演变为政治丑闻。

·米尔空间站关闭——标志着俄罗斯太空霸权的新纪元。

·莫斯科恐怖袭击和爆炸

以下是正面新闻的例子：

·重大科学成就——莫斯科一位低社经地位的受访者谈道："人们可以安排身体结构，终结顽疾。"莫斯科一位低社经地位的男性说："加拿大科学家成功检测了微中子。"

·首次太空航行——莫斯科一位高社经地位女性受访者说："我们都极度兴奋，开心又激动。"

·中国动物园访问莫斯科

·莫斯科850周年庆

278　　　新闻生产者、记者和公关人员提到最有意义的事件为与国家和地区政治以及国际政治有关的新闻：

·图拉饥荒

·格鲁吉亚爆炸

·国会（杜马）丑闻

·油价上升

·伯恩峰会

·全国特赦

·阿富汗军事行动

·国内社区服务和津贴困境

在图拉公关人员看来，犯罪、暴力和性是决定电视收视率的话题，"两具尸体会得到第58页的30行报道；发现5具尸体的报道会出现在第46页上；280 具则会在头版上开辟专栏来报道"，图拉一位 30 余岁的男性公关人员如是说。无辜遇难者和人体吸引公众注意，除了前述话题，有关灾难、事故和社会良好状态；社区生活，慈善和捐款——一切挑动人们情感如同情和仁慈的事件也是受众很感兴趣的所在。

大部分受访者偏向正面新闻，并坚信这样的新闻展现出生活正在改善的迹象，然而他们觉得没有负面新闻人们也没法生活。一位受访者提到，记者并不将正面新闻视为能事实上影响受众的事务。据一位受众组的受访人，对记者来说，最重要的是客观和公信力。

几乎所有受访者都提到信息并不必然要轰动一方，但要增加人们的知识，有所用处。事件和真实性被认为是新闻两个最重要的特征。事件在信息表达效果过程中扮演极为重要的角色，事件的呈现方式决定人们的兴趣，吸引其注意。真实可靠的信息很受受访人重视，一些人则哀叹当代俄罗斯媒体缺乏可信信息。

如前所述，图像对受众有重要影响，配有生动图片的事件常能震撼受众。中心小组提到的最具震撼力的图像为在俄罗斯电视上播放的美国世贸中心的"9·11"事件图片，观众目睹世界另一边成千上万人遇难。受访者提到的另一个画面是拉脱维亚的维尔纽斯，一个男性在镜头前遭到射杀。根据受访者所述，他们的新闻兴趣并不取决于事件的软硬抑或是正面负面。全球新闻——有时甚至是革命性的——的特征是引导受众从另一个角度看待事件，打破刻板印象。

在中心小组访谈的后半部分，所有受访人都要提出对新闻的定义。受访人的回答说明，虽然记者和公关人员认为受众对新闻的认知存在差异，但事实上不管其职业和社会地位如何，人们对新闻的认知都较为相似。以下是受访者回答中的一些描述：

1. 记者

·新闻是能让我们部门总监感兴趣的事。新闻是可以拿来卖给当局或同事的事。

·是我们之前不知道的事。任何信息都是潜在的新闻。

·新闻是我们所见证的事物。新闻必须有时间地点，以及有对事件之重要性的评论。

·新闻必须是真实的，所有人都感兴趣，包装得好，没有广告，精简而内容丰富，有用而吸引注意力，新鲜又有点犀利。它把人吸到媒体上，促使人们思考。

2. 公关从业者

·我每天都跟新闻打交道，但我没法下定义。

·只有新闻系的人知道什么是新闻。

·新闻是前一天都还不存在而刚发生的事。

·是在报道当时被认为很重要的信息，为媒体所呈现，并被认为是个事实或事件。

·声明或观点可以成为新闻。

·标题中陈述的可以一整天吸引读者的事，是受众会讨论的事。

·新闻不可能完全客观，因为是人生产新闻。客观是媒体的独特特征。

·应该简明扼要，轰动，正确，真实，新鲜，可以回答 3 个问题：何时？何地？如何？

·新闻是那种给予我们希望并帮助我们改变未来的信息。

280

3. 受众

·没有新闻是好新闻。

·新闻是我们生活的一部分，是人与人之间沟通的元素。

·深刻的事件是前所未闻的。它要不同寻常，简短，客观而新鲜，中立，并不针对个人，没有评论，引发变迁，影响人的生活，激起情感，留下回忆，帮助人评判周边事物，充实人的经历并辅助建立起观点和开始行动。正面还是负面都不重要。

·每个人都对新闻有其独特看法。一个人对新闻的认知取决于其情感。新闻是一个新词，触动人的兴趣。

十、对比人们的新闻偏好与报纸实际新闻

在把关人实验中，中心小组受访者被要求排列莫斯科和图拉报纸上节选的 10 条新闻，根据这些新闻的标题，将新闻排列为他们认为应该被呈现的顺序，假使他们——受访者就是两城报纸的编辑。表 15.6 呈现了不同中心小组之间的斯皮尔曼等级相关系数，以及在两家报纸上这些新闻的实际呈现顺序。

虽然大部分数据都很突出，但 4 个莫斯科中心小组之间的数据显示关系很微弱（平均 0.56），图拉小组之间的系数甚至更微弱（0.36）。这些结果意味着两座城市的 4 个小组之间共识较低，尤其在图拉。

表 15.6 在报纸新闻条目显著性和中心小组排名之间斯皮尔曼排名等级相关系数

	记者	公共关系从业者	高 SES 受众	低 SES 受众	报纸
记者	–	0.50[b]	0.40[a]	0.56[b]	0.22
公共关系从业者	0.50b	–	0.66c	0.63[c]	0.05
高 SES 受众	0.05	0.35	—	0.58[b]	0.08
低 SES 受众	0.21	0.49[b]	0.53[b]	—	−0.34
报纸	0.24	0.03	−0.08	0.12	—

注：莫斯科系数在更上面的三角上，图拉在更低的三角上。SES= 社会经济地位。

[a] $p < 0.05$; [b] $p < 0.01$; [c] $p < 0.001$。

　　另外，中心小组的主观排序与报纸实际新闻呈现之间的相关系数很低。在莫斯科，平均相关系数为 0.17，范围从 0.05 到 0.34，在图拉范围则从 − 0.08 到 0.24，平均系数低至 0.12。换句话说，事实上，中心小组之间在两城报纸显著性的实际排序上不存在一致性（包含记者）。

　　这个有趣的现象原因何在？有两个可能的推测。首先，由于过往的新闻史，俄罗斯人仍然对媒体存疑，即使近年整个俄罗斯媒体都发生了巨大变迁。这种疑心还会存在很久。第二个可能在于，俄罗斯社会政治变迁极其迅速，不久前还是新闻的事已经不如当下发生的事重要了。把关人实验中呈现给受访者的事件，从中心小组访谈进行之日前几个月的报纸中选取，因此人们可能觉得这些事件不具有相关性，导致新闻价值的较小差异。相应地，每个人之间的较小差异产生"随机"排序，平均相关系数分析显示出与报纸实际报道顺序的低相关系数。

十一、讨论

　　俄罗斯内容分析显示，莫斯科报纸最着重报道的话题为国内政治、文化和体育，在图拉，主流事件则与国内秩序和国内政治有关。在电视方面，莫斯科报道最多的话题为国内和国际政治，所以几乎一半篇幅都在政治方面。而在图拉，位列前面的是国内秩序、军事和国防以及体育。对于广播，在两座城市中体育和国内秩序占据最多。诚然，中心小组分析也同样显示，国内秩序和政治以及文化事件和体育是人们脑海中最重要的事情。因此在人们的信息需求与媒体提供内容之间存在一定程度上的一致性。确实，中心小组中获得最高显著性的话题与车臣坦克被击中、俄罗斯政府官员腐败、俄罗斯某地区选举和总统叶利钦辞职这样的事件有关。另外，在中心小组讨论中，莫斯科受众对世界事件表达出比图拉更多的兴趣，这亦证实了 3 种媒体内容分析结果。

　　另一个重要结论是中心小组讨论支持了有关异常性的差异性测试结果。具体而言，尤其异常的新闻并不一定受到最多注意。在图拉中心小组尤其如此，其受访者阐述了对与其日常生活有关或有影响的特定话题之兴趣。

另一个从俄罗斯数据中得出的有趣结论，出现在中心小组有关当代 俄罗斯媒体特征的讨论。莫斯科与图拉的记者和公关人员都表达了所有信息都是潜在新闻的观点。并且他们都同意任何新闻都可以成为当天的热点，以及事实上发生的新闻比媒体上呈现的要少。这使得中心小组受访者得出结论，俄罗斯媒体新闻被许多人认为是一种操纵手段。

两城中心小组中的公关人员和记者表达的另一个重要观点为专业人士对新闻的看法与受众的认知不同。记者之于新闻的优先顺序也就相应不同于受众。如莫斯科一位记者所观察，大部分出现在媒体之中的事件都以主编为导向，当天新闻并不一定反映受众的实际兴趣。这种不一致显然验证了中心小组排序与报纸新闻实际显著性之间相对较低的相关系数。

总而言之，俄罗斯媒体从苏联时代以来历经许多变迁，如今俄罗斯媒体呈现的新闻仍然让人略带疑虑，这种疑虑在新闻生产者和消费者中是普遍的。

第十六章 南非的新闻

丹尼尔·度·普莱西斯（Danie Du Plessis）

一、南非媒体生态

南非媒体生态与其人口构成和历史一样复杂，纸媒和广电媒体发展和历史不同。350 年来不同体制的政治，影响决定了媒体发展的方向和进度。20 世纪 90 年代早期，整个社会平静安宁，革命性的转变发生在全面民主取代少数白人统治国家之时。

1996 年国会颁布新宪法，这是第一次国家最高权力确立宪法，而以宪法为指导的法院保障人民的基本权利，包括言论自由；这些价值观捍卫了南非媒体系统。第一部《媒体自由索引》于 2002 年由无国界记者组织颁布，使南非与澳大利亚和日本在世界新闻自由榜单上排到第 26 位。

南非是个极其多元的国家，人口约有 4400 万，其中 76.7% 自认为非洲人，10.9% 为白人，8.9% 为混血有色人种，2.6% 为印第安 / 亚裔（南非数据 2000）。为了满足南非多样人口的需求，宪法规定了 11 种官方语言：南非荷兰语、英语、恩德贝勒语、科萨语、祖鲁语、北索托语、赛所托语、茨瓦纳语、斯瓦特语、文达语和聪加语。根据 1996 年人口普查数据，祖鲁语是 22.9% 人口的母语，其次为科萨语（17.9%），南非荷兰语（14.4%），北索托语（9.2%）和英语（8.6%）。

人口的多样给媒体事业的发展造成重大障碍。例如，不到 50% 的人口不说英语或南非荷兰语（前两种官方语言）（Schuring, 1993）。这意味着媒体市场是破碎的，竞争也就不太激烈，因为需要服务小众。

从南非媒体发展史的开端，报纸和媒体集团就以种族因素进行组织了。第一家报纸成立于1800年，目标针对白人读者而忽视黑人群体兴趣（Roelofse，1996：85），第一篇针对南非黑人受众的论文出现于1837年的卫斯理公传道会上。

黑人媒体的历史有以下5个鲜明阶段（Roelofse，1996：82）：

（1）传教阶段，传教出版物发行的时代（从19世纪30年代开始）。

（2）独立阶段（1880年开始），黑人创办的第一家独立的、针对黑人的报纸成立。

（3）白人所有阶段（1930年开始），资金和设备匮乏使得白人接管黑人媒体，虽然仍旧针对黑人受众。

（4）英语媒体依赖黑人读者阶段。

（5）1995年以来，主流报纸（包括传统白人报纸集团）为黑人商业团体接管。

白人媒体产业以泾渭分明的两个维度发展：英语媒体集团和南非荷兰语媒体集团。

在种族隔离年代——尤其20世纪60年代以来——政府提供了支持媒体自我管理功能的合法框架，以出版委员会（之后为媒体委员会）为间接管理机构。报纸必须在国家注册，并且如果不遵守政策规定可以注销注册，这致使许多替代出版物的出现。在这一时期，南非报纸甚至比许多非洲报纸都能更好地承受政治、意识形态和商业压力。20世纪90年代早期以来随着控制媒体的法律的废除，媒体得以自由化。

当代南非媒体包括17种日报（大部分位于不同的都市地区），7家周末报，以及大约158家社区报纸。

最大的英文日报《索韦托人报》针对黑人读者，日常发行量近20万，最大的南非荷兰语报纸为《戴伯格》，于开普敦发行，周六发行量略高于12万。《周日时报》的发行量超过50万，每周日出版。

广播一直以来都在政府掌控之中。南非第一家电台成立于1923年，一开始是私人创建，随后南非广播公司（SABC）于 1936 年成立，成为公共电台广播，以南非荷兰语和英语播送。1960 年，南非广播公司成立土著黑人语电台（Wigston，1996：312）。目前 SABC 的全国广播网络有 19 个电台，每日总共覆盖的听众数目超过 2000 万。

20 世纪 90 年代早期，在南非的政治变革浪潮中，独立广播机构于 1993 年成立，允许成立独立广播电台。2000 年，南非独立传播机构（ICASA）取代独立广播机构，SABC 的部分商业电台被售予私人投资者和社区电台。目前超过 12 家商业电台广播节目（大部分在特定地区）以及超过 50 家社区广播电台都以 ICASA 授权的许可证经营。

1976 年 SABC 引进电视，作为公共广播渠道。如今 SABC 的网络包括 3 个频道，以 11 种语言播送（英语为主流语言）。南非有超过 400 万家庭有电视许可。为 SABC 传送的节目中约有 50% 是南非制作。大约 98 档新闻节目每周以官方语言播出。（2002：136）所有电视台节目都面向全国，即只有一家电视台纳入研究样本的原因。

1986 年南非首个私人电视订阅服务 M-Net 成立。M-Net 聚焦于体育、电影和大众娱乐，其节目不包含新闻。

1995 年，多选择南非成立，是为非洲首个提供数码卫星广播服务的公司。目前在非洲超过 50 个国家播送超过 54 个广播频道、48 个音乐频道，订阅人数超过 140 万。

E-TV 成立于 1998 年，于 1999 年开始播送节目，为私人商业电视（免费观看），依赖于广告收入，不收取订阅费用，并包含新闻节目。

二、研究样本

研究选择约翰内斯堡和布隆方丹为样本。两城在南非代表完全不同的社区。我们也有意在两城中选择代表不同社区的媒体。在约翰内斯堡选择一家报纸和广播来代表城市黑人受众，在布隆方丹选择的报纸和电台侧重于南非荷兰语白人受众。

约翰内斯堡位于豪登省，为南非最大的城市，城市人口超过 300 万，包括黑人城镇索韦托。因为豪登省以及约翰内斯堡是南非的经济实力基础，所以是该国最多样化的省和城市，所有人口由来自非洲以及世界各地的人组成。在豪登省，6 家日报同 8 家商业电台竞争（也有公共广播电台）。

《索韦托人报》的发行量（大约 20 万）和阅读量（超过 200 万），都是南非所有报纸中最高的，被选为约翰内斯堡报纸样本。该报纸一开始致力于反映种族隔离背景下黑人群体的生活与观点，侧重于自由斗争，其成员包括数位政治运动家。1994 年政治自由得以实现，《索韦托人报》的服务对象也随之改变。其读者教育程度和经济水平愈加提升，因此逐渐适应其新的角色，以便以不同方式服务同样的社群。1981 年以来，该报每周从周一到周六以英语发行出版。虽然《索韦托人报》发行覆盖全国，但其聚焦在豪登省，目标受众为城市中产阶级中的黑人读者。

实际选取的样本时间与研究计划中的合成周期有些微差异。因为 2000 年 12 月 31 日是星期日，《索韦托人报》休刊，而 2001 年 1 月 1 日周一是公共假期，所以 2001 年 1 月 2 日出版的报纸被选为研究样本。

研究选取的广播电台为都市 FM，为 SABC 所有，是一个商业性娱乐电台，以黑人城市群体为目标受众。虽然都市 FM 在全国范围内播送，但其中心在于约翰内斯堡和豪登省，其大部分听众居住在此。该电台每小时有简短新闻播报（大约 5 分钟），晚 7 点新闻是每天主要的新闻播报时段。

都市 FM 取样工作以电台录下所选日期晚 7 点新闻的方式得以事先保证，这一安排经过两次确认来保障。然而事后却只得到四档新闻节目，2001 年 11 月 12 日、12 月 6 日和 12 月 22 日的新闻节目丢失，所有工作都不可复原。

为了与研究中最大化差异性的目标保持一致，研究选择布隆方丹为第二座城市，人口约为 50 万，是南非第六大城市。布隆方丹是南非最高上诉法院所在地，是自由省首府，具有良好的制度、教育和行政体系。自由省及其居民主要讲塞索托语（黑人）和南非荷兰语（白人），大部分被视为保守派。其经济主要以农业和矿产（制造业逐步发展）为支柱，城市化水平较低。布隆方丹只有一份南非荷兰语日报《戴沃克斯布莱德》，面向白人受众，在自由省和部分北开普省地区发行，但大部分在布隆方丹。因为该报是唯一的地方性日报，所以其读者包含很大一部分塞索托语和英语人口。

这里也与研究计划取样时间有略微差异。因为 2000 年 12 月 31 日是星期日，《戴沃克斯布莱德》休刊，而 2001 年 1 月 1 日周一是公共假期，2001 年第一版于 2001 年 1 月 3 日发行，所以 2001 年 1 月 3 日出版的报纸被纳入研究样本。

布隆方丹唯一的商业性（以及地区性）电台为 OFM，是南非荷兰语—英语双语电台，尽可能多地服务于自由省居民。该电台为娱乐性广播，每小时有新闻简报（5 分钟），晚六点为每日主要新闻播报时段。

南非没有地区性电视台，所以研究选择 SABC 晚八点的主要新闻节目为对象。该时长 30 分钟的节目包含新闻以及结尾的天气预报。

5 家南非媒体在研究时段内产生总共 1986 条新闻。两家报纸提供的新闻最多（《戴沃克斯布莱德》1146 条，《索韦托人报》613 条），SABC3 产出 137 条，广播 OFM（59 条）和都市 FM（29 条）最少。

三、新闻话题

如表 16.1 可见，如果所有媒体上所有新闻的话题一起分析，最重要的（超过 10% 的）为体育（19.4%），随后为商业 / 贸易 / 工业（11.8%）、国内秩序（10.7%）和国内政治（10.3%）。然而，如果单一话题整合进更广类别，那么只有与犯罪（6.8%）、体育竞赛结果（7.0%）以及个体运动员（6.7%）有关的新闻占据超过 5%。另外，犯罪是研究中最常出现于头版或所有媒体前 1/3 空间的单一话题（新闻条数）。这显然说明了南非新闻报道的优先顺序，也就是体育和犯罪。

接近性在报道犯罪事件上扮演了重要角色。媒体内容分析显示，大部分犯罪报道（50.6%）中的犯罪事件都发生在相同的或周边社区。而且，如果只分析报纸头版或者前 1/3 的新闻，那么与相同和周边社区中发生之犯罪事件有关的新闻比例则攀升至 57.7%。在头版或前 1/3，相同社区中犯罪事件的犯罪新闻从 26.2%（的所有犯罪新闻）增加到 42.3%。因此媒体对发生在受众周边的犯罪事件有本能的反应。

表 16.1　按照城市和媒体所进行的新闻话题的广泛分布

话题	报纸		电视		广播	
	约翰内斯堡	布隆方丹	约翰内斯堡	布隆方丹	约翰内斯堡	布隆方丹
体育	27.5	15.7	11.8	11.8	3.7	3.5
内部秩序	11.3	9.4	10.9	10.9	22.2	12.9
有人情味事件	9.0	10.0	3.8	3.8	0	3.5
国内政治	8.9	8.8	16.6	16.6	3.7	36.5
文化活动	6.8	4.8	1.5	1.5	0	0
灾难 / 事故 / 瘟疫	6.3	2.5	6.2	6.2	16.7	3.5
商业 / 贸易 / 产业	5.0	16.3	9.8	9.8	0	5.9
经济	4.7	5.3	3.0	3.0	5.6	0
国际政治	3.5	2.9	10.9	10.9	24.1	4.7
娱乐	2.9	2.2	0.6	0.6	0	0
教育	2.6	3.7	2.4	2.4	0	4.7

话题	报纸		电视		广播	
	约翰内斯堡	布隆方丹	约翰内斯堡	布隆方丹	约翰内斯堡	布隆方丹
交通运输	2.0	2.4	4.7	4.7	5.6	7.1
健康／福利／公益	1.8	3.8	3.3	3.3	1.9	4.7
住房	1.6	0.2	1.5	1.5	3.7	0
社会关系	1.3	2.1	2.4	2.4	3.7	7.1
行业协会	1.2	0.8	3.3	3.3	1.9	0
传播	0.9	1.8	0	0	0	0
其他	0.9	0.4	0	0	0	0
环境	0.7	1.0	1.8	1.8	1.9	1.2
时尚／美	0.4	0	0	0	0	0
军事和防务	0.4	1.0	1.8	1.8	1.9	0
科学／技术	0.3	1.1	0.3	0.3	0	1.2
能源	0.1	0.7	0.3	0.3	0	1.2
天气	0.1	0.7	0.3	0.3	0	1.2
人口	0	0	0.9	0.9	3.7	0
仪式	0	2.4	2.4	2.4	0	1.2
总计 [a]	100.0	100.0	100.0	100.0	100.0	100.0
	(n=767)	(n=1680)	(n=338)	(n=338)	(n=54)	(n=85)

注：分布以百分数的形式给出。

[a] 由于舍入误差，总计百分数可能并不是百分之百。

290　　　体育占据约翰内斯堡报纸的大部分新闻报道（27.5%），也是布隆方丹报纸（15.7%）和电视（11.8%）第二常见的话题，原因可能在于所有南非社会（所有人口群体）都热衷于体育（正如其对犯罪的兴趣一样），即使不同类型的体育吸引不同的黑人和白人社会群体。在《索韦托人报》，赛马和足球占主导，《戴沃克斯布莱德》则以橄榄球、板球和田径运动为主要的体育话题。

在布隆方丹报纸中，商业／贸易／工业获得最多报道篇幅（16.3%），可能因为该报大部分读者为富有的白人群体，他们可以负担得起相关投入，或者实际上是行业里的企业家；相反，约翰内斯堡报纸的大部分读者大体为并不富裕的黑人工人或逐渐成为专业人士的黑人中产阶级。这再一次凸显了媒体消费的种族差异，正如本章第一部分所述。

电视与其他媒体相比较少聚焦于有人情味事件话题，而更加着重在与国内政治和国际政治有关的话题上。布隆方丹广播对国内政治（36.5%）和社会关系（7.1%）更为关注，可能因为在研究期间当地正举行全国大选，这也许意味着布隆方丹广播遵循特定议程以影响本地选举。

表 16.2 中的斯皮尔曼等级相关系数说明两城之间与媒体之间存在差异。最高系数出现在约翰内斯堡报纸和布隆方丹报纸之间（0.83），因此两家报纸的话题结构相对相似。布隆方丹报纸和电视之间也存在一定程度的相关（0.77），而在约翰内斯堡报纸和电视之间系数则较小（0.73）。

约翰内斯堡广播的话题结构与其他所有媒体都不同，与布隆方丹报纸之间的系数最低，然而，其与电视存在微弱相关（0.64），这可能是因为广播和电视台皆归 SABC 所有。新闻采集与呈现上的协作也可能导致两者之间的相似性。

表 16.2　多种媒体新闻的新闻话题排名间的斯皮尔曼等级排名相关系数

	约翰内斯堡报纸	布隆方丹报纸	约翰内斯堡电视	布隆方丹电视	约翰内斯堡广播	布隆方丹广播
约翰内斯堡报纸		0.83[c]	0.73[c]	0.73[c]	0.38	0.49[a]
布隆方丹报纸			0.77[c]	0.77[c]	0.20	0.63[b]
约翰内斯堡电视				—	0.64[c]	0.74[c]
布隆方丹电视					0.64[c]	0.74[c]
约翰内斯堡广播						0.38
布隆方丹广播						

注：[a] p <0 .05; [b] p < 0.01; [c] p < 0.001。

四、新闻异常性

研究猜想相对不具有异常性的新闻，异常性新闻会更大或更长，也会因此而被置于更加显著的位置。这一基本猜想通过计算不同媒体中新闻之统计异常性、社会变迁异常性以及规范异常性的显著性分值来验证。单项差异性分析（ANOVA）也被用于测算不同显著性分支之间差异的统计意义。如前所述，因为电视并不是地区性质，所以只有一家全国电视新闻被纳入研究范围。

表 16.3 呈现了平均显著性分支。30 项分析中只有 7 项的异常性水平结果明显。这并不意味着所有明显的结果中都在异常性和显著性间存有线性关系。7 个结果中只有 5 项的最低异常性与最低显著性分值相对应。所有分析中，无论数值高低，有 12 项的最高水平异常性与最高显著性分值相对。并且，在电视方面，最低水平异常性与所有 6 项显著性分值的最低水平都相对。

表 16.3　按照城市和媒体划分的平均语言和视觉异常异常度显著分数

| 异常强度 | 约翰内斯堡 | | | | | 布隆方丹 | | | | |
| | 报纸 | | 电视 | | 广播 | 报纸 | | 电视 | | 广播 |
	只是语言 (n=587)	语言和视觉 (n=143)	语言 (n=137)	视觉 (n=130)	语言 (n=29)	只是语言 (n=925)	语言和视觉 (n=244)	语言 (n=137)	视觉 (n=130)	语言 (n=59)
统计异常										
(1) 普遍	277.5	538.4	113.6	120.7[a]	53.0	239.1	271.8[b]	113.6	120.7[a]	55.0[b]
(2) 有些异常	193.2	710.2	201.0	222.4	48.5	201.3	434.7	201.0	222.4	49.2
(3) 相当异常	274.2	926.4	230.3	240.4	46.4	212.7	394.7	230.3	240.4	50.4
(4) 极度异常	97.7	-	307.5	-	150.0	300.3	282.3	307.5	-	207.0
社会改变异常										
(1) 对现状没有威胁	275.2	558.2	157.6[a]	166.6	60.7	187.4[b]	347.0	157.6[a]	166.6	52.2
(2) 最小的威胁	180.9	347.0	249.8	256.8	43.8	285.1	407.3	249.8	256.8	56.3
(3) 中度的威胁	211.0	635.5	261.5	258.3	41.4	253.7	256.0	261.5	258.3	47.7
(4) 重要威胁	503.0	1677.4	175.0	175.0	-	153.3	-	175.0	175.0	-
规范性异常										
(1) 没有破坏任向规范	277.2	569.7	173.6	178.9	56.4	226.4	333.5	173.6	178.9	41.8
(2) 最小的破坏	276.3	251.7	230.6	235.7	-	162.4	551.5	230.6	235.7	60.0
(3) 中度破坏	134.9	-	228.1	241.8	44.0	171.5	434.4	228.1	241.8	57.0
(4) 重要破坏	137.3	482.6	212.2	218.5	42.4	269.4	-	212.2	218.5	100.3

注：[a] p < 0.05; [b] p < 0.01; [c] p < 0.001。

参看不同类型异常性（每个统计异常性、社会变迁异常性和规范异常性各10项测算）可见，统计异常性是预测显著性的标志。平均显著性的10项测算中，有8项的最高异常性与最高显著性相对。这与其他类型异常性形成突出对比，10项中只有两项有相同相关。相似对比中，最低水平异常性在10项中的6项与统计异常性和规范异常性最低值相对，但不包括社会变迁异常性。

五、新闻的社会意义

如异常性，本研究猜想具有社会意义的新闻上比不具备社会意义的新闻在媒体上更加显著。该假设通过计算不同媒体上新闻之平均显著性分值来验证。在40项分析中，16项结果显著（表16.4），其中，最低水平的社会意义与最低显著性分值在12项中相对，最高水平社会意义与最高显著性分值在5项中相对。电视占据了16项中的12项，12项中有10项最低水平社会意义与最低显著性分值相对。

在所有分析中，无论数值高低，约翰内斯堡报纸8项测算中的4项，以及布隆方丹报纸8项测算中的5项中的社会意义的最高水平与最高显著性分值相对。在约翰内斯堡电视方面，8项测算里有7项显示社会意义最低水平与最低显著性分值相对。

政治意义方面，10项平均显著性系数的6项政治意义分值上，社会意义最高水平与显著性最高水平相对，而最低水平之社会意义与最低显著性相对的案例为5/10。在经济意义维度上，6项测算中有4项结果为最低水平社会意义与最低显著性相对，只有10项中的2项中社会意义最高水平与显著性最高值相对。公共意义10项平均显著性分值中，有7项社会意义最低水平与最低显著性系数相对，而8项中的2项社会意义最高值与最高显著性相对。文化意义在10项中的3项为显著性预测指标。文化意义是约翰内斯堡报纸和电视以及布隆方丹电视文本内容显著性的预测指标。

所有媒体中，布隆方丹报纸和电视新闻的显著性分值与社会意义最
常相关。

表 16.4　按照城市和媒体划分的语言和视觉社会意义强度平均显著分数

社会意义强烈度	约翰内斯堡					布隆方丹				
	报纸		电视		广播	报纸		电视		广播
	只是语言 (n=592)	语言和视觉 (n=142)	语言 (n=137)	视觉 (n=130)	语言 (n=29)	只是语言 (n=924)	语言和视觉 (n=242)	语言 (n=137)	视觉 (n130)	语言 (n=59)
文化意义										
(1) 不重要	239.3[a]	576.8	157.3[a]	163.6[a]	55.1	200.4	334.8	157.3[a]	163.6[a]	56.4
(2) 最小	643.6	781.6	221.3	246.9	51.2	227.4	323.0	221.3	246.9	46.3
(3) 中度	214.0	258.1	336.7	222.5	44.3	276.1	453.6	336.7	222.5	44.6
(4) 重要	605.4	508.3	–	–	–	130.2	–	–	–	30.0
公共意义										
(1) 不重要	272.1	564.2	118.4[a]	125.2[b]	38.5	161.8[c]	309.1	118.4[a]	125.2[b]	57.6
(2) 最小	195.3	411.2	206.2	199.9	54.2	249.1	388.6	206.2	199.9	35.9
(3) 中度	183.1	218.8	243.3	297.0	60.7	237.4	362.1	243.3	297.0	62.7
(4) 重要	292.3	1231.2	188.0	202.3	67.0	307.7	–	188.0	202.3	26.5

注：[a]$p < 0.05$；[b]$p < 0.01$；[c]$p < 0.001$。

六、作为新闻显著性指标的异常性和社会意义

除了考察异常性和社会意义之显著性分值以外，异常性和社会意义
所有维度对新闻显著性的影响也通过递归分析来验证，对两座城市各对
报纸文本内容显著性、报纸文本—图像内容显著性以及电视和广播显著
性进行计算。

由表 16.5 可得，在约翰内斯堡，没有一个变量足够高到可以预测新闻显著性差异。在布隆方丹，文本内容和文本—图像内容显著性与异常性和社会意义相关，电视方面亦是如此，但能够预测的差异性却更小（《戴沃克斯布莱德》文本内容 3%，文本—图像内容 6%；OFM 有 9%，电视 12%）。该分析可得到总体结论，异常性和社会意义能够预测的南非新闻显著性很小。

详尽查看数据可知，统计异常性影响约翰内斯堡电视新闻显著性，却与布隆方丹报纸文本内容显著性成负相关影响。并且，布隆方丹报纸文本内容中出现有关社会变迁异常性和公共意义的维度，并且在文本—图像内容上公共意义比例是两倍。唯一其他结果出现在电视图像内容之公共意义，以及布隆方丹广播文本内容之规范异常性。

七、民众对新闻的定义

研究进行了 8 个中心小组访谈（每个城市 4 个）。在布隆方丹，4 个小组由 18—60 岁的受访者组成，大部分为白人，南非荷兰语女性（大约 60%）。记者组由来自《戴沃克斯布莱德》，OFM 和 SABC 的工作人员构成。小组规模从 9 人到 11 人不等。黑人群体通过低社会经济地位小组表现。在约翰内斯堡，所有中心小组受访者的大部分（大约 78%）为黑人（根据索韦托阅读群体），20—55 岁的男性和女性几乎等量分布。记者组由来自《索韦托人报》，《明星报》（约翰内斯堡另一份日报），SABC 的工作人员以及一位自由记者构成。小组规模从 8 人到 12 人不等。约翰内斯堡公关人员小组 10 人中，有 9 人来自不同组织机构，只有一人来自咨询公司。布隆方丹公关小组由 10 人组成，5 人来自私人机构，5 人来自公共机构。所有中心小组访谈都在 2001 年 3 月进行。

表 16.5 新闻显著性中异常和社会意义强度的逐步回归分析

| | 约翰内斯堡 | | | | | | | | 布隆方丹 | | | | | | | |
| 独立变量 | 报纸显著性只是语言 R²=ns (n=581) | | 报纸显著性语言和视觉内容 R²=ns (n=124) | | 电视显著性 R²=-0.12c (n=130) | | 广播显著性 R²=ns (n=29) | | 报纸显著性只是语言 R²=0.03c (n=918) | | 报纸显著性视觉和语言 R²=0.06b (n=114) | | 电视显著性 R²=0.12b (n=130) | | 广播显著性 R²=0.90c (n=59) | |
	r	Std. Beta	r	Std. Beta	r	Std. Beta	r	Std. Beta	r	Std. Beta	r	Std. Beta	r	Std. Beta	r	Std. Beta
异常性																
—统计异常，语言内容	0.04	ns	0	ns	0.25b	0.21a	0.19	ns	-0.02	-0.09a	0.10	ns	0.25b	0.21a	0.16	ns
—统计异常，视觉内容	—	—	0.03	ns	0.24b	ns	—	—	—	—	0.20a	ns	0.24b	ns	—	—
—社会变化异常，语言内容	0.01	ns	0.02	ns	0.17	ns	-0.18	ns	-0.11b	.09b	0.15	ns	0.17	ns	-0.02	ns
—社会变化异常，视觉内容	—	—	0.03	ns	0.15	ns	—	—	—	—	-0.06	ns	0.15	ns	—	—
—规范异常，语言内容	0.07	ns	-0.02	ns	0.10	ns	-0.14	ns	-0.04	ns	0.15	ns	0.10	ns	0.29a	0.29a

独立变量	约翰内斯堡 报纸显著性只是语言 R²=ns (n=581) r	Std. Beta	报纸显著性视觉和语言 R²=ns (n=124) r	Std. Beta	电视显著性 R²=-0.12c (n=130) r	Std. Beta	广播显著性 R²=ns (n=29) r	Std. Beta	布隆方丹 报纸显著性只是语言 R²=0.03c (n=918) r	Std. Beta	报纸显著性视觉和语言 R²=0.06b (n=114) r	Std. Beta	电视显著性 R²=0.12c (n=130) r	Std. Beta	广播显著性 R²=0.90c (n=59) r	Std. Beta
规范异常，视觉内容	—	—	-0.01	ns	0.12	ns	—	—	—	—	0.05	ns	0.12	ns	—	—
社会意义																
政治意义，语言内容	-0.00	ns	0.02	ns	0.15	ns	0.16	ns	-0.10b	ns	-0.14	ns	0.15	ns	-0.07	ns
政治意义，视觉内容	—	—	0.03	ns	0.18a	ns	—	—	—	—	0.03	ns	0.18a	ns	—	—
经济意义，语言内容	-0.00	ns	0.06	ns	0.25b	ns	0.22	ns	-0.07a	ns	0.01	ns	0.25b	ns	0.06	ns
经济意义，视觉内容	—	—	0.02	ns	0.20a	ns	—	—	—	—	0.08	ns	0.20a	ns	—	—

独立变量	约翰内斯堡 报纸显著性只是语言 R²=ns（n=581） r	Std. Beta	报纸显著性视觉和语言 R²=ns（n=124） r	Std. Beta	电视显著性 R²=-0.12ᶜ（n=130） r	Std. Beta	广播显著性 R²=ns（n=29） r	Std. Beta	布隆方丹 报纸显著性只是语言 R²=0.03ᶜ（n=918） r	Std. Beta	报纸显著性视觉和语言 R²=0.06ᵇ（n=114） r	Std. Beta	电视显著性 R²=0.12ᶜ（n=130） r	Std. Beta	广播显著性 R²=0.90ᶜ（n=59） r	Std. Beta
文化意义，语言内容	0.07	ns	-0.03	ns	-0.24ᵇ	ns	-0.07	ns	0.07ᵃ	ns	0.13	ns	-0.24ᵇ	ns	-0.13	ns
文化意义，视觉内容	—	—	-0.02	ns	0.21ᵃ	ns	—	—	—	—	-0	ns	0.21ᵃ	ns	—	—
公共意义，语言内容	-0.02	ns	0.02	ns	0.21ᵃ	ns	0.19	ns	0.12ᶜ	0.11ᵇ	0.25ᵇ	0.25ᵇ	0.21ᵇ	ns	0.08	ns
公共意义，视觉内容	—	—	0.01	ns	0.27ᵇ	0.24ᵇ	—	—	—	—	0.09	ns	0.27ᵇ	0.24ᵇ	—	—

注：ᵃp＜0.05; ᵇp＜0.01; ᶜp＜0.001; ns＝不是最终逐步回归等式的一部分。

南非犯罪统计数据显示，严重犯罪比如谋杀、强奸、汽车抢劫和恶性抢劫在两个城市中都是常见案件。因此媒体及其受众都为这些话题吸引。休梅克（1996，39）解释道，人们对新闻和异常事件有兴趣之原因在于基因决定的环境监测需求。人类对其所处环境的监测需求是千百年来生存的关键。在现代生活中（尤其在犯罪率极高的南非），上述严重犯罪案件意味着与人类古时面对的威胁相似的直接人身危险。这在中心小组访谈中得以验证。受访人感到媒体为其利益而进行监测，其回答显示他们想要被告知可能的威胁，并期望媒体履行该功能。

中心小组访谈显示，犯罪报道成为一种警报系统，引发受众的特定反应，例如了解个人人身安全问题，知晓可能威胁，改善安全措施，小心犯罪危险区域，并查看所接触人员的特征。

因此访谈确定了理论中以生存为目的而进行环境监测为获取新闻之主要动因这一基本概念。访谈中并未明确提及新闻报道的该功能，但受访人在讨论中自动提到这一点。事件对其生活和附近环境的影响被其认为是判定新闻价值的关键因素。反映该现象的例子如下：

    ·"是对生存很关键的事物；体育很有意思，但不重要，但政治上和环境这一基本资源中发生的事能打动我。"

    ·"如果某事发生在她身上，也会发生在我们的孩子身上……对你的安全感产生直接影响，如果她不安全，我们也不安全。"

    ·"如果在他们身上发生，我们也可能出事。"

    ·"报纸告诉我某人被谋杀，比如在桑勒姆广场，那么我就知道去那里不安全，你必须小心。"

在相同的具有威胁性的事件上，受访者也提到人物。布隆方丹一位受访人谈道："你总是能相信和信任的人现在就犯案了，这使你开始怀疑周围的很多事物，因为正是这个纯洁的人做了错事。现在你开始考虑：上周跟我打交道的那个家伙可能也不是什么好货。"

301

中心小组访谈结果显示新闻事件的接近性对受访人之于威胁的认知方式有直接影响。一位受访者谈道："如果很近，对你就更有威胁。"另一个则称："因此如果那样的事发生在布隆方丹，那么就会立即引起你注意，因为离家很近，而且现在你想知道发生了什么，为什么发生，警察做了什么没有，捉到什么人了没有，那样的事，好了，这就很突出了。"

1. 异常性

中心小组访谈表明，异常和出乎意料（统计异常性）也构成新闻价值。在几乎所有的中心小组中，受访者都提到事件概率为其价值的决定因素，例如区分"正常"和"异常"谋杀。鉴于南非犯罪率居高，一则犯罪新闻必须格外异常才会被注意。虽然在极端异常新闻事件上或多或少有些共识，但在其他严重事件例如腐败或谋杀上并不必然具有统计异常性，而取决于其在特定社会的出现概率和事件接近性。以下案例说明了这一点：2000 年 12 月 6 日 SABC3 晚 8 点新闻主要报道了前一天在南非各地举行的选举结果，新闻的第二部分则报道了前一天六名男子到"错误"投票站东兰投票而被枪杀。在另一个语境中——例如在欧洲国家中——这种事故会成为重要头条，而在南非则只是在新闻的后部分小小提到。

吸引受众注意的新闻被描述为"未曾想到"、"与众不同的事物"、"异常"等。与统计异常性有关的回答有如：

·"是第一个也是唯一一个。"
·"因为第一次发生。"
·"异常的事例如它是个不同寻常的谋杀案，但报纸上，普通谋杀案，某人死掉，则只是小报道，人们不会为了这种事买报纸。" 302
·"一些案件很特别，某个人被枪杀……这种事对我们实在是正常不过。"

· "读到的事必定很令人震惊。"

20 世纪 90 年代早期以来，南非经历了极端动荡的变迁期，因此中心小组常常提及与潜在社会变迁异常性有关的话题。例如：

· "尼尔森·曼德拉释放出狱改变了境况，这个国家里所有事物都变了，这对每个人都有很大影响。"
· "人们对未知事物担忧，事物会忽然变化。"
· "白人居住在舒适区，这在某种程度上是官方指定的，突然间就发现成为事实。"
· "并且，伴随着政府更迭，你不会知道未来什么等着你，直到你知晓事物如何运转，但现在你毫无头绪，你感到不确定。"
· "是的，也许黑人觉得他们获得自由，你知道的，而且一些白人觉得担忧，每个时期每一方都要面对两面。"
· "我觉得它直接影响我们，因为是一个时代的结束和新时代的开始。"

规范异常性作为新闻价值的衡量标准是最少吸引注意力的一个维度。他们并不关心新闻事件中的伦理争议，而在意事件对其生活的影响。他们一般称"不可接受的行为"或表达对某些行为例如猥亵儿童的厌恶。例如以下回答：

· "而且每个人都意识到儿童可能受到影响。"
· "即使不是所有人都信仰基督……许多人都是信徒，一旦受到威胁（他们就会行动）。"
· "并且现在他们是新政府，他们有全新的观点，他们将白人视为入侵者，这就是他们的看法。历史是事实，你不可能改变。但表达历史的方法也就是措辞是他们想改变的。"

·"我们的社会不接受它（恶魔崇拜），社区也不认可，这是她能利用的最有力的武器之一，因为这不为社区接受但现在她以这个糟糕的不被接受的事物标榜它（哈利·波特系列）。"

·"那完全是不可以接受的行为。"

2. 社会意义

中心小组受访人经常提到具有社会意义的事件来说明他们对新闻价值的观点。身处南非，目睹 1990 年以来发生的种族政治变迁，并且至今仍然瞬息万变，中心小组受访人以历史视角提及社会意义。其开端（尼尔森·曼德拉释放出狱）以及 1994 年选举对几乎所有受访人都有重大影响。中心小组探讨当下政治影响之时，社会变迁的频率和规模依然持续带来自满和政治冷漠。事实上所有提到的具有政治意义的新闻都与20 世纪 90 年代早期的历史事件有关。当今政治事件相对南非政治进程开端来讲则黯然失色，因为前者对受访人已经不具有太大影响。中心小组中的黑人和白人受访人都是如此认为。

另一方面，具有经济意义的事件则对两城受访者都很重要——尤其 304 是高社会经济地位受众组和公关人员组。其回复大多与生存和个人相关性有关。提到新闻事件经济意义的访谈例证如下：

·"我有时质疑他们（一些人）是否看报纸，有一次是（财政部长）预算讲话的前一天，然后他们开始谈论预算和投机，第二天其中一个立刻跑来并且问'我可以看一眼报纸吗？'以及'预算出了什么事'，这些是并不经常读报纸的人。"

·"有关石油价格或利率下降的通告对人有正面影响。"

·"我认为它（油价升高）影响人们的预算，因为不仅油价上升，白糖价格也会上涨——所有物品都在涨价。"

·"如你所说，如果你看标题，有任何与货币有关的事物，我就立即买份报纸。然后我就查看这些事物——如果是给我造成花费的事物，我马上就读。"

· "所以我唯一的兴趣在于经济议题，因为我觉得它影响我的日常生活，日常开销，以及其他每个人的钱包。"

一方面，文化意义作为一个维度在中心小组中的角色并不显眼，但在布隆方丹南非荷兰语受访人是个例外，他们表达了对其语言受到威胁的忧虑。另一方面，中心小组受访人经常提到与公共意义有关的议题，首先表达的情感为感同身受：

· "是受影响的人数。如果它……影响很多人——那就使其更强烈。"
· "是我经常看到名字的那个人——他正经历我也有的感受。"
· "他只是坐在破旧的椅子那里，但他希望我给他药物来重获健康。我不知道——但我离开的时候，我很感动。"（有关布隆方丹地区最长寿者的报道）
· "我觉得我们许多人都被艾滋病问题影响。"
· "南非洲国家民众贫穷而死的重复画面。我久久不能释怀。忽然意识到那就是跟你一样生活着的人们，有着相同需求。这改变了我的生活。"

其他问题是"感觉良好"的情感，受访人如下阐述：

· "我们为谋杀、盗窃、抢劫这种事包围，然后忽然有一件好事，你就会买报纸来看看它。"
· "它影响——虽然我们不承认——我们每个人。"
· "曼德拉出狱后，全国所有人都自由了，都会平等。"
· "它给了我身处南非但保持乐观的理由。"

·"我们国民团结一致，自由省的，开普敦的，黑人，白人，祖鲁人，每个人。我们都有相同的观点——我们必须赢。那几个星期里我们都说相同语言，每个人都同意。那是我人生中最好的两个星期。"

3. 个人相关性

另一个在中心小组提出的概念是个人相关性，与接近性概念略相关，这一概念在新闻传达给受众以及对其更具有新闻价值上也有作用。因此个人相关性是心理距离而非物理距离。中心小组访谈中，个人相关性通过以下例子表达：

·"如果确实影响你，无论事物多无聊，影响个人的就有意思。" 305
·"任何对我个人、世界或我的周边环境或人类个人有影响的事。"
·"取决于如果影响你自己。如果我找不到任何个人相关，我就倾向于忽略它，就如发生在波斯尼亚的事，类似那些。它们没有直接影响。但如果你谈论对个人金钱或安全有影响的事……"
·"首先我想到的是影响你或在你周围的事。其次是你感兴趣的事，你个人感兴趣的、对你有影响的事。"
·"如果你认识被直接影响到的人，那它就变得严重多了。"

八、对比人们的新闻偏好与报纸实际报道

本研究假设记者、公关人员和高低社会经济地位受众之间对新闻价值的排序存在特定相关，以及在 4 个中心小组对新闻的排列与报纸新闻实际显著性之间存在相关。这通过把关人实验来验证。斯皮尔曼等级相关系数呈现了报纸新闻显著性的实际顺序和 4 个中心小组排序之间的关系。

表 16.6 为两座城市的 20 个斯皮尔曼等级相关系数。20 个系数中，只有 11 个较高。

表 16.6　在报纸新闻条目显著性和
中心小组排名之间斯皮尔曼排名等级相关系数

	记者	公共关系从业者	高 SES 受众	低 SES 受众	报纸
记者	—	0.87[c]	0.77[c]	0.61[c]	0.06
公共关系从业者	0.88[c]	—	0.88[c]	0.79[c]	0.06
高 SES 受众	0.60[c]	0.70[c]	—	0.83[c]	−0.03
低 SES 受众	0.47[b]	0.58[b]	0.31	—	−0.03
报纸	0.13	0.01	0.12	−0.16	—

注：约翰内斯堡系数在更上面的三角上，布隆方丹在更低的三角上 SES= 社会经济地位。

[a] $p<0.05$; [b] $p<0.01$; [c] $p<0.001$。

306　　数据中有两个有趣的现象。首先，约翰内斯堡中心小组的相关系数比布隆方丹的要高，这点意味深长。其次——更加有意思的是如下事实：在这两个城市，实际上中心小组成员的地位和各自城市中报纸的排行间，没有任何联系。

在约翰内斯堡，4 个中心小组得出的从 0.61 到 0.88 间的 6 个斯皮尔曼排名等级相关系数，值得注意。与此相反，在布隆方丹，这个排名从无足轻重的 0.31（在高低社会经济地位参与者间）到 0.88，平均系数比约翰内斯堡要低很多。

但是，不同小组成员排名中的交互相关相对要高，在实际的报纸条目显著性和小组成员的观念间没有关系。关系的整体缺位很有趣，因为它不止包括读者成员，还包括两个城市的两个职业化小组——记者和公关人员。如何解释这些发现？有一点是清楚的：两份报纸并不能把握那些在读者看上去是重要新闻的东西。可以推测，20 世纪 90 年代早期南非发生了根本变革，但报纸管理没有像社会其他领域一样适应这些变化。编辑和助理编辑仍然感觉到有责任通过聚焦那些受他们的观念和观众一致的新价值引导的刊物，形塑这些机构。不过这个保证了更长远的调查。

九、讨论

假定两个群体和他们的媒体提供了南非异质社会的光谱，两个城市的选择和不同的媒体达到了将差异最大化的目标。研究效果显示了这一点，因为南非社会作为一个整体拥有相似的经历，也受到社区报刊的相似影响，如犯罪和政治发展的新闻。这个国家的所有群体对他们的社会和相关的报刊拥有共同的观念。在那些旨在揭示他们文化基因看起来具有异常性和社会意义的研究中，两个群体间没有实质性的不同。中心小组的讨论确立了他们的共同经历比那些文化背景更能影响他们关于什么是新闻的观念。

在不同媒体的新话题的排名间，媒体的话题项目与斯皮尔曼排名等级系数很相似。仅有的例外是约翰内斯堡电台，它与其他媒体很少相关。这可以从约翰内斯堡电台研究中所包含的新条目的有限数量中得出解释。在两家报纸中则发现了最高的系数。

研究试图解答的主要问题取决于不同媒体新闻显著性与相关的异常性和社会意义的程度。一定程度上，这种效果是模棱两可的。基于平均数显著性数据，可以得出这样的结论：两个结构可以对新闻的显著性产生影响，尤其是统计数据异常性、规范异常性以及政治、经济和公共意义。同时，重要的方差分析和退步分析显示了异常性和社会意义的影响是有限的。

但是，中心小组的数据确立了奠定研究价值的基本概念。新闻媒体支持人们通过可行的路径监督他们的环境。对中心小组成员来说，统计异常性清晰地影响了新闻价值，而社会变化异常和规范异常角色则较小。社会意义中 3/4 的项目（政治、经济和公共）也对新闻价值有所影响，但在中心小组中，文化的重要性作为一个项目却没有显著的影响。从中心小组的研究看来，个人相关也在人们对新闻价值的观念中扮演了一个重要的角色。

最后，把关人任务的主要效果揭示出这样一个事实：虽然在中心小组对新闻价值研究中存在一个基本的公式，但他们对报纸新闻条目显著性的实际观念在根本上并不相关。

第十七章　在美国什么是新闻

伊丽莎白·A. 斯奎斯（Elizabeth A. Skewes）、希瑟·布莱克（Heather Black）

一、美国的媒体生态

根据美国人口调查局数据显示，美国有 2.91 亿人口，在民族、种族、宗教和性取向背景上差异极大。在美国，大众媒体覆盖极广并且高度发达。自由言论和观点交流被看成是"民主"的重要组成，受到宪法保护。这个系统首先被私人和商业利益所驱动，在有限的联邦政府管制下进行运作。历史上，这种商业竞争结构鼓励了技术创新，也带动了相对高速的综合基础设施建设。大部分地区都有有线电视，没有有线电视的地区现在也可以通过卫星信号接收电视节目。因此，美国遍布大众媒体。有大众媒体的地方就有新闻。

美国媒体普及程度高，数量庞大。2000 年，超过 98% 的家庭有至少一台电视，70% 的家庭有有线电视，并且 50% 的家庭连接了网络（Cambell，Martin and Fabos，2002）。当年的美国，有 1500 多份日报，1200 多个电台，1500 多个电视台，7 个电视网（NBC，CBS，ABC，UPN，WB，Fox 和 PBS），9000 多个有线电视系统（Campbell，Martin，and Fabos，2002）。随着信息的资源数量的增长，公众关注跨越所有媒体资源，点点滴滴地增长。

几十年来，广播的来临稀释了报纸的读者，而网络电视稀释了广播的受众，有线电视又进一步稀释了网络电视的受众。报纸的阅读量一直下降。研究显示，报纸读者的数量在过去 30 年中急剧下降。1970 年，总共有 78% 的美国成年人一周阅读一次报纸，这个数字在 1999 年下降到 57%（Cambell，Martin and Fabos，2002：295）。2000 年，研究表明阅读报纸的美国人数量又下降了 10%。自从有线电视 24 小时新闻节目的到来，美国人不再十分依赖电视新闻网的新闻（ABC，CBS 和 NBC）。20 世纪 90 年代前期，大约 60% 的美国人规律地报告收看晚间电视新闻网的新闻；截至 2002 年，一半的电视新闻受众转而收看有线电视新闻（Pew Research Center，2002）。总之，美国的新闻消费者在不同的新闻媒体之间划分他们的时间。2002 年，他们平均每天阅读 25 分钟报纸，收看 28 分钟的电视新闻节目，并且有 16 分钟收听广播新闻（Pew Research Center，2002）。

在过去的 70 年间，美国人成功实现了媒体分布类型和数量的增长，读者与受众的碎片化创造了一个对于受众和广告收益强烈竞争的体系。报纸读者数量的下降趋势导致一些报社倒闭，带来了巩固这个产业所有权的整体趋势。播报（电视与广播）媒体面临着相似的压力，并且在所有权上急剧增长，同时，私人独立拥有的播报媒体的受众数量也急剧下滑。

大多数美国的媒体网点被私人公司和个人拥有和经营，同时从广告商那里得到资金。美国政府不拥有或者运营面向公众的大众媒体网点。联邦政府并不通过管制发挥对媒体的控制，它主要是对所有权进行管理，并且努力限制诽谤、谣言和淫秽。管制仅仅是限制垄断，同时最大化传播内容的多样性以及公众对于公共领域意见的接触。

对播报媒体的管制比对印刷媒体更为严格。联邦转播委员会为播报媒体颁发许可证并且执行所有权规则。多年来，播报产业在联邦传播法案下运营，这个法案于 1934 年正式通过。最近几年，随着 1996 年的传播法案以及 2003 年法案的实施，所有权规定逐渐变得宽松。近些年来，媒体产业合并的趋势，在是否会导致媒体接触以及观点受限等方面引起了极大的争议。

总体来看，媒体在美国发挥着重要的作用。即使美国人逐渐通过更宽广、更多样的资源来获得对他们来说重要的新闻和信息，美国人仍然重视媒体的价值。一些人通过不同的资源得到他们的主要信息，例如杂志、新闻简报和因特网。另外，新闻与娱乐之间的界限在变得模糊，越来越多的美国人仅仅从娱乐资源得到新闻，例如晚间的脱口秀和那些过去不认为是传统新闻媒体的资源。

二、研究样本

研究在美国所选择的两个城市是纽约市以及俄亥俄州的雅典。纽约市是美国最大的城市，有超过 800 万人口。它也是美国最大的媒体市场，有很多媒体。在 4 家主要报纸中具有领导力的媒体是《纽约时报》。《纽约时报》是美国历史最久也是最著名的报纸，在历史上更作为一家非主流的报纸记录美国（19 世纪末以前——译者）。尽管现在它的领导力是全国乃至世界级的，但它是纽约市的地方报纸，设有一个地方新闻部门。在这个研究样本中，星期天的《纽约时报》有 230 个版面。所选择的广播新闻媒体是 WCBS 新闻广播调频 880 千赫，它在晚上 6 点至 7 点进行地方的晚间播报。这个全新闻覆盖的电台是 CBS 电台网络的领导者，被 CBS 新闻运营，其所有权和经营权属于"无限广播集团"。我们选取的电视新闻广播是 WNBC 的新闻频道 4，从下午 6 点至 6：30 的地方晚间播报。WNBC 在它于 1941 年 7 月 1 日正式上线时，就成为美国的第一个商业电视台播报者。

雅典是一座小城市，人口仅有 27 000，坐落于俄亥俄州的西南乡村。它的媒体市场非常小，它是美国小城的典型，这里只有很少的媒体提供新闻。只有一份日报，《雅典先驱报》（所有权是布朗出版集团），是当地的主流报纸。它的规模远远小于《纽约时报》。研究挑选的广播新闻是WOUBFM，它于雅典地方下午时间 4 点至 4:30 进行播报。WOUB-FM 于 1947 年开始播报，并且于 1970 年成为美国国家公共广播的成员。选择的电视播报是 WOUB 的地方晚间新闻，从下午 6:30 至 7 点。

俄亥俄大学坐落于雅典，拥有 FCC 牌照，应用于 WOUB 广播和电视台，这两个都是公共播报网点。公共播报站在美国媒体市场中比例较小。

在美国的系统中，80%的播报站都是商业的。许多公共广播站隶属于大学，因为公共广播并没有像商业电台那样产生利润。它们不依赖广告，通过联邦政府津贴、企业赞助和以会员形式的公众赞助的组合来获得资金。

在纽约和雅典，对于内容分析的新闻样本周期与先前描述的研究日期略有不同。雅典的WOUB-TV没有一周新闻秀，所以收集的新闻广播和报纸要反映相关内容。另外，站点在感恩节的时候放假，所以在一月份采集另外的新闻周期。在纽约城，有一些录音的问题，所以其他的周期于1月或者2月进行采集。总之，两个城市的新闻周期从2000年11月跨度到2001年2月，并且覆盖了一周中所有可用的天数（纽约城中的7天，雅典的5天）。

312 　　中心小组在2001年3月和4月中进行。中心小组中人们的样本在总体研究方法论中保持真实，除了雅典的记者群之外。那里的记者中心小组只包含3个人，所以另外3个深度访谈在春末进行。在两个城市中，中心小组的组成是相对公平地分布于男性和女性之间的。在纽约城的中心小组比在雅典的中心小组的种族多样性更为丰富，尽管参加者主要是白人，有一些黑人、亚裔和西班牙裔美国人。在雅典，所有参加者都是白人。在纽约，中心小组年龄分布相当广泛（25至67岁）。公共关系从业者以及新闻记者的工作经历从3年至30年不等。

三、新闻中的话题

尽管纽约与雅典在人口、节奏和生活方式上大不相同，一些显著的相似存在于两个社区新闻媒体报道的话题上。最显著的也许是，有两个话题在两个社区中成功组成了10%甚至更多的新闻报道，那就是体育和内政，请见表17.1。

体育报道在纽约和雅典的两家媒体上是主要内容。事实上，在《雅典先驱报》上，体育报道的比重是最高的（22.7%）；在电视节目"收看新闻"中的比重也是最高的（24.1%）；在广播WOUB-FM中的比例同样是最高的（21.8%）。这可能是由于雅典是主要社区文化中心，受到俄亥俄大学深刻影响。

但是在纽约，除了体育之外，它还提供丰富的文化机会，对于体育的报道量较高。在 WNBC 电视台，体育新闻占据了 30.5% 的时间，是其他话题报道时间的两倍。在 CBS 880 广播中，体育新闻占据了 13.8% 的报道事件，第二是内政新闻；在《纽约时报》上，体育占据了 13.5% 的新闻版面，仅次于商业 / 贸易 / 产业话题。

内政——国家、州和地方政府的话题——在纽约有非常多的广播报道（22.7%），并且在这次研究的电视台中有了重大的新闻报道（14.2%），在《纽约时报》也是如此（12.5%）。政治报道的范式与雅典相似，报纸投入 10.6% 的新闻版面来报道内政话题。通过比较，这次研究所分析的电视新闻节目投入了 10.7% 的时间到政治内容上，广播投入了 16.2% 的时间到内政新闻话题。尽管这些看上去有悖常理——由于报纸主要提供政治的报道并且更依赖于政治新闻——相比于其他广播媒体，报纸有更多的"空间"给新闻，所以政治新闻的比例在报纸上可以更小，尽管政治新闻的报道量是较大的。

表 17.1　按照城市和媒体所进行的新闻话题的广泛分布　　313

话题	报纸		电视		广播	
	纽约	雅典	纽约	雅典	纽约	雅典
商业 / 贸易 / 产业	17.7	4.7	3.0	7.4	8.8	16.5
体育	13.5	22.7	30.5	24.1	13.8	21.8
国内政治	12.5	8.5	14.2	10.7	22.7	16.2
文化活动	9.8	8.5	2.7	1.1	0.6	0.3
有人情味事件	7.8	11.1	8.5	6.3	2.5	3.5
国际政治	7.2	1.6	1.5	0	3.6	2.9
内部秩序	5.7	7.6	10.3	7.6	6.8	7.6

话题	报纸		电视		广播	
	纽约	雅典	纽约	雅典	纽约	雅典
传播	3.3	0.7	0.9	2.7	5.0	2.4
交通运输	2.6	1.3	4.8	4.2	9.0	2.4
经济	2.5	1.3	2.4	3.3	1.9	3.2
健康/福利/公益	2.4	3.4	1.8	5.4	3.3	4.1
教育	2.0	4.4	1.5	6.0	1.5	5.6
社会关系	1.7	1.4	2.4	0.0	1.5	0.3
环境	1.4	1.8	0	2.5	0.5	2.6
科学/技术	1.4	0.3	1.5	0.4	0.8	0.3
军事和防务	1.1	0.8	0	0.7	0.6	0.3
能源	1.0	0.6	0.9	2.2	1.0	2.6
娱乐	1.0	7.9	0	0	0	0
其他	1.0	0.3	0	0	0	0
仪式	0.9	2.1	2.1	1.8	1.0	1.5
灾难/事故/瘟疫	0.9	2.1	2.1	2.7	2.4	0.6
天气	0.9	2.7	7.3	8.9	12.3	4.1
住房	0.7	2.0	0.0	1.6	0.1	0.3
时尚/美	0.6	0.1	0	0	0	0
行业协会	0.4	0	0.9	0.4	0.1	0.3
人口	0.1	0.1	0.6	0	0.2	0.6
总计[a]	100.0	100.0	100.0	100.0	100.0	100.0
	(n=3006)	(n=709)	(n=331)	(n=448)	(n=960)	(n=340)

注：分布以百分数的形式给出。

[a] 由于舍入误差，总计百分数可能并不是百分之百。

　　新闻话题报道上的差异值得注意。首先，《纽约时报》将最重要的报道比重投向了商业／贸易／产业（17.7%）。这与纽约是美国的商业中心相一致，并且纽约是华尔街与麦迪逊大道的所在地，这里是很多商业资金交换的地方，每天都进行服务与贸易。仅有的另外一个对于商业题材给予重大报道数量的是雅典电台，但是国家公共广播的形式报道新闻将比一个标准地方电台广泛很多。同时，电视台和纽约的广播给予天气相当数量的报道。对电视来说，这可能是由于大多数的电视台有员工投身于天气新闻，所以对信息的收集意味着天气占据了一个重要的时间段。对于纽约电台来说，对于天气的聚焦（12.3% 的时间段）可能是由于很多美国人往返上下班，并且需要知道什么样的天气可能影响他们的路程。

　　对新闻等级的相关监测（见表 17.2），展示了在两个城市间所有媒体的强烈相关，同时有着播报媒体之间的强烈相关。在雅典广播与电视新闻报道话题之间有着 0.87 的相关性，在纽约城广播媒体之间有着 0.83 的相关性。在这两个城市之间的电台在他们对新闻话题的分布上有 0.84 的相关性，雅典电视与纽约城广播有一个高相关（0.82）。本质上，进入电台和电视台的新闻之间的相似度相当高。对于报纸来说，比较《纽约时报》与《雅典先驱报》，虽然相关性较低（0.62），但是仍然具有统计显著性。最低的相关度，在《纽约时报》和雅典的电视台之间发现 （0.55），也在《雅典先驱报》和纽约电台中发现（0.53），同时还在《雅典先驱报》和雅典电台之间发现（0.57），它们都具有统计显著性。尽管在两个城市打印和播报媒体之间有一致性，但是这种一致性在播报网点之间比在报纸网点之间更高。

表 17.2　多种媒体新闻的新闻话题排名间的斯皮尔曼等级排名相关系数

	纽约报纸	雅典报纸	纽约电视	雅典电视	纽约广播	雅典广播
纽约报纸		0.62[b]	0.65[c]	0.55[b]	0.68[c]	0.63[b]
雅典报纸			0.63[b]	0.64[c]	0.53[b]	0.57[b]
纽约电视				0.74[c]	0.83[c]	0.70[c]

续表

	纽约报纸	雅典报纸	纽约电视	雅典电视	纽约广播	雅典广播
雅典电视					0.82^c	0.87^c
纽约广播						0.84^c
雅典广播						

注：$^a p < 0.05$；$^b p < 0.01$；$^c p < 0.001$。

四、新闻中的异常性

所有可变性单程分析计算得知，30 个中的 21 个是统计显著的。社会改变异常——或者说在故事中的信息在某种程度上是对现状的威胁——相关在美国媒体网点中得以展现。对于现状的威胁越强烈，故事在纽约和雅典就越可能收获显著性报道（见表 17.3）。

涉及强烈社会改变异常的故事更可能在《纽约时报》上收获显著性报道，尽管报纸是仅有的一个媒体网点拥有任何对于现实极度威胁的故事。这并非异常，因为纽约城是美国最大的城市，并且《纽约时报》是全国范围的报纸。对于纽约城来说更惊奇的是，电视台和电台都不播报那些对于现状造成威胁的新闻。但是，即使在纽约播报媒体之间，有强烈的迹象表明故事中的更多内容是关于社会改变异常的，这个因素在新闻中也会显得更加显著。

在雅典的媒体中，没有故事可以称得上是极度异常。原因很简单，雅典坐落于俄亥俄州的东南部，是一座安静的小城，所以从社会结构角度出发，极度异常的事情不太可能发生。但是，在一个普通事件的发生已经相当不寻常的范畴内，新闻条目越不寻常，它就越可能出现在新闻中。这种趋势适用于所有雅典的媒体。

表现出统计异常的故事——那些显示相关活动多么不可能的指标——也倾向于获得更为广泛的报道，但是，跨越媒体之间的范式与社会改变异常相比较为不一致。例如，一个统计更加异常的视觉新闻更加典型地放置于显著性的位置——通过时间的长度和空间的大小，以及在播报媒体中的相对位置，与在报纸中的版面分配进行测量——在雅典和纽约的报纸和电视中。但是，表现出更强烈统计异常的故事并不总是获得更显著的位置。虽然《雅典信使报》给予统计异常的文本更加显著的位置，但是《纽约时报》并没有。在电视之间的发现同样不同：语言和视觉的统计异常对纽约市电视台来说都重要，但视觉统计异常是对于雅典的电视台来说唯一的影响因素——对于电台来说，纽约市的电台并不以统计异常作为新闻价值的指标，雅典的电台却把它作为一个指标。

318

表 17.3　按照城市和媒体的划分的平均语言和视觉异常强度显著分数

异常强度	纽约					雅典				
	报纸		电视		广播	报纸		电视		广播
	只是语言 (n=2215)	语言和视觉 (n=744)	语言 (n=200)	视觉 (n=2009)	语言 (n=514)	只是语言 (n=618)	语言和视觉 (n=144)	语言 (n=246)	视觉 (n=246)	语言 (n=206)
统计异常										
(1) 普遍	326.1	610.0^c	56.8^c	51.2^c	50.9	175.5^c	381.4^c	63.9	61.5^c	51.8^c
(2) 有些异常	368.9	852.5	87.0	135.6	61.6	244.4	545.6	95.4	120.0	148.1
(3) 相当异常	400.4	1047.3	152.9	166.1	62.6	315.0	607.4	68.1	113.7	187.4
(4) 极度异常	496.8	2338.5	205.4	115.4	65.7	366.8	1819.1	125.6	–	185.2
社会改变异常										
(1) 对现状没有威胁	341.9^b	665.7^b	65.8^c	84.5^c	53.1^c	186.2^c	425.3^c	65.7^b	72.9^c	88.0^c
(2) 最小的威胁	319.3	669.8	174.7	257.4	78.3	399.0	399.0	121.7	283.0	162.9
(3) 中度的威胁	238.2	733.0	224.8	248.3	96.1	828.0	1536.0	119.2	342.0	307.3
(4) 重要威胁	3759.0	3759.0	–	–	–	–	–	–	–	–
规范性异常										
(1) 没有任何破坏	346.6	654.3^b	82.7^b	89.7^a	55.8	200.8	427.4^b	78.4	76.5	113.6

异常强度	纽约					雅典				
	报纸		电视		广播	报纸		电视		广播
	只是语言 (n=2215)	语言和视觉 (n=744)	语言 (n=200)	视觉 (n=2009)	语言 (n=514)	只是语言 (n=618)	语言和视觉 (n=144)	语言 (n=246)	视觉 (n=246)	语言 (n=206)
(2) 最小的破坏	227.7	806.0	210.8	254.1	79.5	199.5	324.6	58.4	93.0	167.5
(3) 中度破坏	345.3	1236.9	262.0	292.0	59.3	346.8	1819.1	64.7	−	103.9
(4) 重要破坏	606.3	2320.7	103.2	81.0	66.5	129.8	169.0	77.9	−	111.5

注：^{a}p < 0.05; ^{b}p < 0.01; ^{c}p < 0.001。

规范性异常是对一个新闻与触犯社区内法律或者社会规范相关程度测量，展现一个甚至较小相关的画面。纽约城的电视台使用规范性异常作为新闻价值的一个重要指标，但对于异常性的所有 3 个测量内容——社会改变、统计和规范性异常——与新闻故事在纽约城电视台上有多显著地呈现有关。规范性异常也与新闻在《纽约时报》和《雅典信使报》上的呈现相关，但是只针对语言加视觉内容这一部分。对于单纯的语言内容来说——除了纽约市电视台——在触犯法律或者规范的信息的相关程度和该信息获得的显著性报道量之间没有统计显著相关性。

纵观所有媒体，对于社会系统所受到的威胁是新闻价值的强大指标。基于霸权角色对于新闻内容的影响，这并不令人惊讶。更令人惊讶的是相对有限的规范性异常与故事的显著性相关。尽管一项活动威胁了社会系统，或者威胁了社区的现状，这项活动将获得头条的位置，一项活动打破社会法律或者传统将被认为是更具有统计信号。这可能是在美国具有更高犯罪率的人为活动，或者可能是在美国文化独立的结果。犯罪一般被认为是个体行为，也有人认为犯罪是更广泛的社会情况的结果，如贫穷和缺少教育。

五、新闻中的社会意义

美国新闻机构是报道新闻的主体，同时也是新闻中的角色与对象。即使是小报也会有特定的记者来报道"关键"点——追捕、法庭、城市大厅和学校公告。但是很多发生在这些点的活动并不是特别重要的。例如，一个导致微小创伤的交通事故一般仅仅在小报上以简讯的形式进行报道，在一份更大的报纸上可能根本不会报道。但是其他活动，例如一个涉及一名警察局官员的枪击案，可能主导新闻很多天。事实表明，在所有媒体的范围内，在纽约城和雅典，事件的政治意义增加，报道的显著性越强（参见表 17.4），它们可能登上头条或者在头版上，获得更长的时间或更大的报道篇幅，并且会有更多图像内容来吸引注意力。其相关很强烈。事实上，在 40 项异常相关性分析中，26 项结果明显。比如在《纽约时报》，文本平均显著性高出 4 倍多，从并不具有很多政治意义新闻的 334.5 到有重大政治意义的新闻 1439.3。其模式在电视和广播上也相同，但有趣之处在于，量表最后的分值并不显著，很可能这是广播新闻有限制的结果，电视上可以报道 22 分钟的新闻，在广播上可有一个 5 分钟的新闻播报"空间"。

表 17.4　按照城市和媒体划分的语言和视觉社会意义强度平均显著分数

社会意义强烈度	纽约					雅典				
	报纸		电视		广播	报纸		电视		广播
	只是语言 (n=2196)	语言和视觉 (n=727)	语言 (n=200)	视觉 (n=200)	语言 (n=514)	只是语言 (n=616)	语言和视觉 (n=143)	语言 (n=246)	视觉 (n=246)	语言 (n=246)
政治意义										
(1) 不重要	334.5[c]	636.7[b]	56.9[c]	67.2[c]	53.6[a]	180.5[c]	407.8[b]	72.4[b]	73.0[b]	92.7[a]
(2) 最小	290.5	760.3	165.6	197.8	60.3	271.3	624.7	69.9	120.0	142.1

续表

社会意义强烈度	纽约					雅典				
	报纸		电视		广播	报纸		电视		广播
	只是语言(n=2196)	语言和视觉(n=727)	语言(n=200)	视觉(n=200)	语言(n=514)	只是语言(n=616)	语言和视觉(n=143)	语言(n=246)	视觉(n=246)	语言(n=246)
(3) 中度	569.5	1134.6	150.8	133.8	48.0	459.0	562.3	152.9	208.0	202.8
(4) 重要	1439.3	1587.0	273.6	287.4	79.2	1167.0	1536.0	226.0	307.5	206.8
经济意义										
(1) 不重要	302.4^b	665.3	88.9	91.7^b	58.4	200.7	434.9	71.1	77.6	107.1
(2) 最小	428.4	702.2	161.6	340.0	47.9	222.9	537.5	103.6	46.0	120.6
(3) 中度	533.0	856.4	117.5	134.0	67.8	288.4	196.0	73.3	60.0	186.7
(4) 重要	–	966.0	–	–	82.5	–	–	66.0	–	139.5
文化意义										
(1) 不重要	312.9^c	637.0^c	131.6^c	131.5^c	61.6^a	192.5	437.6	88.7^b	86.6^a	133.6
(2) 最小	361.5	765.3	34.4	35.2	43.8	220.3	421.9	48.2	50.7	77.8
(3) 中度	786.9	1037.1	159.6	166.1	62.5	137.5	–	202.3	100.0	–
(4) 重要	910.0	3759.0	216.0	138.0	–	–	–	–	–	–
公共意义										
(1) 不重要	331.5	673.3^c	57.7^c	67.4^c	49.2^c	192.2^a	424.8^b	61.3^b	73.74^a	67.3^c
(2) 最小	368.0	920.9	137.2	202.3	78.5	238.6	461.6	98.7	192.3	262.4
(3) 中度	431.7	2631.4	271.3	363.0	78.2	469.5	1536.0	163.1	186.0	250.8
(4) 重要	1535.3	3759.0	471.0	474.0	–	–	–	–	–	111.0

注：$^a p < 0.05$；$^b p < 0.01$；$^c p < 0.001$。

表 17.5 新闻显著性中异常和社会意义强度的逐步回归分析

独立变量	纽约 报纸显著性只是语言 总计 R²=0.02c (n=2191)		纽约 报纸显著性视觉和语言 总计 R²=0.12c (n=700)		纽约 电视显著性 总计 R²=0.30c (n=200)		纽约 广播显著性 总计 R²=0.07c (n=511)		雅典 报纸显著性只是语言 总计 R²=0.10c (n=616)		雅典 报纸显著性视觉和语言 总计 R²=0.20c (n=128)		雅典 电视显著性 总计 R²=0.15c (n=246)		雅典 广播显著性 总计 R²=0.19c (n=206)	
	r	Std. Beta	r	Std. Beta	r	Std. Beta	r	Std. Beta	r	Std. Beta	r	Std. Beta	r	Std. Beta	r	Std. Beta
异常性																
统计异常，语言内容	0.03	ns	0.16c	ns	0.30c	ns	0.09	ns	0.18c	ns	0.41c	0.30b	0.06	ns	0.31c	0.18a
统计异常，视觉内容	—	—	0.17c	ns	0.29c	ns	—	—	—	—	0.36c	ns	0.24c	ns	—	—
社会变化异常，语言内容	0.00	ns	0.05	ns	0.34c	ns	0.18c	ns	0.24c	0.15b	0.32c	ns	0.21b	ns	0.29c	ns
社会变化异常，视觉内容	—	—	0.07	−0.11b	0.28c	ns	—	—	—	—	0.20a	ns	0.28c	0.20b	—	—
规范异常，语言内容	−0.00	ns	0.06	ns	0.19b	ns	0.06	ns	0.04	ns	0.20a	ns	−0.03	ms	0.02	ns

独立变量	纽约 报纸显著性只是语言 $R^2=0.02$[c] (n=2191)		纽约 报纸显著性视觉和语言 $R^2=0.12$[c] (n=700)		纽约 电视显著性 $R^2=0.30$[c] (n=200)		纽约 广播显著性 $R^2=0.07$[c] (n=511)		雅典 报纸显著性只是语言 $R^2=0.10$[c] (n=616)		雅典 报纸显著性视觉和语言 $R^2=0.20$[c] (n=128)		雅典 电视显著性 $R^2=0.15$[c] (n=246)		雅典 广播显著性 $R^2=0.19$[c] (n=206)	
	r	Std. Beta	r	Std. Beta	r	Std. Beta	r	Std. Beta	r	Std. Beta	r	Std. Beta	r	Std. Beta	r	Std. Beta
规范异常，视觉内容	—	—	0.14[c]	0.11[b]	0.17[a]	ns	—	—	—	—	0.10	ns	0.01	ns	—	—
政治异常，语言内容	0.04	0.08[c]	0.15[c]	0.21[c]	0.46[c]	0.37[c]	0.13[b]	0.14[b]	0.26[c]	0.22[c]	0.30[b]	ns	0.18[b]	ns	0.21[b]	ns
政治异常，视觉内容	—	—	0.14[c]	ns	0.44[c]	ns	—	—	—	—	0.18[a]	ns	0.17[b]	ns	—	—
社会意义																
经济意义，语言内容	0.07[b]	0.11[c]	0.15[c]	0.21[c]	0.46[c]	0.37[c]	0.13[b]	0.14[b]	0.26[c]	0.22[c]	0.30[b]	ns	0.18[b]	ns	0.21[b]	ns
经济意义，视觉内容	—	—	0.14[c]	ns	0.44[c]	ns	—	—	—	—	0.27[b]	ns	0.24[c]	0.20[b]	—	—

独立变量	纽约 报纸显著性只是语言 (总计 $R^2=0.02$[c], n=2191)		纽约 报纸显著性视觉和语言 (总计 $R^2=0.12$[c], n=700)		纽约 电视显著性 (总计 $R^2=0.30$[c], n=200)		纽约 广播显著性 (总计 $R^2=0.07$[c], n=511)		雅典 报纸显著性只是语言 (总计 $R^2=0.10$[c], n=616)		雅典 报纸显著性视觉和语言 (总计 $R^2=0.20$[c], n=128)		雅典 电视显著性 (总计 $R^2=0.15$[c], n=246)		雅典 广播显著性 (总计 $R^2=0.19$[c], n=206)	
	r	Std. Beta	r	Std. Beta	r	Std. Beta	r	Std. Beta	r	Std. Beta	r	Std. Beta	r	Std. Beta	r	Std. Beta
文化意义，语言内容	0.06[b]	0.11[c]	0.13[b]	0.23[c]	-0.15[a]	ns	-0.12[b]	ns	0.05	0.13[b]	0.04	ns	-0.13[a]	ns	-0.14[a]	ns
文化意义，视觉内容	—	—	0.13[c]	ns	-0.19[b]	ns	—	—	—	—	0.02	ns	-0.15[a]	ns	—	—
公共意义，语言内容	0.03	ns	0.16[c]	ns	0.37[c]	ns	0.21[c]	0.22[c]	0.10[a]	ns	0.36[c]	0.22[a]	0.24[c]	0.19[b]	0.40[c]	0.33[c]
公共意义，视觉内容	—	—	0.22[c]	0.23[c]	0.42[c]	0.31[c]	—	—	—	—	0.18[a]	ns	0.17[b]	ns	—	—

注：[a] p<0.05；[b] p<0.01；[c] p<0.001；ns＝不是最终逐步回归等式的一部分。

事件的政治意义是最强、最通用的预测维度，而其他社会意义维度也同样重要，尤其在纽约这个比雅典有更多样文化活动的城市，文化意义越高，相关显著性也越高。这在纽约报纸上尤其明显，显示出比电视和广播更强的线性相关关系，其相关在《纽约时报》的文本—图像内容上更显著。文化事件——音乐会、戏剧、名人新闻、美食、时尚——经常与大幅视觉元素一起出现，比如照片或照片说明。当代美国报纸的倾向——尤其在专题版——对有重大文化意义事件报道的图像显著性分值，比不具有文化意义的事件高出 6 倍以上。

公共意义即新闻能够影响公众程度的指标，其增加也会与报道显著性的增加相关，但此处图像并不同样重要。例如，《纽约时报》将更大的文本—图像显著性赋予更具有公共意义的新闻，但在事件的文本显著性上就不明显。纽约和雅典的广播媒体赋予具有公共意义的新闻以更高显著性，雅典电视则在其文本内容上亦如是。

新闻报道与经济意义的关系也更为复杂。虽然资本是美国经济系统的核心，并且财富是社会成功的关键指标，但具有经济意义的事件则同显著性的相关极为微弱，只有在《纽约时报》的文本内容和纽约电视的图像内容上有所显示。经济意义在雅典媒体新闻报道上并不重要。这似乎有些违反直觉——尤其对报纸来说，报纸通常给商业新闻留个版面。这种现象的形成可能有几个原因，首先，商业新闻的图像内容通常不具有吸引力，一家大公司的人事变动可能跟该公司首席执行官的照片或者该公司本身的照片放在一起。与其他图像内容相比并不具有强烈冲击力，所以较少可能被赋予高显著性。另外，经济新闻通常更复杂。一则有关美联储降低利率 0.25% 的消息必须要详细解释这可能意味着什么，而解释与其他新闻相比则在叙事结构上不那么强烈。好故事由叙事结构构成，不能以主人公和反派角色的角度来叙述的经济新闻就较为弱势。

322

六、作为新闻显著性预测的异常性和社会意义

目前为止的分析显示异常性维度（统计、规范和社会变迁）以及社会意义维度（政治、文化、公共和经济）都能影响新闻在报纸、电视或广播上的呈现，但检测不同因素在新闻生产之中的相互作用则很重要。针对所有元素的递归分析得出一些有意思的结果（参见表 17.5）。

首先，异常性和社会意义是纽约电视新闻显著性的最强预测指标，但对《纽约时报》则是最弱的指标，其异常性和社会意义仅占显著性差异的 2%。如前所述，同电视和广播较小的新闻报道数量相比，该差别可能是《纽约时报》大量报道之假象的一部分。事实上，如其他学者所言，《纽约时报》周末版上的事实信息，比一个生活在 19 世纪的普通人一生遇到的还多（Van Winkle，1998）。显然，异常性和社会意义对于《纽约时报》如何报道新闻来说很重要。文本—内容显著性为社会变迁异常性（–0.11）、公共意义（0.23）和规范异常性（0.11）所影响。文本内容显著性最为政治意义（0.21）、文化意义（0.09）以及文化意义（0.23）所影响。对纽约电视来说，两个最强的预测指标为文本内容的政治意义和图像内容的公共意义。

雅典媒体方面，回归分析结果最明显的是《雅典先驱报》，揭示了 20% 的显著性差异（图像和文本分值结合起来看）。对广播则为 15%，电视占 19%。所有雅典媒体之中，公共意义在预测文本内容显著性上最重要，标准 β 值从 0.19 到 0.33。报纸和广播文本内容方面，统计异常性是最重要的维度，社会变迁异常性和图像政治意义则是雅典电视新闻的关键预测维度。

独立变量则显示，在纽约和雅典的所有不同媒体中，两项最一致的维度为公共意义（回归分析中的一半都为预测维度）和政治意义（8 项中的 5 项为预测维度）。异常性是许多案例中的预测指标，但不如社会意义为一致的新闻显著性指标。

325

表 17.6 在报纸新闻显著性和中心小组排名之间斯皮尔曼排名等级相关系数

	记者	公共关系从业者	高 SES 受众	低 SES 受众	报纸
记者	—	0.76^c	0.54^b	0.55^b	0.28
公共关系从业者	0.82^c	—	0.55^b	0.65^c	0.21
高 SES 受众	0.70^c	0.74^c	—	0.56^c	0.04
低 SES 受众	0.79^c	0.88^c	0.73^c	—	0.10
报纸	0.42^a	0.35	0.14	0.25	—

注：纽约系数在更上面的三角上，雅典在更低的三角上。SES= 社会经济地位。

^{a} $p < 0.05$; ^{b} $p < 0.01$; ^{c} $p < 0.001$。

七、人们对新闻的定义

雅典中心小组访谈在 2001 年 3 月进行，纽约则在 2001 年 4 月，正好在美国最高法院公布对 2000 年 12 月总统大选裁决之后的几个月。

1. 异常性

美国进行的所有中心小组访谈中，异常性是其定义新闻的核心元素，在他们认为最重要的新闻上如此——这随后在本章讨论，在日常生活中遇到的事件上亦如此。从这个角度上，异常性信息是令人震惊或出乎意料的事件。纽约低社会经济地位受众组提到一个例子，即 1999 年 7 月致使小约翰·肯尼迪和妻子以及姐娌丧生的空难。

　　男受访人 1：就像一个 91 岁老人的去世，在意料之中，你懂的。
　　女受访人 1：是的，但就如小约翰·肯尼迪的逝世，不会改变你是谁，但他是所有人的儿子，成千上万的人在空难中丧生，但他得到全国注意，是因为肯尼迪时代的历史。

女受访人 2: 很伤心……因为他真的是个好人。

男受访人 2: 我觉得，你知道，更多是因为震惊，你没预料到。

对于新闻产业的工作者，无论是记者还是公关从业人员，新闻出乎意料的概念很关键。几位记者和公关人员谈到新闻是他们不知道的任何事情，尤其是从未预料到的或者意味着威胁的事。纽约一位女性受访者称 1999 年 4 月发生在科罗拉多立托顿哥伦比亚高中的枪击案牵动了全国民众的心，因为事件发生在中产阶级上层，这个通常与暴力无缘的阶层。因此，如雅典记者所述，发生在身边的暴力冲击着正常预期，在某种程度上也影响现状。谈到佛罗里达的迪士尼乐园以及员工恋童癖问题，记者说该事件的真正新闻价值在于："你觉得迪士尼是家庭的标志，而不同寻常的是，家庭在迪士尼乐园里并不安全，甚至与现状相反。"

326

另一位受访者，来自雅典的公关人员，谈到事件的重要性在于其紧张性："你想想肯尼迪遇刺和随之伤感的强烈，想想柏林墙倒塌的紧张。"在她看来，这两个事件都很紧张和强烈，因为其出乎意料的性质。

2. 社会意义

有位纽约女性受访者谈到小约翰·肯尼迪逝世时表示"很伤心……因为他真的是个好人"，她提到了美国受众对于新闻价值定义的第二个维度——影响，以研究受众的社会意义变量为衡量。影响是情感化的，正如空难的例子，或者可以更加直接，如油价上涨。影响可以是短期的或长期的。纽约高社会经济地位的一位女性受访人说有关经济和失业的信息吸引她的注意，因为"它有影响，但可能不是立刻有影响"。但是她也谈到有长期影响的事件。"我看当地新闻，因为有些事件会影响我，比如地区经济复苏是件很大的事，会影响整个城市，这些立刻对我产生影响的事件对我很重要。"

即使是没有明显影响的事件，比如科罗拉多或加利福尼亚的校园枪击案，对纽约高社会经济地位受众组的另一位女性受访者而言也事关重大，因为它有潜在影响。"你说呢，这种事会发生在我的孩子身上吗？会发生在我家人或者邻居的孩子身上吗？我收听新闻，我带着判断看新闻，看到事件我就会转念，然后想，'好，这对我意味着什么呢？'"

信息影响的范围也是个人用以判断信息重要性的标准。影响许多人的事件，即使是间接影响，也可以很具有新闻价值，影响范围小但能立刻产生结果的事件也是如此。雅典受众群体也有类似形态，直接和影响是决定事件新闻价值的关键因素。一位女性受访者谈到她对直接影响她的事件更为留意，无论是有关煤矿的事件还是彩票中奖号码，因为她家人在当地矿场工作，并且她也买彩票。雅典一位高社会经济地位受众组中的男性受访者称，他有时会看对他没有影响的信息："我更关心今天吃什么，而不是二十年后是否会食物紧缺。并且如果我很饿而且两天都没吃饭，我对这些国家大业就一点兴趣都没有。我更关心立刻发生的将来，以及它怎样影响我个人。"

对新闻从业人员——记者和公关人员来说，影响也是个重要因素，但他们经常有两个标准，一方面跟受众一样，新闻是在某个水平上具有个人影响的信息，经济和公共影响是两个最常提到的维度。但新闻专业人员，尤其是中心小组中的记者，对新闻也有更宽的视角，使他们留意那些并没有个人相关性的信息。纽约中心小组中的一位男性记者谈道："我个人对电脑税很感兴趣，但对工作来说则一点兴趣都没有，所以即使有我的份，也没那么有吸引力。工作事件可能是今天发生在中东的事，以色列袭击叙利亚一个目标，而这个地方二十年来都未曾遭袭，这让我更感兴趣，我明天就要处理这个新闻。"但是值得一提的是，虽然中东的事件与其个人生活不相关，但与他的职业生活有个人相关性，因为它影响到他第二天的工作，随之，正如所有的政治都是本地的一样，所有的新闻从某些角度上都是个人的。

新闻的个人性质，也在所有中心小组一致认同的新闻常常具有实用功能这个观点上得到证实。虽然从地区或全国视角来看影响并不大，但对于大多数人来说，重要的新闻是天气预报，通过这他们可以知道是否需要带雨伞，或者交通预报（尤其在纽约），通过这他们知道上班和下班交通如何；也可能是电影评论，他们就更能了解要不要去看；电影上映单可以让他们知晓什么时候去电影院。纽约低社会经济地位受众组的一位女性受访人认为有关养育孩子的信息常常抓住她的眼球，因为她是一个7岁男孩的单身母亲："有时候没法控制，我努力读不同的东西，努力找到更多的信息，就好像我做错了一样。"该组另一位女性有一个15岁的儿子，她也赞同这个观点，说她会看那些她儿子可能遇到麻烦的新闻，以及她作为一个父母怎样做能让他避免伤害。

有时，即使相关性不直接，人们也会留意他们认为对未来有价值的新闻。一个住在公寓里的人会注意放贷利率的变化，因为她考虑将来买房。雅典中心小组的一位女性受访人说她"收集"许多信息并存档，"因为他们几乎都会派上用场"。　　328

3. 新闻的其他决定要素

异常性和社会意义维度扮演了重要角色，而在大部分人有关有趣和有新闻价值之事件的观念之中，这两个概念并不能完全解释人们对于名人花边新闻和体育的兴趣。娱乐新闻并不具有文化功能，而人们看体育或名人新闻的原因还在于其作为社会润滑剂之价值。了解周末当地体育队表现如何或者演员茱利亚·罗伯茨在跟谁约会为人们提供聊天的话题。正如雅典一位记者所述，新闻从这个角度而言是"你可以分享的事物，嗯，'分享性'"，雅典一位公关人员说，新闻是她所听说的信息以及随后她希望可以同其他人说的事。就算在谈天较为容易的家庭之中："惯常性话题基本在聊天话题单的最后，一大把话题我都不会带回家跟我丈夫讨论。"

承担该功能要求新闻更加中立，就如天气预报，以降低冒犯别人或跟朋友、同时讨论激烈的风险。雅典中心小组一位男性受访者谈到他并不真正支持美国布什政府的政策，但他会收听有关总统的新闻——尤其是赞扬其成就的新闻——因为这帮助他更好地理解支持布什的同事，并加深关系。

但是纽约中心小组中的一位公关人员称，新闻的内涵很宽广，但人们越来越厌恶媒体系统，24 小时不间断地轰炸新闻。"我觉得很多呈现给我们的新闻以'史上最重大最重要最轰动的事件'的姿态出现，但事实上不是"。因为新闻以更加犀利的语态播送给观众和读者，所以新闻消费者越来越以实用主义标准来判断看什么和想什么，或更通俗地说，新闻通过个人筛选的可能性更低了。

4. 新闻价值

中心小组成员认同他们读到、看到和听到的新闻大多是负面的，但对为何产生这种现象的理解甚少，记者争论道他们报道车祸和枪击事件是因为它们可以得到最多关注。雅典一位记者说，如果因为交通事故的缘故而道路拥堵，人们就打电话给他，并且希望在第二天的报纸上看到今天到底发生了什么。但高低社会经济地位受众组的成员都说负面新闻居多是因为犯罪和冲突带来报纸销量和电视观众，认同"血腥即煽动力"的观点。

"每家报纸都在发表评论。电视台们在相互竞争。他们要有抓住人们眼球的新闻"，纽约高社会经济地位受众组的一位受访人说。该中心小组的另一位成员则称暴力能激发兴趣——对负面新闻感兴趣"是人的本性"。雅典一位记者则说负面新闻更具有轰动效应，因此而常具有情感影响力："我们的负面情感反应——恐惧、震惊、悲伤——会更加强烈，你懂的，比起我们的正面情感反应，如果最强烈的正面情感是爱，那也只是自己的事。"但该中心小组中另一位记者则说，对于负面新闻的侧重是采访区域聚焦在警察、法院和政府的副产品，"我是没有'好消息'的记者",他说。

5.人生最重要的新闻事件

对纽约和雅典的中心小组成员而言,最重要的事件通常也最具有异常性——无论是统计的、规范的或是其对社会变迁的潜在影响。在一些情况下,最重要的新闻所具有的异常性不止一种。其中有 1963 年肯尼迪总统遇刺,1968 年他的兄长罗伯特·肯尼迪以及同年的马丁·路德·金遇刺事件。1969 年阿波罗登月和 1986 年"挑战者号"航天飞船爆炸也较多被提及,还有 1977 年英国黛安娜王妃逝世和 2000 年美国历史上首次最高法院对总统大选结果做出裁决。纽约一位记者说:"你去投票,当天就知道结果。而这是我们从未见过的事,反正是我一辈子没见过的,我们去投票,但根本无法知晓谁胜出。"

这些人们生活当中的关键事件必然具有统计异常性的共性。其中一些事件,尤其是总统遇刺和飞船爆炸事件,具有深刻改变政治世界的潜能。这些事件也具有很高的政治、经济、文化和公共意义。但对中心小组成员来说,这些事件记忆深刻是因为它们改变了人们对世界的看法。对纽约一位男性记者来说,"挑战者号"爆炸极为重要,因为"这是航天工程的一种退步,人们觉得理所当然,这就是……差不多像是进步了但又总是退步"。

他从未想过航天飞机可能不能安全起飞并完成飞行任务这件事,直到他眼见浓烟四处飘散。哀悼和庆祝在全国——甚至是全世界,进行了数次。雅典一位记者说虽然肯尼迪遇刺之时他还只是个孩子,但他依然记忆深刻,不是因为他是肯尼迪的拥戴者或者他认同当时的政策,而是因为"我只是记得所有人都为此震惊无比。我记得登月之时人们又有多开心。这两件事就像是全国范围的狂热,而都对历史有深刻影响"。

雅典另一位记者则说重要的新闻是每个人都会讨论的事件,像美国的"沙漠风暴行动"。技术使得人们能够近距离旁观战争，有爱国者导弹和夜视摄影，人们就像"看体育比赛"一样看战争新闻，记者们如此谈道。纽约一位记者说了差不多同样的观点："这是我第一次亲身经历的大规模战争，每个人都在讨论。"

八、对比人们的新闻偏好与报纸实际新闻

有关新闻价值的中心小组讨论得出的一个有趣结论是，人们期望看到正面新闻，而实际上看到的大多是负面新闻。中心小组受访者争论道，人们阅读负面新闻是因为他们一直以来的习惯。但新闻判断检测——检验人们认为事件该如何报道——显示受众对新闻的看法和当地新闻专业人员的观点存在强烈相关关系（参见表 17.6）。但是，个人，无论是受众、公关人员还是记者，如何呈现事件与事件在报纸上的实际位置的相关则极为微弱。

测验发给中心小组成员三组卡片，上面有来自当地报纸——《纽约时报》或《雅典先驱报》的新闻事件，并要求受访者依据其新闻价值从 1 到 10 排序。纽约高低社会经济地位受众组同记者和公关人员之间的等级相关关系从 0.54 到 0.56 不等，记者和公关人员之间的相关更高，为 0.76。但没有中心小组对事件的排序同《纽约时报》的实际排序一致。同报纸实际报道的一致性最高值也仅有 0.28，并且这个值也并不高。

在雅典，记者和其报纸的一致性（0.42）即他们对事件的排列与《雅典先驱报》如何呈现事件之间的关系。但雅典其他中心小组则并不具有同报纸对事件之新闻价值判定相同的视角。但是，与纽约相同，所有 4 个雅典中心小组之间都在事件报道排序上显示出强烈的相关关系。雅典受众和专业人士之间的高一致性并不奇怪，《雅典先驱报》是一份比《纽约时报》小得多的报纸，纽约地区的规模也远非雅典可比。

中心小组对事件的排序和报纸新闻实际显著性之间的明显不一致，是个人对新闻的定义与日常性普遍新闻兴趣存在差异的证据。正如那位

331

提到中东的纽约记者所言，他对报纸新闻价值的判定同他个人的兴趣可能不直接吻合。但在报纸上或电视中呈现的新闻是许多新闻价值判定的结果，从街上的记者到新闻室里编辑和制作人每天多次探讨新闻排列，再到夜班编辑必须最终决定是否裁减一条新闻以插进另一条新闻。中心小组中这种共识的缺乏，可能是其新闻判断和报纸实际呈现之间相关性较低的原因之一。同实际报道的较低相关性也仍然可能是新闻价值与个人价值间差异的证据。

九、讨论

通过研究分析纽约和雅典的中心小组访谈和针对报纸、广播和电视媒体的内容，得出一条明确的结论，就是有关对日常秩序和惯常期望产生冲击的事件或人物最能登上头条并吸引读者注意。所有维度的异常性是新闻价值的决定因素，但社会变迁异常性是最核心的因素。社会意义尤其是政治意义也同样决定了新闻如何被呈现出来。 332

但是，最令人印象深刻的事件结合了异常性和社会意义元素。肯尼迪遇刺具有统计异常性，因为政治领导人通常不会被暗杀，这违反社会法规。而且肯尼迪遇刺也必然在某些层面上对现状存在冲击和威胁。美国政治体系不会因为他的死而变化，但体系内的核心成员肯定会变动。该事件也具有政治意义，如前所述，还可能附带文化和经济后果。

重大事件本来就很容易被判定为新闻，本研究也发现重大事件——刺杀、登月、2000 年大选的非常结果甚至是"9·11"事件——之外，大部分人还是以实用主义功能、事件作为同他人社交的桥梁，以及在个人价值层面作为判定新闻的标准。

第四部分
结论与附录

本项目致力于探究世界各国对**新闻价值**的定义。本研究假设新闻是由两个维度的因素定义的：异常性和社会意义，并且这两个因素通用于所有国家。根据休梅克（1996）的理论，本研究基于两个主要概念：（1）生物进化使得人们本能地观察四周环境以防**异常状况**（通常是坏消息）；（2）文化进化下，人们关注不同国家的不同话题，也使得这些话题具有显著的**社会意义**，以及异常的性质。换句话说，我们认为，这两个维度可以预判世界各国对时事、观念以及人物的新闻价值定义。

我们收集了大量数据，这些数据来源于对 60 个新闻机构（10 个国家、20 座城市的报纸、电视新闻以及广播新闻）超过 32 000 条新闻的内容分析。我们也对 80 个中心小组（10 个国家中每两个城市各 4 个小组）的观众、记者以及公关从业人员进行了访谈。并且，通过把关实验，中心小组访谈也得出了一些量化的数据，表明记者、公关人员以及新闻消费者如何看待新闻价值，与当地的新闻机构形成对比。我们排序和分析了 240 组每 10 篇为一单位的新闻报道。

在进行如此大规模的媒体内容分析以及访谈后，我们对理论进行了两处大的改动。首先，我们现在提出，构建**新闻**和**新闻价值**是不一样的概念，有着显著区别，必须阐释清楚。其次，我们在原有理论上添加了新的维度：事件的**复杂性**。复杂性与**紧张性**有关，我们在内容分析中测量过紧张性。但复杂性提供了全新的看待认知过程的视角，以认识人们如何判定特定事件、观念以及人物是否有新闻价值。新闻领域的复杂性并非新鲜概念。科恩、阿多尼以及班兹（1990）对电视新闻中的社会冲突进行研究后，在其对新闻中的冲突进行描述中，阐述了紧张性和复杂性概念，以及人们如何看待社会冲突。

我们将详细探讨复杂性，但首先我们提供一些**新闻**与**新闻价值**间差别的观点，以及这些观点如何有助我们阐释研究结果。

336　一、新闻与新闻价值

本研究开始时，我们猜想新闻媒体突出报道的时事、人物和观念都同时具有新闻价值：越突出的越有新闻价值。因为在内容分析中，我们将显著性作为新闻价值的替代概念。我们的目的在于通过本研究得出新闻价值的理论定义，因此我们首先查看在特定时间段的 10 个国家中真实的新闻；随后邀请人们探讨在他们看来，是什么使特定时事、观念与任务具有新闻价值；最后，把关人实验让人们用自己的判断标准，评判当地报纸中的新闻报道具有多少新闻价值，之后我们对比人们的判断与这些报道在报纸上的显著性。

从各个国家的分析中可以看到，内容分析与中心小组访谈的结果之间存在差异。无论是询问大体上的信息需求，还是更具体的问题"什么应该成为新闻"，不同国家的人们用他们自己对异常性和社会意义的定义进行解读。他们清楚，有关异常人、观念和事件的信息应该成为新闻，即使这个新闻是"坏的"。虽然中心小组中的受访者希望看到更多积极的新闻，但他们明白，人应该留意异常状况以进行自我保护，并且也知道，他们的社会以及人类本身对不寻常的、打破法律与惯例的或者对社会变迁有威胁的事物有着固有兴趣。另外，他们也关心具有政治、经济、文化或公共意义的事件。这些兴趣中，一部分与他们期待更多积极新闻有关，但事实上，他们显然也对有异常社会意义的事件、人物和观念感兴趣。此发现在所有 10 个国家都一致，即使是与众不同的国家。中心小组中另外一个问题是受访者的个人显著性信息。由此可以较为准确地猜测，人们会认为异常的、有社会意义的以及个人认为显著的任务、事件或观点是最有新闻价值的。因此，为什么内容分析一致显示不同国家间，异常性与社会意义都与新闻显著性很少有相关？

　　本研究中的内容分析详细测量了异常状况的紧张性和新闻的社会意义，包括报纸、电视和广播新闻节目中语言和图像形式的信息。但这些信息并未能在多大程度上解释新闻显著性的多样性。另一方面，中心小组访谈确实支持了我们的理论。受访者说他们想要看到既不同寻常又有社会意义的新闻，但对新闻媒体的内容分析显示，两个维度都只占了很少比例，为什么？

　　在中心小组访谈中通过与记者、公关人和观众一起进行把关实验，³³⁷我们得到大量数据，其中可以找到一部分答案。他们对当地报纸上真实新闻故事（用标题来代表）的排序反映了中心小组中受访者高度一致的共识，在组内和组间都是如此。在评估新闻价值之时，人们都是没有差别的人类。不论他们的国籍、城市或者社会经济地位如何，人们对新闻价值的判断倾向都很相似。但是，将人们的信息需求与事实上报纸的新闻报道显著性相对照，我们发现受众与新闻媒体的一致性很低，甚至不存在一致性。在一些案例中，受众的需求与报纸突出报道的内容相反。因此，根据本研究可得出结论：

　　　　·受众称他们想要了解具有异常性和／或社会意义的内容。

　　　　·受众与报纸对应该突出强调的内容存在分歧。

　　　　·这是因为报纸并未赋予具有异常性和社会意义的信息以足够的突出报道。

　　　　·因此，我们认为，我们探讨的并非一个维度，而是两个。新闻与新闻价值在理论上是不同的。

　　有关新闻媒体显著报道的内容也同样具有新闻价值的猜想尚需探讨。**新闻**是种社会产物，是产品，是记者呈现给观众的报道结果，因此新闻是我们在内容分析中的研究对象，而非我们猜想中的新闻价值。相应的，**新闻价值**是一个认知概念，是一种个人的思维判断，所以中心小组访谈得出的量化和质化的数据衡量的是新闻价值。因此，**本研究的主要结论是：人们——甚至是记者——认为具有新闻价值的内容未必然成为新闻**。这与休梅克和里斯（1996）有关影响大众媒体内容的因素是多种多样的研究相一致。人们对事件的新闻价值判断存在于微观的、个体层面的研究。影响新闻的因素也包括媒体机构的日常运作、组织特征、社会制度和其他宏观变量。

从这个视角来看，我们可以得出结论，不能为异常性与社会意义维度所阐释的新闻报道的显著性差异，是这些其他的、未被测量的因素的表现。从澳大利亚爱运动的文化，到俄罗斯骚动的社会变革，无数因素决定着最终——漫长的把关过程后——什么成为新闻，被送到观众面前。

338　　　受众期待接收的内容同新闻媒体事实上呈现的可能不同，这并不是新理论。长久以来，新闻应该呈现受众应该知晓的信息（社会责任）的观点，与满足受众需求（市场导向）的观点之间始终存在争议。第三个维度（审查）在一些国家中存在，一些报纸由政党和政府编辑，人们了解的内容是经过过滤的。与受访人的访谈显示，我们的另外一个猜想有可能是错的，人们认为，最重要的新闻是在报纸里面的，并非在头版头条上。这也许解释了人们对新闻价值的评判与报纸对新闻报道呈现的显著性之间存在负相关的现象。

世界上的其他地区，例如美国，商业全球化与聚合为大集团垄断的趋势，使市场导向更加强力。尽管如此，本研究提议第四种受众与新闻内容间的关系——试图通过满足受众需求以最大化商业利益已不再奏效。受众、记者以及公关从业者对新闻的期望大体不变，并且他们希望得到与目前他们从新闻媒体得到的信息不同的内容。因此，如果记者们正试图提供受众想要的信息，那么他们做得并不够好；同样，如果市场营销人员也在尽力满足受众需求，那么他们也失败了。社会责任与市场导向这两个发展方式都不能得到认可。

相反，我们发现了人们认为具有新闻价值的内容与最终成为新闻的内容间存在的差别，这个差别对于报纸来说可能极好，因为相对电视和广播，他们提供给受众的一直是缺少异常性和社会意义的新闻。也许这在一定程度上导致了美国几十年来报纸阅读量的下降，以及声称依靠电视和网络获取新闻的人数的上升。**新闻价值**与**新闻**之间的差异正在扩大。

在进行中心小组访谈之前，我们完成了内容分析，但并没有概念化或是测量个人对新闻显著性的评估结果。我们没有收集任何有关受众欲望和需求的调查数据，但如果可以得到这部分数据，就可以在异常性和社会意义的内容分析中加入个人显著性。这是可能的，但麻烦重重。构建衡量个人对所有新闻报道的显著性判断极其困难。个人显著性的观念过于琐碎和异质化，以致通用于所有新闻报道的测量标准或许并不适用，因为一些人对特定事件的偏好可能被其他人的不感兴趣所中和。尽管如此，与新闻价值有关的个人显著性值得未来进一步深入研究。如非用本研究中以新闻作为对象的内容分析，类似研究可以将个人作为研究对象。

接下来我们回到对 10 个国家的新闻分析。我们意识到，异常性与社会意义能决定新闻价值的程度为这些维度的分歧所加强，不仅包括紧张性，还有复杂性。

二、复杂性：研究新闻的新框架

虽然我们在第二章中曾预估异常性和社会意义在判定新闻价值之时是重要的结合维度，但在项目中收集和分析的数据显示，异常性和社会意义在决定新闻价值上有两种方式：（1）事件与异常性（统计数据，社会变化，以及规范）、社会意义（政治，经济，文化，以及公共）7 个维度间关系的紧张性；（2）这些关系的复杂性。在前几章中，紧张性通过七份四点量表测量；本章中，我们阐释了特定事件中异常性与社会意义维度的**数量**也很重要。我们的理论显示，同时评估为具有异常性和社会意义的事件、人物或观念比只具有其中一个维度的更加有新闻价值。在本章，我们证明，当异常性和社会意义以一种方式结合起来时，衡量的是异常性与社会意义的紧张程度，但以另一种方式结合时，他们就构建起全新的框架，我们称之为**复杂性**。在这一章中我们显示了复杂性可以预测事件报道的显著性，换句话说，复杂性意味着新闻价值。

我们将复杂性当作一种理论度量，来表明一件有潜在价值的事件、人、观念在多大程度上影响人们对社会现实的构建，这包括评估它们（上述事件、人、观念）[1] 所影响的社会范围，和它们在多大程度来自人们内在的兴趣。虽然我们猜想人们会构建属于自己的社会现实，但我们认为，因为大众媒体呈现的世界新闻是一种客观现实，所以新闻内容可以构建个人对世界看法的相关。（Adoni and mane，1984）特定的事件信息可能改变个人的社会现实，或者变得"没什么新闻价值"。人们对世界（从家门口到全球范围内正发生的事）了解的一大部分来自新闻媒体，但并非所有在报纸、电视或广播新闻节目上的内容都会被受众认为具有新闻价值。

从前几章可见，新闻价值可以部分地为事件异常性与社会意义的紧张性所体现。复杂性与这些概念的多元性有关，意味着事件越多元，就越可能有新闻价值。为阐述这一点，需要思考我们的祖先。与生俱来对异常性的兴趣可能是数千年来人类进化的结果，尤其是，时刻留意身边的威胁能给家族更多的繁衍优势，以将基因序列传承下去。我们的祖先认识和处理的异常情况越多，就越有可能生存和繁衍。对环境的监控是生存的关键，但有些情况会比其他情况更容易处理。用燃烧的木棍吓走老虎来保护家庭是够危险的境况了，但如果在这个过程中家中的寝具也烧着，那么境况就更复杂。老虎代表一种简单但紧张的威胁——杀掉它

---

1 事件、人或观念维度描述了新闻的主要内容，但很粗糙。本章剩下的部分，我们用"事件"来代表有关事件的新闻，也包括有关人与观念的新闻。这是合理的，因为大部分新闻都与事件有关。通常，有关事件的新闻中总会含有人和观念，例如一国总统（人）召开新闻发布会，发布某个政策（观念）。

或被它杀，与老虎搏斗的过程引发环境中更多的复杂性（洞里的火），多方面监控很有必要，并且现状变得更加严峻，控制起来更有难度。所以，环境威胁诚然具有新闻价值，但如果事件呈现出多样威胁，那就更有可能成为新闻。

环境威胁的过程及其呈现影响个人的社会现实，即对世界的认知和理解。从定义而言，人与人之间社会现实各不相同，因为每个人的生活经历、知识和态度都是独一无二的。这意味着没有人能成为完全客观的观察者——鉴于每个人都有独特的并且在世界背景下主观的社会现实。人们对新闻价值看法的多样性就可以用其社会现实不同来解释。

但显然，环境不仅由老虎和火构成。事实上，环境在很大程度上可以由文化进化过程来构建和说明。可能老虎是神圣的象征，或者满月的时候老虎就非神圣；可能老虎身上的条纹数目影响它的神圣特性；可能在其他食物来源短缺的时候就允许捕猎老虎。文化的规则和习俗极其复杂，有时相互冲突。倘若在对待老虎时，需要考虑月相、条纹、食物需求以及总体的神圣特性，那么复杂境况就会出现。人们可能犯错，有些人会因为牺牲他人而获利良多。具有文化复杂特性的事件同人们的社会现实有多种相关，所以也被视为具有新闻价值。

事实上，框架中的**复杂性**维度更为繁复，它是生物与文化进化双重影响的结果，并且在更加具体的层面上，受到**异常性**与**社会意义**概念及其 7 个维度的共同影响。事件的异常性与社会意义越多元就越复杂，人们就视之越有新闻价值。

这里我们刻意使用了"人们"一词，而非"新闻从业者"或"记者"。在第七章中我们谈道，人们在新闻价值的内涵上存有共识，无论他们的社经地位如何。如何数月之前，当邀请人们给报纸上的新闻报道排序时，不论是记者、家庭主妇抑或公关客户主任，结果都不存在太大差别。各行各业的人们都倾向于对事件、人物和观念相关的新闻价值有相似认知。因此，我们可以概括性地探讨人的社会现实如何构建，以及事件、人和观念的复杂性怎样有助人们构建社会现实。

341

三、事件与社会现实的关系

本质上讲，**新闻价值**是事件、人或观念信息影响人社会现实的不同部分之程度，人是否发出或接受信息，这都适用。我们都不断评判发生在我们世界里事件的新闻价值。一个女人是否把她预约牙医这件事告诉同事，很大程度上取决于她看牙医时发生了什么。惯例清洁牙齿同疼痛又高昂的治疗过程相比，可能更少被倾诉给他人。但是，如果她是个记者，她不太可能把她疼痛高昂的牙科经历作为具有新闻价值的报纸内容；相反，如果她在上班路上碰到了15辆车的连环车祸，那么她这段个人经历就很有新闻价值，不仅她自己会这么认为，其他记者同事以及很多读者也会认同。

这些事件之间的差别在于其与人之社会现实相关的程度，社会现实是人对世界的认知，不仅包括如何看待世界，还包含人们如何评判其不同方面。人的社会现实处在不断变化之中。一个澳大利亚人的社会现实大体上包括与当地社区有关的人、事件和观念，他对大千世界有所了解，但只有微弱模糊的联系。智利发生的新闻事件并不在他的社会现实当中，直到他的女儿找到新工作并搬去那里。抑或是，一个女人可能觉得世界是和平的，但如果她的国家发生战争，那么战争就成了她社会现实的一部分，她的心理和物理世界构成都发生了变化，变得更复杂。

图18.1阐述了异常性和社会意义的7个维度是如何合起来决定事件与人之社会现实相关的复杂性的，换句话说，事件被评估的新闻价值有多少。想象两个事件，一个事件是警察局长助理晋升为新的局长（左边底部圆圈）。该事件与人社会现实的相关只有一个，就是政治社会意义（政治任命过程带来行政管理变化）。相反，另外一个事件是醉酒的警察局长，他的情人，以及一个被他的车撞倒的自行车路人。这一事件从4个方面与社会现实相关：统计异常（警察局长通常不会被拘留，骑自行车的路人也不会经常被车撞倒）、规范异常（犯法）、政治意义（一系列随之而来的行政变化）和公共意义（自行车安全）。有些事件与人的社

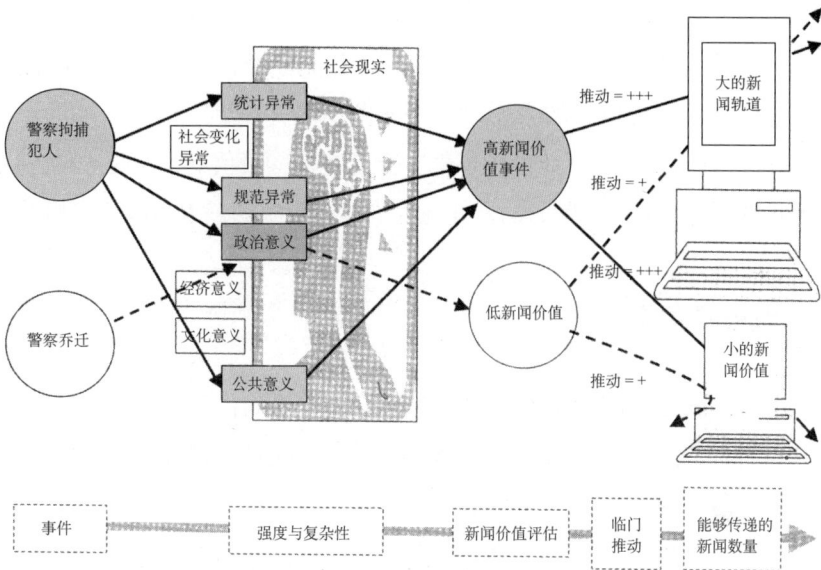

图 18.1　新闻传递的阶段

会现实有许多联系，有些则没有。每天世界上发生成千上万的事，只有很小一部分与人的社会现实相关。与新闻来源以及记者的社会现实有着复杂关系的事件更有可能通过个人与组织的把关而最终成为新闻。

正如把关人理论所述，记者的思维中的这些冗杂关系为把关造成了一些力量，可能是积极的、中立的或者消极的，多种多样。因此，事件与记者的社会现实越相关（其越复杂），这些力量就越强大。上图显示事件的力量越强，就越有可能通过把关过程。换句话说，事件越复杂，就越有可能被认为具有新闻价值。决定事件是否成为新闻的把关过程有很多，例如线人提供给记者的信息类型，记者决定跟进哪些事件，记者选择哪些细节，以及众多编辑和制片人如何呈现新闻，等等。（Shoe-maker，1991）

这种视角不把新闻价值看作事件特质，而是个人思维判断的结果。这解释了为什么并非所有人都视特定事件具有同等的新闻价值。如果新闻价值只是事件的一个特征，那么人们就能够看到其新闻价值的大小，并清楚该事件是否应当呈现给他人。这显然是过于简单的解释。我们已 343

经阐明，人们大致上对新闻价值的概念达成共识，并且，人们社会现实的不同导致其判断的多样。因此，新闻价值是一个认知变量。当我们撰写"非常有新闻价值"的事件时，例如图切曼（1978）的系列新闻《真是个好故事！》，我们不能设想事件本身是有新闻价值的，而是人们共同认为此事件是复杂的、紧张的，并与人们社会现实的多方面都存有相关。

四、衡量复杂性

虽然复杂性是高度理论化的概念，但很容易操作化。在第五章中提到，我们研究的超过 32 000 条新闻中，约有 2/3 具有某种程度的紧张性（从弱到强），表现在语汇（文本）里具有 3 个异常维度（统计异常、社会变化异常和规范异常）中的一个或多个；电视新闻方面，数量大概是一半。第六章显示，在一个或多个语言的社会意义维度（政治、经济、文化和公共）上，接近 90% 的新闻被判定有从弱到强的紧张性。相同境况下电视新闻只有一半数量。表 5.1 和表 6.1 分别测量了与新闻有关的异常性和社会意义维度的数量。

从另一个角度说，这些量表测量的是新闻的复杂性。为说明这一点，我们来更细致地思考图 18.1 中表现的事件。有关市政府警察局长助理例升为最高局长的新闻不具有异常性，但确然至少有些政治意义，因为政治部门中即将发生管理上的变动。这是个很简单的事件，可能被判为最少具有新闻价值，除了对新长官的家庭之外。相反，思考这个事件：警察局长深夜醉驾撞倒骑车路人，被拘留后引咎辞职，车上的乘客是他的秘密情妇，**并且**，他承认在被拘捕前曾有过三次醉驾经历但都未受惩处。这才是个新闻故事！它具有政治意义，不仅在于行政变动，还在于他承认了两宗罪名——撞倒路人以及酒驾——而且我们发现他早就该在之前的酒驾行为中受惩。骑车路人被汽车撞倒，这就具有了公共意义，例如此人的身体状况，以及在那条路上骑车的交通安全问题。因此在社会意义复杂性量表上该事件就有 2 分（4 个维度中的两个——经济和文化意义——但并不存在社会意义）。但此事件也很异常，应该被判定为规范异常，首先因为犯罪行为，其次一个公务员认罪，最后他背叛妻子有秘密情妇。该事件也有些许统计异常，因为公务员很少被捕，骑车的路人也不常被车撞倒。在异常复杂性量表上得分为 2（3 个维度中的 2 个）。我们并不需要这些量表来判定第二个事件比第一个更复杂，但这辅助我们将复杂性的概念操作化。

344

表 18.1 显示，附加的七分量表测量异常性与 / 或社会意义结合起来的数值，通过这个量表我们研究的新闻得出一些评分。被判定不具有任何异常性和社会意义的新闻分值为 0。分值 7 意味着某条新闻或多或少具有所有 3 种异常性和 4 种社会意义。5 分代表有某些类型的异常性和社会意义，但准确的组合不得而知。即便如此，5 分的新闻比 7 分的更少复杂性，但比分值为 1 的新闻多很多。

表 18.1 基于异常性或社会意义编码的语言与视觉新闻话题分布

新闻话题中异常性和 / 或社会意义维度的数量	语言新闻话题	视觉新闻话题
0	11.2	37.2
1	23.0	22.6
2	19.4	15.4
3	16.5	9.8
4	13.7	7.2
5	10.0	4.8
6	4.7	2.03
7	1.4	.7
	100.0	100.0

注：第一行显示有多少新的话题是因为不具备异常性与社会意义而被编码的。接下来的 1—7 行根据异常性与社会意义的百分比从高到低做了排列，因为舍入误差，总计百分数可能并不是百分之百。

从表 18.1 中可以看到，超过 32 000 条新闻中，异常性和／或社会意义在 88.8% 的文本内容中出现。剩下的 11.2% 被判定为在所有 7 个层面上都不具有异常性和社会意义，也就是说，没有复杂性。电视新闻内容中，接近 2/3 的新闻具有异常性和／或社会意义，37.2% 的新闻两种都没有。值得一提的是，作为项目主要调查人，我们在编码（根据我们自己的社会现实）时，自然将一些话题和内容定义为非异常的或没有意义的（参见第三章）。这些内容包含漫画（但非政治漫画）、天气预报、股票交易价格表和星座。因此，在重新编码前，我们的编码规则已经保证一些新闻不会被判为异常和具有社会意义的。

研究开始后，我们本来预计特定新闻可能会有超过一种的异常性，甚至同时具有异常性和社会意义。但我们没预料到，新闻会传达多种维度或概念：接近一半的文本内容具备 4 个或更多维度，但相对的电视新闻则只有 7.8% 会出现相似情况。显然，文本新闻比图像涵盖更多复杂性，这与前几章中文本内容比图像内容具有更多异常与社会意义的紧张性结论相一致。

五、复杂性和新闻话题

在前几章中有述，有些新闻被报道得更为突出。这里可以看到密集的新闻报道能在多大程度上决定话题的突出性。本书中前述所有分析都以"新闻"为研究对象，n=32 000+，本章中剩下的部分以"话题"为研究对象，n=26。之前我们探讨了新闻间的差异，现在探究这些话题间的不同。

1. 广播和电视新闻

在图 18.2 至图 18.4 中，4 个象限代表显著性和复杂性的高低。大体而言，我们的理论预计新闻会落在右上部或左下部象限，也就是说，

具有较高复杂性的新闻会有高显著性，低复杂性的有低显著性。在所有
3 个图表中，大部分话题如预估落在这两个部分，包括 21 个广播话题，
17 个电视语言话题，以及 16 个电视图像话题。为得出复杂性和显著性
之间更为准确的关系，我们使用回归方程来检测"话题越复杂，就会越
被突出报道"这一假设。广播新闻中，复杂性显示与显著性 62% 的差
异（p<0.05）。对于电视新闻，语言和图像两种情况中，复杂性分别显
示 48% 和 38%（p<0.05）。大部分落在预测象限之外的话题距回归线并
不远，而与预测较为接近。

　　广播和电视新闻节目中最为复杂和显著报道的话题为劳工、国内政
治、国内秩序、国际政治和人口。最少具有复杂性和显著性的话题为天
气、体育和时尚。娱乐、文化和人感兴趣的话题也最不复杂。

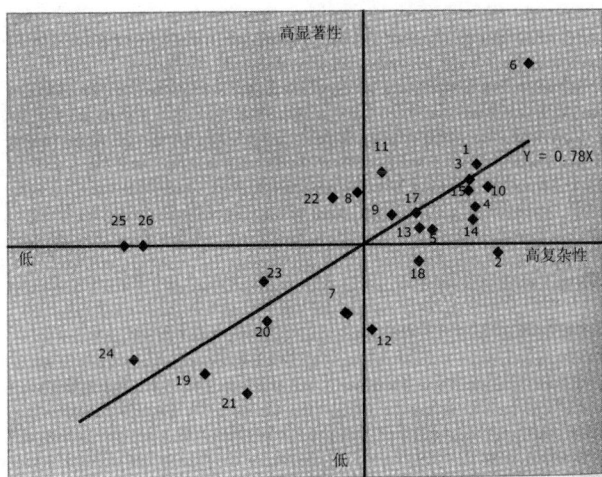

图 18.2　广播新闻中复杂性和显著性之间的关系

　　注：$R^2 = 0.621$，$p < 0.05$，$n = 26$。

　　1＝国内政治，2＝国际政治，3＝军事防务，4＝内部秩序，5＝经济，
6＝劳工关系与工会，7＝商业/贸易/工业，8＝运输，9＝卫生/福利/社会服务，
10＝人口，11＝教育，12＝通讯，13＝住房，14＝环境，15＝能源，16＝科技，
17＝社会关系，18＝灾难/突发事件/瘟疫，19＝体育运动，20＝文化事件，
21＝时尚/美，22＝仪式，23＝人情味，24＝天气，25＝娱乐，26＝其他。

2. 报纸新闻

在整个研究中都可以发现，报纸新闻的显著性与异常性和社会意义的相关与电视广播新闻颇为不同。图18.5和图18.6表现出这种差别：报纸语言内容中，一般的话题落在预测的象限，而语言内容中，只有11个话题与预测相符。回归分析也未显示出复杂性和显著性间数值上的明显相关。并且，与广播和电视新闻相反，最为突出的新闻话题为时尚、庆典、环境、军事和房地产。复杂的话题例如人口、国际政治、国内秩序和劳工则在报纸上显示出低于平均水平的显著性。

为什么会有这种差异？可能因为在大部分情况下，电视和广播新闻节目有固定而较少的时间报道新闻。新闻生产者在给定的一天时间中要

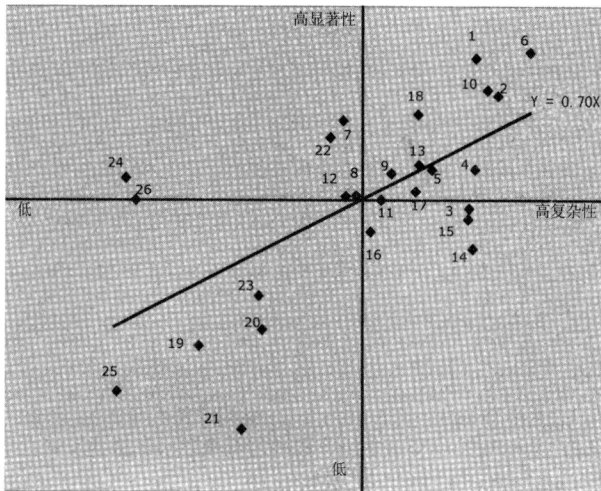

图18.3　电视新闻语言内容中复杂性和显著性之间的关系

注：$R^2 = 0.484$，$p < 0.05$，$n = 26$。

1＝国内政治，2＝国际政治，3＝军事防务，4＝内部秩序，5＝经济，6＝劳工关系与工会，7＝商业/贸易/工业，8＝运输，9＝卫生/福利/社会服务，10＝人口，11＝教育，12＝通讯，13＝住房，14＝环境，15＝能源，16＝科技，17＝社会关系，18＝灾难/突发事件/瘟疫，19＝体育运动，20＝文化事件，21＝时尚/美，22＝仪式，23＝人情味，24＝天气，25＝娱乐，26＝其他。

对电视和广播能报道的少量新闻做出艰难选择。相反，报纸的页数每天都可以变化。倘若某天页数较少，可能是报纸编辑经过了与电视和广播新闻生产者一样的把关过程——赶在截稿时间之前做出最佳选择。另一方面，如果某天页数同过往比起来较多，那么是编辑允许更多新闻通过把关呈现在报纸上。也有特殊状况出现，比如当重大恐怖事件发生时，电视和广播新闻空间都会扩展，常规节目都会让路。

　　每天报纸可以呈现的新闻数量的可变性质，会影响编辑的把关决定。例如，许多新闻的呈现空间是为发行政策决定的，并参照某天的可售广告位置。售出更多广告，那么新闻空间就会扩大；售出广告越少，新闻空间就相对较小。这意味着，如果新闻空间较小，那么只有最具有新闻价值的事件才会被报道；如果新闻空间扩大，那么不太有新闻价

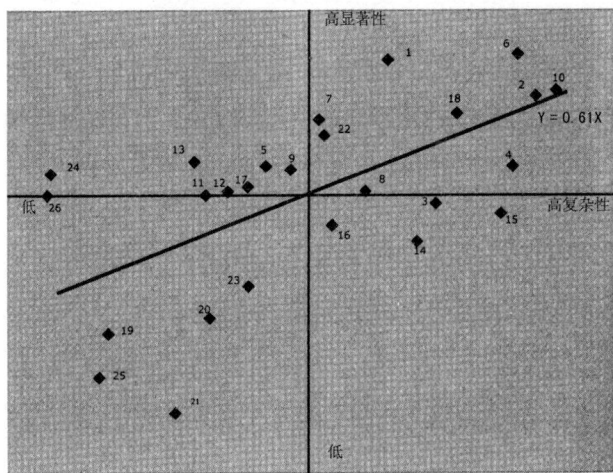

图 18.4　电视新闻视觉内容中复杂性和显著性之间的关系

注：$R^2 = 0.377$，$p < 0.05$，$n = 26$。

　　1＝国内政治，2＝国际政治，3＝军事防务，4＝内部秩序，5＝经济，6＝劳工关系与工会，7＝商业／贸易／工业，8＝运输，9＝卫生／福利／社会服务，10＝人口，11＝教育，12＝通讯，13＝住房，14＝环境，15＝能源，16＝科技，17＝社会关系，18＝灾难／突发事件／瘟疫，19＝体育运动，20＝文化事件，21＝时尚／美，22＝仪式，23＝人情味，24＝天气，25＝娱乐，26＝其他。

值的内容、专题和其他软性新闻也有了报道空间。诚然，许多报纸会无视新闻空间的变化而常规性地将一些版面分配给软性新闻，包括人的生活、体育和天气，因为他们认为读者期望在报纸上看到这些话题内容，比如体育。

有些报纸用固定的广告新闻比例来决定新闻版面大小，新闻报道空间就会每天变化。有些报纸有固定版面大小，很少变动。其他报纸可能会根据编辑对当日新闻事件新闻价值的估计来决定新闻版面尺寸。但是，无论怎样决定新闻版面，我们认为当新闻空间缩小时，新闻选择的决策过程就更像电视和广播新闻生产者所经历的那样。从图18.1可以看出，新闻空间越小，就越意味着把关的门"越小"以及越难通过。因此，潜在新闻的紧张性和复杂性（根据其异常性和社会意义）决定哪些新闻通过把关。当紧张性和复杂性同时或有其中一个很高时，在把关门前的力量就会较强，说明这些新闻很有可能通过把关。当新闻空间较大

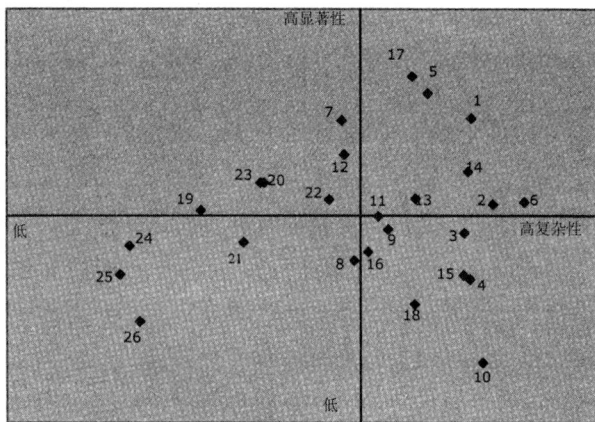

图18.5 报纸新闻语言内容中显著性和复杂性之间的关系

注：1＝国内政治，2＝国际政治，3＝军事防务，4＝内部秩序，5＝经济，6＝劳工关系与工会，7＝商业／贸易／工业，8＝运输，9＝卫生／福利／社会服务，10＝人口，11＝教育，12＝通讯，13＝住房，14＝环境，15＝能源，16＝科技，17＝社会关系，18＝灾难／突发事件／瘟疫，19＝体育运动，20＝文化事件，21＝时尚／美，22＝仪式，23＝人情味，24＝天气，25＝娱乐，26＝其他。

时，把关的门也会更大，不仅具有较强而积极力量的新闻会通过，并且
一些具有中立甚至负面力量的新闻也可能通过把关。有负面力量的新闻
也会通过把关这一点可能不符合直觉感知，但当编辑必须填满大量新闻
空间之时，几乎任何类型的消息都会成为新闻。我们有时会开玩笑说
"缓慢新闻日"，报纸的世俗特性让人觉得世界上没什么重要的事发生，
但事实上有时确乎如此——至少在当地报纸的编辑看来。

六、相似与差异

我们的理论曾预计 10 个国家间新闻的相似性，但正如我们论述过
的，统计运算要求我们测量差异性假设。在这一部分，我们想回到第二
章中的研究问题与假设。

第一组问题探寻 10 个国家 60 个媒体中所研究的新闻里异常性与社

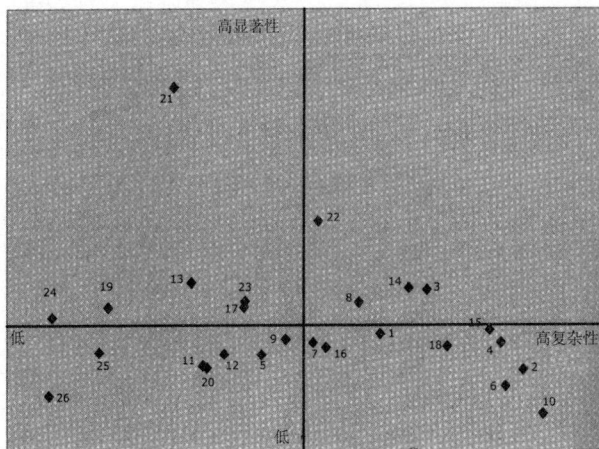

图 18.6 报纸新闻中视觉内容显著性与复杂性之间的关系

注：1 ＝国内政治，2 ＝国际政治，3 ＝军事防务，4 ＝内部秩序，5 ＝经济，
6 ＝劳工关系与工会，7 ＝商业／贸易／工业，8 ＝运输，9 ＝卫生／福利／社会服务，
10 ＝人口，11 ＝教育，12 ＝通讯，13 ＝住房，14 ＝环境，15 ＝能源，16 ＝科技，
17 ＝社会关系，18 ＝灾难／突发事件／瘟疫，19 ＝体育运动，20 ＝文化事件，
21 ＝时尚／美，22 ＝仪式，23 ＝人情味，24 ＝天气，25 ＝娱乐，26 ＝其他。

会意义的紧张特征。我们发现所有国家中的新闻都具有异常性和社会意义（第五章和第六章），总体而言具有从较低到适量的紧张性。国家之间，新闻媒体之间，以及大城市与小城市之间，异常性或社会意义的紧张性差异很小。但是，需要强调的重要一点在于，虽然统计数值很显著（根据庞大样本），但差异通常很小。换句话来说，10个国家中的新闻媒体都具有普遍倾向，呈现具有平均而言从较低到适量紧张性的新闻，而极具异常性和社会意义的新闻则只是有时出现。

我们研究的超过32 000条新闻中，体育被编码为所有国家最普遍或最普遍之一的新闻话题。但是，我们发现体育有较低的异常性和社会意义，这表明虽然体育新闻很多，但并不显著和突出。其他各国较为普遍的新闻话题包括国内秩序以及政治（国内和国际）。

很少有新闻能在异常性和社会意义的所有维度上有高紧张性，这并不奇怪，因为许多新闻只围绕一个重要而非复杂的中心展开，例如选举制度缺陷的政治影响。但是，在大部分或全部维度上具有高紧张性的新闻，指出了几乎总是具有新闻价值的话题，比如国际或国内政治，国内秩序混乱与维护。

报纸通常倾向于有较少紧张的异常性与社会意义。如果我们只研究报纸头版或国际和国内新闻版块，几乎一定能监测到更多异常性。报纸上大部分温和的内容冲淡了更加敏感的部分，导致整体的低异常性和社会意义分值。这在不同国家间也很一致。

另外一个普遍存在的趋势是，图像比语言文本具有更少的异常性，尤其社会意义更少。这表现出许多图像把关过程：如果新闻媒体的目的是产生轰动效应，那么它很容易呈现煽情的照片，例如人的身体，身体的一部分以及其他可怖的图像。相反，媒体倾向于将事件可怖的一面以文本而非视觉的形式呈现，读者在对待不愉快的信息上，可能更能容忍文本而非图像；也可能记者（错误地？）认为读者对这种内容很反胃。这给电视新闻记者造成了麻烦，因为在把关决定作出前，摄影师必须录制几分钟长的画面，以供把关后剩余的几秒钟图像传输给观众而成为新闻。哪些画面能准确描述恐怖主义的可怕之处，而又不会致使观众换台呢？

最后一个普遍倾向结论的得出源自第七章，在那一章中，我们展现出10国记者、公关从业者和受众对当地报纸新闻故事的新闻价值有强烈共识。不同国家中，受众和记者、受众和公关人员、记者和公关人员之间对新闻价值的评估有着积极的相关。但是，不同人对新闻价值的评估与报纸报道事件的方式之间的相关则弱很多，有时甚至是负相关。在所有10国中，人们（包括记者）不同意或者至少部分地不认可当地报纸遴选和呈现新闻的方式。80个中心小组也显示人们期待的信息类型很相似，例如他们家人的健康或有关居住地区的事件。当被问到生活中遇到过的最具新闻价值的事件时，所有国家的大部分人都会选择改变他们国家或世界的灾难或政治事件。

这预示着10国中塑造新闻内容的除了受众和记者需求之外还有其他力量存在。休梅克和里斯（1996）提供了一个分层模型，来组织分析新闻内容形成的卷帙浩繁的文献。除了个人需求之外，新闻也为日常新闻工作（例如条线系统报道）、新闻机构的政策和特征、社会制度力量（包括政府）以及社会系统的特征（包含意识形态和经济系统类型）所塑造。 352

虽然我们一开始没有假设复杂性可以反映新闻价值，但我们确然发现，如前几章所述，复杂性能比紧张性更强地反映显著性。延伸研究可以测定其对新闻价值的影响。

七、最后

本项目即使规模庞大，但仍然仅限于10个国家。随后的研究可以探究更多国家，在其他时间地点重复本研究的工作。学者应当考虑此种研究的生态效度，即能将研究结果推广到其他时间的程度。因为我们的研究建立在对10国中合计仅一周7天的新闻内容的分析基础上，所以质询这一特定时间段是否典型是很合理的。国家间不同时间的新闻内容极为不同，马里科与安德森（1992）的研究已经展现过一个"正常的"日子里世界各地的电视新闻。只有当极端事件发生时世界各地的新闻才会大致相似（例如，领导人被刺杀，重大恐怖袭击事件比如袭击世贸中心和伦敦地铁，教皇的葬礼，交战国缔结和平条款，或者甚至是重大体育事件）。从这方面来说，我们的样本是"正常的"，没有检测到特别事件。

我们提出了一个新构架：**复杂性**。它说明了特定事件与人之社会现实相关的程度，并操作化为事件中异常性和社会意义维度的数量，而非通过四分量表测量7个异常性与社会意义维度而得出的**紧张性**数值。与事件有关的异常性和社会意义之紧张性，同事件的复杂性之间的相关尚未被充分探究。

如研究显示，复杂性可能是更为重要的框架。第五章与第六章中，复杂性与社会意义里主要的紧张性以及"国家报道"（第八章至第十七章）是从低到适量的，显然低于我们基于理论作出的预估。当结果并不如预期之时，通常有两种选择进一步探究。第一，虽然我们的测量方法可靠而有效，但可能事实上新闻媒体的异常性与社会意义传达出的紧张性比我们预计的要少。这没法确切知晓，但轶事证据显示，新闻往往是异常的，偶尔具有社会意义。可能我们的预计太高，认为大部分被**显著报道**的新闻故事异常而具备社会意义，而许多其他内容则不含有这些特征，拉低了意义水平。第二，研究中可能存在方法问题，例如较低的过录者间信度。本研究过录者间的信度在每个国家都在可以接受的范围内，并且由于国家间结果相似，此信度也许不是个问题。诚然，异常性和社会意义可以以其他的方式操作化，但是，休梅克、丹尼尔莲和布仁林伯格（1991）使用了相同的量表得出理想结果，对美国新闻媒体的研究也目前本跨国研究的动因之一。我们的理论预计国家间有相似的异常性与社会意义分值，也许相似但略低的结果反映了更加真实的新闻内容。

或许我们还需要第二个框架。对方法及其数值高低的探讨与异常性和社会意义概念的紧张性有关，而不与是否应用相关。因此，在事后分析中我们说明了复杂性——即与新闻相相关的维度（异常性 3 个，社会意义 4 个）的数量——能很好地表现大众媒体呈现该新闻的显著程度。例如，与查看新闻故事规范异常的紧张性不同，我们探究此新闻是否具有统计异常，以及可能是政治和经济上的意义。这样的新闻故事通过三种方式与人们的生活相关起来，并由此具有了表现为复杂或繁复的新闻价值，这使得此新闻故事可以深深触动其他人。如果一个新闻故事即复杂又紧张，那么它就极具新闻价值。

　　这仅是学者可以采取的一种研究方向。即使在这样庞大的项目进行过后，我们仍无法完整定义**新闻价值**，但我们有了一些从哪里延伸研究的想法，也意识到新闻价值并非显著性的同义词。毫无疑问，异常性和社会意义很重要，现在我们有了两种利用它们构建框架的方法——紧张性和复杂性。我们也证实一些话题比其他更有新闻价值，虽然在这一点上报纸与电子媒体间存在差异。另外，本研究将把关理论应用于目前生物和文化进化理论上。我们希望其他学者能继续探究本研究中提出的观点。

　　随着技术的进步和扩张，以及全球人际互动的即时发生（对普通人，不仅是富人），信息的需求与日俱增，以理解纷繁的世界。所以同以往相比，人们需要更多与其社会现实相关的信息。我们居住在洞穴里的先祖们或许为四周埋伏的老虎而紧张不已，但当"要么搏斗要么逃走"的境况出现之时，决策是很简单的。现在的人们面临更多元的紧张，但是搏斗不为社会规则所容，逃走也绝非可能。不幸之处在于，潜伏着的老虎成千上万——老板、政府、家庭、朋友、恐怖分子、房东以及飓风等自然灾害——每天都要应对它们，有一些极其重要，有一些只是鸡毛蒜皮。包含这些"老虎"的事件吸引人们的注意，人们要决定此信息是有益还是有害。这种事件很有可能成为新闻，无论传播过程发生在两个人之间还是记者与世界之间。

354

新闻编码

研究媒体名称

1《悉尼先驱晨报》，报纸，悉尼，澳大利亚

2 BL，广播，澳大利亚

3 TCN-9，电视，悉尼，澳大利亚

4《朝臣邮报》，报纸，布里斯班，澳大利亚

5 4QR，广播，布里斯班，澳大利亚

6 QTQ-9，电视，布里斯班，澳大利亚

7《汞报》，报纸，圣地亚哥，智利

8 合作社日闻，广播，圣地亚哥，智利

9 远程追踪，电视，圣地亚哥，智利

10 南方，报纸，康塞普西翁，智利

11 声波溜溜，广播，康塞普西翁，智利

12 康塞普西翁第九频道，电视，康塞普西翁，智利

13《人民日报》，报纸，北京，中国

14 CNR1，广播，北京，中国

15 CCTV1，电视，北京，中国

16《金华晚报》，报纸，金华，中国

17 JHPR1，广播，金华，中国

18 JHTV2，电视，金华，中国

19《柏林人报》，报纸，柏林，德国

20《柏林人广播》，广播，柏林，德国

21 晚场，电视，柏林，德国

22《美因茨汇报》，报纸，美因茨，德国

23 RPR 早播，广播，美因茨，德国

24 莱茵兰－巴拉丁即时，电视，美因茨，德国

25《印度斯坦时报》，报纸，新德里，印度

26 全印度广播，新德里，印度

27 道达善新闻，电视，新德里，印度

28 以拿度，报纸，海德巴拉，印度

29 全印度广播，海德巴拉，印度

30 泰卢固，电视，海德巴拉，印度

31《哈尔》，报纸，特拉维夫，以色列

32 密什奥博客，广播，特拉维夫，以色列

33 塔哈马么卡兹特，电视，特拉维夫，以色列

34《科夫哈内盖夫》，报纸，贝尔谢巴，以色列

356

35 海杨巴达容，广播，贝尔谢巴，以色列

36 斯哈特哈尔，电视，贝尔谢巴，以色列

37《莱报》，报纸，安曼，约旦

38 约旦广播，新闻广播，安曼，约旦

39 第一频道，电视，安曼，约旦

40《什汗》，报纸，伊尔比德，约旦

41 约旦广播，新闻广播，伊尔比德，约旦

42 第一频道地区公告，电视，伊尔比德，约旦

43《消息报》，报纸，莫斯科，俄罗斯

44 俄国广播，莫斯科，俄罗斯

45 ORT，电视，莫斯科，俄罗斯

46《图拉消息报》报纸，图拉，俄罗斯

47 我的图拉报道，广播，图拉，俄罗斯

48 州立电视新闻报道，电视，图拉，俄罗斯

49 《索伟坦》，报纸，约翰内斯堡，南非

50 地铁 FM，广播，约翰内斯堡，南非

51 SABC3，电视，约翰内斯堡，南非

52 《沃克斯布莱德》，报纸，布隆方丹，南非

53 OFM，布隆方丹，南非

54 SABC3，电视，布隆方丹，南非

55 《纽约时报》，报纸，纽约，美国

56 WCBS880，广播，纽约，美国

57 WNBC4，电视，纽约，美国

58 《雅典先驱报》，报纸，雅典，美国

59 WOUB FM，广播，雅典，美国

60 WOUB 新闻观察，电视，雅典，美国

新闻发布的日期

新闻发布的星期

1 星期一

2 星期二

3 星期三

4 星期四

5 星期五

6 星期六

7 星期日

新闻话题

国内政治

101 立法活动（例如审议新法律）

102 行政活动（例如总统发布通告）

103 审判   357

104 宪法事宜

105 选举

106 政治募款与捐赠

107 政治任命

108 省与州事务，政治家活动

109 政党关系

110 政党内部关系

111 利益集团活动

112 公投

113 民意 / 投票

114 政治权利滥用，腐败

119 其他

国际政治

201 国际政治组织活动

202 政治家活动

203 政党活动

204 外交访问

205 外交谈判与协议

206 救援与合作承诺

207 政治声明

208 国家间战争

209 国际紧张与冲突

210 国际恐怖主义

211 贸易壁垒

299 其他

军事与国防

301 军事活动

302 军官任命，开火

303 国防政策与活动

304 抗议国防政策

399 其他

国内秩序

401 内战

402 和平示威

401 暴力示威

401 恐怖主义

401 犯罪

401 次要犯罪

401 警察

401 消防队

401 监狱

401 腐败（非政治）

401 间谍

499 其他

经济

501 经济状况

502 经济指数（例如国内生产总值）

503 劳动力市场

504 任命

505 财政指数

506 预算事宜

358

507 自然资源

508 垄断

509 关税

510 经济法规

511 捐款

599 其他

劳工关系与工会

601 工会活动（例如游说）

602 争端

603 罢工

604 法律手段与政策

605 国外／邀请雇员

699 其他

商业／贸易／工业

701 商业活动

702 法律手段与政策

703 国际贸易

704 全球化

705 股票市场

706 兼并与收购

707 电子商务

708 技术

709 旅游业

710 农业

711 跨国交易

712 任命与解雇

1002 入境移民

1003 出处境移民

1004 签证事务

1099 其他

教育

1101 总体教育设施

1102 高等教育（学院与大学）

1103 教师与院系

1104 学生

1105 家庭教育问题

1106 教育水平与教学标准

1107 学校课程

1108 教师与家长关系

1109 师生关系

1110 注册　　　　　　　　　　　　　　　　　　　360

1111 学校成立与关闭

1112 学前教育

1114 偏科教育（例如，宗教与世俗）

1199 其他

传播

1201 行业问题与数据

1202 新闻与媒体概况

1203 报纸

1204 广播电视

1205 有线电视

1206 广播

1207 杂志

1208 互联网

1209 电话 / 手机 / 移动电话

1210 媒体法规

1211 传播技术

1299 其他

房地产

1301 房地产供应

1302 居住条件

1303 建筑业

1304 贷款

1305 施工执照

1306 城市规划

1307 拆迁

1399 其他

环境

1401 环境威胁（例如污染）

1402 环境组织活动

1403 垃圾收集

1404 环境保护

1499 其他

能源

1501 能源供应

1502 能源价格

1599 其他

1601 标准

1602 发明

1603 科学家

1604 科学组织

1605 电脑

1606 多媒体

1607 太空探测

1699 其他

社会关系

1701 两性关系

1702 性取向问题

1703 种族关系

1704 阶级关系

1705 代差

1706 宗教团体

1708 少数民族关系

1799 其他

灾难 / 事故 / 传染病

1801 自然灾害

1802 交通事故（包括空难）

1803 工伤事故

1804 军事事故

1805 家庭事故

1806 群体事故

1807 传染病（例如艾滋病）

1899 其他

体育

1901 竞赛 / 比分

1902 训练

1903 记录

1904 运动员 / 教练 / 运动队

1905 联盟

1906 球迷 / 支持者

1907 法律事务

1908 任命与解雇

1999 其他

362 文化事宜

2001 音乐（包含音乐剧）

2002 戏剧，歌剧，芭蕾和卡巴莱歌舞

2003 电影与摄影

2004 文学与诗歌

2005 绘画与雕塑

2006 电视节目（例如电视剧）

2007 广播节目

2008 博物馆

2009 综合展览

时尚 / 美

2010 节庆与比赛

2011 奖项与颁奖

2099 其他

2101 时尚表演

2102 选美比赛

2103 模特

2104 时尚产品

2105 时尚风潮（例如流行色，体环）

2199 其他

庆典

2201 官方与政治庆典

2202 节日

2203 民族庆典和纪念会

2204 周年纪念

2299 其他

人之兴趣

2301 名人

2302 非名人

2303 动物故事

2304 旅行故事

2305 破纪录尝试

2306 超自然或神秘故事

2307 神秘事物

2308 美食

2309 建议（例如，恋爱，保险，股票）

2399 其他

天气

2401 天气地图与数据

2402 天气预报

363 　2403 天气相关故事（例如最冷冬天）

2499 其他

娱乐

2501 星座

2502 漫画

2503 填字游戏及其他游戏

2504 八卦

2505 彩票，打赌，抽奖，比赛

2506 文学，短故事

2507 诗歌

2508 其他

其他

2600 列举

条目是故事还是玩笑？

1 故事

2 玩笑

新闻性质

1 硬新闻

2 软新闻

3 社论

4 评论

5 专栏

6 读者来信

7 其他

报纸：平方厘米文本面积

报纸：平方厘米图片面积

电视 / 广播：秒数时长

报纸新闻位置
1 任何其他位置
2 第二版
3 头版

电视 / 广播新闻位置
1 节目最后的三分之一
2 节目中间的三分之一
3 节目最初的三分之一

统计异常紧张性，文本
1 常见信息
2 有些异常的信息
3 异常信息
4 极其异常信息

统计异常紧张性，图像
1 常见信息
2 有些异常的信息
3 异常信息

364

4 极其异常信息

社会变化异常紧张性，文本
1 对现状无威胁
2 对现状有较少威胁
3 对现状有一些威胁
4 对现状是极大威胁

社会变化异常紧张性，图像
1 对现状无威胁
2 对现状有较少威胁
3 对现状有一些威胁
4 对现状是极大威胁

规范异常紧张性，文本
1 未违反任何规则
2 对一条或更多规则稍微违反
3 对一条或更多规则有些违反
4 极大违反一条或更多规则

规范异常紧张性，图像
1 未违反任何规则
2 对一条或更多规则稍微违反
3 对一条或更多规则有些违反
4 极大违反一条或更多规则

政治意义紧张性，文本
1 无任何政治意义

2 较少政治意义

3 有些政治意义

4 很大政治意义

政治意义紧张性，图像

1 无任何政治意义

2 较少政治意义

3 有些政治意义

4 很大政治意义

经济意义紧张性，文本

1 无任何经济意义

2 较少经济意义

3 有些经济意义

4 很大经济意义

经济意义紧张性，图像

1 无任何经济意义

2 较少经济意义

3 有些经济意义

4 很大经济意义

文化意义紧张性，文本

1 无任何文化意义

2 较少文化意义

3 有些文化意义

4 很大文化意义

文化意义紧张性，图像

1 无任何文化意义

2 较少文化意义

3 有些文化意义

4 很大文化意义

公共意义紧张性，文本

1 无任何公共意义

2 较少公共意义

3 有些公共意义

4 很大公共意义

公共意义紧张性，图像

1 无任何公共意义

2 较少公共意义

3 有些公共意义

4 很大公共意义

城市规模

1 大城市

2 次要城市

媒体类型

1 报纸

2 电视

3 广播

366　　　报纸：文本内容显著性 = 新闻所占面积乘以版面位置

报纸：图像内容显著性＝新闻所占面积乘以版面位置

电视：文本内容显著性＝新闻时常乘以位置

电视：图像内容显著性＝新闻时常乘以位置

广播：文本内容显著性＝新闻时常乘以位置

国家

1 澳大利亚

2 智利

3 中国

4 德国

5 印度

6 以色列

7 约旦

8 俄罗斯

9 南非

10 美国

附录B　十个国家异常性数据分布

统计异常／语言新闻

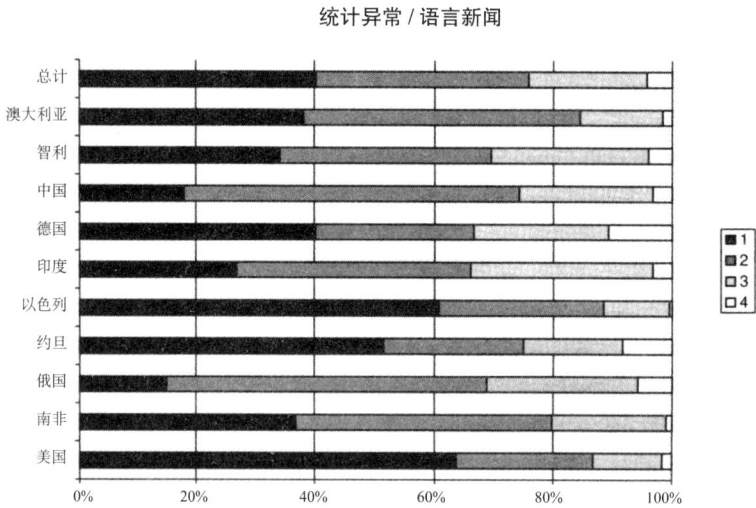

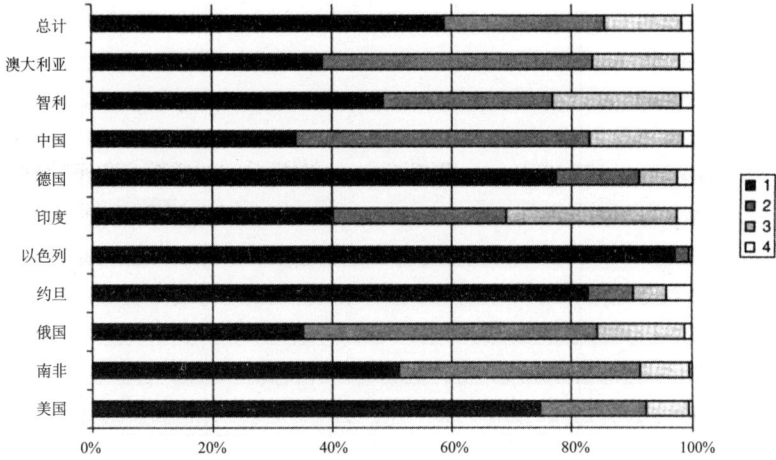

统计异常 / 语言新闻

注：圆弧中数据显示每个国家经过分析的样本数量。不同色块显示统计异常的程度：1= 普通信息；2= 有些不正常的信息；3= 不正常的信息；4= 极不正常发信息。

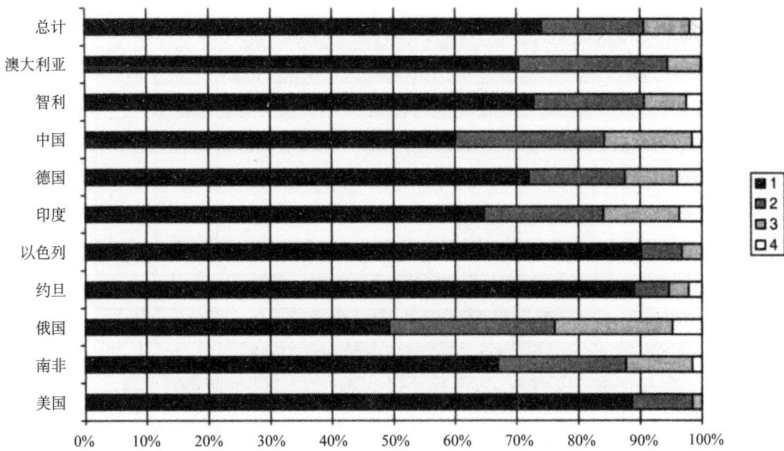

社会变化异常 / 语言新闻

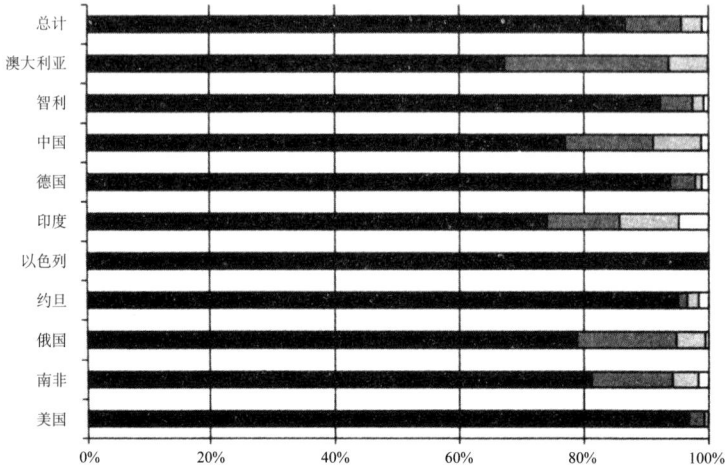

社会变化异常 / 视觉新闻

注：圆弧中数据显示每个国家经过分析的样本数量。不同色块显示社会变化异常的程度：1= 不具威胁性的数据；2= 具有极小威胁性的数据；3= 具有中间程度威胁性的数据；4= 具有较多威胁性的数据。

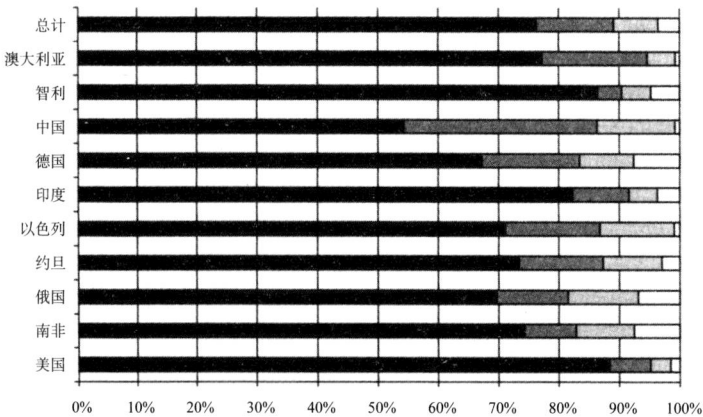

规范异常 / 语言新闻

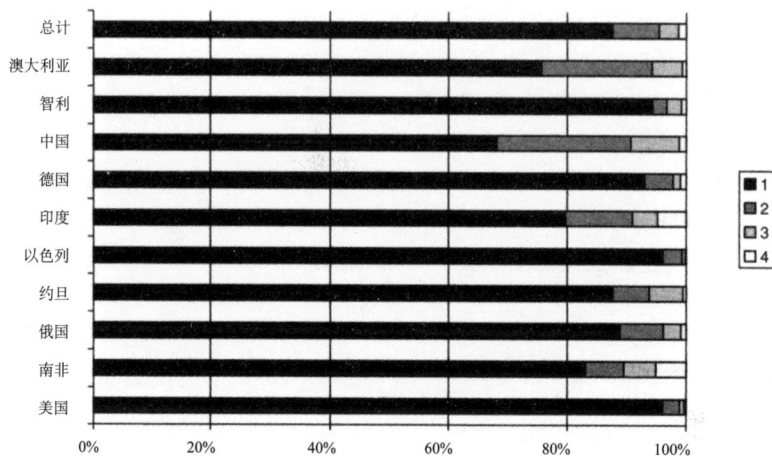

规范异常 / 视觉新闻

注：圆弧中数据显示每个国家经过分析的样本数量。不同色块显示规范异常的程度：1= 不触犯任何规范；2= 极小程度触犯规范；3= 一定程度上触犯规范；4= 较大程度触犯规范。

附录C　十个国家社会意义数据的分布

政治意义 / 语言新闻

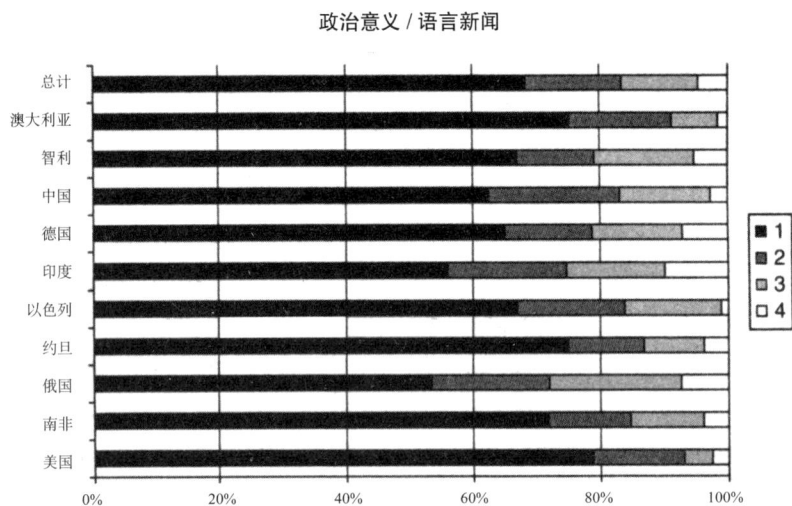

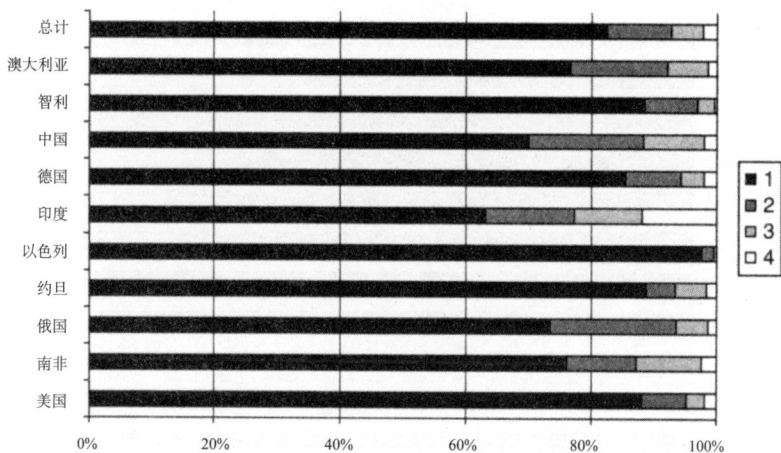

政治意义 / 语言新闻

注：圆括弧中的数据显示每个国家经过分析的样本数量。不同的色块显示政治意义的重要程度：1= 根本不具有政治意义；2= 具有极小的政治意义；3= 具有中间程度的政治意义；4= 具有较大的政治意义。

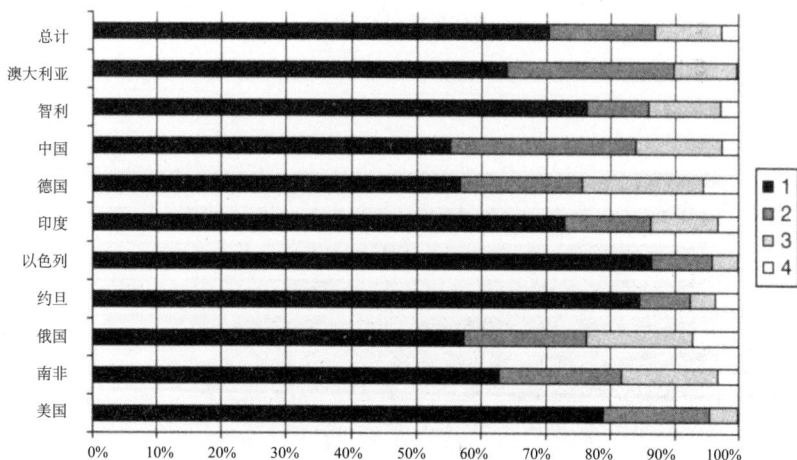

经济意义 / 语言新闻

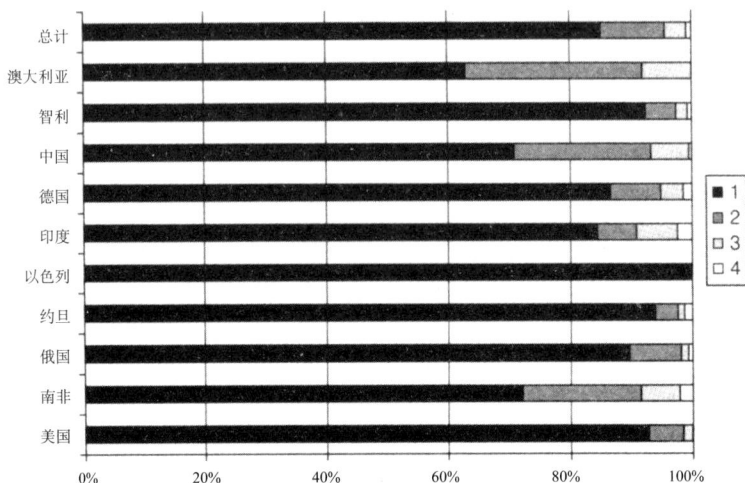

经济意义 / 视觉新闻

注：圆弧中数据显示每个国家经过分析的样本数量。不同色块显示经济意义的重要程度：1= 根本不具有经济意义；2= 具有极小的经济意义；3= 具有中间程度的经济意义；4= 具有的较大经济意义。

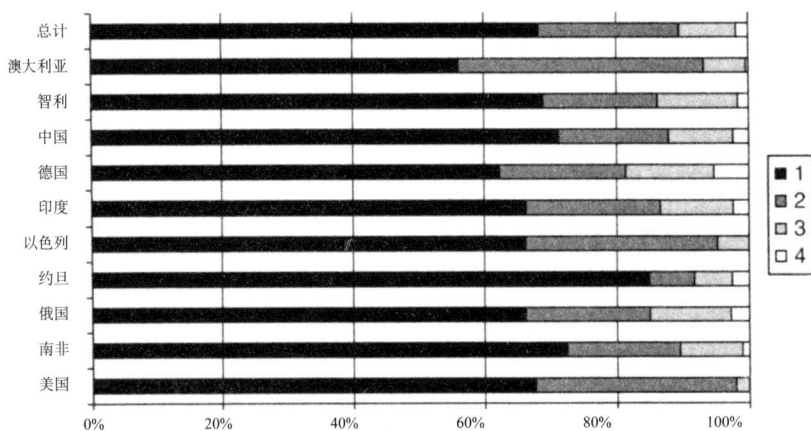

文化意义 / 语言新闻

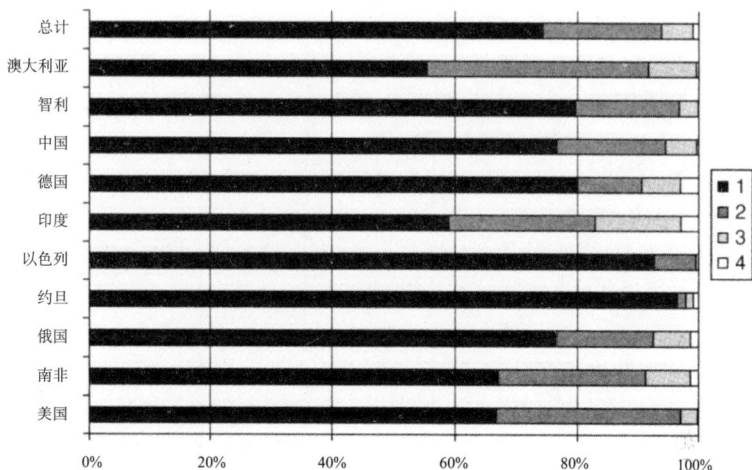

文化意义 / 视觉新闻

注：圆弧中数据显示每个国家经过分析的样本数量。不同色块显示文化意义的重要程度：1= 根本不具有文化意义；2= 具有极小的文化意义；3= 具有中间程度的文化意义；4= 具有较大的文化意义。

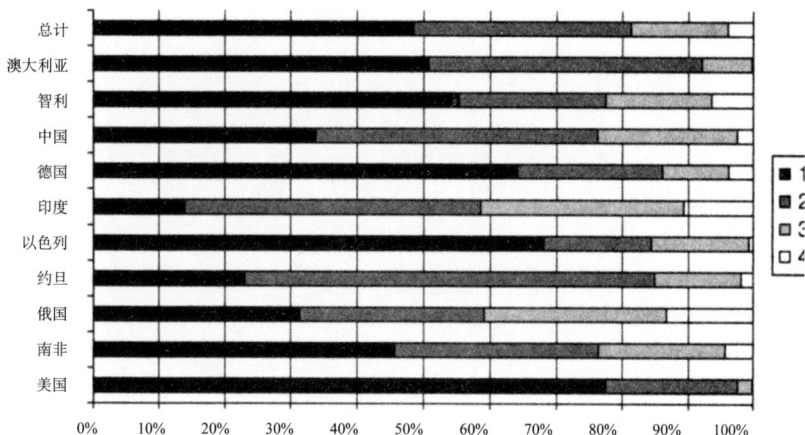

公共意义 / 语言新闻

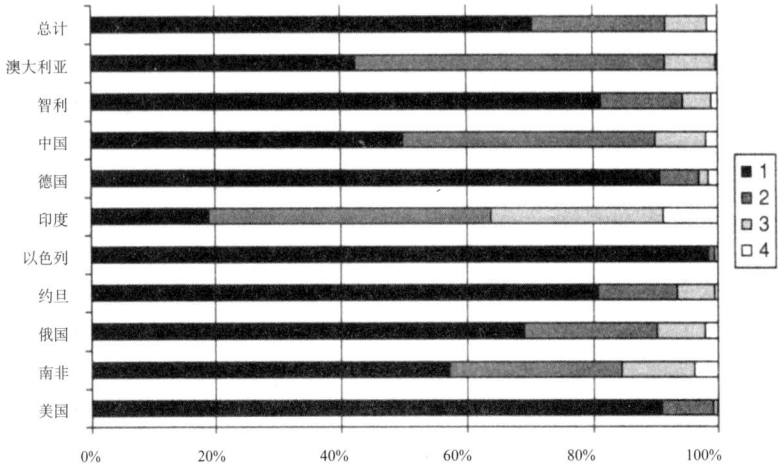

公共意义 / 视觉新闻

注：圆弧中数据显示每个国家经过分析的样本数量。不同色块显示公共意义的重要程度：1= 根本不具有公共意义；2= 具有极小的公共意义；3= 具有中间程度的公共意义；4= 具有较大的公共意义。

Adoni, H., and S. Mane. 1984. Media and the social construction of reality: Toward an integration of theory and research. *Communication Research* 11: 323-340.

Australian Broadcast Authority. 2002. *Annual report, 2001-2001.* Sydney: Australian Broadcast Authority.

Asociación Nacional de la Prensa (ANP). 2003. Empresas asociadas (available at www.anp.cl/ site/ pags/empresas/index.html).

Avraham, E. 2000. Cities and their news media image. *Cities* 17(5): 363—370.

——.2002. Sociopolitical environment, journalism practice, and coverage of minorities: The case of the marginal cities in Israel. *Media, Culture and Society* 24(1): 69—86.

Ball-Rokeach, S. J. 1985. The origins of individual media-system dependency: A sociological framework. *Communication Research* 12(4): 485-510.

Bandura, A. 1971. *Social learning theory.* Morristown, NJ: General Learning Press.

Barkow, J. H. 1989. The elastic between genes and culture. *Ethology and Sociobiology* 10: 111-129.

Becker, H. S. 1963. Outsiders: Studies in the sociology of deviance. New York: Free Press.

Breed, W. 1955. Social control in the newsroom: A functional analysis. *Social Forces* 33: 326-335.

Brosius, H. B., and A. Fahr. 1996. *Die Berichterstattung des SAT.1 Regional reports Rheinland-Pfalz/ Hessen: Informationsleistung und Regionalisierung* [Regional news in SAT.

1 Rhineland- Palatinate/Hesse]. Ludwigshafen, Germany: LPR.

Buss, D. M. 1991. Evolutionary personality psychology. *Annual Review of Psychology* 42: 459-491.

Campbell, R., C. R. Martin, and B. Fabos. 2002. *Media and culture: An introduction to mass communication.* 3rd ed. Boston, MA: Bedford/St. Martin's.

Carey, J. W. 1987. The dark continent of American journalism. In *Reading the news,* edited by R. K. Manoff and M. Schudson, 146-196. New York: Pantheon.

Carter, S., F. Fico, and J. A. McCabe. 2002. Partisan and structural balance in local television election coverage. *Journalism and Mass Communication Quarterly* 79(1), 41 — 53.

Caspi, D. 1986. Media decentralization: The case of Israel's local newspapers. New Brunswick, NJ: Transaction Books.

Caspi, D., and Y. Limor. 1999. *The in/outsiders: Mass media in Israel* Cresskill, NJ: The Hampton Press.

Central Bureau of Statistics. 2002. *Statistical yearbook of Israel, 2001.* Jerusalem, Israel: Israel Government Printing Office.

Chen, C. S" J. H. Zhu, and W. Wu. 1997. The Chinese journalist. In *The global journalist: Studies of journalists around the worlds* edited by D. H. Weaver, 9-30. Cresskill, NJ: Hampton Press.

Chomsky, N. 1968. *Language and mind.* New York:

Harcourt, Brace.

CNTV. 2003. *Consejo nacional de television.* (Retrieved from http://www.cntv.cl/link.cgi/ Consejo).

Cohen, A., H. Adoni, and C. R. Bantz. 1990. *Social conflict and television news: Sage library of social research.* Thousand Oaks, CA: Sage Publications.

Cohen, A. A., M. R. Levy, I. Roeh, and M. Gurevitch. 1996. *Global newsroom, local audiences: A study of the Eurovision News Exchange.* London: John Libbey.

Cole, M., and S. Scribner. 1974. *Culture and thought: A psychological introduction.* New York: Wiley.

Cosmides. L., and J. Tooby. 1987. From evolution to behavior: Evolutionary psychology as the missing link. In *The latest and the best: Essays on evolution and optimality,* edited by J. Dupre, 277-306. Cambridge MA: MIT Press.

Dal, V. I. 1989. *Tolkovij slovar velikorusskogoy yazika* [Dictionary of Russian language]. Moscow, Russia: Russkij Yazik [Russian Language Publishing House].

Darschin, W. and S. Kayser. 2001. Fernsehgewohnheiten und Programmbewertungen im Jahr 2000 [Habits of media use and program images in the year 2000]. *Media Perspektiven:* 162-175.

Darwin, C. 1936a [l860]. *The origin of species.* New York: Random House.——

——.1936b [1871]. *The descent of man.* New York: Random House.

Dermota, K. 2002. Chile Inedito, el periodismo bajo democracia.

Donsbach, W. 1999. Journalism research. In *German communication yearbook,* edited by H.-B. Brosius and C. Holtz-Bacha. Cresskill, 159-180: Hampton Press.

Eckland, B. 1982. Theories of mate selection. *Social Biology* 29: 7-21.

Eilders, C. 1997. *Nachrichtenfaktoren und rezeption: Eine empirische analyse zur auswahl und verarbeitungpolitischer information* [News factors and news reception. An empirical analysis of the selection and processing of political information]. Opladen, Germany: Westdeutscher Verlag.

Eimeren, B. V., and H. Gerhard. 2000. ARD/ZDF-Online-Studie 2000. *Media Perspektiven* 8: 338-349.

Erikson, K. T. 1966. Wayward puritans: A study in the sociology of deviance. New York: John Wiley and Sons.

Fishman, M. 1980. *Manufacturing the news.* Austin: University of Texas Press.

Galtung, J., and M. H. Ruge. 1965. The structure of foreign news: The presentation of the Congo, Cuba, and Cyprus crises in four Norwegian newspapers. *Journal of Peace Research* 1: 64-91.

Gans, H. J. 1979. *Deciding whatys news.* New York: Vintage Books.

Geiger, G. 1990. Evolutionary instability: Logical and material aspects of a unified theory of biosocial evolution. Berlin, Germany: Springer-Verlag.

Gerbner, G., and G. Marvanyi. 1977. The many worlds of the world' s press. *Journal of Communication* 27(1): 52-66.

Godoy, S. 1999. *Gestidn de Radio y TV* Ediciones Universidad Cat6lica de Chile.

Gove, W. R. 1987. Sociobiology misses the mark: An essay on why biology but not sociobiology is very relevant to sociology. *American Sociologist* 18: 257-277.

Government Communication and Information System. 2002. *South Africa yearbook, 2002-2003.* Pretoria, South Africa: Government Communication and Information System.

Gronemeyer, M. 2002. El reto de formar periodistas aut6nomos e independientes. *Cuadernos de Informacidn* 15: 53-70.

Hall, S. 1981. The determination of news photographs. In *The manufacture of news: A reader,* edited by S. Cohen and J. Young, 226-243. Beverly Hills, CA: Sage.

Handwerker, W. P. 1989. The origins and evolution of culture. *American Anthropologist* 91, 313-326.

Hans-Bredow-Institut. 2000. Internationales handbuch fur hSrfunk und fernsehen, 2000-2001 [International handbook of radio and television, 2000-2001]. Baden-Baden, Germany: Nomos.

Harcup, T., and D. O' Neill. 2001. What is news? Galtung and Ruge revisited. *Journalism Studies*

2(2): 261-280.

Hester, A. 1973. Theoretical considerations in predicting volume and direction of international information flow. *Gazette* 19(4): 239-247.

Hilgartner, S., and C. L. Bosk. 1988. The rise and fall of social problems: A public arena model. *American Journal of Sociology* 94: 53-78.

Instituto Nacional de Estadisticas (INE). 2003. *Censo Nacional de Poblacidn y VI de Vivienda.* Santiago: Instituto Nacional de Estadisticas.

Iyer, V. 2000. Mass media laws and regulations in Asia (India). *Series of monographs on mass media laws and regulations in Asia.* Singapore: Asian Media Information and Communication Centre.

Jensen, K. B. (Ed). 1998. News of the world: World cultures look at television news. London: Routledge.

Karan, K., and R. Mathur. 2003. India. In *Asian Communication Handbook,* edited by A. Goonasekara, L. C. Wah, and S.Venkatraman, 93-122. Singapore: Asian Media Information and Communication Centre.

Kemper, T. D. 1987. How many emotions are there? Wedding the social and the autonomic components. *American Journal of Sociology* 93: 263-289.

Kenez, P. 1985. The birth of the propaganda state: Soviet methods of mobilization, 1917-1929. Cambridge, UK: Cambridge University Press.

Kim, K., and G. A. Barnett. 1996. The determinants of international news flow: A network analysis. *Communication Research* 23(3): 323-352.

Kim, Y. Y. 1977. Communication patterns of foreign immigrants in the process of acculturation. *Human Communication Research* 4: 66-77.

Kleinsteuber, H. J. 1997. Federal Republic of Germany (FRG). In *The media in Western Europe: The euromedia handbook,* edited by B. S. Ostergaard, 75-97. London: Sage.

Klingler, W. and D. K. Mueller, Hoerfunknutzung in Deutschland [Radio use in Germany]. *Media Perspektiven* 9: 434-449.

Koch, T. 1990. *The news as myth: Fact and context in journalism.* New York: Greenwood Press.

Krohne, W. 2002. La libertad de Expresion en Chile bajo la atenta mirada de la critica. Santiago, Chile: Fundacion Konrad Adenauer.

Lang, P. 1985. The cognitive psychopsysiology of emotion: Fear and anxiety. In *Anxiety and the anxiety disorder,* edited by A. Tuma and J. Maser, 117-130. Urbana: University of Illinois Press.

Lasswell, H. D. 1960. The structure and function of communication in society. In *Mass communications,* edited by W. Schramm, 117-130. Urbana: University of Illinois Press.

Lazarsfeld, P. F" and R. K. Merton. 1948. Mass communication, popular taste, and organized social action. In *The communication of ideas,* edited by L. Bryson, 95-118. New York: Harper and Brothers.

Lopreato, J. 1984. *Human nature and biocultural evolution.* Boston, MA: Allen and Unwin.

Lumsden, C. }., and R. O. Wilson. 1981. *Genes, mind, and culture: The coevolutionary process.* Cambridge, MA: Harvard University Press.

Malamuth, N. M., C. L. Heavey, and D. Linz. 1993. Predicting men's antisocial behavior against women: The interaction model of sexual aggression. In *Sexual aggression: Issues in etiology, assessment, and treatment,* edited by G. N. Hall, R. Hirschman, J. Graham, and M. Zaragoza, 63—97. Washington, DC: Hemisphere.

Malek, A., and A. P. Kavoori (Eds.). 2000. The global dynamics of news: Studies in international news coverage and news agenda. Stamford, CT: Ablex.

Malik, R. and K. Anderson. 1992. The global news agenda survey. *Inter Media* 20(1): 8-70.

Mankekar, D. R. 1978. *Whose news? Whose freedom?* New Delhi, India: Clarion.

Matza, D. 1969. *Becoming deviant.* Englewood Cliffs, NJ: Prentice Hall.

McCombs, M. E., and J. H. Zhu. 1995. Capacity, diversity and volatility of the public agenda: Trends from 1954 to 1994. *Public Opinion Quarterly* 59: 495-525.

McQueen, H. 1978. *Australias media monopolies.* Melbourne, Australia: Visa Books.

Molotch, H., and M. Lester. 1974. News as purposive behavior: On the strategic use of routine events, accidents, and scandals. *American Sociological Review* 39: 101-112.

Mosciatti, M. 2003. *En Entrevista virtual efectuada a Mauro Mosciatti* (available at: http:// www. telefonicamundo.cl/clientes/noticia1 1 .htm).

Nataranjan, K., and H. Xiaoming. 2003. An Asian voice? A comparative study of Channel News Asia and CNN. *Journal of Communication* 53(2): 300-314.

Nelson, K. 1989. Remembering: A functional developmental perspective. In *Memory: Interdisciplinary approaches,* edited by P. R. Soloman, G. R. Goethals, C. M. Kelley, and B. R. Stephens, 127-150. New York: Springer-Verlag.

Neuberger, C. 2000. Massenmedien im Internet. *Media Perspektiven* 3: 102-109.

Newell, A. 1990. *Unified theories of cognition.* Cambridge, MA: Harvard University Press.

Newhagen, J. E., and B. Reeves. 1992. The evening's bad news: Effects of compelling negative television news images on memory. *Journal of Communication* 42(2): 25-41.

Nisbett, R., and L. Ross. 1980. Human inference: Strategies and shortcomings of social judgment. New York: Prentice-Hall.

NRS. 2002. Title (available at: http://www2.cddc. vt.edu.pipermail/icemet/2002).

Osenberg, R. J. 1964. The social integration and adjustment of postwar immigrants in Montreal and Toronto. *Canadian Review of Sociology and Anthropology* 1: 202-214.

Pasadeos, Y", E. E. Hoff, Y. Stuart, and L. Ralstin. 1998. *Guiding lights of international news-flow research: A temporal comparison of influential authors and published works.* Paper presented at the annual meeting of the Association for Education in Journalism and Mass Communication, in Baltimore, Maryland, August 1998.

Patterson, T. 1998. Political roles of the journalist. In *The politics of news—the news politics,* edited by D. Graber, D. McQuail, and P. Norris, 17-32. Washington, DC: CQ Press.

Pew Research Center for the People and the Press. June 9, 2002. Public's news habits little changed by Sept. 11: Americans lack background to follow international news. Washington, DC: The Pew Research Center for the People and the Press (Available at: http://people-press.org/ reports/display.php3?ReportID= 156).

Pfetsch, B. 2001. Political communication culture in the United States and Germany. *Harvard International Journal of Press/Politics* 6(1): 46-67.

Phillips, E. B. 1976. Novelty without change. *Journal of Communication* 26(4): 87—92.

Piaget, J. 1972. Intellectual evolution from adolescence to adulthood. *Human Development* 15: 1-12.

Press in India. 2001. *45th annual report of the registrar of newspapers for India.* New Delhi, India: Ministry of information and Broadcasting, Government of India.

Reinemann, C. 2003. *Medienmacher als mediennutzer: Kommunikations und einflufistrukturen im politischen journalismus dergegenwart* [Media makers as media users: Structures of communication and influence in contemporary political journalism]. Cologne, Germany: Boehlau.

Remington, T. F. 1988. The truth of authority: Ideology and communication in the Soviet Union. Pittsburgh, PA: University of Pittsburgh Press.

Rindos, D. 1986. The evolution of the capacity for culture: Sociobiology, structuralism, and cultural selectionism. *Current Anthropology* 27: 315-326.

Roelofse, K. 1996. Unit 3: The history of the South African press. In Introduction to Communication: Journalism, press and radio studies, edited by L. M. Oosthuizen, 66-118. Cape Town, South Africa: Juta.

Roeper, H. 2000. Zeitungsmarkt 2000: Konsolidierungsphase beendet [Newspaper market 2000: The end of a phase of consolidation] *Media Perspektiven 7:* 297-309.

Rogers, A. R. 1988. Does biology constrain culture? *American Anthropology* 90: 819-831.

Rovee-Collier, C. 1989. The joy of kicking: Memories, motives, and mobiles. In *Memory: Interdisciplinary approaches,* edited by P. R. Solomon, G. R. Goethals, C. M. Kelley, and B. R. Stephens, 151-180. New York: Springer-Verlag.

Schejter, A. 1999. From a tool for national cohesion to a manifestation of national conflict: The evolution of cable television policy in Israel,

1986-1998. *Communication Law and Policy* 4(2): 177-200.——*

Schoenbach, K. 1997. *Zeitungen in den neunzigern: Faktoren ihres erfolgs* [Newspapers in the nineties: Factors of their success]. Bonn, Germany: ZV Service.

Schoenbach, K., and L. Goertz. 1995. *Radionachrichten: Bunt und fluechtig* [Radio news: Colorful and superficial]? Berlin, Germany: Vistas.

Schuetz, W. J. 2000. Deutsche tagespresse 1999 [German daily newspapers 1999]. *Media Perspektiven* 1: 8-29.

Schulz, R. 1999. Nutzung von Zeitungen und Zeitschriften [Usage of newspapers and magazines]. In *Mediengeschichte der Bundesrepublik Deutschland* [Media history of the Federal Republic of Germany], edited by J. Wilke. Cologne, Germany: Boehlau.

Schuring, G. K. 1993. *Sensusdata oor die tale van Suid-Afrika in 1991* [Census data on the languages of South Africa in 1991]. Unpublished work document. Pretoria: HSRC.

Shils, E. 1988. Center and periphery: An idea and its career, 1935-1987. In *Center: Ideas and institutions,* edited by L. Greenfeld and M. Martin, 250-282. Chicago: University of Chicago Press.

Shlapentokh, V. 1986. Soviet public opinion and ideology: Mythology and pragmatism in interaction. New York: Praeger.

——.1989. Public and private life of the Soviet people. New York: Oxford University Press.

Shoemaker, P. J. 1991. *Gatekeeping.* Newbury Park, CA: Sage.

——.1996. Hardwired for news: Using biological and cultural evolution to explain the surveillance function. *Journal of Communications* 46: 32-47.

Shoemaker, P. J., T. Chang, and N. Brendlinger. 1987. Deviance as a predictor of newsworthiness: Coverage of international events in the U.S. media. In *Communication Yearbook 10,* edited by M. L. McLaughlin, 348-365. Newbury Park, CA: Sage.

Shoemaker, P. J., L. H. Danielian, and N. Brendlinger. 1991. Deviant acts, risky business, and U.S. interests: The newsworthiness of world events.

Journalism Quarterly 6S(A): 781-795.

Shoemaker, P. J., and S. D. Reese. 1996. *Mediating the message: Theories of influences on mass media content,* 2nd ed. New York: Longman.

Shoemaker, P. J., S. D. Reese, and W. Danielson. 1985. Spanish-language print media use as an indicator of acculturation. *Journalism Quarterly* 62: 734-740.

Singer, J. L. 1980. The power and limitations of television: A cognitive-affective analysis. In *The entertainment functions of television,* edited by P. H. Tannenbaum, 31-65. Hillsdale, NJ: Erlbaum.

Sreberny-Mohammadi, A. 1984. Results of international cooperation. *Journal of Communication* 34(1): 121-134.

Statistics South Africa. 2000. *Census 1996.* Pretoria, South Africa: Government Printer.

Tuchman, G. 1978. Making news: A study in the construction of reality. New York: Free Press.

Union of Journalists of Russia. 1997. *Atlas of Russian TV.* Moscow, Russia: Union of Journalists of Russia.

——.1998. *Mass Media 1997: Analysis, tendencies, forecasts.* Moscow, Russia: Union of Journalists of Russia.

U.S. Census Bureau, Population Division. July 13, 2003. U.S. and world population clocks (available at: http://www.census.gov/main/www/popclock.html).

Van Dijk, T. A. 1988. *News as discourse.* Hillsdale, NJ: Erlbaum.

Van Winkle, W. February 1998. Information overload: Fighting data asphyxiation is difficult but possible. *Computer Bits* 8(2) (available at: http://www.computerbits.com/archive/1998/0200/infoload.html).

Venkateshwaran, K. S. 1993. *Mass media laws and regulations in India* [compilation]. Singapore: Asian Mass Communication Research and Information Centre.

Wallis, R., and S. Baran. 1990. The known world of broadcast news: International news and the electronic media. London: Routledge.

Weaver, D. H. (Ed.). 1998. *The global journalist: News people around the world.* Cresskill, NJ: Hampton Press.

Wells, L. E. 1978. Theories of deviance and the self-concept. *Social Psychology* 4\: 189-204.

White, D. M. 1950. The "gate keeper": A case study in the selection of news. *Journalism Quarterly* 27: 383-390.

Wigston, D. 1996. Unit 12: A historical overview of radio. In Introduction to Communication: Journalism, press and radio studies, edited by L. M. Oosthuizen, 283-326. Cape Town, South Africa: Juta.

Wilkins, L., and P. Patterson. 1987. Risk analysis and the construction of news. *Journal of Communication* 37: 80-92.

Wilson, E. O. 1978. *On human nature.* Cambridge, MA: Harvard University Press.

Wozniak, P. R. 1984. Making sociobiological sense out of sociology. *Sociological Quarterly* 25: 191-204.

Wu, H. D. 2000. Systematic determinants of international news coverage: A comparison of 38 countries. *Journal of Communication* 50(2): 110-130.

Zassoursky, Y., E. Vartanova, I. Zassoursky, A. Raskin, and A. Richter. 2002. *Mass media in post- Soviet Russia.* Moscow, Russia: Spekt Press.

Zhao, Y. 1998. Media, market, and democracy in China: Between the party line and the bottom line. Urbana: University of Illinois Press.

Zhu, J. H., and Z. He. 2002. Perceived characteristics, perceived needs, and perceived popularity: Adoption and use of the Internet in China. *Communication Research* 29(4): 466-495.

作者简介

穆罕默德·伊莎·塔哈·阿里（Mohammed Issa Taha Ali），经济学助理教授，萨玛雅公主科技大学，安曼，约旦。曾为皇家科技社会计算机科技中心工业研究系主任，且为工业经济系主任，同时是皇家科技社会的经济学研究员。获英国利兹大学博士学位，著有 4 本书籍、32 篇文章 6 篇国际会议论文。研究兴趣包括区域经济合作、经济模型和民意投票。

希瑟·布莱克（Heather L. Black），美国纽约市雪城大学公共传播新学院大众传播博士研究生在读，美国宾夕法尼亚纳柏斯贝利尔联合公司资深项目总监（2003 至今）。2000—2002 年担任公共传播新学院帕梅拉·休梅克博士和 John Ben Snow 教授的研究助理。2000 年于本学院获得公共关系硕士学位。1998—1999 年为费城老年公司传播合伙人；1996—1998 为费城非盈利老年家园组织的传播专家。

娜塔莉亚·波罗缇娜（Natalia Bolotina），记者，独立研究者，莫斯科州立大学新闻学院研究生，1999 年博士论文答辩，题目为俄罗斯新闻史。于莫斯科州立大学俄罗斯-芬兰中心担任研究员工作，主攻新闻学，大众媒体和文化。向多个加拿大主流媒体投稿，例如加拿大广播公司的广播和电视，探索频道和女性电视网。

阿基巴·A. 科恩（Akiba A.Cohen），以色列特拉维夫大学传播学教授（1996 年至今），传播学系创系系主任，此前他先后在 Smart 家庭传播研究机构担任导师，以及在耶路撒冷的希伯来大学传播与新闻学系担任系主任（1990—1993）。著作包括《大屠杀与媒介：德国与以色列的纳粹战犯审判》（与 Tamar Zemachmarom, Jürgen Wilke, and Birgit

Schenk 合著；汉普顿出版社，2002），《全球新闻编辑部，地方读者：对欧洲电视节目交换制的研究》（与 Mark R. Levy, Michael Gurevitch, and Itzhak Roeh 合著；John Libbey,1996），《社会冲突与电视新闻》（与 Hanna Adoni, Charles Bantz 合著，Sage, 1987）。科恩曾经是国际传播学会主席，现为该协会会员。

丹尼尔·度·普莱西斯（Danie F. du Plessis），南非大学传播科学系系主任（先后两度于 2001 年和 2004 年任系主任）1988 年进入该系。著作包括编著《公共关系与广告入门》（Juta Academic,2001），《工作场所中的多语言现象》（与 Gerald Schuring 合著），公共关系的经典著作《有效的公共关系》（Cultlip，Center 与 Broom）的改编本。曾担任过一段时间的南非传播学会的执行官。

马丁·艾克豪兹（Martin Eichholz），纽约州纽约市 Frank N. Magid 学会的研究主任（2000 年至今）。他的"消费者与 B to B 研究"聚焦于品牌与定位、新产品研发、读者分化、消费者满意度。他于多种媒体关联行业做顾问，如电视（美国网络，ABC 家庭频道，芝麻工作坊，国家地理电视），娱乐（迪斯尼，Gailord 企业），技术（微软，英国电信），游戏（电子艺术，明讯通信），互联网（CBS 的市场观察网，Askjeeves 网，小汽车网）。获美国锡拉丘兹大学 S. I. 雪域大学纽豪斯公共传播学院大众传播学博士学位，担任过富布莱特学者。同时为美国公共舆论研究学会成员，在《国际公共舆论期刊》与《新闻与大众传播季刊》上发表过论文。

卡维塔·卡兰（Kavita Karan），印度海德拉巴德奥斯马尼亚大学学士、硕士、博士（LSE），新加坡南洋理工大学传播与信息学院教师（2001 年至今）。1999 年到 2001 年，任奥斯马尼亚大学传播与新闻学系助理教授，此前的 1996 年到 1998 年间，在该系担任研究板块负责人，

1994 年到 1998 年间担任教师。卡兰同时获英国伦敦政治经济学院政治传播专业博士学位，曾获尼赫鲁百年纪念英国奖学金并到英国从事博士项目研究。研究兴趣包括政治传播、广告与市场研究、国际传播、媒体，以及儿童与健康传播。

克里斯·劳维－戴维斯（Chris Lawe-Davies），过去 12 年中，曾在澳大利亚昆士兰大学新闻与传播学院教学。在此期间，他在社会科学系做过 3 年研究主任，以及 8 个月院长；担任过澳大利亚科廷科技大学和南昆士兰大学的学术职位；做过澳大利亚新闻教育协会财务主管、副会长、会长。他的著作与研究集中于多元文化广播、本土音乐、流行文化、新闻与读者研究。他还是澳大利亚与斯堪迪纳维亚的记者，做过一段时间的广告与消费者研究。

罗宾·M. 勒布罗克（Robyne M. Le Brocque），澳大利亚昆士兰大学研究主管。她协调过一个取样风险很大的大规模的纵向成人翻译研究项目，她的兴趣是方法论包括纵向数据中的问题。此外，她发表过一些研究母体心理健康与儿童行为问题的文章。近期的论文包括：《消耗效果中的方法论问题：社会科学家的简单方案》，《方法园地》（2004），《母体抑郁，父子关系，青春期的弹性结果》，《美国儿童与青少年精神病学期刊》（2003），《母体抑郁，父亲的精神病理学，青春期诊断结果》，《协商与诊断心理学期刊》（2002）。

诺亚·罗夫勒－艾里凡特（Noa Loffler-Elefant），特拉维夫政治学硕士。她是以色列第二电视与广播局的研究与信息部（商业电视与广播的管理者）主管，其中她属于以色列少数民族再现研究团队。先前她是以色列议会研究与信息部的成员，参与过几部法律的研究助理的协调。研究兴趣包括电视与广播法规的比较研究与商业媒体中的多元文化论研究。

康斯坦萨·穆希卡（Constanz Mujica），智利天主教大学新闻学院讲师（2001 年至今）。她的研究和教学兴趣在新闻写作和电视视听内容分析。同该校其他学者一起（Francisca Alessandri, Silvia Pellegrini, Soledad Puente 和 William Poranth）发展出一个通过新闻附加价值概念（JAV）测量西班牙语媒体质量的方法，凭此她于 2003 年获得政府资助。最近她正完成有关智利肥皂剧中旁白和视听内容矛盾的博士论文。她与 William Porath 教授和 Francisico Fernandez 共同申请政府资助项目，来研究测量非新闻电视内容质量的机制。

索莱达·普恩特（Soledad Puente），智利天主教大学新闻学院副教授（1993 年至今）。1995—2003 年任新闻系主任。教学和研究兴趣在电视新闻和演讲沟通。她最富盛名的著作为《新闻是账户》，这是其博士论文的一部分，阐述了电视新闻如何用科幻故事的手法叙事。该书在拉丁美洲被重印 3 次。其他著作包括《智利电视产品与生产者》（与 Hugo Miller 共同著作）和《视听新闻学》（与 Hugo Miller 共同著作）同该校其他学者一起（Francisca Alessandri, Silvia Pellegrini, Constanz Mujica 和 William Poranth）发展出一个通过新闻附加价值概念（JAV）测量西班牙语媒体质量的方法，凭此她于 2003 年获得政府资助。

卡斯顿·雷恩曼（Carsten Reinemann），德国美因茨约翰古腾堡大学新闻学院助理教授（2003 年至今）。他的研究兴趣在新闻学和政治传播。他已出版 3 本著作，包含《作为使用者的媒体生产者——当今政治新闻的传播结构和影响》以及《施罗德对施托伊贝尔——电视辩论的应用、概念和影响》（与 Marcus Maurer 共同著作）。他在《媒体／政治》和《欧洲传播学刊》上发表过多篇文章，并在 2004 年新奥尔兰国际传播学会年会上发表了最佳论文。（与 Marcus Maurer 共同著作）

帕梅拉·休梅克，美国雪城大学公共传播新学院教授（1994 年至

今）。1991—1994 年她担任俄亥俄州立大学新闻学院院长，1982—1991
为奥斯汀德克萨斯大学新闻系主任。她的著作包括《如何构建社会科学
理论》（与 James Tankard 和 Dominic Lasorsa 共同创作，Sage, 2003）《调
解信息：大众媒体内容影响之理论》（与 Stephen Reese 共同著作，Allyn
& Bacon, 1996）《把关》（Sage,1991）并编辑了《药品传播活动：政府，
媒体和公众》（LEA,1989）她是《传播学研究》的合编者之一（1997 至
今），也是《新闻学季刊》的助理编辑。（1990—1992）担任新闻学和大
众传播教育协会主席，获得克里鲍姆 40 岁以下研究、教育和公共服务
成就奖。

伊丽莎白·A. 斯奎斯（Elizabeth A. Skews），美国博尔德科罗拉多大
学新闻与大众传播助理教授（2001 至今），雪城大学大众传播博士，俄
亥俄州立大学新闻学硕士，美国洛杉矶加利福尼亚大学政治科学学士。
攻读硕士学位前任宾夕法尼亚卡莱尔迪金森学院校友杂志编辑，以及佛
罗里达坦帕市《坦帕论坛》、西佛吉尼亚州《先驱快递报》新闻记者。
她是多篇期刊论文和全国及国际会议论文的作者或合著作者，2003 年被
科罗拉多大学授予杰出校友称号。

张国良，中国上海复旦大学新闻学院教授（1996 至今），信息与传
播学研究中心（CICS）主任，历史学博士，中国传播协会（CAC）主
席。1991—1994 年任复旦大学副院长。《亚洲传播学刊》合作编辑（2004
至今）。他的代表性著作涵盖了当代大众传播，新媒体和社会，以及日
本大众传播发展史。主要的研究兴趣在于中国受众和传播效果。

祝建华，香港城市大学英语与传理学系传播与新媒体教授。1984—
1986 任教于复旦大学，1990—1999 任教于美国哈特福特康涅狄克大学。
他在《公众舆论季刊》《传播学刊》《传播研究》《人类传播研究》《国际
公众舆论研究学刊》上发表论文，获得国际传播协会、美国公众舆论研

究协会、世界公众舆论研究协会和新闻与大众传播教育协会颁发的奖项。2002—2004 年担任中国传播协会美国分支主席，为《传播学研究》《国际公众舆论研究学刊》和《亚洲传播学刊》的编辑之一。上海交通大学、深圳大学和其他中国大学的客座教授。

索 引 *

---

* 索引中页码为原书页码，即本书页边码。